사회복지실천론

김영철 김민정
박현승 이수진
염연숙 조은순

박영story

머리말

한국사회에서 사회복지는 이제 대중적인 언어가 되고 있고, 모든 분야의 처음과 끝에서 마중물로 인식되고 있다. 사실 인간의 삶이란 그 자체가 복지라고 할 수 있다. 그래서 복지는 사회 전 분야에 걸쳐 있으므로 사회복지로 통칭하는 것이다.

사회복지실천은 사회복지가 현장에서 실현되는 것을 말한다. 다시 말해서 사회복지는 인간의 생애주기에서 나타나는 각종 문제를 예방하고 해결하여, 편안하고 행복한 삶을 살아가는 데 필요한 사회적 기능을 원만히 수행하도록 돕는 실천적 활동이다. 이러한 사회복지의 활동 중에서 중요한 방법으로 발달되어 온 것이 사회복지실천이다.

사회복지실천은 사회관계에 대한 올바른 질서를 추구하면서 사회가 인간의 거주와 발전을 위해 적절한 질서는 물론이고, 사회복지사가 개인, 가족, 집단, 조직, 지역사회 등 클라이언트체계를 대상으로 각각의 문제를 스스로 해결할 수 있도록 돕는 전문적인 사회복지 실천활동이다.

사회복지가 다루어지는 실천현장은 다양한 문제영역에서 합리적인 접근방법으로 문제와 욕구를 가진 클라이언트를 위한 전문적인 기능을 수행하고, 이러한 사회복지실천현장에서 사회복지사는 클라이언트에게 전문적인 서비스를 제공하는 방법에 대한 숙고를 거듭하고 있다.

오늘날 사회복지사는 사회복지실천 전반에 대한 기초 지식과 개인과 가족, 집단, 지역사회를 대상으로 한 사회복지실천모델에 관한 기초 지식을 통합적인 시각에서 학습하여, 사회복지실천에서의 전문성을 습득한다. 그러나 이런 전문적인 지식은 쉽게 이루어지는 것은 아니며, 사회복지사의 끊임없는 연구와 노력이 필요하다.

이 책은 사회복지 학습자들에게 필요한 전문적 지식을 좀 더 세밀하고 폭 넓게 알리고자 하는 노력의 결과이다.

본서의 내용을 요약하면,

개요

사회복지실천에서 필요한 개념, 역사, 이념과 윤리, 접근방법, 실천과정, 사례관리 등의 학습을 통하여 학습자들에게 사회복지사로서 클라이언트에게 전문적인 지식을 제공할 수 있도록 한다.

강의목표

1. 실천현장에 대한 깊은 이해를 위한 지식을 축적한다.
2. 접근방법을 통한 학습자의 기본적 소양을 갖춘다.
3. 실천과 이론을 접목한다.

공동저자 교수님들의 각고의 노력으로 이 책을 세상에 내놓는다. 땀 흘린 대가를 기대하진 않지만, 그래도 조금은 위안을 받고 싶은 심정이다. 그러나 출간에 앞서 두려운 마음은 어찌할 수 없는 모양이다. 학습자 여러분들의 질책과 조언을 부탁드린다. 이 책이 나오기까지 박영스토리 대표님과 관계자 여러분들께 진심으로 감사드린다.

2022년 8월
대표저자 김영철

차 례

PART Ⅰ. 사회복지실천의 기초

PART Ⅱ. 사회복지실천현장의 주요 영역

PART Ⅲ. 사회복지실천의 접근방법

PART Ⅰ

사회복지실천의 기초

Chapter 1

사회복지실천의 기본적 이해

✓ **학습목표**

1. 사회복지실천론의 이론 이해
2. 이론적 접근방법에 대한 탐구
3. 실천현장과의 접목

✓ **학습내용**

1. 사회복지실천의 개념
2. 사회복지실천의 분류
3. 사회복지실천의 구성요소
4. 사회복지실천과 자원체계

✓ **개요**

사회복지라는 용어는 현대 산업사회의 발전과 더불어 발생한 여러 가지 사회문제와 관련하여 사용하게 되었다. 현대사회가 산업화, 도시화로 발전해 가면 갈수록 사회복지에 대한 관심은 더욱 높아져 가고 있으며, 이에 대한 욕구도 증대되어 가고 있다. 여기에서는 사회복지실천의 기초적인 지식을 학습하고자 한다.

Chapter 1

사회복지실천의 기본적 이해

1 사회복지실천의 개념

1) 사회복지실천의 정의

사회복지라는 용어는 현대 산업사회의 발전과 더불어 발생한 여러 가지 사회문제와 관련하여 사용하게 되었다. 현대사회가 산업화, 도시화로 발전해 가면 갈수록 사회복지에 대한 관심은 더욱 높아져 가고 있으며, 이에 대한 욕구도 증대되어 가고 있다. 또한 사회복지라는 용어는 시대와 국가에 따라 그 의미가 다르며, 또한 학지들의 견해에 따라 그 의미가 다르기 때문에 반드시 동일한 뜻으로 사용않고 있다.

사회복지의 영어 표현인 'social welfare'의 사전적 의미를 살펴보면, social의 의미는 '지역사회나 집단 속에서 같이 지낸다'는 뜻을 가지고 있다. 즉, 'social'은 사회 안에서 삶의 질과 개인, 집단, 사회 전체 간의 사회 내적인 관계를 뜻하는 것으로, 물질적이거나 영리적인 요소보다는 비영리적이며, 이타적 속성의 공동체적 삶의 요소에 관심을 기울이는 것이라고 할 수 있다. 'welfare'는 사전적 의미로 '만족스러운 상태, 건강, 번영, 안녕' 등이다. 따라서, 'well'과 'fare'가 어우러진 것으로 '만족스럽게 지내는 상태'라는 의미이다. 즉, 사전적 의미로서 '사회복지'는 일단 사회 내의 사람들이 만족스럽고 평안한 상태를 유지할 수 있게 하는 것과 연결되어 있다(이정자 외, 2022: 10).

사회복지는 실천학문이다. 인간이 살아가는 현장에 적용되어 활동하고 움직이지 않는다면 사회복지라고 할 수 없다. 사회복지실천은 사회복지사가 클라이언트의 욕구와 문제해결을 돕기 위해 일정한 개입 목표와 과정을 통해 활동하는 것이다. 사회복지실천에 대한 개념은 사회복지가 발달하던 초기에는 개인이나 개인의 성격 변화에 초점을 두었지만, 개인과 개인을 둘러싸고 있는 환경 사이의 조화를 강조하는 것으로 변화하였다. 사회복지실천은 인간과 환경 모두 변화할 수 있는 잠재성을 가지고 있으며, 계획된 개입과정을 통해 변화가 가능하다는 실천가정을 가지고 있다. 사회복지실천 영역은 개인, 가족, 집단, 지역사회, 조직과 제도 등 다양한 사회적 단위가 포함될 수 있다(박병금·최은희, 2016: 10).

일반적으로 사회복지실천(social work practice)은 인간과 사회환경 간의 관계를 촉진시켜서 모든 사람들의 삶의 질을 향상시키기 위한 사회복지의 구체적인 실천방법으로서, 협의의 사회복지라고 정의할 수 있다. 그러나 사회복지실천의 정의는 역사적 배경이나 사회적 상황에 따라 서로 다른 개념과 용어로 정의되면서 지속적으로 변화되어 왔기 때문에 오늘날까지도 합의된 정의를 제시하는 것이 어려운 상황이다. 사회복지실천은 사회사업(social work)의 개념에서 비롯하며, 1970년대 후반부터 1980년대에 이르면서 미국을 중심으로 사회복지실천이라는 용어를 사용하기 시작했다(길귀숙 외, 2018: 12). 이에 앞서 사회복지실천의 용어는 '케이스워크의 어머니'로 불리는 리치몬드(Mary Ellen Richmond, 1861−1928)의 저서 『사회집단(*Social Diagnosis*)』(1917)과 『개별사회사업이란 무엇인가(*What is Social Casework*)』(1922)에서 '개별사회사업'으로 나타난다. 리치몬드에 의하면, 사회복지실천은 인간과 그를 둘러싼 사회환경 간의 부적응이나 갈등을 해소하여 개인의 욕구를 충족시켜 주고, 사회의 규범에 적응하도록 도와주는 것을 목적으로 한다(김영철 외, 2022c: 5).

메리 리치몬드

사회복지실천이라는 용어는 1970년 메이어(Carol Meyer)에 의해 처음 사용되기 시작하였고(Doifman, 1996), 1960년대 미국사회의 급진적인 경향 및 빈곤의 악순환, 인종폭동 등 사회개혁을 요구하는 움직임이 본격화되면서, 논리적·사변적인 접근이나 개별적인 접근보다는 현실성 있는 실천(실용성)을 강조하기에 이르렀다. 그 영향으로 사회복지에서도 실천성을 강조하는 차원에서 사회복지실천이라는 용어를 사용하게 되었다. 이전에는 사회사업(social work)이라는 용어를 사용하였다.

우리나라에서는 「사회복지사업법」의 개정과 더불어 2003년부터 사회복지사 자격 취득 국가고시제도를 도입하게 되었다. 이로 인하여 과거 대학교육의 교과목 명칭 중 개별사회사업(개별지도), 집단사회사업(집단지도)이 없어지고, 사회복지실천론과 사회복지실천기술론으로 변경하여 2000년부터 '사회복지실천'이라는 용어를 공식적으로 사용하게 되었다. 한국사회복지교육협의회에서는 통합방법론의 인정과 함께 기존의 사회복지방법론을 사회복지실천과 사회복지실천기술론으로 구분하였다. 여기서 사회복지실천은 '이론' 중심이고, 사회복지실천기술론은 '기술' 중심으로 설명된다(서혜석 외, 2017: 13).

사회복지실천의 정의를 살펴보면 다음과 같다.

최혜지 외(2021: 16)에 따르면, 사회복지실천은 문화적 다양성과 사회적 권리에 기초하여 개인과 가족, 집단이 존재론적 욕구를 주체적으로 충족해 갈 수 있는 역량을 극대화하고, 주변 체계와 상생의 관계를 유지하고 상위체계에 대한 통제력을 증진하도록 지원하는, 예술성과 과학성이 조화된 일체의 계획적이고 전문적인 실천방법이다.

길귀숙 외(2018: 15)에 따르면, 사회복지실천은 궁극적으로 개인·집단·지역사회가 가지고 있는 문제를 해결하고 욕구를 충족시키기 위해 사회복지 전문가가 다양한 자원 연계를 통해 서비스를 제공하고 개입하는 일련의 활동으로 전문적인 실천이라고 할 수 있다.

엄명용 외(2018: 19)에 따르면, 사회복지실천은 사회복지사가 사회적 안녕상태를 이루기 위해 필요한 구체적 서비스들을 그 서비스가 요구되는 현장에서 실천에 옮기는 작업이다. 이 작업은 보통 사회복지사가 사회복지서비스를 필요로 하는 사람(client)을 직접 만나서 실천하는 일이다.

서혜석 외(2017: 15)에 따르면, 사회복지실천이란 개인, 집단, 가족 및 지역사회의 문제 및 욕구에 대하여 사회적 적응과 사회적 기능향상을 클라이언트 스스로 해결해 나갈 수 있게 도와주는 전문적인 활동이나 서비스이다.

펄만(Perlman, 2011)에 따르면, 사회복지실천은 개인들이 사회적 기능을 함에 있어서 그들의 문제를 보다 효과적으로 대처해 나갈 수 있도록 개인들을 돕는 과정이다.

미국사회복지사협회(National Association of Social Workers, NASW)는 1958년 사회복지실천에 대해서, 인간과 사회환경의 부조화로 인해 나타나는 개인, 집단의 문제를 해결하며, 이러한 문제를 미리 예방하고 개인, 집단, 지역사회의 잠재력을 최대화하는 것을 목적으로 하는 원조활동이라고 강조하였다. 이는 사회복지실천에 대한 공식적인 최초의 작업적 정의로 평가받는다. 또한 1973년에는 개인, 집단, 지역사회가 그들의 사회적 기능을 향상시키거나 회복하며 그러한 목적 달성에 적합한 사회적 여건을 만들도록 돕는 전문적 활동이라고 정의한다.

사회복지사국제연맹(International Federation of Social Worker, IFSW, 2000)은 다음의 세 가지 현상을 향상하기 위해 노력하는 것으로 사회복지실천의 개념을 정의하였다. 첫째, 약자의 권익증진을 위해 사회변화를 촉진한다. 둘째, 인간관계에서 문제해결을 촉진한다. 셋째, 개인의 복지증진을 위해 개인의 역량을 강화하고 차별과 억압으로부터 해방하기 위해 노력한다.

사회복지학 범위 내에서 사회복지실천활동을 포괄적으로 정의할 때, 사회복지활동 영역에는 일반적으로 사회보험, 공공부조, 사회복지서비스 등과 직·간접적으로 관련된 내용들이 포함된다. 이들 중 사회보험과 관련된 내용의 대부분과 공공부조와 관련된 내용의 일부는 '사회복지정책' 분야에서, 그리고 사회복지서비스 분야와 관련된 내용 중에서 사회복지시설의 운영 및 평가, 프로그램 개발 및 평가 등과 관련한 내용들은 '사회복지행정' 분야에서 각각 별도로 다루어지고 있다. 다시 말해서 사회복지실천은 '직접실천(direct practice)'이라고도 불리는데, 이는 다양한 사회복지실천현장에서 사회복지사는 어떤 활동을 어떻게 해야 할 것인가에 대한 내용, 즉 사회복지실천방법에 관해 상세히 살펴보는 분야이기 때문이다(엄명용 외, 2018: 19).

사회복지실천의 정의는 빠르게 변화하는 사회복지실천 환경과 맥락에 따라 정의의 수준이 고려되어야 할 필요가 있다. 사회복지와 관련된 법이나 정책이 사회복지사의 업무를 규정하지만, 사회복지사도 제도나 정책이 집행되는 과정에서 발견되는 수정되거나 보완되어야 하는 점들을 제도나 정책에 반영하도록 영향을 미치고 있다. 예를 들어, 아동학대 문제와 관련된 법, 정책, 사회복지사의 활동에 대해 생각해보자. 아동학대 사례들을 담당하고 있는 아동보호전문기관 사회복지사의 업무가 관련법과 정책에 근거하여 규정되지만, 실행과정에서 클라이언트의 문제 및 욕구를 보다 효과적으로 해결하고 충족할 수 있도록 제도나 정책의 변경 필요성을 경험할 수 있다. 이렇게 사회복지사가 제기하는 이슈들이 아동학대 관련 정책 수립이나 제도 개선에 영향을 미치며, 새로 수립된 정책이나 개선된 제도 등은 다시 아동보호서비스 제공과 서비스의 질에 직접적인 영향을 미친다. 또한 사회복지사는 취약집단을 보호하는 데 기존의 법이 부적절하거나 새로운 입법이 필요하다면 개정이나 제정을 적극적으로 요구할 수 있다. 그동안 아동학대, 가정폭력, 장애인 자립지원, 노인학대문제 등과 같은 많은 영역에서 사회복지사는 관련법을 제정하거나 개정하는 데 기여한 바 있다. 또한 인권 관련법이나 차별금지 관련법은 모든 시민이 차별받지 않고 공공업무에서 절차적 공평성을 보장받을 기본적 권리를 보호하기 위해 만들어진 법률이므로 사회복지사는 이러한 법들을 활용해 서비스 이용자들에게 보다 적절하고 접근이 쉬운 서비스를 제공하도록 사회복지기관의 책임성을 높일 수 있다(Swain, 2002 ; 최해경, 2017: 201－202 재인용).

사회복지실천의 정의에 대한 흐름을 살펴볼 때, 사회복지에 대한 전 세계 각국의 사회정책과 학계의 눈부신 연구업적, 그리고 실천현장에서의 사회복지 전문가의 헌신 등을 감안한다면 특정 이데올로기나 한정된 분야에 대한 주장은 역사의 뒤안길로 사라질 수밖에 없다. 따라서, 사회복지실천에는 사회복지의 발전 추세에서 안주할 수 없는 정책의 전환과 학문에 대한 끝없는 열정, 현장에서의 창의적 실천기술이 요구된다.

결론적으로 사회복지실천은 인간의 삶의 질 향상, 사회적 적응과 사회적 기능 향상을 위해 개인, 가족, 지역사회를 대상으로 사회복지사가 클라이언트의 강점을 살려 그들이 스스로 해결해 나갈 수 있도록 도와주는 종합적이고 체계적인 전문적인 활동으로 볼 수 있다.

2) 사회복지실천의 목적과 목표

사회복지실천에 대한 개념은 개인의 사회기능을 유지 또는 증진시킬 의도로 사회적 개입을 하는 것으로 개인의 문제해결능력과 대처능력을 향상시키고 사람들의 자원과 서비스 기회를 제공하는 체계와 연결시키며, 사회정책의 개발과 발전에도 기여한다. 또한 빈곤과 고난을 경감시킬 목적으로 사회가 공공 또는 민간의 형태로 비영리적인 서비스 기능을 하는 것이다(Doloff et al., 1997). 사회복지사가 클라이언트의 욕구와 문제해결을 돕기 위해 일정한 개입 목표와 과정을 통해 활동하는 것이다. 사회복지실천 영역은 개인, 가족, 집단, 지역사회 조직과 제도 등 사회적 단위가 포함될 수 있다. 사회복지실천은 한마디로 목적지향적이며, 시간제한적인 활동으로 사회복지사가 사회복지 전문직의 개입을 필요로 하는 모든 현장에서 전문적 도움을 필요로 하는 사람들을 직접 만나 전문적인 서비스를 제공하는 활동이다(박현승 외, 2022: 9).

(1) 목적

사회복지는 개인과 집단, 지역사회를 도와서 그들의 사회적 기능을 나타내는 데 필요한 능력을 회복하고 강화시켜 주는 전문적인 활동이다. 동시에 개인과 집단, 지역사회가 그들이 바라는 목표에 합당한 사회적 조건들을 창조해 낼 수 있도록 돕는다. 사회복지실천은 사회복지의 가치와 원칙 그리고 기술을 다음의 목적을 위해서 적용한다. 즉, 사람들로 하여금 실질적인 서비스를 받도록 도와주며, 개인과 가족, 집단에게 그들이 필요로 하는 상담과 심리치료를 해 주며, 지역사회는 어떤 집단이 사회복지와 건강의 증진에 기여하고 합당한 법의 입법과정에 참여하도록 돕는다(조미숙 외, 2021: 17).

미국사회복지사협회(NASW, 1958)에 따르면 다음과 같다.

첫째, 개인과 집단이 그들과 환경 간에 불균형 상태가 발생했을 때, 문제를 찾아내어 문제의 어려움 정도를 감소시키거나 해결하도록 도와주는 것이다.

둘째, 개인이나 집단이 그들과 환경 간에 불균형 상태가 일어날 수 있는 잠재적 문제를 미리 발견하여 예방하는 것이다.

셋째, 개인과 집단과 그들과 환경 간에 불균형 상태가 일어날 수 있는 잠재력을 발견하여 확인하고, 이를 강화시켜 주는 것이다.

(2) 목표

사회복지실천의 목적은 모든 사람의 삶의 질 향상을 위해서는 사회구성원 누구나가 소외받지 않고 공평하게 보장받을 수 있는 것이다. 사회에서 제공되는 가용자원이나 기회가 일부 계층이나 특수 계층에 국한되는 것이 아니라, 공정하게 제공될 수 있도록 사회복지사는 대상자 개개인을 지지 또는 옹호하고 보장받을 권리를 찾아 주는 역할을 해야 한다. 그로 인해 개인의 사회적 기능을 향상시킴과 동시에, 집단의 사회적 기능을 향상시키고, 나아가 개인과 사회 간의 상호작용이 원활하게 이루어지도록 해야 한다(양정빈 외, 2020: 21).

사회복지실천의 목표는 다음과 같다(NASW, 1994).

첫째, 개인으로 하여금 자신의 역량을 확대하고 자신의 문제해결능력 및 대처능력을 증진할 수 있도록 돕는다.

둘째, 각종 자원을 확보할 수 있도록 돕는다.

셋째, 사람들의 욕구에 적절히 반응하는 조직이 될 수 있도록 감시한다.

넷째, 개인과 개인 주변 환경에 속한 사람들 사이의 상호작용을 촉진한다.

다섯째, 조직과 조직, 기관과 기관 사이의 상호작용에 영향력을 행사한다.

여섯째, 사회환경의 정책에 영향력을 행사한다.

3) 사회복지실천의 기능과 역할

(1) 기능

사회복지의 목적을 달성하기 위해서 사회복지사는 크게 예방, 회복, 교정의 세 가지 기능을 수행한다(전재일 외, 2018: 33－34).

① 예방기능

문제의 발생을 예측해서 문제발생 전에 예방하는 일이다. 예를 들어, 부모를 위한 육아교육, 정년퇴직 전의 노후설계 상담, 노후의 건강유지방법, 아동학대가 일어나지 않도록 예방하기 위해 무엇을 해야 하는지에 관하여 교사, 부모, 일반인을 교육하는 것이 필요한 것이다.

급격한 노인인구의 증가와 함께 도시화가 진행됨에 따라 지역사회에 고립된 고령자 세대가 급증하고 있다. 사회적으로 고립된 고령자는 일반적으로 신체적·정신적 기능이 빠르게 쇠퇴되어 간다. 예를 들어, '쇠퇴의 예방을 위해서 고령자의 사회참여를 촉진하기 위해 어떤 것을 하면 좋을까?', '고립화의 예방을 위해서 지역사회가 어떠한 체제나 프로그램을 만들면 좋을까?' 등이 과제라고 할 수 있다.

고령자의 지지망을 자원봉사자를 모집해서 만드는 일, 고립예방을 목적으로 노인집단을 만드는 일도 고려될 수 있다. 이런 활동에서 사회복지사에게 요구되는 기술은 여러 가지가 있지만, 어려운 것은 어떤 방법으로 고립된 고령자를 발견할 것인가, 변화에 저항하는 고령자를 어떻게 설득해서 사회참여를 진행시킬 것인가 등이다.

② 회복기능

신체적·정신적 장애로 인해 일상생활에 어려움을 가지고 있는 사람들의 회복을 목적으로 하고 있다. 예를 들어, 척추 손상으로 신체 일부에 마비를 가지고 있는 신체장애인, 정신병을 앓고 있는 정신장애인, 지적발달장애인, 또 다른 장애를 가진 사람들이 포함된다.

③ 교정기능

현재 존재하고 있는 문제의 해결 또는 개선을 목적으로 하고 있다. 교정의 대상이 되고 있는 문제는 다양하고 또한 대상이 되는 사람들도 사회상황도 광범위하게 걸쳐 있다. 예를 들어, 아동의 학교등교 거부로 고민하는 가족, 부부간·가족 간의 갈등, 아동의 학대, 아동을 방임하고 있는 가족, 가족 내 아동들의 폭력행위, 청소년의 비행문제, 에이즈 환자가 있는 가족, 신체장애인 또는 정신장애인이 있는 가족, 치매성 노인이 있는 가족, 학교에서 따돌림을 당하는 아이의 가족 등이 있다. 교정기능은 많은 수의 사회복지사가 더욱더 많은 시간과 노력을 투자해야 할 기능이다.

(2) 역할

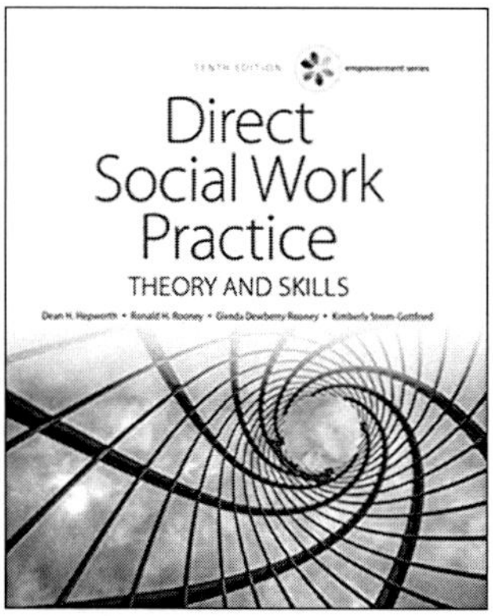

『직접사회복지실천』
(2016년 출판)

헵워스(Dean H. Hepworth)와 그의 동료들은 1986년 그들의 저서 『직접사회복지실천(*Direct Social Work Practice*)』에서, 사회복지사의 기능과 관련하여 다양한 역할을 다음과 설명하고 있다(Hepworth et al., 2018).

첫째, 직접서비스 제공자의 역할이다. 클라이언트와 직접 만나서 클라이언트가 제기하는 문제, 욕구, 도전 등에 대해 개별상담, 집단상담, 부부 및 가족상담 등 상담서비스와 교육자, 훈련가, 코치 등의 교육훈련서비스를 제공한다.

둘째, 시스템 연결자의 역할이다. 자원이 필요한 클라이언트에게 사례관리, 조정, 중개, 중재, 협상, 옹호 등의 역할을 통해 자원과 시스템을 연결해 준다.

셋째, 시스템 유지자의 역할이다. 현재의 시스템이 적정한지, 유지 가능한지, 더 나은 시스템으로 향상시키기 위해서는 무엇이 필요한지 등을 사정하기 위해 사정, 평가, 촉진, 컨설팅 등의 역할을 하게 된다.

넷째, 시스템 개발자의 역할이다. 현재의 시스템이 충족해 주지 못하는 부족한 부분을 채우기 위해 기획, 개발, 옹호 등의 역할을 하면서 새로운 자원을 창조해낸다.

다섯째, 연구자의 역할이다. 연구를 직접 수행하는 역할과 연구된 내용을 학습하고 연구의 결과를 반영하는 연구소비자의 역할이 모두 포함된다. 연구기반실천(practice based research)과 실천기반증거(evidence based practice)를 실행하면서 이 역할을 잘 발휘할 수 있다.

2 사회복지실천의 분류

사회복지실천의 분류 기준은 다양하나, 본서는 사회복지사의 개입 대상인 클라이언트체계의 수준과 클라이언트의 접촉 유무에 따른 분류를 살펴보고자 한다.

1) 클라이언트체계 수준

자스트로(Charles H. Zastrow)는 2015년 출판된 『사회복지실천(*The Practice of Social Work*)』에서, 개입 대상인 클라이언트체계의 크기 또는 규모에 따라 미시적 수준, 중간적 수준, 거시적 수준 등의 사회복지실천으로 분류하고 있있다(Zastrow, 2015).

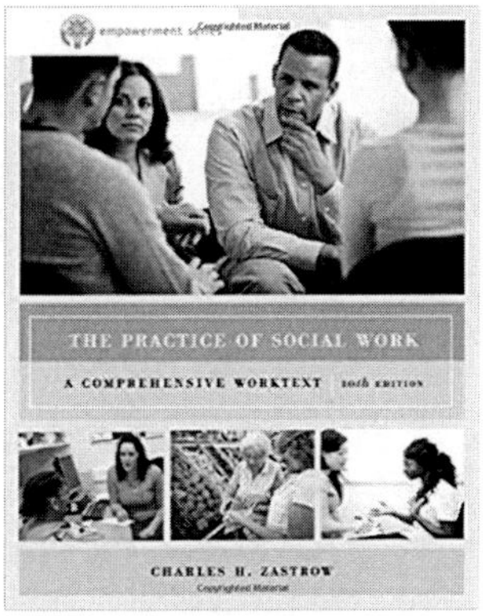

『사회복지실천』
(2015년 출판)

(1) 미시적 수준

미시적 수준(micro level)의 사회복지실천은 개인을 대상으로 하는 전문적 실천활동이다. 즉, 개인의 심리적·사회적 상태, 부모·자녀 관계, 부부관계, 기타 가족구성원들의 관계 등의 문제해결을 위해 클라이언트와 일대일 대면 접촉을 통해 지원한다. 일반적으로 클라이언트와 대면 접촉을 통해 서비스를 제공하기 때문에 직접실천이라고도 한다. 예를 들어, 자살을 시도한 청소년에 대한 위기개입, 가정폭력 피해자 상담, 위탁가정 아동방문상담, 정신장애인 재활상담, 조손가정에 대한 정서적 지지 제공 등은 미시적 수준의 실천활동이다.

(2) 중범위 수준

중범위 수준(mezzo level)의 사회복지실천은 가족이나 소집단을 대상으로 하는 전문적 실천활동이다. 중간적 수준의 개입은 클라이언트에게 직접 영향을 미치는 가족이나 소집단의 변화를 도모한다. 이처럼 중간적 수준의 상황은 개인과 그 개인에게 가장 중요한 사람들의 만남이 이루어지는 접점을 말한다. 예를 들어, 지역사회보장협의체에서 기관실무자 네트워크 회의에 참여하거나, 아버지의 폭력문제해결을 위한 가족치료, 치료집단이나 자조집단의 운영 등은 중간적 수준의 사회복지실천에 해당한다.

(3) 거시적 수준

거시적 수준(macro level)의 사회복지실천은 클라이언트의 삶에 영향을 주는 조직, 지역사회, 전체 사회 또는 국가의 복지체계 등을 대상으로 하는 전문적 실천활동이다. 즉, 클라이언트의 욕구충족과 문제해결을 위한 모든 활동은 관련법과 정책 및 제도 등의 영향을 받기 때문에 거시적 수준과 밀접한 관련이 있다. 따라서, 거시적 수준의 사회복지실천에서 사회복지사는 주로 국가 또는 사회의 복지정책 개발, 정책분석, 정책대안의 발굴 및 제시, 제안된 법안의 분석, 기관이나 조직의 행정체계 및 프로그램과 관련된 대안 제시, 지역사회 자원의 개발, 취약계층의 권익옹호 등의 활동을 수행한다. 이처럼 거시적 수준의 사회복지실천에서 사회복지사는 클라이언트와 대면 접촉하여 문제해결을 지원하는 미시적 수준이 아니라, 법, 정책, 제도 등 환경의 변화를 도모하는 거시적 수준이기 때문에 간접실천에 해당된다.

2) 클라이언트의 접촉 유무

사회복지사와 클라이언트 사이에 대면 접촉이 있느냐 없느냐에 따라 직접실천과 간접실천으로 구분할 수 있다. 하지만 사회복지실천현장에서 직접실천과 간접실천은 밀접하게 연관되어 있으므로 사회복지사는 동시에 접촉하는 경우가 많다.

(1) 직접실천

직접실천(direct practice)은 클라이언트와 사회복지사가 주로 직접 대면을 통해 클라이언트의 변화와 문제해결을 도모하는 실천방법이다. 주로 클라이언트인 개인, 부부, 가족, 집단 등을 대상으로(Hepworth et al., 2018) 사회복지사와 만나서 상담, 교육, 정보제공, 가족치료, 집단 프로그램 등 미시적 수준의 사회복지실천을 통해 클라이언트의 자아인식 강화, 사회적 기능의 향상, 대인관계 능력의 강화 등을 도모하는 것이 주요 목표이다. 그 예로, 장애인 취업상담, 독거노인 재가방문, 예비부모 대상의 가족교육, 치매노인 주간보호 제공, 정신장애인 사회기술훈련 시행, 결혼이주여성의 역량강화를 위한 지지집단 운영 등이 있다.

(2) 간접실천

간접실천(indirect practice)은 클라이언트를 둘러싼 환경체계에 사회복지사가 개입하여 클라이언트의 욕구를 충족시켜 주거나 문제를 해결하는 실천방법이다. 클라이언트의 환경에는 가족, 집단, 지역사회뿐만 아니라, 클라이언트에게 영향을 주는 정책과 제도 등이 포함된다. 따라서, 사회복지사는 간접실천에서 사회적 지지체계의 형성과 자원의 개발 또는 연계, 서비스를 제공하는 제도나 기구 및 정책 등에 초점을 둔다. 그 예로, 아동학대 예방을 위한 홍보활동, 학교폭력 예방을 위한 자원봉사자 모집, 희귀 난치성 질환 아동을 위한 모금활동, 주의력결핍과잉행동장애(Attention Deficit Hyperactivity Disorder, ADHD) 아동지원정책개발을 위한 공청회 개최, 청소년 유해환경을 줄이기 위한 프로그램 개발, 새터민(북한이탈주민) 대상 프로그램 욕구조사 등이 있다.

3 사회복지실천의 구성요소

사회복지실천의 구성요소는 앞서 논의했던 개념이 그러하듯이 학자와 시대에 따라 다르게 논의된다. 이는 사회복지실천이 본래 시사성을 띨 수밖에 없으며, 클라이언트가 가지는 수요의 다양성에 따른 결과이다.

1) 펄만

『사회적 케이스워크』
(1957년 출판)

펄만(Helen Harris Perlman)은 1957년 그의 저서 『사회적 케이스워크: 문제해결과정(*Social casework: A problem-solving process*)』에서, 개별사회사업의 구성요소로 사람, 문제, 장소, 과정의 4P를 제시하고 있다(Perlman, 2011). 이후 4P는 개별사회사업만이 아닌 사회복지실천의 구성요소로 인정되고 있다.

(1) 사람

사람(person)이란 자신의 힘으로 해결하기 어려운 문제로 인해 고통받고 있는 당사자를 의미한다. 사회복지실천은 문제를 지닌 사람이 변화의 필요성을 인식하고 이를 시도하는 것으로부터 출발한다.

(2) 문제

문제(problem)는 고통이나 어려움을 제공하는 상황이나 조건을 의미하며, 구체적으로 해결되거나 변화되어야 하는 대상에 해당한다. 대인관계에서의 갈등, 사회적 부적응, 자원의 부족 등이 사회복지실천에서 가장 일반적으로 호소되는 문제이다.

(3) 장소

장소(place)는 물리적 공간으로, 클라이언트의 문제해결을 위한 원조활동이 이루어지는 곳이다. 장소는 물리적 환경으로서 클라이언트의 심리적·정서적 상태에 직접적인 영향을 미친다는 점에서 중요하다.

(4) 과정

과정(process)은 문제를 해결하기 위해 클라이언트와 사회복지사가 밟게 되는 일련의 절차들을 의미한다. 펄만에 따르면, 사회복지실천의 과정은 문제해결의 과정이며, 사회복지실천에는 어떤 관점을 취하든 보편적으로 거치는 단계가 존재한다.

2) 바틀렛

바틀렛(Harriett M. Bartlett)이 제시한 사회복지실천의 구성요소는 다음과 같다(Bartlett, 2003: 267- 270).

(1) 가치

① 개인은 사회의 일차적 관심사이다.
② 사회구성원 사이에는 상호의존성이 존재한다.
③ 사회구성원은 서로에 대한 사회적 책임을 갖는다.
④ 개인은 공통된 욕구를 지니고 있으나, 본질적으로 고유한 존재이다.
⑤ 개인의 잠재력을 극대화하고, 적극적 사회참여를 바탕으로 한 사회적 책임은 민주사회의 기본 속성이다.
⑥ 사회는 구성원의 자아실현을 저해하는 요소를 제거하거나 예방할 수 있는 방법을 제공할 책임을 갖는다.

(2) 목적

① 개인과 집단이 환경과의 불균형으로 인해 발생하는 문제를 규명하고, 이를 해결하거나 최소화하도록 돕는다.
② 불균형의 발생을 예방하기 위하여 개인 또는 집단과 환경 사이의 불균형의 잠재적 영역을 규명한다.
③ 개인, 집단, 지역사회의 잠재력을 최대한 이끌어 내고 강화한다.

(3) 재가

① 정부기관 또는 관련 부처
② 법인기관
③ 전문가 조직

(4) 지식

① 다양한 출처의 지식을 활용하며, 이의 적용과정에서 지식을 창출한다.
② 지식을 적용할 때에 일반화에 예외가 되는 현상을 고려할 준비를 한다.
③ 예측 불가능한 인간의 행동을 이해하고 대처할 준비를 한다.

(5) 구성

① 사회환경과의 관계 속에서 개인의 변화
② 사회환경의 변화
③ 개인과 환경의 변화

이러한 사회복지실천의 구성요소를 바탕으로 한 사회복지실천의 성격은 다음과 같다(남연희 외, 2023: 22－24).

첫째, 개인과 환경 간의 상호작용과정에서 무엇인가 문제(problem)가 있을 수 있다. 이 문제는 개인의 불충족된 욕구, 대인관계상의 부적응, 주변 환경과 개인과의 부적응 등을 포함한다. 사회복지실천현장에서 일하게 되는 사회복지사는 자신의 활동대상이 되는 문제의 성격(문제의 정도, 문제의 발생빈도, 문제의 지속기간 등), 문제에 대한 클라이언트의 정의와 그 밖의 타인의 정의 사이에 있을 수 있는 차이점, 문제해결 가능성, 가장 쉽게 우선적으로 해결될 수 있는 문제, 문제해결을 위한 과거의 노력 여부와 그 효과성, 문제해결의 시급성, 현재 문제가 해결되지 않을 경우 예상되는 결과 등을 면밀히 분석해야 한다.

둘째, 개인과 환경 간의 상호작용 내용의 변화를 위해 조정을 필요로 하는 사람(person), 즉 클라이언트가 있다. 리치몬드의 정의에서는 조정을 통해서 이루어 내려는 것이 인격의 발달이라고 정의함으로써 환경의 변화보다는 개인의 변화에 초점을 두고 있는 것으로 보인다. 실제로 리치몬드는 빈곤의 뿌리를 개인의 도덕적 상태에서 찾으려 하였고(Leiby, 1978), 개인에 대한 진단(diagnosis)을 시작으로 사회복지실천을 시작하였다. 하지만 인격발달을 강조한 것은 개인만의 변화를 통해 문제를 해결하려 하였다기보다는 개인과 환경 간의 조정과정에 클라이언트가 주체적으로 참여해야 함을 강조한 것으로 볼 수 있다. 리치몬드가 사회구조의 급격한 변혁을 요하지 않은 것은 사실이지만, 개인문제의 해결을 위해서는 적절한 관련법들이 제정 또는 개정되어야 함을 주장하고, 그를 위한 행동에 나서는 것을 옹호하였기 때문이다. 사회복지사들은 사람(person) 또는 클라이언트를 신체, 행동, 감정, 인지, 정신적 측면들이 결합되어 이루어진 전인적 인간으로 여겨, 전인적 인간을 형성하고 있는 이러한 요소들 중 어떤 요소가 문제와 관련되어 있는지, 클라이언트의 일상적 대처양상 중 어떤 측면이 문제의 효과적인 해결을 지연 또는 방해하고 있는지, 클라이언트에게 도움이 될 수 있는 사람들 또는 자원요소들과 클라이언트의 관계양상은 어떠한지, 클라이언트의 일상적 역할수행 상황은 어떠한지, 일상적 사고방식과 행동양식은 어떠한지 이러한 모든 요소들 사이의 관계양상은 어떠한지 등에 대해 세심한 관찰을 해야 한다.

셋째, 조정을 위해 전문가의 개입이 이루어지는 장소(place)가 있다. 사회복지사 또는 사회복지사가 소속되어 있는 기관(place)이 장소에 해당된다. 이 장소는 사회복지사가 소속된 기관을 말하지만, 장소 또는 기관은 클라이언트를 접촉하게 되는 사회복지사가 소속된 기관만을 의미하는 것은 아니다. 클라이언트의 문제해결을 위해 참여 또는 동원가능한 모든 기관들이 여기에 포함된다. 기관과 관련하여 사회복지사는 클라이언트가 클라이언트 자신의 문제에 기관이 관여하는 것에 대해 어떤 생각(고마움, 부끄러움, 굴욕감, 낙인감 등)을 하고 있는지, 현 소속기관은 클라이언트에게 필요로 하는 서비스를 제공할 능력이 있는지, 없다면 어떤 다른 기관이 개입되어야 문제해결이 효과적으로 이루어질 수 있을 것인지, 기관의 프로그램, 정책, 절차 등은 클라이언트의 문제해결에 도움이 되는지 등에 대해 살펴보아야 한다.

넷째, 클라이언트가 표출하는 문제, 문제해결을 위한 클라이언트의 노력, 사회복지사의 개입활동 등을 조화롭게 서로 연결할 수 있는 체계적인 연결고리가 필요함을 알 수 있는데 이것이 바로 사회복지실천 과정(process)이다. 이것은 즉흥적, 임의적으로 이루어지는 활동이 아니라, 일정한 목적을 갖고 합리적인 절차와 이론에 입각하여 신중히 이루어지는 활동을 의미한다. 이러한 실천과정과 관련하여 사회복지사는 어떤 형태의 문제해결 접근방법이 클라이언트, 클라이언트의 문제, 기관 그리고 사회복지사의 입장에서 적절한지, 어떤 접근법이 문제해결에 가장 효과적인 것인지, 원조실천과정에서 요구되는 사항들이 클라이언트의 현재 역할수행 및 클라이언트와 주변 주요 인물 및 자원들과의 관계에 어떤 영향을 줄 것인지 등에 대해 살펴야 한다.

다섯째, 사회복지실천활동에 있어 전문가(professional)는 자신이 소속된 기관을 대표하는 사람으로 사회복지사가 이에 해당한다. 이때 전문가는 나름대로 자신 사이의 균형을 적절히 이루어내야 하는 부담이 사회복지사인 전문가에게 주어진다. 사회복지실천현장에서 사회복지사는 자신의 가치관, 인생관, 세계관 등과 자신이 소속된 기관에서 요구하는 가치관, 활동원리, 활동목표 등을 분명히 인식하여 나름대로의 정리와 절충을 통해 균형을 이루어가려는 노력을 해야 한다.

여섯째, 펄만이 추가한 또 하나의 실천구성요소로서 제공자원(ptovisions)이 있다. 이것은 꼭 물질의 공급만을 의미하는 것은 아니다. 클라이언트의 물질적 욕구는 물론, 클라이언트의 지지관계망 확보 욕구, 만족스런 일상활동에 대한 욕구 등을 충족시키는 데 필요한 제반 서비스 및 기회들을 클라이언트의 생활환경 가운데서 적극적으로 발견하고 찾아내어 클라이언트가 이용 가능하도록 만들어 주는 모든 활동들을 포함한다.

4 사회복지실천과 자원체계

사회복지실천은 인간과 사회환경에 존재하는 체계들 간의 상호작용에 초점을 둔다. 사람들은 일상생활의 과업에 필요한 물질적·정서적·정신적 자원 및 서비스와 기회를 얻는 데 도움을 받기 위해 여러 체계에 의존하게 된다. 즉, 사람들이 역할의 수행, 욕구의 충족, 문제의 해결을 도모하기 위하여 유용하게 동원, 이용할 수 있는 자원의 전체 연관성을 체계적으로 포착하기 위한 개념이다(Pincus, 1973).

현대사회 이전에는 가족이 사람들의 생활과업을 처리하는 데 필요한 자원을 제공하는 주요한 체계였다. 그러나 사회가 산업화, 도시화, 구조화, 핵가족화 됨으로써 가족은 해체되어 많은 기능을 포기하게 되었다. 따라서, 가족은 더 이상 의존 대상이 되지 못하고, 직장, 학교, 정부기관과 같은 자원체계로부터 도움을 받게 되었다. 동시에, 이러한 체계들은 점차 복잡해지고 개인적으로 교섭하기가 어려워졌다.

이러한 관계로 사회복지실천에 있어서는 이런 사람들을 돕기 위해 지역사회 안에 있는 자원체계를 파악하고, 발견하고, 확보하여, 동원 및 활용하는 사회복지사가 필요하게 되었다.

자원체계(resource system)의 유형에 대한 학자들의 견해는 일차적 자원과 이차적 자원으로 구분하기도 하고, 내부자원과 외부자원, 또는 공적 자원과 사적 자원으로 구분하기도 한다. 또한 자원체계를 내부자원체계와 외부자원체계로 분류하기도 한다. 여기서 '자원'은 자원, 서비스 및 기회의 개념을 포함하는 의미를 나타낸다.

자원체계의 종류는 〈표 1－1〉과 같다.

| 표 1-1 | 자원체계의 종류

자원체계				
내부자원체계		외부자원체계		
개인	가족	비공식적	공식적	사회적
		자원봉사 자연적	공식협의체 회원조직	공적 사적

자료: 전재일(2018: 37).

1) 내부자원체계

내부자원은 일반적으로 개인이 가지고 있는 장점을 의미한다. 주로 욕구를 충족하거나 문제를 해결하는 데 도움이 될 수 있는 개인이나 가족이 가지고 있는 장점이다.

개인의 측면에서 살펴보면, 내부자원이란 개인이 가지고 있는 전문적 지식,

능력, 태도, 기술, 돈, 학력 등을 의미한다. 가족의 측면에서 살펴보면, 내부자원이란 가족에 대한 충성심, 가족구성원들이 정서적 지지를 제공할 수 있는 능력, 경제적 능력 등과 같은 가족의 장점을 의미한다. 즉, 클라이언트나 클라이언트 가족이 가지고 있는 정신적이고 물질적인 자원 모두를 의미하는 것이다. 예를 들어, 확대가족이라도 같은 집에서 살고 있으면 내부자원이지만, 다른 집에서 살고 있으면 외부자원이며, 그중에서도 자연적 원조자에 포함된다.

내부자원이란 욕구가 필요하면 언제나 제공될 수 있는 것을 의미한다. 예를 들어, 건축기술은 집을 고칠 필요가 있을 때까지 자원으로서 생각할 수 없다. 개인과 가족의 장점은 그들의 욕구를 충족하기 위하여 사용될 때만이 자원인 것이다. 따라서, 자원은 활용 가능할 때만 자원으로서의 가치를 지닌다(전재일 외, 2001).

자원을 어떻게 문제와 결부시킬 것인가를 생각하기 전에 내부자원을 파악하는 데 있어서 야기되는 문제 중의 하나는, 클라이언트가 자신에게 문제가 있다는 사실을 인정하지 않으려는 것이다. 이는 문제를 더욱 복잡하고 해결하기 어렵게 만든다. 이러한 상황에서 사회복지사가 자원활용에 대한 적절한 계획을 수립한다는 것은 어려운 일이다. 따라서, 사회복지사는 클라이언트가 가지고 있는 잠재능력이나 강점을 파악해야 한다. 그리고 대부분의 자원은 생활경험에 대한 개인이나 가족의 기억을 표현하도록 도와야 한다.

2) 외부자원체계

외부자원은 개인이나 가족의 생활을 향상시켜 줄 수 있는 재화나 서비스를 제공하여 주는 사람이나 조직을 의미한다. 외부자원에는 비공식적(informal or natural), 공식적(formal), 사회적 자원(social resource) 세 가지 유형이 있다. 이러한 유형은 다음과 같은 두 가지 특성에 의하여 구분된다. 즉, 자원의 이용범위를 제한하고 있는 규칙의 존재 유무에 따라서, 그리고 도움이 필요한 자원을 요구하는 데 어떤 조건이 있는지에 따라서 구분될 수 있다.

외부자원의 첫 번째 특징은, 업무규칙을 가지고 있다는 것이다. 기관의 업무

규칙은 이용 가능한 서비스와 적절한 요구조건에 대한 범위를 결정하고 있다. 자원이 어떤 유형의 도움을 제공하고 있는지에 대해 이해를 하고 있어야만 자원활용이 가능하다. 따라서, 활용자원에 대한 규칙들을 파악하고 있어야 한다. 예를 들어, 구두수선 가게에서 차를 고칠 수 없는 것과 마찬가지로 기관 나름대로 제공하는 서비스 유형들을 가지고 있다(전재일 외, 2018: 37).

자원을 이용하는 사람들에 대한 요구조건이 있을 수도 있다. 즉, 장애인 단체들은 장애인을 대상으로 한다는 규정을 가지고 있다. 공제조합이나 우애단체, 의료기관 그리고 협동조합 등은 일정한 요구조건을 가지고 회원을 선발한다. 또한 적절한 자원이 무엇인가에 대한 판단은 욕구에 기초해서 결정된다. 병원의 응급실은 신체검사를 하지 않으며, 사회복지기관이 부를 제공할 수는 없다. 이러한 규칙들은 자원의 이용성을 규정하는 것이다.

외부자원의 두 번째 특징은, 자원을 재화와 서비스로 활용하는 데 있어서 필요한 요구조건을 가지고 있다는 것이다. 이런 의미에서 모든 자원은 값이 매겨져 있다고 할 수 있다. 가격은 항상 돈으로만 지불되는 것은 아니며, 심리적 보상으로 얼마든지 지불될 수 있는 것이다. 따라서, 모든 교류는 항상 요구조건을 가지고 있다. 이러한 교류조건은 명확하게 제시되어 있을 때도 있고, 구체적으로 설명하기 어려운 경우도 있다.

이러한 자원을 가족, 친구 등의 비공식적 또는 자연자원체계, 어떤 목적을 위해 형성된 집단·조직 등의 공식적 자원체계, 학교·병원·복지시설 등의 사회적 자원체계로 분류하고 있다(Pincus, 1973: 3).

(1) 비공식적 자원

비공식적 자원(informal resource) 또는 자연자원(natural resource)은 친척, 친구, 이웃 그리고 자원봉사자를 들 수 있다. 비공식적 자원은 적절성에 대한 명확한 규칙을 가지고 있지 않다. 비공식적 자원을 필요로 하는 범위는 상당히 광범위하다. 엄격한 규칙과 제한성이 없으며 자발적이고, 공식적인 자원보다 개별적인 욕구를 충족하기에는 훨씬 적합하다. 클라이언트와 비공식적 자원 사이의 교류조건은 대체로 구체적이지 못하다. 비공식적 자원에 대한 대가는 대체로 정서적 만족감을 갖는 것이다. 그러나 이러한 대가가 금전적인 것보다 덜 중요하다고 생각할 수 없다. 양자의 경우에 있어서 교류조건이 만족되지 않는다면 자원은 제공되지 않는다. 예를 들어, 비공식적 자원은 클라이언트에게 고마움을 표현할 것을 요구할 수도 있다. 종교적 집단은 회개할 것을 요구하고, 부모가 자녀에게 잘못된 행동을 시인하도록 요구하는 것과 마찬가지로 원조자들은 도움을 제공하기 전에 클라이언트에게 잘못을 시인할 것을 요구하는 경우도 있다. 또한 충고나 교훈에 따를 것을 요구하기도 한다. 이러한 기대는 클라이언트와 비공식적 원조자와의 관계에 있어서 매우 중요한 것이다. 사회복지사는 자원을 이용하는 대가로서 이러한 것을 인식하고 연결해야 한다.

비공식적 원조자의 유형에는 자연적 원조자와 자원봉사자가 있다. 양자는 클라이언트와의 관계에 기초하여 구분된다. 자연적 원조자는 문제의 유무와 관계없이 클라이언트와 관계를 맺고 있으며, 이들은 친척, 친구, 이웃 등이다.

자원봉사자는 도움을 필요로 하는 문제가 있을 때까지 클라이언트와는 아무런 관련이 없다. 클라이언트의 문제로 인해 형성되는 자원봉사자와 클라이언트 사이의 관계는 클라이언트의 욕구에 기초를 두고 있으며, 욕구가 충족되면 끝난다.

자원봉사자가 해결하기 힘든 욕구 중의 하나는 정서적 지지를 제공하여 주기가 어렵다는 것이다. 모든 사람들은 정서적 지지에 대한 욕구를 가지고 있다. 비공식적 자원을 활용하지 않고 사회복지서비스를 제공한다는 것은 어려운 일이다. 그러나 비공식적 자원을 활용한다는 것은 대단히 위험스러운 것이다. 때때로 비공식적 원조자들은 그들이 해결하는 문제만큼이나 많은 문제를 야기한다. 문제를 야기하는 원인은 그들 자신들이 제공한 서비스에 대해 특별한 대가를 기대하기 때문에 일어난다. 만약 기대가 과도하거나 클라이언트가 지불할 수 없는 것이라면 새로운 문제들이 야기된다(전재일 외, 2018: 40).

각자가 활용할 수 있는 비공식적 자원은 조직화되어 있지 않는 망을 포함해서 생각할 수 있다. 사회복지사와 지지망은 자동차와 차체의 관계와 같다. 자동차는 차체 없이 작동될 수 없다. 또한 하나의 차체만으로 자동차는 작동되지 않는다. 차체는 서로 결합되어 있어야 한다. 지지망 안에 있는 사람들은 반드시 서로를 알고 있어야 할 필요는 없다. 그러나 그들은 사회복지사와 협력해서 도움을 제공해야 한다. 지지망은 다양한 비공식적 자원들로 이루어져 있다. 이러한 지지망은 친척, 친구, 이웃 등이 중심이 되어 있으며, 클라이언트에 급한 일이 발생할 때 언제든지 도움을 제공하여 줄 수 있는 집단이다.

(2) 공식적 자원

공식적 자원(formal resource)은 회원들의 관심이나 흥미를 지향하는 공식협의체나 회원조직을 말한다. 이 체계는 회원들에게 직접 자원을 제공하든지 다른 사회체계와 교섭하도록 돕는다. 예를 들어, 노동조합은 회원들에게 사교행사와 오락 프로그램을 제공하는 동시에, 회원들의 고용주와 타협하도록 돕는다. 회원조직단체가 시도하는 사회체계와 교섭은 그들 회원들에게만 혜택이 주어지는 것이 아니고, 그런 체계로부터 도움이 필요한 다른 사람들에게도 그 혜택은 미치게 된다. 예를 들어, 정신지체아동의 학부모회가 학교이사회에 정신지체아동을 위한 서비스의 확장을 요청하는 경우, 그 조직 내의 가족들에게만 혜택이 가는 것이 아니고, 그 지역에 있는 다른 정신지체아동들의 가족에게까지 영향을 주게 된다.

사회에는 수많은 회원조직단체가 있다. 그중에는 장기회원제, 단기회원제 또는 임시적인 단체도 있다. 이들은 사회자원체계 중의 특수한 하나의 체계와 연결되어 있기도 하고 또는 여러 개의 체계와 관련을 가질 수도 있다. 그 예로, 학부모회, 사회복지사협회, 의사회, 소비자 보호협회, 인권옹호회, 주민협회 등이 있다.

(3) 사회적 자원

사회적 자원(social resource)은 공공행사와 자원시민들의 사회행동으로 여러 형태의 자원체계를 설립한다. 일반적으로 사람들은 보통 몇 개의 이러한 체계와 연결되어 있다. 병원, 입양기관, 직업훈련소, 법률상담소 등은 단기적이며 필요한 욕구를 충족시키는 데 목적이 있고, 학교, 어린이집, 직장, 사회보장 프로그램과 같은 사회적 자원체계는 연령이나 지속되는 개인의 사회적 역할(직무역할, 학생역할)에 따라 관계를 맺게 된다. 사람들은 국민으로서 역할이나 지역주민으로서 역할수행에서 경찰, 오락시설, 시청, 동사무소와 같은 많은 정부기관이나 공공서비스와 관련을 맺게 된다.

이들의 원조는 정책이나 규정에 의해 정해져 있다. 그리고 법률이나 행정규칙의 지배를 받고 있다. 이러한 이용규칙은 문서로 되어 있으며, 사회적 자원은 공적인 것과 사적인 것으로 구분할 수 있다. 공적 자원은 세금에 의해 운영되고 법률에 의해 규정되어 있다. 교류조건은 절대적인 경향이 있으며, 사회적 자원 중 공적 자원의 예로서는, 장애인에게 취업을 알선해 주는 장애인고용촉진공단, 행정복지센터 등을 들 수 있다.

사적 자원은 서비스 이용료와 후원금에 의해 운영된다. 이것은 공식적인 정책이나 운영절차에 의해 규정되어 있다. 사적 영리단체나 전문가들이 이에 포함되는 것으로서, 종합사회복지관, 구세군단체와 같이 기관의 운영자금이 사적인 차원에서 충당되는 경우이다(전재일 외, 2018: 41－42).

3) 사회복지, 사회사업, 사회복지실천의 관계

넓은 의미에서 볼 때, 사회복지는 사회구성원의 기본적 욕구를 충족하여 삶의 조건을 보장하고 사회통합을 달성하고자 하는 사회적 활동의 총체로, 사회구성원들의 삶의 질 개선을 위한 모든 사회적·제도적 노력의 총체이다.

한편, 사회사업(social work)은 개인, 집단, 지역사회를 도와 그들의 사회적 기능의 역량을 강화하고, 회복시키고 그들의 목적에 유리한 사회적 조건을 창출하도록 하는 전문적 직업활동이다. 또한 한 개인, 가족, 집단 그리고 지역사회의 문제를 해결하고, 개인, 집단, 지역사회와의 관계를 만족스럽게 돕는 하나의 전문적인 활동이다(Farle et al., 2011).

이처럼 사회복지는 사회사업보다 더 포괄적인 개념이라고 볼 수 있다. 하지만 최근에는 사회복지와 사회사업을 구분하지 않고 혼용하여 사용하거나, 동일한 개념으로 사용하고 있는 실정이다. 즉, 사회복지는 개인, 가족, 집단, 지역사회의 욕구를 충족시키기 위한 법률, 프로그램, 서비스체계인 반면에, 사회사업은 개인, 가족, 집단, 지역사회의 욕구충족을 위해 도움을 주는 전문적 실천방법이라고 볼 수 있다(길귀숙 외, 2018: 11). 따라서, 사회복지는 국민의 복지를 위한 일련의 목표와 제도이며, 사회사업은 전문 지식과 가치와 기술을 강조하는 전문직 서비스라고 할 수 있다.

사회복지와 사회사업의 특성을 비교하면 〈표 1－2〉와 같다.

| 표 1-2 | 사회복지와 사회사업의 비교

구분	사회복지	사회사업
의미	이상적 측면 강조	실천적 측면 강조
목적	바람직한 사회	바람직한 인간
대상	일반적·전체적	개별적·부분적·특정적
방법	제도·정책, 고정적	지식과 기술, 역동적
기능	예방적·사전적	예방적·사후적

자료: 김보기 외(2019a: 37) 재인용.

사회복지는 인간의 행복을 추구하는 학문으로 사회사업만으로는 사회복지를 달성할 수 없으며, 다양한 직업군에 있는 사람들의 노력을 통해 이루는 결과이다. 사회복지를 수행하는 전문가 집단이 사회복지사, 의사, 교사, 도시계획가, 심리학자, 간호사, 정신과의사 등 다양하듯이 사회사업은 사회복지에 기여하는 여러 전문직 중 하나로 이해할 수 있다.

사회복지실천은 사회복지를 위한 실천이라고 볼 때, 행위를 뜻하는 사회사업과 같은 의미이다. 사회복지가 광의의 개념이라면, 사회복지실천은 협의의 개념이며, 사회복지로 빈곤과 고난을 경감시킬 목적으로 사회가 공공 또는 민간의 형태로 비영리적 서비스 기능을 통해 국민의 최저생활을 보장하는 것을 포함하는 의미이다. 이처럼 사회복지실천은 사회복지의 핵심적인 요소이며, 사회복지의 목적을 달성하기 위해 사회복지사는 전문가로서 사회복지실천을 한다.

연습문제

01 사회복지실천의 목적으로 옳지 않은 것은?

① 개인의 문제해결능력과 대처능력을 향상시킨다.
② 개인과 환경 간 불균형 발생 시 문제를 감소하도록 돕는다.
③ 개인과 환경 간의 상호작용에 초점을 두고 사회정책을 개발한다.
④ 개인의 욕구충족을 위해 전적인 책임을 갖고 지속적으로 지원한다.
⑤ 개인과 환경 간의 상호 유익한 관계를 증진시킨다.

02 사회복지실천의 특성으로 옳지 않은 것은?

① 클라이언트의 문제를 대신 해결해 주는 활동이다.
② 사회정책을 개발하고 수정하는 데 기여한다.
③ 사람과 자원체계가 연결될 수 있도록 돕는다.
④ 인간의 삶의 질 향상을 목적으로 한다.
⑤ 사회복지 실천기술을 활용한다.

03 사회복지실천의 목적으로 옳지 않은 것은?

① 개인의 문제해결능력과 대처능력을 향상시킨다.
② 개인과 환경 간 불균형 발생 시 문제를 감소하도록 돕는다.
③ 개인과 환경 간의 상호작용에 초점을 두고 사회정책을 개발한다.
④ 개인의 욕구충족을 위해 전적인 책임을 갖고 지속적으로 지원한다.
⑤ 개인과 환경 간의 상호 유익한 관계를 증진시킨다.

04 사회복지실천의 특성으로 옳지 않은 것은?

① 개인의 문제해결능력을 향상시킨다.
② 사회적 기능을 증진시킨다.
③ 인간의 삶의 질을 향상시키기 위한 활동이다.
④ 사람과 자원체계가 연결될 수 있도록 돕는다.
⑤ 사회복지실천의 세부목적은 사회가 변화해도 불변한다.

정답 1. ④ 2. ① 3. ④ 4. ⑤

Chapter 2

사회복지실천의 전개과정

✓ **학습목표**

1. 영국 사회복지실천의 역사에 대한 숙지
2. 미국 사회복지실천의 역사에 대한 숙지
3. 한국 사회복지실천의 역사에 대한 숙지
4. 한국에 미친 영향 이해

✓ **학습내용**

1. 서구 사회복지실천의 전개과정　　2. 한국 사회복지실천의 전개과정

✓ **개요**

사회복지실천의 역사는 전반적인 사회복지발달의 역사 속에서 매우 긴밀하고 중요하게 상호작용해 왔다. 특히, 서구의 사회복지 발달과정에서 영국의 산업혁명과 이를 통한 사회경제적 구조나 시민사회의 급격한 변화는 다량의 사회문제를 유발하였는데, 이에 대한 공적 차원의 개입 및 문제해결이 역부족인 상황에서 개인 또는 민간 차원에서의 각종 자선 및 박애사업들이 등장하면서 사회복지실천의 조직화가 시작되었다. 여기에서는 사회복지실천의 역사를 학습하고자 한다.

Chapter 2

사회복지실천의 전개과정

사회복지실천의 역사는 전반적인 사회복지발달의 역사 속에서 매우 긴밀하고 중요하게 상호작용해 왔다. 특히, 서구의 사회복지 발달과정에서 영국의 산업혁명과 이를 통한 사회경제적 구조나 시민사회의 급격한 변화는 다량의 사회문제를 유발하였는데, 이에 대한 공적 차원의 개입 및 문제해결이 역부족인 상황에서 개인 또는 민간 차원에서의 각종 자선 및 박애 사업들이 등장하면서 사회복지실천의 조직화가 시작되었다(이경준 외, 2020: 49).

사회복지실천은 당시의 시대적 철학사상과 지식체계, 역사적 사건, 사회경제적 상황 그리고 복지제도의 변화·발전과 밀접한 관계 속에서 개념화되고 재정의되었다. 특히, 현대사회에서 통용되는 일반사회복지실천(general social work practice)의 의미는 전문직(profession)이라는 개념의 발달과 함께 밀접한 관계를 갖고 있다. 이로써 사회복지실천 개입을 위한 기관과 전문직이 탄생하였고, 이후 더욱 발전적인 사회복지실천 논의가 진행되었다. 역사적으로 영국에서 미국으로의 이민세대를 통해 사회복지의 발달은 그 실천적 가치와 의미를 더욱 가시화할 수 있는 대상의 확대와 실천분야의 발전에도 큰 기여를 하게 되었다(김보기 외, 2019a: 41－42).

사회복지의 근간은 영국 엘리자베스 여왕시대의 구빈법에서부터 찾는 것이 일반적이나, 오늘날 한국 사회복지실천의 지식체계와 방법론은 미국의 체계와 모형을 중심으로 도입, 활용되고 있다. 영국과 미국 그리고 한국에서 시행해 온 사회복지실천의 역사는 다음과 같다.

1 서구 사회복지실천의 전개과정

산업혁명 이후 영국사회는 산업구조의 개편, 생산체계의 변화, 과학기술의 발달 등으로 급격한 사회적 변화과정을 겪게 되었고, 이 과정에서 다양한 사회문제가 대량으로 발생하게 되었다. 1800년대 초부터 이에 대응하여 개인이나 민간 차원의 자선사업과 박애사업이 시작되었고, 개인 또는 민간단체가 운영하는 사회복지기관이 출현하기 시작하였다. 이것이 조직적인 사회복지사업의 시초라고 볼 수 있다.

사회복지실천은 주로 자선조직협회와 인보관운동의 결과로 발달되어 왔다. 자선조직협회의 활동은 개별사회사업이나 미시적 의미의 사회복지실천활동으로 발전되었고, 인보관운동은 지역사회조직으로 발전되었다. 그 이후로 전문직으로서의 교육훈련체계 확립, 보수체계 정립, 전문가협회 조직, 전문적 저술 등의 발전과정을 거치며 사회복지실천의 이론화 및 방법의 체계화가 이루어지기 시작하였다(최덕경 외, 2015: 35).

서구 사회복지실천의 변천과정은 〈표 2-1〉과 같다.

| 표 2-1 | 영국과 미국 사회복지실천의 변천과정

연도	변천과정	내용
1900년 이전	태동기	자선조직협회, 인보관운동
1900~1920	성장기	전문직화의 움직임
1920~1950	분화기	3대 방법론 확립
1950~1960	통합기	통합방법론 발전
1960~1980	발전기	현장접근방법론 발전
1980~현재	확장기	새로운 모델, 다양한 관점

자료: 김보기 외(2019a: 43) 재인용.

1) 사회복지실천의 태동기

사회복지실천이라는 분야가 서구에서 하나의 전문적 직업영역으로서의 모습을 갖추어 나가기 시작한 시기를 19세기 중엽으로 보는 것이 일반적이다. 서구사회에서는 18세기부터 산업혁명으로 공업화·도시화가 활발히 진행되면서 수많은 인구가 도시로 유입되었고, 인구 집중과 과밀화에 따라 다수의 도시 빈민이 발생하였다.

이러한 도시빈곤 문제를 해결하기 위해 교회가 중심이 된 신흥 중산계층이 주축이 되어 많은 자선단체가 산발적으로 활동하였으며, 그와 함께 여러 사회복지실천 단체와 기관이 출현하였다. 산발적인 사회복지실천활동은 서비스 중첩, 소외와 배제되는 인구 증가, 사회복지실천의 비효율적 운영과 같은 문제점을 나타냈다(주경필, 2021: 27).

역사적으로 사회복지실천은 19세기 말 영국에서의 자선조직협회와 인보관운동에서 그 기원을 찾을 수 있다. 과학적 자선과 미시적 접근을 통한 자선조식협회의 활동과 빈민운동 또는 사회변혁운동을 통한 인보관 활동을 시작으로, 이후 사회복지발달의 역사는 사회복지 전문직에 대한 교육 및 훈련체계, 연대 및 조직화, 이론 및 방법론적 논의 등으로 이어지면서, 오늘날 사회복지실천의 기틀 마련에 기여하였다.

(1) 자선조직협회

① 시대적 배경

18세기 중엽 영국의 산업화, 도시화에 따른 도시인구 팽창과 빈민화로 인해 각종 개인 및 사회문제들이 발생하면서 이를 해결하기 위해, 영국에서는 민간차원에서의 자선단체들이 생겨나기 시작하였다. 당시에는 주로 종교적 차원에서 동기화한 단체들이었으며, 이후 성직자들과 함께 부유한 자선가들이 빈민구제의 목적으로 활동을 해나갔다.

그러나 이 자선단체들은 적지 않게 자신들의 사회적 우월과 역량을 바탕으로 한 최소한의 은혜나 자선을 바탕으로 하였다. 더욱이 초기에 이들 간 상호협력이나 연대가 제대로 이루어지지 않은 상태에서 서비스의 중복 수혜나 사각지대에 대한 지원 미비 등으로 서비스 제공의 체계성이나 효율성에 있어서 많은 의문점들이 나타나기 시작하였다. 이러한 배경에서 점차 조직적이고 합리적인 자선의 필요성이 대두되고, 자선단체들 간의 연계와 조정을 통한 활동조직을 구상하게 되면서, 1869년 영국 런던에서 최초의 자선조직협회(Charity Organization Society, COS)가 탄생하게 되었고, 이후 미국에서도 유사하게 활동하던 자선단체들이 1877년 뉴욕 버펄로에서 연대하여 미국자선조직협회를 결성하였다(이경준 외, 2020: 50－51).

② 자선조직협회의 지향점

자선조직협회는 그 탄생의 배경과 같이 지금까지의 무분별한 빈곤자 구제와 서비스의 중복지원을 방지함으로써 보다 체계적이고 효율적이며, 공정한 서비스를 제공하고자 하였다. 이를 위해 구제신청자에 대한 면밀한 조사를 통해 중복수혜의 가능성을 차단하고, 구제등록을 통한 지역자선단체들 간 연락 및 조정의 기능을 수행하였다. 이러한 빈곤자들에 대한 환경조사와 조정활동을 바탕으로 적절한 원조서비스를 제공함으로써, 궁극적으로 자선조직협회 활동의 목표는 과학적으로 선별된 사람들에 대한 삶의 영위를 위해 필요한 최소한의 여건을 조성하도록 지원하는 것이었다(김혜영, 2021: 27).

또한 자선조직협회를 통해서 빈민구제에 나선 자선가 또는 봉사자들을 통칭 '우애방문자(friendly visitors)'라고 하였다. 이들은 해당 가정을 방문하여 가정생활, 아동교육, 가계경제 등에 대해 조언하고 지도하였다. 특히, 미국에서는 빈민에 대한 한시적인 구호가 아닌 근로와 절약의 가치를 교육하는 데 주력하였고, 우애방문자의 가정방문, 면담, 기록, 분석 등의 활동은 사회복지실천방법론 중 개별사회사업의 기초가 되었다. 이후 가족복지를 위한 기초적 접근 가능성을 제시하고 있다는 점에서도 주목할 만하다.

③ 자선조직협회의 접근방법

자선조직협회 활동의 주된 접근방법, 특히 주요 활동의 목적이나 대상인 빈곤을 바라보는 접근방법은 사회진화론적 관점과 기독교적 도덕성에 근거한 개인책임주의라는 이데올로기였다. 즉, 빈곤은 개인의 도덕성 결여나 나태함에서 기인하기 때문에 그 원인과 해결 모두 개인에게 주요 책임이 있다는 것이다. 그럼으로써 협회의 지원범위는 최소한도를 전제로 하고 '가치 있는 빈민'과 '가치 없는 빈민'을 구분하였으며, 구조를 받을만한 가치가 있는 빈곤자(worthy poor)에게는 도움을 제공한 반면, 일할 능력이 있는 거지, 알코올 중독자, 성매매 여성 등에게는 도움을 제공하지 않음으로써 도덕적 의무를 강조하였다는 점에서 오늘날 사회복지사업과 차이가 있다.

④ 평가

자선조직협회의 활동은 오늘날 사회복지실천 발전에 있어서, 방법론적 측면, 즉 빈민가정 방문을 통한 면담과 기록, 사례관리 등을 통한 개별사회사업 실천과 사회조사 등에 영향을 미쳤고, 사회복지실천 조직들 간의 체계성과 연대주의 제고에도 기여하였다.

그런가 하면 우애방문자를 통한 개입활동은 결과적으로 오늘날 사회복지 전문직의 시발점이 되었다는 점에서 의미가 크다. 즉, 특정 지역사회적 부유층의 개별적이고 시혜적이며, 무급의 단순 자선이나 봉사 차원에서 머물던 우애방문자들의 수가 급속한 빈곤화로 인한 다량의 욕구에 시대적으로 부응하지 못하게 되고, 빈곤문제해결을 위한 보다 전문적이고 안정적인 일자리가 필요해지기 시작하자 이들은 유급 직종으로 변환되면서 사회복지실천의 발전에 커다란 밑거름이 되었던 것이다.

이러한 자선조직협회는 빈곤문제를 빈민들의 도덕성 결여에서 비롯된다는 개인주의적 빈곤관을 지니므로 빈곤발생의 사회적 측면을 경시하는 한계를 드러냈다. 자조의 개인주의적 윤리를 지나치게 강조하여 빈곤을 개인의 도덕적 결함으로만 간주함으로써 사회경제적 영향을 무시하였다는 점에서 보수적이며, 환경조사는 빈민의 낙인을 수반한다는 점에서 비판받고 있다. 즉, 1834년 「신구빈법(new poor law)」으로 인해 자본주의의 모순이 심화되고 사회문제가 심각했듯이, 격동하는 사상적 시대에서 퇴보를 보인 점은 자선조직협회의 장점을 희석시키기에 충분하다. 그러나 자선조직협회의 활동은 역사적 한계를 보여 주는 것으로, 당시 자유주의 경제체제하에서 불가피한 측면이 있는 점 또한 눈여겨볼만 하다 (주경필, 2021: 28).

(2) 인보관운동

① 시대적 배경

자선조직협회는 사회복지실천의 전문화에 큰 기여를 하였으나, 근간이 되는 보수적인 철학과 가치에 따라 한계점을 드러내었다. 즉, 빈곤에 대한 원인을 개인의 책임이라는 관점에서, 빈곤문제해결을 비롯한 개인의 사회적 역할에 근본적인 한계가 있음을 지적하면서, 사회적 변혁을 통한 문제해결을 도모하였다 (주경필, 2021: 28).

인보관은 인보사업과 빈민구제를 목적으로 세워진 단체나 기관으로, 빈민지역에서 함께 생활하며 지역사회 환경과 생활을 개선하는 것을 목표로 한다. 인보관운동은 이러한 인보관이 사회개혁운동으로서 펴져나가게 된 것을 말한다.

인보관운동(settlement house movement)은 지역사회 내 각종 환경적 요소에 대한 문제적 인식과 사회구조 개혁을 위해 인보관운동가들은 직접 빈민의 곁에서 함께 생활함으로써, 이들에 대한 도덕적 교화와 함께 빈곤의 구조적 문제와 환경의 개선을 추구하였다.

토인비 홀(Toynbee Hall, 영국 런던)

헐 하우스(Hull House, 미국 시카고)

이러한 목적적 배경하에 인보관운동을 주도한 바네트(Canon Samuel Barnett) 목사와 젊은이들은 빈민들을 위해 헌신했던 토인비(Arnold Toynbee)를 기념하여, 1884년 영국 런던 동부의 빈민지역에 '토인비 홀(Toynbee Hall)'이라는 최초의 인보관을 설립하였다. 이후 영국의 토인비 홀을 방문했던 미국인 아담스(Jane Addams)는 운영 전반과 제도를 살펴본 후, 1889년 미국 시카고 빈민가에 토인비 홀을 모델로 한 '헐 하우스(Hull house)'를 세웠다. 이 헐 하우스에서 일하는 모든 사람들은 '세틀먼트 하우스(Settlement house)'라 불리는 기관에서 함께 숙식하며 생활하였다. 이들 대부분은 주택문제, 공공위생문제, 고용착취문제 등에 관심을 갖고 사회개혁을 시도한 사람들이었다. 이는 사회복지실천 역사에서 중요한 기틀을 마련하게 된다(송한용 외, 2023: 71).

② 인보관운동의 지향점

인보관운동의 모토는 3R, 즉 '거주(residence)', '조사(research)', '개혁(reform)'이다. 인보관운동은 연구와 조사를 통해 사회제도를 개혁해야 한다는 기본 이념을 갖고 있으면서, 빈곤지역의 중심지에서 빈민들과 함께 생활하지 않으면 빈민과 그 주변을 이해할 수 없다는 데서 이 개념이 형성되었다. 따라서, 인보관운동은 사회개혁으로 빈민들과 함께 생활하면서 빈민들의 지역사회 환경과 생활개선을 목표로 활동하였고, 사후 치료보다도 사전 예방적인 접근을 중요시하였다. 설립자인 바네트 목사는 기독교 사회주의의 영향을 받아 사회계층 간의 격차를 줄이고 물질주의로부터 인간의 가치를 회복하고자 하였다(김혜영 외, 2021: 27).

이러한 인보관운동을 이끈 초기 활동가들의 주축은 급진적 사회개혁의 열망과 이상을 품은 젊은 대학생층들이었다(Zastrow, 2015). 이들은 빈곤지역의 중심에 자리한 인보관에서 기본적인 의식주 지원 프로그램에서부터 각종 자활 및 자립지원과 역량강화교육, 성인교육 등을 비롯해 지역사회에서 발생하는 계급 차이로 인한 문제해결이나 빈민보호 등을 위한 입법 활동과 같은 조직적 정치참여 활동에 이르기까지, 오늘날 지역사회복지 및 조직사업의 근간이 되는 다양하고 구체적인 기능주의적 활동들을 전개해나갔다.

③ 인보관운동의 접근방법

인보관운동은 탄생배경에서와 같이 빈곤을 비롯한 사회문제의 원인을 빈민자 개개인에 두기보다는 사회적 구조와 환경에서 찾고자 하였으며, 이러한 관점은 그들의 행동모토에서처럼 빈민지역에서 직접 생활하면서 그들의 생활여건을 파악하고 그에 맞는 개선을 위해 노력했던 수많은 제공 서비스들에서 엿볼 수 있다. 따라서, 이러한 점은 오늘날 사회복지실천의 기본 관점인 '환경 속의 인간(Person in Environment)'과 상통하는 의미가 있다. 또한 사회문제를 해결하기 위한 집단적·지역사회적 관점에서의 조직과 정치적 활동이 주요한 기능적 관점이라고 할 수 있다. 이데올로기 측면에서 당시 진일보한 사상을 나타내고 있으며, 자선조직협회가 자유주의 경제체제에 충실했던 점에 비추어, 상당히 사회주의적인 요소를 지니고 있다(최세영, 2021: 70).

④ 평가

인보관운동가들은 개인을 둘러싼 환경과의 상호작용에서 개인이 어떻게 대처하는가에 따라 문제가 발생 또는 해결될 수 있다고 믿었으며, 보다 정책적·거시적 체계의 변화를 위해 노력하였다. 개혁적 성향을 가진 실천가는 사회의 시스템을 궁극적으로 변화시키고자 노력하였다. 그러나 자유주의적 성향을 가진 상당수의 실천가는 단기간 내의 사회적 변화를 꾀하기보다는, 사회의 불합리한 체계가 개개인의 욕구에 부응할 수 있도록 점진적인 변화를 촉구함으로써 사회문제가 해결될 것으로 믿었다.

그러한 믿음과 활동으로 인보관운동은 제1차 세계대전 이후 빈곤 감소와 대학생들의 참여가 감소하며 쇠퇴하긴 하였으나, 오늘날 집단사회사업(group work)과 지역사회조직(community organization) 활동의 모태로 여겨진다. 최근의 사회복지실천방법론으로 활용되고 있는 클라이언트 중심 역량강화 모델의 이념적 근원이 되었다는 점이나, 지역사회 문제를 해결하기 위해 정책과 법률 제정에 영향을 미칠 수 있는 조직적인 활동을 시도함으로써, 지역사회조직 방법론의 발전에 기여했다는 점 등에서 그 의미를 찾아볼 수 있다.

자선조직협회와 인보관운동을 비교하면 〈표 2-2〉와 같다.

| 표 2-2 | 자선조직협회와 인보관운동의 비교

구분	자선조직협회	인보관운동
이념	사회진화론적 이념에 동조 자유주의 경제체제 충실	기독교 사회주의 사회제도 개혁, 인간가치 회복
주요 활동가	중산층 부인 중심의 자원봉사자 (우애방문원)	젊은 대학생, 교수 등 지식인층

구분	자선조직협회	인보관운동
도덕성에 대한 관점	기독적 도덕성 강조, 빈자의 나태함 비난	도덕성의 다양한 관점 인정
빈곤관	개인주의(개인 책임)	사회환경(사회개혁)
실천 장소	가정방문	빈곤지역에 함께 거주
서비스	경제부조: 서비스 조정에 초점 사회복지사 중심	서비스 자체에 초점 클라이언트 중심
사회복지에 미친 영향	개별사회복지실천, 사회복지 조사, 지역사회조직	역량강화, 집단사회복지실천, 자역사회조직

자료: 최세영(2021: 71).

2) 사회복지실천의 성장기

시대적으로 점차 증가하고 복합적인 양상으로 발전하는 빈곤문제와 새로운 사회문제들의 발생과정에서 이를 해결하기 위한 전문직의 필요성은 당연한 시대적 요구였다. 이 과정에서 몇 가지 배경에도 불구하고, 자선조직협회의 유급직 전환은 사회복지실천을 위한 집중과 선택이 가능하도록 하는 중요한 계기를 마련하였다. 이로써 유급직원들은 지금까지의 시혜적이고 헌신적인 차원을 넘어서 자신들의 전문성과 전문가로서의 직업의식을 새롭게 하는 새로운 열망과 도전에 이르게 되었고(NASW, 1995), 점차 사회복지실천의 태동을 넘어 보다 내실 있게 성장하기 위한 기반을 다지기 시작하였다. 또한 이 과정에서 사회복지실천의 태생적 한계와 이를 극복하기 위한 이론적·합리적 체계의 필요성이 대두되고, 이에 대처하기 위한 다양한 노력들은 주로 미국의 사례에서 뚜렷하게 발견되고 있다(이경준 외, 2020: 56).

(1) 교육과정의 시초

19세기 말 자선조직들은 지방도시와 협력체계를 맺고 다양한 구제활동을 수행하였다. 각 지역의 자선조직협회에 소속된 경영진들은 기금운용에 대한 책임을 준수하고, 우애방문자들을 훈련하는 역할을 담당하였는데, 훈련받은 우애방문자들은 최초로 임금체계를 갖춘 사회복지사들로 발전하였다(Dolgoff et al., 1997). 또한 우애방문자들의 역할을 정립하고, 서비스의 질을 향상시키기 위하여 일련의 표준훈련과정이 개발되었다. 이것이 사회복지실천가를 위한 전문적 교육과정의 시초라고 알려져 있다. 리치몬드(Mary Ellen Richmond, 1861~1928)가 경영을 담당하였던 뉴욕자선조직협회는 1898년에 최초로 6주간의 훈련프로그램을 시행하였다. 1904년에는 뉴욕박애학교라는 명칭으로 1년 과정을 확대, 개설하였으며, 1910년 이후에는 2년 과정으로 정착하게 되었다(Johnson & Yanca, 2010 ; Yanca, 2016). 이 과정에서 강의를 담당했던 경제학자 패턴(Simon Pattern)은 '사회복지사(social workers)'라는 신조어를 만들어 우애방문자와 인보관 실무자들에게 사용하였다. 1907년 그의 강의를 토대로 집필한 그의 저서 『문명화의 새로운 기초(*The New Basis of Civilization*)』는 영향력 있는 저서가 되었다(Coats, 1987). 또한 그는 사회복지사의 주요한 역할이 개개인을 위한 사회서비스 전달이 아닌 '옹호(advocacy)'라고 주장함으로써 리치몬드와 논쟁하기도 하였다. 이 교육과정은 1917년 뉴욕사회사업학교로 개칭되었고, 1963년 미국 최초의 사회복지 고등교육기관인 컬럼비아대학교 사회사업대학이 되었다. 이와 유사한 노력들이 20세기 초 시카고박애학교에서도 진행되었으며, 이는 1907년 시카고대학교(The University of Chicago)의 사회서비스행정대학을 탄생시켰다(Frumkin & Lloyd, 1995).

최초로 전문적 사회복지사로서 채용된 인물은 하버드대 의과대학 메사추세츠병원(Massachusetts General Hospital)의 펠톤(Garnet Pelton)이었다. 그녀는 폐결핵으로 인하여 6개월 후 은퇴하였으나, 후임자였던 카논(da Cannon)은 그 이후 40년 동안 의료사회복지사로서 역할을 담당하였다. 사회복지사가 되기 전 간호사로서 훈련을 받았던 펠톤과 카논과 함께 당시 외래병동의 책임자였던 외과전문의 카봇(Richard Cabot)은 질병과 사회적 조건들 간의 관련성을 인식하였고, 병원 내 사회복지사의 필요성을 강하게 주장함으로써 의료사회복지 분야의 토대를 마련하였다. 카봇은 병원 내 사회복지사의 채용에 관한 병원 측의 반대를 무릅쓰고, 사재를 들여 의료사회복지사를 채용하는 등 강한 의지를 펼쳤다. 이러한 의료사회복지의 접근은, 곧 다양한 지역에까지 전파되어 1913년에는 약 200개의 의료사회복지과가 운영되기에 이르렀다(Gehlert, 2006). 1900년대 초기의 사회복지사들은 사회경제적 상황과 가족의 특성이 개인의 건강과 복지 수준에 미치는 영향력을 고려하여 개인의 긍정적 변화를 도모할 수 있도록 돕는 전문직으로서 학교, 교정시설 등 다양한 영역에서 활동하였다(Zastrow, 2015).

(2) 전문실천활동의 시작

1900년대 초기의 사회복지사들은 사회경제적 상황과 가족의 특성이 개인의 건강과 복지 수준에 미치는 영향력을 고려하여 개인의 긍정적 변화를 도모할 수 있도록 돕는 전문직으로서, 학교, 병원, 교정시설 등 다양한 전문영역에서 아동복지 및 학교사회사업가, 의료사회사업가, 교정복지사 등으로 활동하기 시작하였다(Zastrow, 2015).

그런가 하면 1900년에 필라델피아(Philadelphia) 자선조직협회의 총책임자가 된 리치몬드는 개별사회사업을 체계화하는 데 기여한 가장 대표적 이론서인 『사회진단』(1917)을 출간하였다. 여기에서 그는 빈민이 처한 상황을 체계적으로 진단하는 기술을 제시하였고, 그간 우애방문자들의 활동내용 및 실천과정을 종합하였다. 그는 또 다른 저서 『개별사회사업이란 무엇인가?』(1922)를 통해서 개별사회사업(Case Work)을 개인과 개인, 개인과 환경 간의 적절한 조화와 조정을 통해 인격의 발달 및 성장을 가져오게 하는 과정이라고 정의함으로써, 현재 사회복지실천의 기본 개념 틀인 '환경 속의 인간' 개념을 고려하였다.

(3) 전문성 논란

초기 사회복지실천 성장기의 두 축이라고 할 수 있는 자선조직협회와 인보관운동이 갖는 상호 관점의 차이와 그로 인한 개인 및 사회문제해결 방향의 커다란 차이에도 불구하고, 이들 모두는 당시의 최대 문제인 빈곤문제의 타파와 개인 및 집단, 지역사회에서의 문제점들에 대한 각자의 시각으로 나름대로 전문가로서의 입지를 다져나가고 있었다.

그러나 이즈음 1915년 의학교육의 비평가인 플렉스너(Abraham Flexner)는 「사회복지실천이 전문직인가?」라는 보고서를 통해, 사회복지실천은 전문직의 일반적 특성을 가지고 있긴 하지만, 사회복지실천의 발전양상이 의학, 법학, 그리고 공학과 같은 기존의 확립된 전문직과 비교했을 때, 과학적 지식체계에 근거하지 않으므로 전문직으로서 부족한 점이 많다고 비판하였다. 플렉스너의 주장은 사회복지실천의 체계적 발전에 궁극적인 전환점이 되었다(최혜지 외, 2021: 35).

이에 사회복지계는 지적받았던 사항을 개선하려고 노력하며 두 가지 반응을 보였는데, 하나는 교육 및 훈련을 담당하는 학교 설립, 저서 출판, 전문가협회 구성으로 전문직의 기본 틀에 맞는 환경을 조성하였다. 다른 하나는 전문직으로 인정받을 수 있는 실천기술 습득에 대한 관심이 높아지면서 이후부터 통일된 전문직에 대한 추구와 과학적 이론 추구 및 조사에서의 과학적 기반을 중요시하는 방향으로 발전하기 시작하였다(이경준 외, 2020: 59).

3) 사회복지실천의 분화기

1920년대 세계 경제대공황은 빈곤의 원인을 개인에게서 사회로 돌리게 하는 중대한 계기를 제공하게 되었다. 그러면서 사회문제의 해결 또한 개인의 심리사회적 역동에 기반한 미시적 접근에서 벗어나 사회구조적 문제해결과 공적 서비스 제공체계의 역할과 기능을 강조하는 거시적 접근을 시도하기에 이르렀다.

그럼에도 불구하고, 1930년대는 사회복지 전문직의 이론 및 실천적 측면에서 분화가 일어나면서 특정 문제의 원인과 해결을 위한 개인적 측면과 사회적 측면의 학문적 충돌이 강하게 일어난 시기이다. 그 대표적 분화가 바로 프로이트(Sigmund Freud, 1856~1939)의 정신분석이론을 중심으로 하는 진단주의와 랭크(Otto Rank, 1884~1939: 프로이트의 제자, 오스트리아 정신분석가)의 이론을 중심으로 하는 기능주의이다. 기능주의(functionalism)를 대표하는 인물들로는 랭크 외에 태프트(Taft), 로빈슨(Robinson), 스몰리(Ruth Smalley) 등이 있다. 랭크의 이론에서는 개인의 '의지(will)'를 강조하였다. 기능주의에 따르면, 개인은 그 자신 내부에 건전한 성장을 위한 의지를 갖고 있다. 또한 개인은 더 이상 과거의 노예가 아니며, 현재의 경험과 그 주변 여건에 대한 이해가 개인문제를 이해하는 데 중요한 역할을 한다. 기능주의에서는 전문가와 클라이언트 사이의 원조관계가 강조되었다. 이들 간 논쟁은 전통적 정신분석이론에 대한 비판이 제기되면서 시작되었는데, 1950년대까지 지속되었으며, 사회복지실천에 많은 영향을 주었다(엄명용 외, 2018: 51).

또한 이 시기에 사회복지실천 전문교육의 기틀과 함께 개별, 집단, 지역사회를 대상으로 하는 전통적 실천방법론이 확고한 틀을 갖추게 되면서 사회복지실천 분야는 보다 안정적이고 체계적인 차원으로 들어서기 시작하였다.

(1) 집단사회사업의 발전

집단사회사업이 개별사회사업과 함께 사회복지실천 방법으로 인식되기 시작한 것은 1930년대 이후였다(Brieland, 2013). 개별사회사업가(caseworker)는 집단사회사업가(group worker)를 아이들의 놀이 진행자, 집단 춤꾼, 캠핑 가는 사람, 만들기와 그리기를 가르치는 사람으로 여겨 1921년에 설립된 미국사회복지사협회(American Association of Sociarl Workers)에 합류시키지 않았다가 1937년에 비로소 협회에 가입을 허용하였다. 집단사회사업의 근원지라고 볼 수 있는 인보관에서는 자선조직협회의 경우처럼 일정한 형태를 갖춘 교육체계를 마련하지 못했었는데, 집단사회사업은 집단구성원 간의 상호작용을 강조하였고 경쟁보다는 협동작업에 초점을 두었다(이승연 외, 2023: 58-59).

미국사회복지사전국대회(National Conference of Social Work)에 집단사회사업 부분이 생겨난 것은 1935년이었다. 1936년에 집단사회사업연구 전국협회가 결성되었고, 이것은 1946년에 집단사회사업가협회(American Association of Group Workers)로 발전하였다. 정신병원과 동 상담소 등지에서 집단사회사업의 실시가 증가함에 따라 비로소 집단사회사업가의 존재가 사회에 인식되기 시작하였다. 제2차 세계대전이 끝나면서 지역사회로 돌아온 참전용사 대상의 정신의학적 집단사회사업 실시가 급격히 증가하기 시작하였다. 1960년대에 이르러 개별사회사업가가 가족구성원의 의사소통기술, 의사결정과정, 사회기술 등의 향상을 위해 노력하는 과정에서 집단형태의 가족개입이 시작되었다. 이로써 개별사회사업과 집단사회사업이 통합되기 시작하였다(Brieland, 2013). 즉, 사회복지사가 클라이언트를 개별적으로 만나 개입하기도 하고, 집단으로 개입하기도 하면서 양자의 결합이 자연스럽게 이루어지기 시작한 것이다.

(2) 지역사회조직사업의 발달

1920년부터 주 단위 공적 복지기관이 설치되면서 지역사회조직사업은 새로운 국면으로 접어들었다. 대공황에 대응하기 위한 루즈벨트(Franklin Delano Roosevelt, 1882~1945) 대통령(32대, 1933~1945)의 뉴딜정책은 공공영역에서 사회복지사를 대거 고용하는 계기가 되었다. 이때 미국사회사업회의에 제출되었던 레인(R. P. Raine)의 보고서는 지역사회조직의 이론화에 큰 공헌을 하였다. 이 보고서는 지역사회조직사업의 개념, 방법, 활동, 분야, 자격, 교육훈련 등을 체계화하는 데 기여하였고, 지역사회조직사업의 주된 기능을 욕구와 자원의 조정으로 규정함으로써 사회복지실천방법론의 하나로 정착시키도록 영향을 미쳤다(최덕경 외, 2015: 412). 이에 상응하여 영구적인 사회적 보호망을 구축하려는 노력이 시작되었는데, 이를 위하여 1934년 6월 경제보장위원회(Committee on Economic Security)가 구성되었고, 1935년 8월 사회보장법(Social Security Art)을 입법하였다.

이렇게 발전한 사회복지실천의 세 가지 고전적 방법론들은 오늘날의 실천적 접근에서는 두 가지의 범주로 나뉘어졌다. 즉, 미시수준(micro) 또는 임상(clinical)으로 분류되고, 지역사회조직은 행정, 정책과 함께 거시수준(macro)로 편입되었다. 최근에는 전문화에 대한 강조가 약화되면서 오히려 '일반적 실천(generalist practice)'을 통해서 사회복지실천가가 갖고 있는 지식과 기술이 광범위한 영역에 걸쳐 사용될 수 있으며, 문제의 사정과 해결모색이 보다 포괄적으로 이루어진다.

결국 오늘날의 사회복지실천은 개인변화를 주창한 자선조직협회의 영향, 개혁성향의 사회변화를 주창한 인보관운동의 영향 그리고 근린지역사회 자원의 조직 및 동원을 강조하는 지역사회조직운동 등의 영향이 통합되어 이루어진 것이다(이경준 외, 2020: 63).

4) 사회복지실천의 통합기

사회복지실천의 분화와 발전기에 일었던 진단주의와 기능주의 학파 사이의 이론적 갈등은 펄만(H. H. Perlman)의 절충주의적 방식을 통해 통합이 모색되기 시작하였다. 여기서 통합적 방법은 사회복지실천가가 개인, 집단, 지역사회에서 제기되는 사회문제에 활용할 수 있는 공통된 하나의 원리나 개념을 제공하고자 하는 방법의 통합화, 즉 공통된 지식, 가치, 기술에 기반을 두는 것을 의미한다.

이와 관련하여 펄만은 기본적으로 진단주의의 입장을 취하면서도 기능주의의 견해를 수용하여 사회복지실천에서의 통합적 의미를 고취시켰다. 동시에, 사회복지실천을 통한 문제해결과정에서 개인을 둘러싼 다양한 요인의 영향력을 다차원적 관점에서 진단해야 함을 강조함으로써, 산발적이고 단편적이며 일률적인 관점보다는 총체적이고 논리적인 생태체계적 관점의 지향과 각 문제 특성들에 접목 가능한 절충적 접근을 요구하게 되었다. 이는 점차 복잡해지고 다양해지는 사회문제를 과거의 개별적 접근방법론 만으로 대응하기보다는 전통적 사회복지실천방법론들의 기본 원리를 파악하고, 이에 대한 방법론적 절충과 통합을 시도하려는 노력이었던 것이다.

1970년대에는 사회체계이론이 사회복지실천의 중요한 지식으로 급속하게 적용되었다. 환경 속의 인간과 클라이언트, 즉 사회복지사의 상호작용 개념이 확장되었다. 바틀렛은 그의 저서 『사회복지실천의 공통기반(*The Common Base of Social Work Practice*)』(1970)에서 통합적 관점을 개념화하였다. 이 시기에 와서는 이론이 방법론에 따라 각자 개발된 것이 아니라, 특정 문제와 욕구에 대응하기 위하여 개발되었다. 클라이언트의 복합적인 문제와 욕구에 대처하기 위해서 '일반사회복지실천(generalist social work practice)'이라는 용어가 일반화되었다(최덕경 외, 2015: 43).

이 시기에는 개별적인 사회복지실천방법론의 전문화에 대한 강조가 약화되면서 '일반적 실천(generalist practice)'이라는 접근을 통해 사회복지실천가는 자신이 갖고 있는 지식과 기술을 광범위한 영역에 걸쳐 사용할 수 있고, 문제의 사정과 해결모색이 보다 포괄적으로 이루어질 수 있게 되었다. 그 결과로, 이 시기에서는 이론이 더 이상 방법론에 따라 각기 개발되는 것이 아니라, 특정 문제와 욕구에 대응하기 위해 통합 방법론적 모델들로 개발되어 활발히 등장하게 되었다(이경준 외, 2020: 64). 즉, 핀커스(Pincus, 1973)의 '4체계 모델', 골드스타인(Goldstein, 1973)의 '단일화 모델', 콤튼 등(Compton et al., 2004)의 '문제해결과정 모델', 저메인과 기터만(Germain and Gitterman, 1970)의 '생활모델' 등이다.

이 시기에는 특정 클라이언트 집단에 적용하기 위한 새로운 접근방법을 개발하는 데 주력하였다. 1960년대는 가족이 관심을 받기 시작하였고, 이들을 대상으로 하는 접근방법이 시작되었다. 가족치료는 1960년대 사회복지실천에 영향을 미치기 시작하였고, 1970년대에는 주요한 개입방법으로 자리매김하게 되었다. 이후 사회행동, 조사, 계획, 정책론을 포함한 거시적 방향으로의 발전이 요구되기 시작하였다.

5) 사회복지실천의 확장기

사회복지실천의 분화와 통합기를 거치면서 이제는 사회복지실천의 확장과 내실을 함께 기해야 하는 시기로 접어들었다.

이 시기를 통해서 사회복지실천은 사회정책과 사회개혁에 보다 많은 관심을 나타내기도 하고, 또는 개인 변화를 돕는 직접서비스 전달에 충실한 기능을 수행하는 등 초점의 변동이 있었다. 1960년대 중반에 이르러 많은 연구들은, 빈곤이란 어느 특정 지역에 국한된 문제이기보다는 쉽게 경제적·인종적 차별과 연결될 수 있는 논쟁임을 강조하였다. 존슨(Lyndon Baines Johnson, 1908~1973) 대통령(36대, 1963~1969)은 'War on Poverty(빈곤과의 전쟁)'을 선언하고, 공적 부조 제도에 대한 개혁을 추진하여 빈곤가정 어린이의 조기 두뇌개발을 위한 헤드스타트(Head Start) 프로그램과 포괄적인 지역사회 행동계획(Community Action Program) 등을 도입하였다. 그러나 존슨 대통령은 베트남 전쟁의 막대한 전쟁비용으로 인해 케인즈(John Maynard Keynes, 1983~1946)의 수정자본주의를 사회복지에 적용할 수 없었다(원석조, 2018: 32).

사회복지 전문직 측면에서 문제가 된 이슈는 공공부문의 확대된 일자리에서 사회복지사 역할을 담당하는 사람의 대다수가 사회복지 고등교육을 이수한 인력이 아니라는 점이었다. 따라서, 전미사회복지교육협의회(CSWE)는 1962년 학부 교육과정을 개발하여, 1974년부터 학부 교육과정의 인증제도를 시행하기에 이르렀다. 결국 1960년대 말부터 1970년대에 이르기까지 학부 교육과정의 급증은 일반주의 사회복지실천에 대한 확대 보급을 초래하였다(최혜지 외, 2021: 44).

이와 함께 사회발전과 변화로 인한 사회복지실천의 대상체계가 다양해지고 늘 새로운 문제양상이 발생하면서 이에 맞출 수 있는 구체적이고 체계적인 새로운 실천접근법도 필요하게 되었다. 대표적인 예로, 1960년대 이후로 사회구조의 변화 속에서 가족구성원들이 겪는 복합적인 개인·사회적 갈등과 그 문제의 치유를 위한 해결방안으로 가족치료적 접근은 매우 중요하게 인식되었으며, 오늘날에 사회복지실천의 중요한 대상이자 실천분야로 자리 잡았다.

1970년대에 들어서는 개인뿐 아니라, 집단과 지역사회를 포괄하는 서비스 이용자 그룹이 확대되고, 대응하는 사회문제와 욕구 또한 다양화되면서 행동주의 모델, 과업중심모델, 위기개입모델 등 새로운 사회복지실천적 접근들이 대두되었다(Johnson & Yanca, 2015).

6) 최근의 사회복지실천 변화 추세

(1) 미국 신자유주의와 복지개혁

1980년대 들어서면서 경기침체와 물가상승에 의한 스태그플레이션(stagflation, 불황에서도 물가가 상승하는 현상)은 지금까지의 공공사회서비스 정책과 그에 따른 국가재정지출을 위축시키는 결과로 이어졌다. 1981년 레이건 정부가 출범하면서 표방한 신자유주의 개혁과 특히 보수주의 경제정책인 '레이거노믹스(Reaganomics, 레이건 대통령의 신자유주의 경제정책)'는 당시의 공공정책과 서비스 지출이 경제문제의 구조적 원인이라고 인식하였다. 이는 곧 1930년대 대공황을 기점으로 유지되어오던 실업과 빈곤대책, 사회보험 등에 대한 국가적 책임과 중점과제에 대한 재검토를 의미하는 것이었다. 실제로 정부개입의 정도를 축소하는 신자유주의 정책에 따라 '작은 정부론'이나 '최소개입의 원칙' 등을 내세워 1970년까지의 케인즈식 경기대책은 수정되기 시작하였다(최원규 외, 2021: 242).

그 결과, 레이거노믹스에 의한 지출억제 정책은 실업과 빈곤, 사회경제적 불평등과 양극화 등을 최소화하기 위한 더 이상의 진전된 공적·사회적 역량강화 방안이나 증진방안들을 만들어내지 못했고, 기존 사회서비스 프로그램들조차도 일차적 보호기능에 머물거나 오히려 축소되기에 이르렀다. 이에 사회복지실천가들은 정치적 행동의 중요성을 절감하였고, 정치적 과정에 사회서비스 소비자의 참여를 지지하기 위한 입법로비활동이나 소비자 권익옹호를 위한 선거인 등록과 정치적 인식개선 캠페인 등을 통해 사회운동을 전개하기도 하였다(Long et al., 2006).

1990년대 미국은 개인의 책임과 근로기회를 강조하는 복지개혁을 통해 이른바 '생산적 복지' 패러다임을 도입하였다. 이것은 기존에 일방적 수혜로 인식될 수 있었던 공공부조를 개인의 생산성과 사회적 기여를 전제로 서비스 수급의 자격을 강화 또는 보완함으로써 복지지출의 효율성과 합리성을 강조하게 되었다.

(2) 실천적 접근방법의 도입

지금까지 사회복지정책 측면에서의 변화 못지않게 1990년대 이후 사회복지실천 분야에서는 다양하고 복합적이면서도 보다 실용적이고 실천적인 관점과 접근들이 부각되기 시작하였다. 우선, 공공부문 지원감소에 따른 시대상을 반영한 결과로서, 1990년대 초반부터 문제 또는 욕구를 지닌 이용자 개인의 권한부여 및 역량강화 실천접근모델이 등장하였으며, 해결중심의 단기개입 접근이 실용적으로 인식되기 시작하였다.

그러나 이러한 배경에는 문제 또는 욕구를 가진 개인을 더 이상 병리적 관점에서가 아닌, 강점관점에서 바라보기 시작했다는 긍정적 측면도 작용하였으며, '환경 속의 인간'이 재인식되면서 생태체계적 관점이 재부상하고, 보다 광범위한 사회복지실천의 접근이 강조되었다. 아울러 이 과정에서 시대변화에 따라 점차 복합적이고 복잡다단해지는 이용자들의 욕구에 상응하고 효율적인 문제해결을 도모하고자, 자원의 조정과 연계, 강점관점을 핵심으로 하는 총체적이고 전문적인 서비스실천접근으로서, 사례관리(case management)의 필요성과 그 의의도 더욱 증가하고 있다.

사회복지실천을 위한 기본적인 개입전략으로서, 실천가와 서비스 이용자의 동반자적 관계를 전제로 문제해결과 역량강화에 이용자의 동반자가 스스로 기여할 수 있도록 지지하는 원조관계접근(helping relationship)이나 사회복지실천 개입에 있어서 효율성이 검증된 프로그램과 실천방법을 채택하도록 강조하는 실천기반 증거의 개념 확산과 실천가들의 문화적 역량 향상과 훈련의 필요성 제고 등이 강조되고 있다. 특히, 사회복지실천 대상인 아동, 장애인, 노인, 빈곤층과 같은 전통적 서비스 이용자 외에도 국제 협력과 사회적 기업 등 실천가의 활동영역이 새롭게 개척되고 있다.

2 한국 사회복지실천의 전개과정

전통적으로 사회복지가 강한 영국과 비교적 짧은 시간이지만 안정된 미국과는 달리, 한국 사회복지실천의 역사는 그리 길지 않다. 일제강점기인 1921년 최초의 사회복지관으로서 태화여자관이 미국 감리교회 여성들의 헌금과 후원으로 사업을 시작하였으나, 일제강점기와 해방 이후 이념적 격동시기와 함께 1950년 한국전쟁을 치룬 사회적 맥락을 고려하면 우리나라 고유의 사회복지실천과 관련된 전통과 사상이 맥을 이어 오기가 매우 어려운 상황이었음을 이해할 수 있다. 한국전쟁 이후, 외원단체의 활동을 통해 미국의 사회복지실천방법이 유입된 것을 기점으로 한다면 약 60여 년이 되지만, 1970년대 들어서야 현실 상황에 맞는 사회복지에 대해 관심을 갖게 되었다. 복지국가의 구현을 정책적 목표로 삼은 것은 1980년대이며, 토착화를 위한 사회복지실천방법에 대한 이론과 가치, 패러다임, 실천기술 등의 진지한 논쟁과 발전은 1990년대 이후 시작되었다고 보는 것이 타당할 것이다.

1) 해방 이후 제1공화국(1945~1960)

미국의 사회복지실천방법이 국내에 반입된 것은 1950년 한국전쟁의 발발과 함께 7개의 외국원조기관이 1952년 3월 부산에서 결성되어 1970년 초까지 활동한 약 20여 년간의 기간이다. 외원단체의 본래 활동목적은 사회복지실천의 고유한 목적이 아니라, 종교적인 선교활동이었다(세계기독교봉사회, 캐나다 유니테리언봉사회 등). 이들 단체 내에는 개별사회복지실천을 전공한 슈퍼바이저(supervisor)들이 주로 사회복지실천의 과업을 수행하였고, 시설중심의 수용보호 형식이 주를 이루는 구제활동을 진행하였다. 이들의 활동은 구호적인 차원이며, 종교적인 목적을 띠고 수행된 것이기에, 사회복지실천의 기술이나 이론을 우리나라에 전파하고, 정착시키기에는 한계가 있었다. 이들은 1960년대 후반부터 한국을 떠나기 시작하여 한국 사회복지실천의 발달에 견인차 역할을 담당하지 못하였다. 그러나 이들과 수많은 선교사들이 학교와 병원 등 사업설립에 참여한 공로는 매우 크다(이경준 외, 2020: 69－70).

사회복지실천의 전문교육에 있어 매우 독특한 부분 중의 하나는, 사회복지실천의 개념과 가치, 이론적 토대에 대한 논의가 정책적으로나 현장에서나 전혀 이루어지지 않은 상황에서 대학교육과정에 사회복지학이 도입되었다는 사실이다. 주로 기독교 중심의 교육이념을 토대로 세워진 대학에 학과가 도입되었다. 즉, 서구와 달리 선교사들의 영향으로 전문적 사회복지실천에 앞서 전문적 사회복지교육이 먼저 이루어졌는데, 1947년 이화여자대학교에 기독교사회사업학과가 최초로 설치되면서 미국식 전문사회사업교육이 시작되었다. 1953년 중앙신학교(현 강남대학교), 1958년 서울대학교 등에 사회사업학과가 신설되어 미국식 실천 이론과 방법론을 도입한 대학교육을 중심으로 사회복지 전문인력 양성이 이루어지게 되었다. 이후 세브란스병원이나 입양상담기관 등에서 사회복지사를 고용함으로써 전문적 사회복지실천이 시작되었다(권향임 외, 2018: 65).

1957년 한국사회사업학회가 창립되어 당시 강남대학교와 서울대학교를 중심으로 학문적 활동이 시작되었다. 그러나 1960년 4·19혁명과 1961년 5·16 군사쿠데타 이후 이들의 활동이 중단되었으며, 1972년에 이르러서야 학회 재건에 대한 노력이 시작되었다.

1950년대는 일본의 식민통치와 한국전쟁 후 국내가 혼란스러웠음에도 불구하고, 외형적으로는 전문사회사업 교육기관의 설치, 외국 원조단체의 자선구호활동, 각종 복지 직능단체의 설립 등 민간 사회사업은 활발했던 반면에, 국가의 사회복지정책은 응급구호사업이 중심을 이루었으며, 행정상으로도 일제강점기와 미군정의 사회복지정책의 틀을 벗어나지 못한 시기라고 특징지을 수 있다.

주로 미국의 전통적인 사회복지실천방법, 즉 개별사회사업, 집단사회사업, 지역사회조직과 관련된 조직들이 전파되었고, 인간존중, 사회정의와 같은 사회복지실천의 기본적 가치와 철학을 토대로 사회맥락에 맞는 다양한 실천적 실험들을 수행하기에는, 사회복지서비스의 공공과 민간영역의 전달체계는 여러 가지 측면에서 미치지 못했다. 1953년 「근로기준법」, 1960년 「공무원연금법」 등 사회복지제도 차원의 초창기 법제화가 서서히 시작되었으나, 1960년대 초까지 사회복지실천은 전재민구호사업 위주로 이루어졌다.

당시 빈곤의 문제는 심각했으나, 자원의 부족현상으로 많은 외국 원조단체나 기관들이 국내에 들어와 활발한 구호사업과 자선사업을 전개하기 시작하였다. 따라서, 이 시기에는 의식주를 해결하기 위한 구제사업이 주종을 이루었음에도, 사회복지실천을 위한 학문적 도입은 높이 평가할만하다.

2) 박정희 정부(1961~1980)

1960년대 들어 공공영역에서는 사회복지와 관련된 체계를 마련하게 되었는데, 1961년에 제정된 「생활보호법」과 「재해구호법」을 비롯하여 사회복지 관련 법률이 추가로 제정됨으로써 사회복지의 기본적인 틀을 갖추게 되었다. 하지만 경제개발 5개년 사업이 시작되면서 '선성장, 후분배(복지) 정책'이 큰 흐름을 형성하게 됨에 따라 사회복지는 제대로 발전할 수가 없었다. 따라서, 사회복지실천은 별다른 진전 없이 명맥만을 이어가는 수준에 머물렀다.

민간영역에서는 1960년대부터 1970년대까지는 한국전쟁 후 지원해 오던 외원단체들이 대부분 사업을 종결하고 한국을 떠나기 시작하게 되는 큰 변화를 겪게 되었다. 외원단체들이 사업을 종결하게 된 것은 한국의 경제사정이 급성장되어 외원에 대한 의존도가 점점 감소하였고, 전후 응급구호적인 의미도 퇴색되었기 때문이다. 외원단체 사업의 종결은 아직까지 우리나라에 전문적 사회복지실천이 정착되지 않은 상태에서 우리 자체 사회복지실천을 모색하게 하였다. 하지만 이 과정에서 미국식의 전문사회복지실천이 무비판적으로 수용되고 적용됨으로써,

우리 사회에 맞는 토착적인 사회복지실천방법의 정착에 영향을 미치게 되었다.

1970년에는 「사회복지사업법」이 제정되었는데, 여기에 '사회복지사업종사자' 자격제도가 명시됨으로써 현장에서 근무하는 전문인력의 자격과 관련된 사항이 최초로 제정되었다. 「사회복지사업법」을 비롯하여 이후의 제반 사회복지실천 관련법들은 일제 식민정치의 틀에서 벗어나 새로 제정 및 개정된 것으로, 우리나라에 맞는 사회복지실천이 자리를 잡아가게 하는 토대가 되었다.

이 밖에도 1970년대 새마을운동으로부터 시작된 지역복지운동은 한국식 사회복지실천을 토착화하는 데 많은 영향을 미쳤다. 특히, 1980년대 이후 사회복지관사업과 재가복지센터의 확대 등 지역사회 및 재가복지사업의 활성화에 영향을 미쳤다.

우리나라 최초의 사회복지실천 전문직 단체는 1965년 한국Caseworker협회로서, 당시 외원기관과 병원 등에 소속된 개별사회복지실천가들이 주로 활동한 모임이었다. 1967년에는 모든 영역의 사회복지사들을 포괄하는 한국사회사업가협회로 확대 발전되었다. 1977년에는 사단법인 한국사회사업가협회, 1985년에는 사단법인 한국사회복지사협회로 개칭하였으며, 1982년부터 제정한 사회복지사 윤리강령을 1차 개정을 거쳐 1988년 공포하기에 이르렀다.

1966년 3월 한국사회사업학교협의회가 발족하여 교육과정에 대한 협력체계를 구축하였고, 1971년 한국사회사업대학협의회, 2001년 한국사회복지 대학교육협의회로 명칭을 변경하였으며, 사회복지학 교과목지침서를 발행함으로써 사회복지교육의 표준화와 질적 제고, 교육기관 간 네트워크를 위해 활동하고 있다. 1970년대 말 서울대학교, 중앙대학교 등에서 사회사업학과라는 명칭을 사회복지학과로 개칭하면서 그 후 신설되는 학과는 사회복지학과라는 명칭을 사용하였다.

1961년 이후 사회사업과 사회보험 관련 법률들, 생활보호법, 갱생보호법, 동복리법 등이 우후죽순으로 입법화되었으나, 당시 사회경제적 상황이나 정부의 재정능력 부족으로 실제 법집행이 이루어진 것은 단지 소수에 불과하였다. 시대적 배경으로 보아 사회복지는 정치적 정당성을 얻고자 국민의 환심을 얻으려는 군사정부의 정치수단으로 활용되기도 하였다.

1970년대 대대적인 개발독재정책으로 국가정책의 우선순위가 경제적 성장과

낙후된 지역사회개발에 초점이 맞추어져 당시 사회복지실천의 현장은 많은 부분 YMCA, YWCA 등 대학생들의 봉사활동과 연계되었다. 미국에서는 통합적 실천 방법론이 대두되어 호응을 받을 무렵이지만, 한국은 여전히 전통적인 개별사회사업, 집단사회사업, 지역사회조직의 분화된 실천방법이 교육내용의 핵심이었다. 이러한 추세는 1990년 중반까지도 지속되어 미국이 실천발달과정에서 경험한 시행착오를 답습하게 되었다. 한편, 1972년 사회사업교육자 세미나에서 1960년 이후 활동이 중지되었던 사회복지학회 존립의 필요성이 재론되었으며, 1985년 한국사회복지학회로 확대, 재설립하여 『한국사회복지학』이라는 학술지를 발간하는 등 학술활동을 재개하였다.

3) 전두환·노태우 정부(1980~1992)

한국 사회복지역사에서 1980년대 이후 시기는 거대한 변환의 시기이다. 즉, 사회보험의 확대와 공공부조의 재구조화, 사회서비스의 확대, 사회복지 전문직의인적·제도적 도약의 시기이다(최원규 외, 2021: 405).

1980년대 들어오면서 사회복지실천은 급격히 변화하게 되었는데, 대표적인 것이 사회복지관의 활성화 및 재가복지사업이 활발히 이루어진 것과 더불어 사회복지사의 증가이다.

1981년 「노인복지법」과 「심신장애자복지법」이 제정되면서 그동안 등한시되어온 특수계층에 대한 서비스를 강화하기 시작하였다. 1983년 개정된 「사회복지사업법」에서는 사회복지관사업을 법정 사업으로 규정함으로써, 사회복지관사업이 본격화할 수 있는 기틀이 마련되었고, 특히 1989년 사회복지관 설치 및 운영규정으로 영구임대아파트단지에 사회복지관 설치가 권장되면서, 전국적으로 사회복지관이 확대되고 전문적인 사회복지실천의 장이 마련되었다.

1983년 「사회복지사업법」의 개정으로 사회복지사 자격증이 3등급으로 자격기준이 세분화되었고, 사회복지관의 확대로 인한 민간영역의 사회복지사가 증가하였다. 1987년 생활보호 업무를 효과적으로 수행하기 위해서 대도시 빈곤지역 동사무소에 7급 별정직으로 사회복지 전문요원이 임용되면서 공공영역에 사회복지사들이 투입되기 시작하였다(엄명용 외, 2018: 69). 이외에도 사회복지학과를 설치하는 대학이 늘어나면서 사회복지사를 위한 교육의 활성화는 사회복지사 배출 증가, 사회복지실천의 전문성 증가 등 사회복지실천의 질적·양적인 측면에서 확대를 가져왔다. 이 시기에는 다양한 사회복지실천기술이 소개되기 시작하였고, 아동복지, 노인복지, 장애인복지와 같은 여러 사회복지실천 분야가 형성되는 등 전문 지식과 기술을 갖춘 사회복지사가 합당한 사회복지실천 관련 제도 안에서 전문적 사회복지실천을 행할 수 있게 되었다.

오늘날 사회복지실천의 법적 기반이 된 「사회복지사업법」은 1970년 제정되어 사회복지법인, 시설, 인력에 대한 초기 틀을 마련하였으며, 관련 전문인력인 사회복지사업종사자는 1983년 5월 개정으로 인해 사회복지사로 명칭이 변경되었다. 복지국가건설이라는 국정지표의 기치 아래, 지역복지와 재가복지가 강조되어 사회복지관설치운영 규정이 신설되었다. 이는 1989년 전국적으로 저소득층 밀집지역에 사회복지관을 설치·운영할 수 있는 법적 기반이 되었다.

한편, 공공분야의 사회복지실천가인 사회복지 전담요원은 1987년부터 서울시와 일부 광역시 등 대도시 저소득층 밀집지역의 동사무소에 배치되기 시작하였다. 이들의 주요 업무는 생활보호사업이었으며, 지역사회 내 빈곤층의 욕구파악을 통해 사회적·경제적 자활을 지원하고, 궁극적으로 탈빈곤을 유도하는 것이었다. 1980년대 후반에 이르러 민간과 공공의 사회복지 전달체계가 정비되고, 탈시설화 및 재가복지의 패러다임이 확산됨과 동시에, 1986년의 아시안게임과 1988년 올림픽경기 주최의 경험을 계기로 자원봉사활동이 전국적으로 확대되는 등 사회복지실천에 대한 관심이 증대되었다.

1980년대 후반부터는 한국형 복지모형론에 대한 논의가 등장하기 시작하였다. 한국형 복지모형이 등장하게 된 배경은, 1970년대 이후 선진복지국가에서 복지국가 위기론이 대두되고 있었기 때문에, 한국에서도 자칫 잘못하면 복지병을 유발할 수 있다는 정책관련자들의 우려 때문이었다. 따라서, 한국형 복지모형은 국가개입을 가능한 한 최소화하고 가족의 기능을 강화하며, 요보호자 자신의 자조와 재활을 강조하며 자원봉사의 참여를 장려하는 내용으로 나타났다(권향임 외, 2018: 69－70).

4) 김영삼 정부(1993~1997)

1993년 출범한 김영삼 정부는 경제 활성화에 치중하면서 일시적으로 사회복지 예산을 축소하였으나, 신경제 5개년 계획에서 사회복지부문의 장기정책 방향을 구성하여, 1995년 '삶의 질의 세계화 선언'과 복지 구상을 통해 한국형 복지모형을 설정하였다. 여기에는 「입양특례법」, 「정신보건법」, 「여성발전기본법」, 「성폭력범죄의 처벌 및 피해자 보호 등에 관한 법률」, 「사회복지공동모금회법」 등이 포함되어 있어 선진국형 제도의 형태가 나타나고 있고, 사회복지의 공급면에서 보편적인 형태를 갖추게 되었다.

1997년에는 「사회복지사업법」 개정과 함께 이전에 개별사회사업, 집단사회사업, 지역사회조직 등으로 나누어 교육되어 오던 과목들이 개별사회사업과 집단사회사업을 통합하고 분할하여 사회복지실천론과 사회복지실천기술론으로 변경되었으며, 지역사회사업은 지역사회복지론으로 변경되었다. 1997년 말에는 외환위기로 인해 실업자가 급증하였으며, 거리에는 노숙자가 증가하고 가족해체도 심화되어 심각한 사회적 위기가 있었다. 이러한 위기 속에서 기존의 「생활보호법」상 저소득계층의 경제적 고통과 사회적 위험을 막아주는 사회안전망 기능은 할 수 없었기에 「국민기초생활보장법」이 2000년부터 시행되었다.

공공영역에서는 1990년대 들어 사회복지현장 전문인력의 자격과 관련된 사항들에 많은 변화가 있었다. 1992년에는 「사회복지사업법」의 개정으로 사회복지전문요원은 사회복지 전담공무원으로 제도화하여 전국적인 배치가 이루어졌다. 아울러 1996년에 「정신보건법」의 시행으로 '정신보건사회복지사'제도가 도입되었는데, 이로 인해 한국의 전문적 사회복지실천 영역에 중대한 전환을 가져오게 되었다. 정신보건 및 의료사회복지 영역에서는 관련자들의 전문성을 높이기 위해 다양한 형태의 워크숍 및 보수교육을 도입하여 전문성 강화에 박차를 가하고 있는 추세이다. 이는 사회복지의 분야가 전문사회복지실천으로 진출하는 것으로, 또 다른 분야를 개척할 수 있게 되었다.

1996년부터는 한국사회복지사협회의 주관으로 사회복지사의 전문성을 제공하고자 '임상사회복지사' 자격제도가 실시되어 오다가, 1998년부터 그 명칭을 '전문사회복지사' 제도로 바꾸어 시행되었으나, 2000년의 시행을 마지막으로 중단되었다. 2003년부터 첫 사회복지사 1급 국가시험이 실시되었다.

5) 김대중 정부와 그 이후(1998~)

1990년대 이후 사회복지실천의 교육과정은 더욱 다양하고 세분화된 실천법들을 포함하게 되었다. 1980년대 중반 이후 공공과 민간 영역의 복지서비스 전달체계와 전문인력이 체계적으로 정비됨에 따라, 미시적·중시적·거시적 실천접근을 반영하는 교과목을 균형 있게 배치하는 노력이 가속화되었다. 또한 일반주의 실천(generalist practice)과 특화주의 실천(specialist practice)의 차별화를 위한 논쟁, 생태체계관점과 복지실천의 핵심가치에 대한 논의, 사회복지실천의 과학적 검증에 대한 시대적 요구 증대, 통합적 실천방법으로서 사례관리서비스에 대한 관심 확대, 사회정책과 사회복지실천 간의 유기적 관계 등 우리 실정에 맞는 실천방법을 강구하려는 노력이 진행되었다.

그럼에도 불구하고, 외국의 사회복지실천과 관련된 새로운 이론과 관점, 실천기법들을 전파하는 노력에 비해, 한국 사회복지실천에 대한 궁극적 가치와 이념, 철학적 토대에 대한 반성적 고찰이 여전히 부족하다는 비판도 제기되고 있다. 다양한 서비스 이용자를 대상으로 수많은 분야에서 다차원적 개입기술과 다양한 실천기법들을 수행하는 사회복지실천가들을 하나의 기반 위에서 통합할 수 있다면, 그것은 '어디에서 무슨 과업을 어떻게 수행하는가'가 아닌 '왜 그 과업을 수행하는가?'라는 질문의 대답으로 가능하다. 따라서, 사회복지실천의 가치와 윤리, 철학은 사회복지실천의 근간을 이루는 주요한 토대라고 할 수 있다. 그러나 2003년부터 시행되고 있는 사회복지사 1급 자격증 국가시험에서 '사회복지 윤리와 철학'이 배제되고, 단지 2급 선택과목에 불과한 것은 아이러니한 현실이다.

권위주의 타파와 민주화를 지향한 문민정부는 1995년 지방자치제도를 실시하였고, 1997년 「사회복지사업법」 개정을 통해 사회복지사 자격 국가시험을 신설하였으며, 1999년 사회복지 전담요원을 사회복지 전담공무원으로 개칭하여 확대, 배치하였다. 1997년 말 외환위기는 국내 사회보장체계를 재정비하는 계기가 되었는데, 모든 국민의 인간다운 생활보장과 삶의 질 향상을 목표로 하여 사회복지실천의 대상이 전 국민을 포괄하는 개념으로 확대되었다. 2003년 1월부터 시행되고 있는 사회복지사 1급 자격증 국가시험은 일반주의 사회복지실천가들의 질적 관리에 기여하고 있으며, 2008년부터 사회복지사 의무보수교육이 법제화되어 실천가들의 전문성 향상과 역량강화를 위한 기반이 마련되었다. 또한 전문화된 영역에서 자격관리가 진행되는 예로서, 1997년 「정신보건법」에 근거한 정신보건사회복지사(국가가 한국정신보건사회복지학회에 위임), 2005년부터 시행되고 있는 학교사회복지사(한국학교사회복지사협회가 운영), 2008년부터 시행되고 있는 의료사회복지사(대한의료사회복지사협회가 운영) 등이 있다.

2008년에는 노인성 질환으로 혼자서 일상생활을 수행하기 어려운 노인에게 신체활동 및 가사 지원서비스를 제공하는 노인장기요양보험이 시행되었으며, 2012년에는 치매로 인한 개인적 고통과 피해 및 사회적 부담을 줄이고, 국민건강증진에 이바지하고자 「치매관리법」이 시행되었다. 2015년에는 발달장애인의 사회참여를 촉진하고 권리를 보호하며, 인간다운 삶을 영위하는 데 이바지하고자 「발달장애인 권리보장 및 지원에 관한 법률」이 시행되었다(최원규 외, 2021: 424－425).

2016년 5월에는 기존의 「정신보건법」이 「정신건강복지법」으로 개정되었다. 2018년 2월부터는 「호스피스·완화의료 및 임종 과정에 있는 환자의 연명의료 결정에 관한 법률」이 시행되어 말기 암환자들이 호스피스 완화 의료서비스를 받게 되고, 모든 사람들이 삶의 아름답고 존엄한 마무리를 할 수 있도록 기초적인 법적 장치가 마련되는 등 사회복지실천의 새로운 시대를 맞이하였다(조미숙 외, 2021: 72).

선진국의 사회복지제도와 실천방법을 도입함에 있어서, 시대적 배경, 전통적 가치와 이념, 문화적 맥락에 대한 면밀한 심사숙고와 중장기적 토착화 전망이 선행되어야 함에도 불구하고, 특정 지역의 단기간 내 시범운영 결과를 토대로 전국적으로 성급히 확대되거나, 국민들의 관심을 유도하기 위한 정치적 수단으로 복지정책과 프로그램을 활용하는 사례가 증가하고 있다. 복지정책과 프로그램의 기본 가치와 장기적 계획이 불안정한 경우, 서비스 전달체계의 최일선에서 업무를 담당해야 하는 다양한 영역의 사회복지실천가들은 전문성과 정체성에 대하여 혼란과 자괴감을 경험하기 쉽다. 따라서, 사회복지실천의 이론적 토대와 우리나라 실천현장, 그리고 복지정책이 합치되고, 소통되며, 궁극적으로 현실에 맞는 토착화를 위한 노력이 더욱 강조되어야 할 필요가 있다.

연습문제

01 자선조직협회와 인보관운동에 대한 설명으로 옳은 것은?

① 인보관은 개별사회사업의 시초이다.
② 인보관은 집단사회사업의 시초이다.
③ 자선조직협회는 젊은 지식인층의 우애방문원이 주로 활동하였다.
④ 인보관은 개인의 문제변화에 초점을 두고 있다.
⑤ 자선조직협회는 환경과 사회적 문제가 빈곤을 발생시킨다고 보았다.

02 한국 사회복지실천의 역사에서 가장 최근의 일은?

① 정신보건사회복지사제도 시행
② 사회복지 전문요원제도 신설
③ 한국사회복지사협회 창립
④ 한국사회사업교육연합회 창립
⑤ 태화여자관 설립

03 서구 사회복지실천의 발달 과정에 대한 설명으로 옳은 것은?

① 인보관운동은 사회통제적 목적을 지녔다.
② 자선조직협회는 빈민의 도덕성을 인정했다.
③ 진단주의 학파는 기관의 기능을 강조했다.
④ 기능주의 학파는 사회경제적 조건이 빈곤문제에 미치는 영향을 무시했다.
⑤ 펄만의 문제해결모델은 진단주의 학파와 기능주의 학파의 입장을 절충하여 만든 것이다.

04 인보관운동에 대한 설명으로 옳은 것은?

① 기독교적 도덕성을 강조하였다.
② 개별사회사업의 시초이다.
③ 한 지역 내에서 함께 거주하면서 생활하였다.
④ 소외계층은 자신의 문제를 해결하는 능력에 제한이 있다고 보았다.
⑤ 가정방문을 주로 하였다.

정답 1. ② 2. ① 3. ⑤ 4. ③

Chapter 3

사회복지실천의 가치와 철학

✓ **학습목표**

1. 이데올기로기의 이해
2. 가치와 철학에 대한 이해
3. 사회복지사의 윤리강령 숙지

✓ **학습내용**

1. 사회복지실천의 가치
2. 사회복지실천의 이념
3. 사회복지실천의 윤리

✓ **개요**

사회복지에 있어서 가치와 이념은 매우 중요하다. 기본적으로 사회복지실천은 가치와 이념을 토대로 하여 현장에서 접목된다. 실천현장에 투입되는 사회복지전문가는 기본적인 가치와 철학을 가지고 주어진 윤리강령에 따라야 할 것이다. 여기에서는 실천현장에서 겪게 되는 이데올로기에 관한 학습을 하고자 한다.

Chapter 3

사회복지실천의 가치와 철학

1 사회복지실천의 가치

1) 가치의 개념

가치(value)라는 말은 라틴어 '*valere*'인데, 이는 '강함, 승리, 또는 그럴 만함'을 의미한다. 가치의 정의에 대한 설명으로는 ① 선(good)이나 바람직한(desirable) 것이며, 정서를 가진 질적인 판단, ② 사람에 관하여 그리고 사람을 다루는 적절한 방법에 대하여 전문직이 가진 신념, ③ 믿음과 같은 것으로 좋고 바람직한 것에 대한 지침이며, 적절한 행동의 선택에 대한 지침, ④ 어떤 선택을 하도록 영향을 미치는 이념 등이다(김보기 외, 2022b: 61).

가치(values)는 문화, 집단 또는 개인이 바람직하다고 생각하는 관습, 행동규범과 원칙들을 말한다. 즉, 가치란 인간 행동에 영향을 주는 어떠한 바람직한 것, 또는 인간의 지적·감정적·의지적인 욕구를 만족시킬 수 있는 대상이나 그 대상의 성질을 의미한다. 가치라는 것이 경험할 수 있는 사물로부터 유래된 것인가, 또는 개인의 감정이 사물에 가치를 부여하는 것인가 하는 문제는 객관적 가치인가 주관적 가치인가를 논하는 가치론의 중요한 쟁점이다. 이는 윤리와 구분되는 것으로 가치가 믿음이라면 윤리는 판단이다. 가치가 좋은 것에 대한 개인의 선호에 기초한 것이라면, 윤리는 옳고 그른 것에 대한 사회적 판단에 기초한 것이다. 따라서, 사회복지사는 가치 중심 전문직이다(Levy, 1976).

사회복지실천의 현장에서는 이러한 전문직 가치 외에도 개인적 가치와 사회적 가치가 함께 존재하며, 각 형태의 가치기준에 따라 사회복지사들은 가치 갈등을 경험하게 된다. 전문직 가치가 사회적 가치에 근원을 두고 있으나 항상 동일하지는 않으며, 개인적 가치도 전문직 가치에 늘 동의하는 것은 아니기 때문이다. 이에 사회복지사들은 실천가치의 지침과 실천윤리의 강령을 준비하여 최소한의 갈등 속에서 그 해결책을 찾을 수 있도록 조처하고 있다.

2) 가치의 범위

사회복지실천의 가치는 다른 가치에 우선하여 선행적으로 수용해야 할 가치가 존재한다. 또한 이에 대한 위계적 단계가 있다.

(1) 선행 가치

레비(Charles S. Levy)는 1973년 그의 논문 「사회복지의 윤리적 기초(The Value Base of Social Work)」에서, 사회복지실천에서 우선적으로 수용해야 할 가치에 대해 다음과 같이 설명하고 있다(Levy, 1973).

첫째, 사람 우선 가치이다. 이는 전문직 수행의 대상인 사람 자체에 대해 전문직이 갖춰야 할 기본적 가치관이다. 개인의 가치와 존엄성, 개인의 건설적 변화에 대한 능력과 욕구, 상호 책임성, 소속의 욕구, 인간의 공통적 욕구 그리고 개개인의 독특성에 대한 가치 등이 거론된다. 클라이언트를 하나의 개별화된 인간으로 보고 능력을 인정하며, 그에 따라 권한을 인정해 주는 가치관이다. 이는 사회복지실천의 기본 철학과 같은 것이다.

둘째, 결과 우선 가치이다. 사람에게 서비스를 제공했을 때 초래하는 결과에 대한 가치관이다. 이는 사회가 개인의 발전을 위해 사회참여에 대한 기회를 동등하게 제공해야 한다는 사회적 책임에 대한 믿음이다. 뿐만 아니라, 빈곤, 질병, 차별대우, 부적절한 주거환경 및 불공평한 교육기회 등의 문제를 해결하거나 미연에 방지해야 할 사회적 책임에 대한 가치이며, 동시에 이와 같은 욕구를 충족시킬 수 있는 자원을 제공해야 하는 사회적 책임에 대한 믿음이다.

셋째, 수단 우선 가치이다. 서비스를 수행하는 방법 및 수단과 도구에 대한 가치관이다. 즉, 사람은 존경과 존엄으로 다뤄져야 하며, 자기결정의 권리를 가져야 하고, 사회변화에 참여하도록 북돋워져야 하며, 하나의 독특한 개인으로 인정되어야 한다는 믿음과 같은 것이다. 인간의 자율성으로 요약될 수 있는 수단 우선 가치는 아마도 사회복지실천과정에서 매우 중요하게 실천되어야 할 가치체계일 것이다. 사회복지사에게 아무리 바람직해 보이는 결정도 클라이언트의 자율적 결정이 아닌 강요받은 결정이라면 이는 기본 가치관에 어긋나는 것이다. 모든 결정과정에서 클라이언트의 자율성이 보장되어야 한다.

(2) 가치의 단계

가치의 범위는 위계적 단계로도 설명된다. 즉, 다양한 가치를 종적으로 분류하여 도구적 가치, 근사적 가치 그리고 궁극적 가치의 세 단계로 나눌 수 있다. 그 내용은 다음과 같다(양옥경 외, 2018: 53-54).

도구적 가치(instrumental values)는 바람직한 목적에 맞는 바람직한 수단을 구체화한 것으로서, 매우 구체적인 가치들로 구성된다. 예를 들어, 진실(truth)은 어떤 경우에라도 추구되어야 할 중요 가치이며(Levy, 1973), 비밀보장, 자기결정, 고지된 동의 등도 좋은 예이다.

근사적 가치(proximate values)는 중간 수준의 가치들로서, 단기목표를 위한 지침을 제시한다. 예를 들어, 특정 치료를 거부할 수 있는 환자의 거부권리, 치료접근권리, 주택마련권리 등이 있다.

궁극적 가치(ultimate values)는 최고 수준의 가치를 포함하며, 장기목표에 대한 일반적 지침을 제공한다. 인권존중, 평등, 비차별 등이 여기에 속한다. 이 궁극적 가치들은 사회복지의 궁극적 목표와 정체성 확립에 기반이 되는 매우 중요한 가치에 해당된다.

(3) 사회복지실천의 핵심 가치

사회복지 전문직이 사회복지를 실천하기 위해 실천의 가치로 삼아야 하는 것에 대한 논의는 여러 차원에서 진행되고 있다. 사회복지실천의 핵심 가치는 다음과 같다(양옥경 외, 2018: 55).

첫째, 인간존엄(human dignify)이다. 인간이라면 천부적으로 갖고 태어난 인간 존엄성과 인간에 대한 가치의 존중이다.

둘째, 자원접근의 평등(equality)이다. 모든 인간은 생애주기 문제를 해결하기 위해 필요한 자원에 접근할 권한을 가져야 하며, 이는 기회의 평등까지도 포함한다.

셋째, 진실성(integrity)이다. 사회복지사는 항상 진실되게 행동해야 한다.

넷째, 인간관계(relationship)의 중요성이다. 관계는 클라이언트의 변화를 초래하기 위해 사회복지사가 사용하는 가장 중요한 도구이다. 따라서, 이 관계를 사용할 때는 인간존엄에 기초해서 사용해야 한다.

다섯째, 능력(competence)이다. 사회복지사가 전문적 능력을 갖추는 것은 오늘날 사회복지사의 의무이자 기본 가치가 되었다.

결론적으로 사회복지사는 지식과 기술, 전문성의 범위 안에서 최선을 다해 클라이언트에게 서비스를 제공해야 한다. 이것이 사회복지실천의 가치이다.

(4) 사회복지실천과 가치 갈등

사회복지사의 실천활동은 개인적 가치, 전문적 가치, 클라이언트와 클라이언트 집단의 가치, 사회의 가치에 의해 영향을 받으며 이러한 가치 갈등으로 윤리적 딜레마에 빠지기도 한다. 사회복지사가 겪게 되는 다양한 가치 갈등의 유형을 살펴보면 다음과 같다(최세영, 2021: 46-48).

① 가치 상충

가치 상충은 윤리적 갈등이 가장 빈번히 야기될 수 있는 상황으로, 사회복지사가 두 개 또는 그 이상의 대립적 가치 또는 경쟁적 가치에 직면했을 때, 어떤 가치를 우선적으로 선택해야 할지 결정하지 못하는 경우 겪게 되는 윤리적 갈등을 말한다. 윤리적 문제에서 상충되는 가치뿐만 아니라, 전문가의 가치와 개인적 가치 사이의 상충, 클라이언트의 가치 상충 등이 있을 수 있다. 가치 상충으로 인한 윤리적 갈등은 가장 빈번하게 발생하는 상황이다.

② 의무상충

사회복지사가 자신이 속한 기관에 대한 의무와 클라이언트에 대한 의무 사이에서 갈등하게 되는 경우 겪게 되는 윤리적 갈등을 말한다. 사회복지사는 자신이 속한 기관의 정책을 지켜야 할 의무뿐 아니라, 클라이언트를 위해 행동해야 할 의무도 있는데, 이 두 가지 의무가 상충되면서 윤리적 갈등을 겪을 수 있다.

③ 클라이언트체계의 다중성

클라이언트가 여러 명일 경우 누가 클라이언트이고, 누구의 이익을 최우선적으로 고려하여 개입해야 하는지를 판단하기 어려워 겪게 되는 윤리적 갈등을 말한다. 누구의 이익을 우선시할 것인가의 문제는 개입의 우선순위와 내용에 중요한 영향을 미친다. 또한 특정 클라이언트를 위한 선택이 다른 클라이언트에게 부정적 결과를 가져올 경우에도 윤리적 갈등이 발생한다.

④ 결과의 모호성

사회복지사가 내릴 결정의 결과가 불투명할 때, 사회복지사는 어떤 결정을 내려야 할지에 대한 윤리적 갈등을 말한다. 특히, 사회복지사는 클라이언트가 아동일 때 어떻게 결정하는 것이 아이를 위한 최선인지, 앞으로 5~10년 후에도 최선일 수 있는지, 무슨 권리로 아동에 대한 결정을 해야 하며, 바른 윤리적 결정이 무엇인지 모호한 상황에 종종 부딪히게 된다.

⑤ 힘 또는 권력의 불균형

사회복지사와 클라이언트의 관계가 권력적으로 평등하지 않기 때문에 생기는 윤리적 갈등을 말한다. 클라이언트는 도움을 받는 입장이고., 사회복지사는 전문가로서 도움을 제공하기 때문에 클라이언트가 전문가에게 의존하는 관계가 되기 쉬운데, 이러한 상황에서 발생하는 갈등이다.

2 사회복지실천의 이념

사회복지실천의 이념과 철학은 사회복지발달의 역사적 배경과 시대의 흐름에 따라 많은 영향을 받았으며, 매우 다양하게 변화되어 왔다. 따라서, 사회복지실천의 이념과 철학에 대한 이해는 사회복지실천의 맥락 속에서 이해되어야 하며, 그 시대의 정치·경제·문화를 아우르는 전체적인 사회적 배경을 충분히 이해해야 한다.

이러한 사회복지실천에 영향을 미친 이념을 살펴보면 다음과 같다(김혜란 외, 2023: 26－29 ; 송한용 외, 2023: 27－31).

1) 인간의 존엄성

인간의 존엄성은 인간이 신분이나 직업, 경제상태나 신체적 조건, 출신지역이나 민족, 피부색, 성별, 연령 등을 이유로 해서 차별하거나 차별받거나 인간성이 부정되어서는 안 된다는 가치이다.

인간의 존엄성은 인간 사회에서 절대적인 가치이자 최고의 목적적 이념이다. 인간의 몸에서 인간으로 태어난 이상, 인간은 존엄하다. 이 이념이 왜 절대적인가 하는 데에는 논란의 여지가 없다. 그것은 우리가 인간이기 때문이다. 다시 말해서 현대사회에서 인간의 존엄성은 "인간의 몸에서 태어난 모든 인간은 인간으로서 살아갈 존엄한 가치가 있으며, 권리가 있다."라는 사실을 인정하는 것이다. 현대사회에서는 이러한 인간의 존엄성을 전제로 한 복지라는 이념이 중요한 가치로 추구된다. 모든 인간은 인간으로서 살아갈 존엄한 가치가 있으며 권리가 있다는 사실을 전제로 만약 누구든 기본적 욕구가 충족되지 못하거나 못할 가능성이 있는 경우, 이를 사회 또는 국가가 도와주어야 한다는 사상이 복지국가사상이다.

사회복지는 인간의 존엄성을 기본 가치로 하는 인간 지향적인 제도와 활동이라는 데 그 특징이 있다. 즉, 사회복지는 인간이면 누구나 인간의 존엄성을 지켜나가면서 인간다운 삶을 보장하는 데 그 목적을 둔다.

대부분의 현대국가는 나름대로 '국민에게 건강하고 문화적인 삶의 수준을 보장하는 것이 국가의 의무'라고 헌법에 명시하고 있다. 국가는 국민의 생존권 보장을 위해 국민최저기준(national minimum)을 확보하고자 노력해 왔는데, 그 내용은 사회보장제도의 충실화로 대변된다. 생존권이 보장되기 위해서는 국민최저수준의 생활을 영위하지 못하는 국민이 자신의 삶의 수준을 향상시켜 주도록 국가에 요구하는 권리, 즉 사회권으로서의 생존권이 보장되어야 하는 것이다. 그러나 사회보장제도에 의한 최저생활보장은 인간존엄성의 가치를 실현하기 위한 필요조건일 뿐 충분조건은 아니다. 이 가치는 사회문화 차원에서 노력이 병행되어야 한다. 그 노력이란 편견과 차별이 없는 사회를 만들기 위한 노력이며, 그것에 의해서 인간존엄의 완전한 실현이 비로소 가능한 것이다. 정상화(normalization)의 실천과 그 문화의 보급은 그 노력으로써 평가되는 것이다.

인간의 존엄은 인간이 주체적인 존재라는 사실과 적극적인 자극과 기회제공에 의해 반드시 바람직한 변화를 가져오는 존재라고 하는 사실을 인식한다. 전자의 인식에 의해 '자기결정의 가치'가, 후자의 인식에 의해 '발달보장의 가치'가 생성되는 것이다. 인간의 존엄과 가치가 사회복지에 의해 어떻게 구현되는가는 사회의 지배적 가치체계에 의해 결정된다(김보기 외, 2022a: 71－72).

2) 인도주의와 박애사상

사회복지실천의 최초 이데올로기는 인도주의(humanitarianism)와 박애사상(philanthropy)이라고 볼 수 있다. 이는 자선조직협회(Charity Organization Society)와 우애방문자(friendly visitors)의 주된 가치관이었다. 기독교의 금욕주의와 긍휼사상을 실천하려는 이상의 사람들이 빈곤한 사람들을 대상으로 인도주의적 구호를 제공하였으며, 이 사상이 후에 사회복지실천의 기본 사상이 되었다.

이는 '타인을 위하여 봉사하는' 정신으로 실천되었다. 즉, 돌봄(care)의 봉사정신은 자기 자신보다는 클라이언트를 먼저 생각하는 정신을 낳았고, 이는 이타주의(altruism)로 불리는 사회복지실천의 기본 정신으로 자리 잡게 되었다. 그러나 시대의 변화에 따라 클라이언트를 위한 '무조건적 봉사(caring for)'에서 '클라이언트에 대한 봉사활동(caring about)'으로 개념이 변화하였다(Morris, 1977). 즉, 자선조직단체와 우애방문자의 역할이 무조건적 봉사를 주로 했다면, 현대의 사회복지사는 클라이언트에 대한 선택적 봉사를 행한다고 할 수 있다.

3) 사회진화론

1895년 다윈(Charles Robert Darwin, 1809~1882)의 저서 『종의 기원(*On the Origin of Species*)』(1859)으로부터 유래된 사회진화론(social Darwinism)은 사회과학적 요소에 자연과학적 요소가 가미되어 파생된 것으로, 자연법칙에서 통용되는 진화론을 사회법칙의 진화론에 접목시킨 것이다. 즉, 동·식물생태계에서 강한 것만이 살아남는다는 적자생존의 자연주의 법칙과 마찬가지로, 인간사회에서도 부유한 사람들은 부지런하고 도덕적으로 우월한 존재이므로, 부유층으로 살아남는 반면에, 빈곤한 사람들은 선천적으로 게으르고 비도덕적이며 열등한 존재이므로 가난하게 살 수밖에 없다는 것이다(Dolgoff et al., 1997). 이러한 적자생존을 근간으로 하는 사회진화론의 원칙이 일반사회에도 적용됨에 따라 사회는 계층화되어 '사회적합계층(best fit class)'은 살아남게 되고, 그렇지 못한 '사회부적합계층(unfit class)'은 사회적으로 도태되어 자연스럽게 소멸된다는 것이다. 사회복지실천에서 이러한 사회진화론적 논리는 사회통제(social control)의 측면에서 사회의 적합한 계층을 위하여 사회부적합계층은 사라져야 한다는 논리와 일맥상통한다. 실제로 앞에서 살펴본 바와 같이, '우애방문자(friendly visitor)'는 그 당시 빈곤한 극빈자와 장애인을 사회적으로 열등한 존재로 간주하였고, 이들이 빈곤한 원인을 도덕적인 결함과 게으르고 나태한 것으로부터 기인한 것으로 보아 도덕적인 교화를 실시함으로써 빈곤문제를 해결하고자 한 것은, 우애방문자 활동의 근본이념이 사회진화론을 바탕으로 이루어졌다는 것을 의미한다. 실질적으로 우애방문자의 활동을 바탕으로 빈민은 '가치 있는 빈민'과 '가치 없는 빈민(invaluable poorer)'으로 구분하기에 이르렀다. 이에 따라, 이들에게 제공되는 서비스의 양에도 차이가 있었고, '가치 없는 빈민'에게는 최소한의 도움만을 제공하는 결과를 초래하였다. 즉, '가치 없는 빈민'은 사회부적합계층으로 분류되어 사회적합계층을 위해 사회적으로 도태되어야 마땅한 존재로 취급되었다(최덕경 외, 2015: 29-63).

4) 민주주의

민주주의(democracy)는 평등(equality)을 표방하는 이념이다. 사회진화론에서의 생존계층화와는 달리, 모든 인간의 평등함을 인정하고 클라이언트는 평등한 대우를 받을 수 있는 권리가 있음을 표방하였다. 이러한 민주주의의 등장으로 클라이언트들을 위한 무조건적인 봉사정신은 약화되고 클라이언트에 대한 선택적인 봉사 철학이 강화되었다(박희숙 외, 2018: 24).

민주주의는 인도주의와 사회진화론에서 우월한 자인 봉사 제공자가 열등자인 클라이언트들에게 제공한 봉사 및 시혜를 무조건 받도록 강요를 하던 것에서 벗어나, 주는 자와 받는 자의 권리를 평등하게 인정하여, 받는 자인 클라이언트가 시혜의 여부를 결정하는 데 적극적으로 참여하도록 하는 사회적 움직임이었다.

이는 현대에 들어서면서 클라이언트의 자기결정권의 가치적인 측면에도 커다란 영향을 미치게 된다. 클라이언트에게도 사회복지사와 똑같이 동등하게 권리를 주면서 모든 결정에 대한 선택권을 주게 된다. 평등을 위한 사회변화를 추구하는 민주주의 사회복지실천은 인보관운동의 활동에서 두드러진 양상을 나타낸다. 빈곤계층도 자기 자신 나름대로의 가치관을 갖고 있으며, 이를 동등하게 인정을 해 주는 것에서부터 시작하는 인보관운동의 이념은 사회가 이를 인정을 해 주도록 사회개혁으로 이어졌다. 인보관운동은 당시 사회문제(예, 산업화, 도시화, 빈곤, 이민 등)에 대처하기 위하여 자선조직협회보다 약 15년 뒤에 시작하게 되었으나, 문제의 접근관점은 판이했으며, 당시 자유주의와 급진주의 사상에 기반하여 환경적인 요소가 바로 사회문제의 근원이라고 보았다. 따라서, 문제를 접근하는 방식은 빈민들을 개조하는 것이 아닌 기존의 사회질서를 바꿔야 한다는 사회개혁적인 면을 강조한다. 즉, 모든 인간이 평등하듯 클라이언트도 동등한 처우를 받을 권리, 빈곤에서 탈피한 동등한 기회를 제공받을 수 있는 권리를 가지고 있다는 것이다. 따라서, 빈곤에 대한 책임은 이러한 권리들을 보장해 주지 못하는 사회에 있으며, 사회의 변화를 통하여 이를 가능하게 해야 한다는 것이다. 이는 사회민주주의(social democracy)를 채택하는 결과를 낳았으며, 특히 스웨덴, 덴마크, 영국 등은 이 이념을 수용한 국가들이다(Whitaker & Federico, 1997).

5) 개인주의

개인주의(individualism)와 함께 자유방임주의가 등장하였다. 이는 작은 정부를 표방하는 형태로 나타났으며, 이와 함께 경제뿐 아니라, 사회복지마저도 자유시장에 맡기는 자유방임적 정책이 확산되었다. 이 사상은 사회복지실천에도 영향을 미쳐 사회복지실천의 사상적 줄기에 한 획을 그었다(양옥경 외, 2018: 46-47).

개인주의 사상은 두 가지 형태로 나타나는데 하나는 개인권리의 존중이며, 다른 하나는 수혜자격의 축소이다. 개인의 권리와 의무가 강조되면서 빈곤의 문제도 다시 빈곤한 자의 책임으로 돌아갔다. 빈곤한 사회복지 수혜자는 빈곤하게 살 수밖에 없어야 한다는 '최소한의 수혜자격 원칙'이 등장하여(Whitaker & Federico, 1997) 수혜자들이 저임금 노동자보다 더 낮은 수준의 보조를 받도록 하는 정책이 도입되었다. 미국에서는 이러한 관점이 사회진화론과 맞물려 더욱 큰 힘을 발휘하였다.

한편, 사회복지실천에서는 클라이언트의 개인적 특성, 즉 개별화를 중시하는 것에 초점을 맞추었다. 물론 개별화는 사회복지실천의 역사에서 보자면 상당히 초기의 문헌에서도 찾아볼 수 있는 개념이었다. 하지만 그 실천적 측면에서 보았을 때, 시기적으로 적용 가능성이 훨씬 용이해졌으며, 적용수준의 허용도 높아졌다.

6) 경험주의

근대 경험주의(empiricism)의 선구를 이룬 것은 17세기 영국의 베이컨(F. Bacon)과 로크(J. Locke) 등이다. 베이컨은 참다운 학문은 경험에서 출발해야 한다고 했으며, 현실세계에 대한 경험적 지식을 절대시하였다.

경험주의는 인식과 지식의 근원을 경험에서 찾는다. 사회복지실천은 경험주의에 기반을 둔 과학성을 중요하게 생각하는 데, 사회복지실천에서의 과학성이란 논리적이고 체계적인 탐구과정을 통해 확실성이 입증된 지식과 이론, 방법 등을 기초로 사회복지실천이 이루어지는 것을 의미한다. 사회복지사는 선의(goodwill)나 자신의 주관적인 선호 때문이 아니라, 원조 전문가로서 인간과 사회에 대한 과학적 지식 및 경험적으로 입증된 자료 등을 근거로 체계적인 실천을 수행한다. 이처럼 사회복지사는 과학자로서 객관적 관찰과 실험적 조사를 통해 경험적으로 입증된 이론과 방법을 적용할 뿐만 아니라, 실천의 효과성과 효율성에 관한 증거를 체계적으로 확인, 분석, 평가하는 실천기반증거를 수행하는 것이 바람직하다(조학래, 2019: 27).

7) 다양화

오늘날 세계는 교통과 통신 등의 발달과 자유무역주의의 발전으로 국경을 초월한 교류가 활발해지고, 과거 소수 강국의 지배체제에서 벗어나 다양한 체계를 수용하는 다양화(diversitism)의 경향이 나타나게 되었다. 현재 미국은 소수 백인들의 지배체제에서 벗어나 중남미, 아시아, 아프리카, 동부유럽 국가들로부터 이민 온 다양한 민족들의 인구집단을 인정하고 그들의 욕구, 문화적 배경 등을 고려한 정책들이 발전하게 되었다. 사회복지실천에서도 인종, 연령, 성별, 민족적 배경, 성적 지향 등에 따라 사회적·심리적·정치적·경제적 현실이 매우 다르다는 것을 인식해왔다. 따라서, 각각의 문화, 종교, 인종, 성적 지향 등의 강점을 인식하고 다양한 인구집단의 풍부한 문화적 배경, 역사, 견해 등을 반드시 이해하고 민감해야 함을 깨닫게 되었다(Maguire, 2001).

사회복지사는 다양한 계층과 특별한 욕구를 이해하고 수용하여야 하며, 다양한 문제 인식과 함께 다양한 접근방식에 대해 열린 자세를 가져야만 한다. 이러한 다양성에 기반을 둔 사회복지실천은 개별화를 추구하는 동시에, 권한부여모델(empowerment model)에 대한 관심으로 발전하였다. 권한부여모델은 클라이언트 자신이 열등한 존재가 아니라, 스스로 변화할 수 있는 잠재능력을 가진 가치 있는 존재임을 인식하게 하여 스스로 발전할 수 있는 여건을 만들어 주는 것이다. 클라이언트도 사회복지사와 같은 권한을 갖고 실천과정에 임한다는 것을 인정하는 이념적 변화를 초래하게 된 것이다(이경준 외, 2018: 34).

현장에서 경험하게 되는 사회복지실천의 이데올로기에 대한 사회복지사의 바람직한 태도는 다음과 같다(길귀숙 외, 2018: 26).

첫째, 특정 사상이 사회복지실천현장에 강요되어서는 안 된다. 주입된 사상의 경우, 주입시키는 쪽은 주체가 될 수 있지만, 받아들이는 쪽은 반드시 사회복지사 자신의 입장과 성향에 따라 수용되어야 한다.

둘째, 우리나라의 사회복지실천과 현실에 맞는 사상이 널리 알려져야 한다. 선진국의 경우, 사회복지의 여러 이데올로기가 정립되어 있으나, 우리 현실은 그렇지 못하다. 우리의 사회복지실천가들이 정립한 사상을 널리 알릴 필요가 있으며, 이를 위해 이 분야에 대한 특별한 연구가 있어야 할 것이다.

셋째, 사회복지실천현장에서 특정 종교를 일방적으로 강조하거나, 배척하는 행위는 지양되어야 한다. 이는 사회복지실천사상이 강압적으로 주입되어서는 안 된다고 하는 맥락과 일치한다. 따라서, 사회복지기관이나 시설의 운영체가 직원을 채용할 때 같은 종교인만을 받아들이거나, 지나치게 특정 종교를 고집하지 않아야 한다.

넷째, 사회복지실천가는 특정 사상에 얽매이는 것보다는 오히려 사상을 바탕으로 자유자재로 활동할 수 있어야 한다. 즉, 자신의 사상만을 고집하고 상대의 사상을 무시하는 다툼에서 벗어나 상대의 사상과 교류할 수 있어야 한다. 따라서, 사회복지사는 클라이언트를 포함한 모든 이들과 끊임없이 나눔을 실천해야 한다.

3 사회복지실천의 윤리

1) 윤리

사회복지실천에서 고려해야만 하는 것으로 윤리(ethics)가 있다. 여기서 말하는 윤리는 직업윤리를 의미하며, 바로 말하자면 전문적 행위로서 '해서 옳은 일과 하지 말아야 할 일'의 판단기준을 지칭하는 말이다.

일반적으로 윤리는 '도덕(morality)'과 비슷하게 해석되기 쉽다. 도덕과 윤리를 구분해보면, 도덕은 인간으로서 바람직한 생각, 좋게 생각되는 행위를 그 사회나 시대가 가지고 있는 사회적 규범에 비추어 결정하는 것이다. 그에 반해, 윤리는 인간의 양심에 기초하여 그가 놓인 사회나 시대의 특수성을 넘어 보편적으로 인간으로서 올바른 행위나 정의의 가치관을 지칭한다. 윤리는 사람에게 무엇이 옳은지 그른지를 결정하면서 어떤 지침이 되는 원칙을 발견해 내는 데 초점을 둔다.

오늘날 윤리의 중요성이 대두된 것은 과학기술과 사회발전에 의한 영향이 크다. 특히, 의학과 공학의 발달로 생명연장이 가능해지고 장기이식, 유전공학 등을 실현하면서 클라이언트의 욕구도 다양해졌다. 예를 들어, 인공수정, 안락사, 성을 감별한 후 유산하는 등 윤리적 결정을 해야 하는 다양한 상황이 생겼다. 그와 함께 사회가 성숙하면서 사회복지대상자의 권리를 인정하자는 사회분위기로 다양한 형태의 윤리적 갈등이 발생하였고, 이를 해결하기 위해 윤리적 지침이 필요하게 되었다.

레비(Charles S. Levy)는 1976년 그의 저서 『사회복지와 윤리(*Social Work and Ethics*)』에서, 사회복지실천윤리에 대한 정의에 대해 사회복지실천윤리는 다양한 배경을 지닌 사회복지사들이 복잡한 실천 분야에서 직면할 수 있는 다양한 윤리적 쟁점에 대하여 올바른 판단을 내릴 수 있도록 하는 '체계적 준거 틀'이라고 하였다.

가치와 윤리의 비교는 〈표 3－1〉과 같다.

| 표 3-1 | 가치와 윤리의 비교

구분	가치	윤리
특징	• 믿음, 신념 같은 것 • 어떤 행동이 좋고 바람직한가와 관련–객관적으로는 증명할 수 없고 주관적으로 선호하는 것 • 인간의 적절한 행동을 선택하는 데 지침이나 기준이 됨(방향 제시)	• 무엇이 옳고, 그른가에 대한 판단 • 가치 기반 위에 구현된 행동지침 • 가치에서 나오기 때문에 가치와 조화를 이루어야 함.
관심	• 선하고 바람직한 것에 관심	• 올바르고 정확한 것에 대한 관심
표현	• 인간의 생각 속에서만 그치기도 함.	• 행동으로 나타나는 것
기준	• 하나의 신념으로 과학적 근거가 없음–규범적 기준이 필요하지 않음.	• 행동에 대한 사회적 태도로 규범적인 것
개입	• 인간관계가 개입되지 않기도 함.	• 인간관계의 상호작용 속에서만 해당됨.

자료: 최세영(2021: 44).

2) 윤리강령의 실제

우리나라의 사회복지사 윤리강령의 역사를 살펴보면, 한국사회복지사협회는 1973년 2월 윤리강령의 초안 제정을 결의하였고, 1988년 3월 사회복지사 윤리강령을 제정·공포하였다. 1992년 10월 사회복지사윤리강령을 1차 개정하였고, 2001년 12월에 2차 개정하였다(최혜지 외, 2021: 63). 한국사회복지사협회의 사회복지사 윤리강령 전문은 다음과 같다.

사회복지사는 인본주의·평등주의 사상에 기초하여, 모든 인간의 존엄성과 가치를 존중하고 천부의 자유권과 생존권의 보장활동에 헌신한다. 특히, 사회적·경제적 약자들의 편에 서서 사회정의와 평등·자유와 민주주의 가치를 실현하는 데 앞장선다. 또한 도움을 필요로 하는 사람들의 사회적 지위와 기능을 향상시키기 위해 저들과 함께 일하며, 사회제도 개선과 관련된 제반 활동에 주도적으로 참여한다. 사회복지사는 개인의 주체성과 자기결정권을 보장하는 데 최선을 다하고, 어떠한 여건에서도 개인이 부당하게 희생되는 일이 없도록 한다. 이러한 사명을 실천하기 위하여 전문적 지식과 기술을 개발하고, 사회적 가치를 실현하는 전문가로서의 능력과 품위를 유지하기 위해 노력한다. 이에 우리는 클라이언트·동료·기관 그리고 지역사회 및 전체 사회와 관련된 사회복지사의 행위와 활동을 판단·평가하며 인도하는 윤리기준을 다음과 같이 선언하고, 이를 준수할 것을 다짐한다.

3) 윤리강령의 기능

윤리강령은 전문가가 지켜야 할 전문적 행동기준과 원칙을 기술해 놓은 것으로 전문가들이 공통으로 합의한 내용을 담았다. 따라서, 법적인 제재력을 갖지는 못하지만, 사회윤리적 제재력을 갖는다. 이와 같은 윤리강령은 전문가들이 자신의 전문직 가치기준에 맞게 실천할 수 있는 판단기준을 제시하며, 해당 전문직 실천 대상자들에게 그 전문직이 지켜야 할 기본 윤리행위를 알리고, 전문직의 비윤리적 행위에 대해 판단할 수 있는 기준을 제시하는 기능이 있다. 윤리강령의 기능은 다음과 같다(양옥경 외, 2018: 67–68).

첫째, 사회복지실천현장에서 윤리적 갈등이 생겼을 때 지침과 원칙을 제공한다.

둘째, 자기규제를 통해 클라이언트를 보호한다.

셋째, 스스로 자기규제를 가짐으로써 사회복지 전문직의 전문성을 확보하고, 외부통제로부터 전문직을 보호한다.

넷째, 일반 대중에게 전문가로서의 사회복지 기본 업무 및 자세를 알리는 일차적 수단으로 기능한다.

다섯째, 선언적 선서를 통해 사회복지 전문가들의 윤리적 민감화를 고양하고, 윤리적으로 무장시킨다.

4) 사회복지실천과 윤리적 갈등

윤리적 갈등(ethical dilemmas)이란 사회복지사가 전문가로서 지켜야 하는 윤리적 의무와 책무가 서로 충돌함에 따라 어떠한 실천행동을 선택하는 것이 윤리적으로 올바른 것인지 판단하기 힘든 상태를 말한다. 사회복지실천에서 윤리적 갈등이 발생하는 이유는 사회복지사를 비롯한 전문가들은 전문적 가치에 맞는 행동을 해야 한다. 그러나 사회복지사의 행동이 어떤 측면에서 보면 윤리적인 반면, 다른 측면에서 보면 비윤리적인 경우가 종종 발생한다. 이러한 경우 두 가지 이상의 의무나 가치, 원칙 등이 동등하게 유용하다고 여겨지지만, 이 원칙들이 서로 모순되거나 충돌하는 상황이 생기기 때문에 어떤 결정을 해야 할지 판단하기 어려운 윤리적 상황에 놓이면서 발생한다. 사회복지실천과정에서 윤리적 갈등의 범주를 살펴보면 세 가지 측면에서 살펴볼 수 있다(최세영, 2021: 45-46).

① 직접적인 실천과 관련된 윤리적 갈등

직접적인 실천과 관련된 상황에서 사회복지사는 개인, 가족, 또는 집단을 대상으로 직접적인 사회복지실천 활동을 수행해 나가는 과정에서 여러 윤리적 갈등에 직면한다.

② 사회복지정책 및 프로그램 차원에서 갈등

사회복지정책 및 프로그램을 기획하고 실행해 나가는 과정에서 발생하는 것으로 간접적인 사회복지실천 활동으로 분류되는 영역에서 제기되는 갈등이다. 대표적으로 분배문제에서 제한된 자원은 누구에게, 어떻게, 얼마큼 배분하는 것이 가장 공평한 것인가를 결정하는 과정에서 윤리적 문제를 경험할 수 있다.

③ 사회복지 조직체 및 동료 사회복지사와 관련된 윤리적 갈등

사회복지 조직체 및 동료 사회복지사 사이의 관계와 관련된 것으로 한 조직체의 일원, 즉 고용된 사람으로서의 사회복지사가 겪을 수 있는 갈등이다. 예를 들어, 사회복지사가 함께 근무하는 동료 사회복지사가 인터넷도박 중독에 빠져 업무를 소홀히 하거나, 클라이언트에게 피해를 입힌 사실을 알게 되었을 때, 이 사실을 전문 직업인으로서 기관장에게 알려야 하는가의 문제에 윤리적 갈등을 경험할 수 있다.

5) 전문직 윤리강령의 의미

최근 들어 법, 의료, 사회복지, 심리, 정신의료, 기술, 언론 등 각종 전문직에 종사하고 있는 실천가들의 행동에 대한 책임 추궁이 빈번히 발생하면서 전문직 윤리에 대한 중요성이 갈수록 강조되고 있다. 모든 전문직들은 윤리강령을 가지고 있다. 가장 오랜 전통을 가진 의료윤리강령의 역사는 고대 그리스시대로 거슬러 올라간다. 히포크라테스(B.C 460－377)는 의사를 위한 윤리강령을 작성하여 의사들의 전문적이며 윤리적인 행위를 강조하였다. 그가 만든 의료윤리강령은 오늘날까지 의사들을 위한 행동지침으로 널리 사용되고 있다.

특정 직업을 전문직으로 발전시키기 위해서는 윤리강령이 필요하다. 사회복지도 예외는 아니다. 미국에서는 리치몬드의 도움으로 1920년에 최초의 사회복지사 윤리강령 초안을 만들었다. 미국사회복지사협회(AASW, The American Association of Social Workers)에서도 사회복지를 전문직으로 발전시키기 위한 전문가 윤리강령의 중요성을 제시하였다. 1924년에 이 협회의 공식저널인 *The Compass*에서 "사람들이 과연 사회복지사가 일상적인 상황에서 어떻게 행동하는지를 알아야 할 권리를 갖고 있는가?"라는 질문을 던짐으로써 윤리적 실천의 문제를 밝히고 사회복지사를 위한 윤리강령을 만들도록 재촉하였다. 1960년에 미국사회복지사협회(NASW, National Association of Social Workers)에서는 사회복지사들을 위한 공식적인 윤리강령을 채택하여 발표하였다. 그 후 미국에서는 사회복지사 윤리강령의 실천적 유용성과 현실성을 고려하여, 1979년에는 그전의 것과는 다른 새로운 윤리강령을 선포하였고, 1990년에 개정하였다. 사회복지사 윤리강령은 사회복지 전문직의 위상을 높이고 실천의 지침을 제공한다는 점에서 큰 의미를 갖는다.

6) 사회복지사 윤리 기준

한국사회복지사의 윤리기준은 다음과 같다(한국사회복지사협회 홈페이지, 2024).

사회복지사의 윤리기준

Ⅰ. 기본적 윤리기준

1. 전문가로서의 자세

1) 인간 존엄성 존중

가. 사회복지사는 모든 인간의 존엄, 자유, 평등을 위해 헌신해야 하며, 사회적 약자를 옹호하고 대변하는 일을 주도해야 한다.

나. 사회복지사는 모든 인간의 고유한 존엄성과 가치를 인정하고 존중하며, 이를 기반으로 사회복지를 실천한다.

다. 사회복지사는 클라이언트의 성, 연령, 정신 · 신체적 장애, 경제적 지위, 정치적 신념, 종교, 인종, 국적, 결혼 상태, 임신 또는 출산, 가족 형태 또는 가족 상황, 성적 지향, 젠더 정체성, 기타 개인적 선호 · 특징 · 조건 · 지위 등을 이유로 차별을 하지 않는다.

라. 사회복지사는 다양한 문화의 강점을 인식하고 존중하며, 문화적 역량을 바탕으로 사회복지를 실천한다.

마. 사회복지사는 문화적으로 민감한 실천을 제공하기 위해, 사회복지 실천 과정에서 자신의 개인적 · 사회적 · 문화적 · 정치적 · 종교적 가치, 신념과 편견이 클라이언트와 동료 사회복지사에게 미칠 수 있는 영향을 고려하여 자기 인식을 증진하기 위해 힘쓴다.

2) 사회정의 실현

가. 사회복지사는 사회정의 실현과 클라이언트의 복지 증진에 헌신하며, 이를 위한 국가와 사회의 환경 변화를 위해 노력한다.

나. 사회복지사는 사회, 경제, 환경, 정치적 자원에 대한 평등한 접근과 공평한 분배가 이루어지도록 노력한다.

다. 사회복지사는 개인적 · 집단적 · 사회적 · 문화적 · 정치적 · 종교적 특성에 근거해 개인이나 집단을 차별 · 억압하는 것을 인식하고, 이를 해결 또는 예방하기 위해 노력해야 한다.

2. 전문성 개발을 위한 노력

1) 직무 능력 개발

가. 사회복지사는 클라이언트에게 최상의 서비스를 제공하기 위해, 지식과 기술을 개발하는 데 최선을 다하며 이를 활용하고 공유할 책임이 있다.

나. 사회복지사는 사회적 다양성의 특징(성, 연령, 정신 · 신체적 장애, 경제적 지위, 정치적 신념, 종교, 인종, 국적, 결혼 상태, 임신 또는 출산, 가족 형태 또는 가족 상황, 성적 지향, 젠더 정체성, 기타 개인적 선호 · 특징 · 조건 · 지위 등), 차별, 억압 등에 대해 교육을 받고 이에 대한 이해를 증진하기 위해 노력한다.

다. 사회복지사는 변화하는 사회복지 관련 쟁점에 대응할 수 있도록 실천 기술을 향상하고, 새로운 실천 기술이나 접근법을 적용하기 위해 적절한 교육, 훈련, 연수, 자문, 슈퍼비전 등을 받도록 노력한다.

라. 사회복지사는 사회복지 실천에 필요한 정보통신 관련 지식과 기술을 습득하기 위해 노력하며, 이를 사용하는 과정에서 발생할 수 있는 윤리적 문제를 인식하고 정보통신 관련 지식과 기술을 활용하도록 한다.

2) 지식기반의 실천 증진

가. 사회복지는 사회복지 실천 과정에서 평가와 연구 조사를 함으로써, 사회복지 실천의 지식기반형성에 기여하고, 궁극적으로 사회복지 실천의 질적 향상을 위해 노력한다.

나. 사회복지는 평가나 연구 조사를 할 때, 연구 참여자의 권리를 보장하기 위해, 연구 관련 사항을 충분히 안내하고 자발적인 동의를 얻어야 한다.

다. 사회복지는 연구 과정에서 얻은 정보를 비밀 보장의 원칙에서 다루며, 비밀 보장의 한계, 비밀 보장을 위한 조치, 조사자료 폐기 등을 연구 참여자에게 알려야 한다.

라. 사회복지사는 평가나 연구 조사를 할 때, 연구 참여자의 보호와 이익, 존엄성, 자기 결정권, 자발적 동의, 비밀 보장 등을 고려하며, 「생명윤리 및 안전에 관한 법률」 등 관련 법령과 규정에 따라 연구윤리를 준수한다.

3. 전문가로서의 실천

1) 품위와 자질 유지

가. 사회복지사는 전문가로서의 품위와 자질을 유지하고, 자신이 맡고 있는 업무에 대해 책임을 진다.

나. 사회복지사는 자신의 이익을 위해 사회복지 전문직의 가치와 권위를 훼손해서는 안 된다.

다. 사회복지사는 전문가로서 성실하고 공정하게 업무를 수행한다.

라. 사회복지사는 부정직한 행위, 범죄행위, 사기, 기만행위, 차별, 학대, 따돌림, 괴롭힘 등 부당한 일을 행하거나 묵인해서는 안 된다.

마. 사회복지사는 자신의 소속, 전문 자격이나 역량 등을 클라이언트에게 정직하게 정확하게 알려야 한다.

바. 사회복지사는 클라이언트, 학생, 훈련생, 실습생, 슈퍼바이지, 직장 내 위계적 권력관계에 있는 동료와 성적 관계를 형성해서는 안 되며, 이들에게 송추행과 성희롱을 포함한 성폭

력, 성적 · 인격적 수치심을 주는 행위를 해서는 안 된다.

사. 사회복지사는 한국사회복지사협회 등 전문가 단체의 활동에 적극적으로 참여하며, 사회정의 실현과 사회복지사의 권익 옹호를 위해 노력한다.

2) 자기관리

가. 사회복지사는 정신적 · 신체적 건강 문제, 법적 문제 등이 사회복지 실천과정에서의 전문적 판단이나 실천에 부정적 영향을 주거나 클라이언트의 이익을 저해하지 않도록, 동료, 기관과 함께 적절한 조치를 취하도록 노력한다.

나. 사회복지사는 클라이언트에게 최상의 사회복지서비스를 제공하기 위해 사회복지사 자신의 정신적 · 신체적 건강, 안전을 유지 · 보호 · 관리하도록 노력한다.

3) 이해 충돌에 대한 대처

가. 사회복지사는 클라이언트의 이익을 우선으로 고려하고, 이해 충돌이 있을 때는 아동, 소수자 등 취약한 자의 이해와 권리를 우선시한다.

나. 사회복지사의 개인적 신념과 사회복지사로서 직업적 의무 사이에 충돌이 발생할 때 동료, 슈퍼바이저와 논의하고, 부득이한 경우 클라이언트가 적절한 지원을 받을 수 있도록 클라이언트를 다른 사회복지사에게 의뢰하거나 다른 사회복지서비스로 연결한다.

다. 사회복지사는 전문적 가치와 판단에 따라 업무를 수행하는 과정에서, 기관 내외로부터 부당한 간섭이나 압력을 받아서는 안 된다.

4) 경제적 이득에 대한 실천

가. 사회복지사는 지불 능력에 상관없이 복지서비스를 제공해야 하며, 이를 이유로 차별해서는 안 된다.

나. 사회복지사는 필요한 경우에 제공된 서비스에 대해 공정하고 합리적으로 이용료를 책정할 수 있다.

다. 사회복지사는 업무와 관련해 정당하지 않은 방법으로 경제적 이득을 취해서는 안 된다.

II. 클라이언트에 대한 윤리기준

1. 클라이언트의 권익옹호

사회복지사는 클라이언트의 이익을 최우선의 가치로 삼고 이를 실천하며, 클라이언트의 권리를 존중하고 옹호한다.

2. 클라이언트의 자기결정권 존중

1) 사회복지사는 사회복지 실천과정에서 클라이언트의 자기결정을 존중하고, 클라이언트를 사회복지실천의 주체로 인식하여 클라이언트가 자기결정권을 최대한 행사할 수 있도록 돕는다.

2) 사회복지사는 의사결정이 어려운 클라이언트에 대해서는 클라이언트의 이익과 권리를 보

장하기 위한 적절한 조치를 취해야 한다.

3. 클라이언트의 사생활보장 및 비밀보장

사회복지사는 클라이언트의 사생활을 존중하고 보호하며, 전문적 관계에서 얻은 클라이언트의 관련 정보에 대해 비밀을 유지한다. 그러나 클라이언트의 자신과 타인에게 해를 입히거나 범죄행위와 관련된 경우에는 예외로 할 수 있다.

4. 정보에 입각한 동의

사회복지사는 클라이언트의 알권리를 인정하고 동의를 얻어야 하며, 클라이언트가 받는 서비스의 목적과 내용, 범위, 합리적인 대안, 위험, 서비스의 제한, 동의를 거절 또는 철회할 수 있는 클라이언트의 권리 등에 대해 정확하고 충분한 정보를 제공한다.

5. 기록·정보 관리

1) 클라이언트에 대한 사회복지 실천기록은 사회복지사의 윤리적 실천의 근거이자 평가 · 점검의 도구이기 때문에 중립적이고 객관적으로 작성해야 한다.
2) 사회복지사는 클라이언트가 자신과 관련된 기록의 공개를 요구하면 정당한 비공개 사유가 없는 한 정보에 접근할 수 있도록 해야 한다.
3) 사회복지사는 클라이언트에 대한 문서정보, 전자정보, 기타 민감한 개인정보를 보호해야 한다.
4) 사회복지사가 획득한 클라이언트 관련 정보나 기록을 법적 사유 또는 기타 사유로 제3자에게 공개할 때는 클라이언트에게 안내하고 동의를 얻어야 한다.

6. 직업적 경계 유지

1) 사회복지사는 클라이언트와의 전문적 관계를 자신의 개인적 이익을 위해 이용해서는 안 된다.
2) 사회복지사는 업무 외의 목적으로 정보통신기술을 사용해 클라이언트와 의사소통을 해서는 안 된다.
3) 사회복지사는 어떠한 상황에서도 클라이언트와 사적 금전 거래, 성적 관계 등 부적절한 행동을 해서는 안 된다.
4) 동료의 클라이언트를 의뢰받을 때는 기관 및 슈퍼바이저와 논의하는 과정을 거쳐야 하며, 클라이언트에게 설명하고 얻은 후 서비스를 제공한다.
5) 사회복지사는 정보처리기술을 이용하는 것이 클라이언트의 권리를 침해할 위험성이 있다는 사실을 인식하고 직업적 범위 안에서 활용한다.

7. 서비스의 종결

1) 사회복지사는 클라이언트에게 제공되는 서비스가 더 이상 클라이언트의 이해나 욕구에 부합되지 않으면 업무상 관계와 서비스를 종결한다.
2) 사회복지사는 개인적 또는 직업적 이유로 클라이언트와의 전문적 관계를 중단하거나 종결할 때 사전에 충분히 설명하고, 다른 기관 또는 다른 전문가에게 의뢰하는 등 필요한 조치를 취한다.
3) 사회복지사는 클라이언트의 고의적 · 악의적 · 상습적 민원 제기에 대해 소속기관, 슈퍼바이저, 전문가 자문 등의 논의과정을 거쳐 서비스를 중단하거나 거부권을 행사할 수 있다.

Ⅲ. 사회복지사의 동료에 대한 윤리기준

1. 동료

1) 사회복지사는 존중과 신뢰를 기반으로 동료를 대하며, 전문가로서의 지위와 인격을 훼손하는 언행을 하지 않는다.
2) 사회복지사는 사회복지 전문직의 권익 증진을 위해 동료와 다른 전문직 동료와도 협력하고 협업한다.
3) 사회복지사는 동료의 윤리적이고 전문적인 행위를 촉진해야 하며, 동료가 전문적인 판단과 실천이 미흡하여 문제를 발생시켰을 때 윤리강령과 제반 법령에 따라 대처한다.
4) 사회복지사는 다른 전문직의 동료가 행한 비윤리적인 행위에 대한 윤리강령과 제반 법령에 따라 대처한다.
5) 사회복지사는 동료의 직무 가치와 내용을 인정하고 이해하며, 상호 간에 민주적인 직무관계를 이루도록 노력해야 한다.
6) 사회복지사는 동료들에게 정보통신기술을 사용한 비윤리적인 행위를 하지 않는다.
7) 사회복지사는 동료가 적법하게 업무를 수행하는 과정에서 부당한 조치를 당하면 동료를 변호하고 원조해 주어야 한다.
8) 사회복지사는 동료에게 행해지는 어떤 형태의 차별, 학대, 따돌림 또는 괴롭힘과 자신의 전문적 권위를 행사하는 다른 동료와의 부적절한 성적 행동에 가담하거나 이를 용인해서는 안 된다.
9) 사회복지사는 슈퍼바이지, 학생, 훈련생, 실습생, 자신의 전문적 권위를 행사하는 다른 동료와의 성적 행위나 성적 접촉과 성적 관계에 관여해서는 안 된다.

2. 슈퍼바이저

1) 슈퍼바이저는 슈퍼바이지가 전문적인 업무 수행을 할 수 있도록 지원하고 슈퍼바이지는 슈퍼바이저의 전문적인 지도와 조언을 존중해야 한다.

2) 슈퍼바이저는 전문적 기준에 따라 슈퍼비전을 수행하며, 공정하게 평가하고 평가 결과를 슈퍼바이지와 공유한다.
3) 슈퍼바이저는 개인적인 이익 추구를 위해 자신의 지위를 이용해서는 안 된다.
4) 슈퍼바이저는 사회복지사 수련생과 실습생에게 인격적 · 성적으로 수치심을 주는 행위를 해서는 안 된다.

Ⅳ. 기관에 대한 윤리기준

1) 사회복지사는 기관의 사명과 비전을 확인하고, 정책과 사업 목표를 달성하기 위해 노력해야 한다.
2) 사회복지사는 소속 기관의 활동에 적극적으로 참여함으로써 기관의 성장과 발전을 위해 노력해야 한다.
3) 사회복지사는 기관의 부당한 정책이나 요구에 대해 전문직의 가치와 지식을 근거로 대응하고, 제반 법령과 규정에 따라 해결하도록 노력해야 한다.

Ⅴ. 사회에 대한 윤리기준

1) 사회복지사는 자신이 일하는 지역사회를 이해하고, 클라이언트가 지역사회에서 서로 도우며 함께 살아가도록 지원해야 한다.
2) 사회복지사는 정치적 영역이 클라이언트의 권익과 사회복지실천에 미치는 영향을 인식하여 사회정의 실현을 위한 사회정책의 수립과 법령 제 · 개정을 지원 · 옹호해야 한다.
3) 사회복지사는 사회재난과 국가 위급 상황에서 문제를 해결하기 위해 적극적으로 활동해야 한다.
4) 사회복지사는 지역사회, 국가, 나아가 전 세계와 그 구성원의 복지 증진, 삶의 질 행상을 위해 적극적으로 노력해야 한다.
5) 사회복지사는 인간과 자연이 서로 떨어져 살 수 없음을 깨닫고, 인간과 자연환경, 생명 등 생태에 미칠 영향을 생각하며 실천해야 한다.

연습문제

01 사회복지의 가치와 윤리에 대한 설명 중 옳은 것은?

① 사회복지실천은 특정 가치를 중시한다.
② 가치딜레마의 윤리적 갈등은 일관성을 갖는다.
③ 사회복지 가치와 윤리는 옳고 그름에 대한 것이다.
④ 윤리강령이 전문적 판단보다 항상 우선한다.
⑤ 지식보다 가치를 우선시하는 것을 과학성이라 한다.

02 사회복지실천 이념에 관한 설명으로 옳지 않은 것은?

① 사회진화론에 근거한 사회복지실천은 인보관 활동에서 찾아볼 수 있다.
② 다양화 경향은 다양한 계층과 문제를 인정하는 계기가 되었다.
③ 우애방문자들은 취약계층에게 인도주의적 서비스를 제공하고자 했다.
④ 시민의식의 확산으로 주는 자 중심에서 받는 자 중심의 서비스로 전환
⑤ 개인주의 사상은 엄격한 자격요건 하에서 최소한의 서비스만 제공하는 경향을 낳기도 했다.

03 사회복지실천의 이념적 배경으로 옳지 않은 것은?

① 인도주의는 빈곤이나 장애를 클라이언트의 책임으로 돌렸다.
② 이타주의는 타인을 위하여 봉사하는 정신으로 실천되었다.
③ 개인주의는 수혜자격의 축소를 가져왔다.
④ 민주주의는 클라이언트의 자기결정권의 강조를 가져왔다.
⑤ 사회진화론은 사회통제의 기능을 갖는다.

04 우리나라 사회복지사 윤리강령의 내용에 포함되지 않는 것은?

① 전문가로서의 자세
② 경제적 이득에 대한 태도
③ 클라이언트의 사생활 보호
④ 사회복지윤리위원회의 구성과 운영
⑤ 사회복지사 자격기준

정답 1. ② 2. ① 3. ① 4. ⑤

PART Ⅱ

사회복지실천현장의 주요 영역

Chapter 4

사회복지실천의 대상

✓ **학습목표**

1. 대상에 대한 기본적 이해
2. 실천대상별 숙지
3. 각 대상과의 협력체계에 대한 이해

✓ **학습내용**

1. 개인 대상 사회복지실천
2. 가족 대상 사회복지실천
3. 집단 대상 사회복지실천
4. 지역사회 대상 사회복지실천

✓ **개요**

사회복지실전의 영역은 지금까지 대상, 방법 및 범위에 따라 개별사회사업, 집단사회사업, 지역사회조직의 세 가지 전통적인 방법으로 접근해 왔다. 그러나 최근 사회복지실천 현장에서 사회복지사의 활동은 개인(개별), 집단, 지역사회 중 어느 한 방법에 따라 개별적으로 이루어지기보다는 세 가지 방법을 통합적인 관점에서 실천하는 것으로 변화하고 있다. 여기에서는 사회복지실천의 대상에 관하여 학습하고자 한다.

Chapter 4

사회복지실천의 대상

사회복지실천 영역은 지금까지 대상, 방법 및 범위에 따라 개별사회사업, 집단사회사업, 지역사회조직의 세 가지 전통적인 방법으로 접근해 왔다. 그러나 최근 사회복지실천현장에서 사회복지사의 활동은 개인(개별), 집단, 지역사회 중 어느 한 방법에 따라 개별적으로 이루어지기보다는 세 가지 방법을 통합적인 관점에서 실천하는 것으로 변화하고 있다. 여기에서는 사회복지실천 대상을 개인, 집단, 가족, 지역사회 등으로 분류하고자 한다. 그 내용은 다음과 같다.

1 개인 대상 사회복지실천

1) 개별사업사회의 개념

개인을 대상으로 하는 사회복지실천은 사회복지사가 개인적 또는 사회적 문제에 직면해 있는 개인을 '일대일'로 만나 문제해결을 원조하는 활동이다. 따라서, 개인 대상 사회복지실천은 클라이언트와의 일대일 관계 속에서 이루어지는 직접 실천으로, 클라이언트로 하여금 주변 환경에 적응하도록 도움을 제공하거나, 개인에 영향을 미치는 사회적·경제적 결핍상태를 완화시켜 주기 위한 활동이다. 개인 대상 사회복지실천은 전통적으로 사회복지실천현장에서 주로 접근하던 방식이다. 예를 들어, 약물 오·남용, 폭력문제, 빈곤이나 장애 등으로 인해 사회적 기능을 수행하기에 어려움이 있는 클라이언트를 대상으로 한다(양정빈 외, 2020: 100).

사회복지실천 대상으로서의 개인은 종전의 개별사회사업의 실천대상을 의미한다. 전통적으로 'casework'라 불리는 개별사회사업은 직접실천 중에서도 가장 오래된 사회사업실천방법이다. 개별실천은 개인적·사회적 문제에 직면해 있는 개인을 일대일로 만나 문제해결을 원조하는 활동으로 클라이언트로 하여금 주변 환경에 적응하도록 도움을 제공하거나, 개인에 영향을 미치는 사회경제적 결핍 상태를 완화시켜 주기 위한 활동이다(길귀숙 외, 2018: 93-94).

개인 대상 사회복지실천은 원래 개별적인 효과를 나타내기 위한 지원방법을 의미하는 개념으로, 사회복지기관과 시설에서 개인이나 가족이 사회생활에서 직면하는 문제에 대해 개별적인 접근을 통해 원조하는 데 사용하고 있다.

우리나라 사회복지실천현장의 경우, 행정복지센터 사회복지 전담공무원, 종합사회복지관의 사회복지사, 정신건강복지센터의 정신건강사회복지사, 각종 사회단체와 사회복지시설에서 근무하는 사회복지사 등이 개인을 대상으로 하는 사회복지실천의 한 형태라고 볼 수 있다.

개별사회사업의 정의는 다음과 같다.

리치몬드(Richmond, 2015a)에 따르면, 개별사회사업은 개인과 그 사회환경 간에 조정을 통해서 개인을 발달시키는 과정이다.

바우워(Bowers, 1949)에 따르면, 개별사회사업은 클라이언트와 그가 속한 환경 전체 또는 일부분에서 보다 나은 적응을 해 나가도록 개인이 가진 능력과 지역사회의 자원을 동원하기 위해서 인간관계에 대한 과학적 지식 및 대인관계의 기능을 활용하는 기술이다.

펄만(Perlman, 2011)에 따르면, 개별사회사업은 사람들이 사회적으로 기능함에 있어서 그들의 문제를 보다 효과적으로 대처해 나가도록 개인을 도와주는 복지기관에서 활용되는 한 과정이다.

결론적으로 개인의 능력을 향상시키고 지역사회의 자원에 초점을 두고 개인의 더 나은 적응을 지원하는 사회복지실천을 개별사회복지실천으로 정의하고 있다.

2) 개별사회사업의 모델

『사회적 케이스워크이론』
(1970년 출판)

개별사회사업의 모델개별사회사업 방법의 주요 모델은 사회복지사와 클라이언트가 일대일로 사례 과정을 이끌어 가는 것이 특징이다. 로버츠와 니(Robert W. Roberts & Robert H. Nee)가 1970년 그들의 저서 『사회적 케이스워크 이론(*Theories of Social Casework*)』에서 주장하는 개별사회사업의 모델은 다음과 같다(Roberts & Nee, 1970).

(1) 심리사회접근모델

심리사회접근모델의 관점은 체계이론에 근거하고 있다. 이 접근에서 시도하는 진단과 치료는 인간과 그의 외부환경과 상호작용에 중점을 두고 있다. 아울러 이 모델에서서는 개입이 클라이언트의 욕구에 의해 달라져야 한다는 점을 강조하고 있다. 따라서, 사회복지사는 클라이언트의 복지 향상을 위해 합의한 내용에 따라 클라이언트를 수용해야 하고, 클라이언트의 욕구를 우선하는 '타인 중심' 관계이어야 하며, 편견을 버리고 클라이언트를 과학적 형체로 이해해야 한다.

(2) 기능주의모델

기능주의모델은 인간의 본질에 관한 이해, 사회복지실천의 목적에 관한 이해, 과정의 개념에 관한 이해를 강조한다. 기능주의적 접근은 성장심리학에 근거하기 때문에 변화를 사회복지사 중심이 아닌 클라이언트 중심으로 보았으며, 사회복지실천의 목적은 클라이언트에게 주어진 건강한 개인적·사회적 조건을 위해 영향을 주는 것이고, 사회복지실천기관을 통해 전체 과정을 돕는 과정임을 강조하였다.

(3) 문제해결모델

문제해결 과정은 클라이언트의 곤경을 해결하기 위해 사람이나 대상 및 환경을 조작하는 것이 아니고, 활동적인 사회복지사와 클라이언트와 주변 환경 간 이루어지는 교류를 발전적으로 증진시켜 나가는 것을 의미한다. 치료에 중점을 두지 않고 주변의 자원을 적극 활용하여 문제해결의 기능을 강화하는 데 전력한다. 이 모델에서 강조하는 요점 중 하나는 문제를 느끼고 문제를 안고 다니며, 문제를 경험하고 있는 자는 바로 도움을 얻고자 하는 클라이언트라는 사실이다. 문제해결모델은 클라이언트가 지니는 문제해결은 클라이언트를 통하고, 클라이언트와 함께 클라이언트의 힘을 빌려 가능하다는 점을 강조한다.

(4) 행동수정모델

행동수정모델은 행동수정에 관한 지식과 실천의 대두와 함께 개별사회복지사들이 이 분야에 관심을 두면서 자연스럽게 개발된 것이다. 클라이언트의 특정 행동을 변화시키거나 지속시키기 위해 개별사회복지사들이 행동수정모델을 활용하게 되었다. 예컨대, 아동들에게 과제나 일상을 모범적으로 하면 스티커를 주고, 일정 수의 스티커를 가져오면 스케치북을 주는 것이 바로 이 모델을 적용한 것이다. 이 모델에서는 클라이언트의 부적절한 행동이나 사고를 변화시키기 위해 행동주의이론에서 강조하고 있는 학습이론의 원리를 토대로 하고 있다.

(5) 위기개입모델

단기 개별사회사업의 실제에서 위기이론과 이 이론의 적용에 갑자기 관심을 갖게 된 것은 1960년대 이후이다. 이론적으로 위기개입은 정신분석이론을 비롯하여 인간행동의 여러 이론을 기초로 하고 있다. 위기개입의 목표는 클라이언트가 당면하고 있는 위기를 해소하는 데 있다. 클라이언트가 직면하고 있는 위기를 심리적으로 해소해 가고, 그래서 적어도 클라이언트가 위기기간 이전에 보존하고 있었던 기능수행의 수준까지 회복시키는 것이다.

3) 개인 대상 사회복지실천의 적용

개인 대상 사회복지실천은 개인적이고 사회적인 문제를 해결할 수 있도록 돕는 데 그 목적이 있다. 즉, 개별사회사업은 개인이 사회에 적응할 수 있도록 돕는 것과 개인의 특수한 욕구에 따라 서비스를 받을 수 있도록 돕는 것을 모두 포함한다(Zastrow, 2015). 개인의 보다 나은 적응과 변화를 위해 개인의 능력이나 지역사회 자원을 활용할 수 있도록 돕는 것은 개별사회사업의 궁극적 목적이다.

2 가족 대상 사회복지실천

1) 가족의 개념

가족을 한마디로 정의하기 어려우나, 전통적이고 협의의 가족은 혼인을 통해 맺어진 성인남녀와 그들에게서 출생한 자녀로 구성되며, 공통의 거주공간에서 생활하는 집단이다. 그러나 전통적인 가족 정의는 현대사회의 새롭게 등장한 기러기가족, 공동체가족 등 다양한 형태의 가족을 설명하지 못한다. 따라서, 광의의 가족은 혈연에 기반을 둔 특수한 관계를 지닌 사람들의 공동거주를 필수요소로 삼지 않는다(김영철 외, 2022a: 356).

이러한 현상은 낮은 혼인율, 높은 이혼율, 저출산, 남성 중심 가족제도 변화 등으로 인해 독신가족, 한부모가족, 무자녀가족, 맞벌이가족처럼 구조적으로 다양한 가족을 포함하여, 입양가족, 다문화가족 등 기존 가족개념과 다른 가족이 증가함으로써 가족의 기능면에서도 많은 변화가 일어났기 때문으로 해석된다. 따라서, 가족 대상 사회복지실천은 이상에서 제시한 다양한 가족을 포함하며, 가족구성원들이 각자의 발달적·정서적 욕구를 충족시켜 보다 유능하게 자신의 역할과 기능을 배우고 활용할 수 있도록 돕는 사회복지적 개입이다.

가족 대상 사회복지실천은 가족이 하나의 구조와 체계로서 어떻게 작용하는지를 살펴서 구성원들이 각각의 발달적·정서적 욕구를 충족시키며, 보다 유능하게 자신의 역할과 기능을 배우고 활용할 수 있도록 돕는 것이다. 여기서 가족구성원들은 각각의 부분으로 작용하며, 일정한 속성을 가지고 서로 순환적인 인과관계를 통하여 상호작용하는 속성이 있다.

가족은 다른 사회집단의 인간관계와 비교할 때 다음과 같은 특성을 가지고 있다(남연희 외, 2023: 158-159).

첫째, 가족은 자연발생적인 혈연관계를 중심으로 하는 소집단으로서 가족구성원들의 선택이나 이탈이 자유롭지 못하다.

둘째, 가족구성원들은 성별, 연령 등에 따라 각자의 지위와 위치가 배정되고 그것에 따라 역할이 배분된다.

셋째, 가족구성원 간에는 분업관계, 권리 및 의무관계 그리고 일상생활에 수반되는 행동유형이 있다.

넷째, 가족관계는 가족구성원 간의 인간관계로서, 부모와 미혼 자녀로 구성된 핵가족의 경우에도 부부, 부모-자녀, 모자, 부녀, 형제-자매 등의 많은 가족관계가 있다. 이것은 가족구성원 간에 정서적, 심리적으로 복잡하게 얽혀있는 밀접한 관계를 의미한다. 그리고 가족은 상호 간에 밀접한 관계에 있으므로 가족구성원 한 사람의 행동이나 생각의 변화는 다른 가족구성원과 가족 전체에 영향을 준다.

다섯째, 공동운명체적 가족집단은 소속감과 결속감이 어느 다른 사회집단보다 강하고, 가족구성원들은 경제적, 심리적, 정서적으로 상호 의존적이므로 상호 간에 행동을 구속하고 규제하기도 한다.

여섯째, 가족들은 각각 사회적·문화적·시간적·지역적·경제적 조건에 따라 관계가 다르며, 가족관계는 각 가족의 성장과 발전단계에 따라 변화한다.

일곱째, 가족관계는 어떤 다른 인간관계보다도 일찍 시작되고 오랫동안 지속되지만, 지나치게 밀접하고, 요구적이며, 보상적일 수 있으므로 가족관계에서 문제들이 많이 발생할 수 있다.

이처럼 가족은 그 기능과 관계의 특수성으로 인하여 다른 소집단과는 다른 특징을 가지고 있기 때문에 가족실천은 개별과 집단 실천과 구별되는 독특성을 가지고 있다.

2) 가족의 분류와 문제

가족문제는 이혼·불화와 갈등 및 가출·유기·범죄·비행·자살 등의 현상으로 나타나기도 하나, 이러한 현상 이전의 문제가 양적으로 더욱 많다. 이러한 문제들은 가족이나 개인에 의해서만 발생하는 것은 아니며, 오히려 대부분이 사회적 배경에 의하여 발생된다는 생각이 지배적이다. 사회복지실천에서는 가족분류에 따른 가족문제에 대해 사회복사의 역할이 필요하다. 그 내용은 다음과 같다.

(1) 확대가족과 핵가족

확대가족은 2세대 이상의 기혼 부부로 구성되는 가족형태를 말하는 데, 대부분 부부와 기혼 자녀, 그리고 기혼 자녀와 미혼 자녀가 함께 사는 경우가 많다. 확대가족은 혼인한 형제들이 모두 그들의 부모와 함께 생활하는 결합가족과 혼인한 아들 부부 중에서 한 부부가 부모와 함께 생활하는 직계가족으로 나눌 수 있다. 확대가족에서는 수직적 위계질서와 가족 전체의 결속력이 중요시 된다. 그뿐만 아니라, 확대가족에서는 가풍과 가치관이 잘 전승되며, 구성원들이 심리적인 안정감을 가진다. 그러나 가부장적 권위주의로 인해 개인들의 창의성과 개성이 제한되거나 무시되기도 한다. 특히, 여성의 지위가 약하다.

핵가족은 부부와 그들의 미혼 자녀로 구성되는 가족으로서, 자녀가 혼인을 하면 분가하여 새로이 독립된 핵가족을 이룬다. 즉, 핵가족은 부부를 중심으로 형성되는 기본 가족으로서, 산업사회의 환경에 가장 잘 적응할 수 있었던 가족형태이다. 핵가족에서는 구성원 간에 민주적이고 평등한 수평적 관계를 기초로 상호작용이 이루어지며, 구성원의 개성과 자유로운 의지가 존중된다. 가령 결혼 동기만 보더라도, 과거에는 '전통적인 관례를 따르기 위한' 또는 '아들을 낳아 대를 잇기 위한' 가문 중심적인 동기가 지배적이었으나, 오늘날에는 사랑하는 사람과 안정되고 행복한 가정을 이루려는 개인 중심적인 경향이 결혼의 주요 동기가 되고 있다.

(2) 한부모가족

한부모가족(single parents family)은 부모 중 어느 한 쪽의 사별, 이혼, 유기, 별거로 인한 편부·모 등으로 이루어진 가족을 말한다(표갑수, 2017: 301). 일반적으로 한부모가족은 결합형태에 따라 부와 자녀로 이루어진 부자가족(편부가족)과 모와 자녀로 이루어진 모자가족(편모가족)으로 나뉘고 발생원인에 따라 사망, 이혼, 별거, 유기가족, 미혼모가족 등으로 구분하기도 한다(김보기 외, 2016: 235).

한부모가족은 경제적·사회적·정서적·도구적 어려움과 동시에, 사회관계망의 변화까지 경험하게 된다. 따라서, 가족 내 상호작용뿐만 아니라, 새로운 사회적 상호작용에도 적응해야 하는 문제가 생긴다. 편모는 생활상의 어려움 이외에도 상실감이나 재혼의 문제에 이르기까지 정신적·육체적 곤란을 겪는다. 특히, 자녀는 부모 부재 이후에 오는 감정처리나 생활변화에 적응해야 하는 정서적 문제와 더불어 증가된 책임량을 완수해야 하는 역할문제, 친구와의 관계나 학업 성적에 영향을 받는 학교생활의 적응문제 등 위기적 상황에 직면한다(표갑수, 2017: 302).

기든스(Anthony Giddens)의 『사회학(*Sociology*)』(2021)에 따르면, 피부양자녀를 거느린 한부모가족(single-parents households)의 성별 구성은 압도적으로 여성으로 분류되고 있으며, 평균적으로 이들 가구들은 현대사회에서 최저 빈곤층에 놓여 있음을 인지하는 것이 중요하다. 나아가 이전보다 '버림받은 아내(deserted wives)', '애비 없는 가족(fatherless families)' 또는 '결손가족(broken homes)'과 같은 가치개입적인 용어들이 점차 사라지고 있으나, 이들은 실제 혼인 여부와는 관계없이 경제적으로 불안정할 뿐 아니라, 사회적 멸시의 대상이 되고 있다(Giddens, 2021: 619).

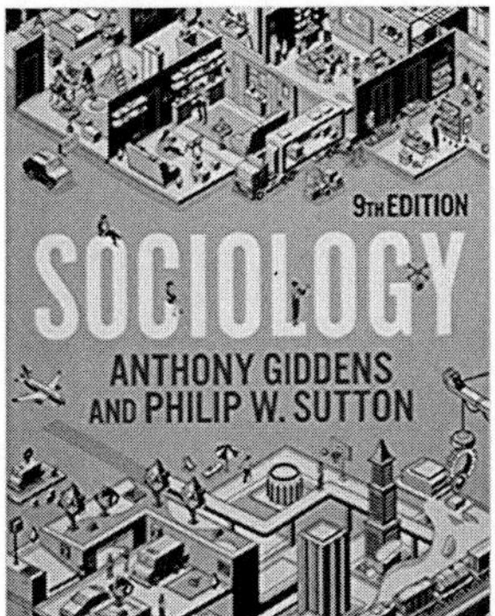

『사회학』
(2021년 출판)

(3) 재혼가족

재혼가족(reconstituted families)은 재혼에 의해서 형성된 가족이나 최소한 배우자 중 한 사람이 이전의 결혼에서 낳은 자녀를 데리고 와서 형성한 가족을 말한다. 다양한 결합형태들이 재혼가족을 구성하고 있다. 부인은 자녀가 있고 남편은 없다거나, 남편은 자녀가 있고 부인이 없는 경우도 있다. 또한 부인과 남편 모두 자녀가 있을 수도 있고, 모두가 자녀가 있으면서 그 후 자녀를 더 갖게 되는 경우가 있다.

재혼가족에서는 복합적이며 새로운 관계로 인한 상당한 스트레스가 일어날 수 있다. 다양한 새로운 역할들이 가족구성원들에게 부과된다(의붓아버지, 의붓어머니, 의붓자식 등). 가족구성원들은 새로운 가족구성원에게 적응해야 하며, 한 가정에서 살지 않는 가족구성원들과의 접촉을 유지해야 한다. 재혼이 자녀에게 미치는 영향을 다루는 많은 연구들은, 결손가족보다는 재혼가족에의 적응이 더 쉬우며 행복한 가족을 만들 수 있는 환경을 형성한다고 지적하고 있다. 재혼가족의 자녀에 대한 퍼스낼리티 검사는 정상가족의 자녀와 재혼가족의 자녀 간에 중요한 차이점이 있다는 사실을 보여 주지 못하고 있다. 최근 이혼율 증가와 함께 재혼율도 급속히 증가하고 있다. 특히, 황혼이혼에 따른 황혼재혼도 새로운 풍속도로 자리 잡고 있다.

이 재혼가족은 새로운 부모, 형제자매가 생기면서 새로운 변화를 경험하게 되고, 새로운 가족관계에 익숙해지는 데 오랜 시간을 필요로 하며, 이 과정에서 갈등을 겪기도 한다.

(4) 다문화가족

다문화가족이란 용어는 2008년 여성가족부에 다문화가족과가 신설되면서, 동시에 그 해 「다문화가족지원법」이 제정, 시행된 후 사용되고 있다.

다문화가족 개념은 다양하게 규정된다. 넓은 의미로는 국민 사이의 결혼으로 구성된 가족 이외에 배우자 중 한 명이라도 한국국적 이외의 국적을 가지거나 또는 과거에 가졌던 사람이 포함되어 있는 가족을 지칭하는 개념으로 사용된다. 그러나 좁은 의미로는 한국인과 결혼한 또는 결혼한 경험이 있는 결혼이민자가 포함된 가족을 가리킨다. 즉, 다문화가족 지원정책의 핵심은 다문화가족구성원을 대상으로 하는 데, 구체적으로 결혼이민자와 그 자녀, 한국인 배우자와 그 외의 가족구성원이 대상이다. 한편, 다문화가족은 국제결혼이라는 용어가 내포된 내국인 간의 결혼과 외국인과의 결혼으로 구분하는 국적에 따른 차별성 대신 한 가족 내에 다양한 문화가 공존하고 있다는 의미로 사용되고 있다(김보기 외, 2020: 69).

사실 생활양식과 문화가 다른 이들이 만나 결혼생활을 유지하기란 쉬운 일이 아니다. 의사소통이 원활하지 못해 갈등이 유발되기도 하며 낯선 환경으로 인한 부적응을 호소하기도 한다. 따라서, 다문화가족구성원들의 어려움을 완화하기 위해 동등한 기회에 대한 가치관 정립 교육, 다양성에 관한 교육, 다문화가족 상담전문가 양성 등의 사회복지실천의 역할이 강조된다.

(5) 노인가족

노인가족은 노인이 부모나 부부, 자녀, 형제 등 혼인, 또는 혈연관계에 의해 맺어지는 가족의 한 구성원으로 이루어진 집단이며, 최근에는 핵가족화로 인해 노인부부만 사는 노인부부 가족, 사별·이혼·별거 등으로 노인 독신가족 등이 증가하고 있다. 노인가족의 경우 돌봄 문제, 경제적 문제, 정서적 문제 등을 동반한다(최은희 외, 2017: 88-89).

(6) 별거가족

별거가족(living-together apart family)이란 넓은 의미로는 가족이 함께 살지 않고 별도로 생활하는 것이지만, 일반적으로 좁은 의미로는 부부가 따로 생활하는 가족의 형태를 말한다. 현대사회에 들어와서 가장의 근무지에 따라 모든 가족이 이사를 하는 형태에서 벗어나 새로운 장소와 상황에서의 불안과 불편함을 느낀 가족들, 즉 어머니(아내)와 자녀가 아버지(남편)의 근무지로 함께 이사하는 것을 거부하고 따로 거주하는 형태의 가족이 이에 속한다. 이 경우에는 자녀가 어머니와 함께 있는 경우도 있고, 아버지와 함께 있는 경우도 있다. 또한 최근에는 병리성의 별거도 적지 않은 상황이다. 예를 들어, 자녀의 가정 내 폭력이 심해짐에 따라 부모가 신체적 위협을 느껴 원가족으로부터 떠나 별거생활을 시작하기도 한다. 이외에도 자녀가 강력하게 나가고 싶다는 요구를 하여 별거생활을 하는 경우도 있다. 또 다른 형태의 별거가족으로는 가정 내 별거의 형태를 취하는 가족도 적지 않다. 아내와 자녀에게 고립된 남편이 한 가정 속에서 별도의 생활을 하는 경우와 자녀가 없는 부부가 한지붕 밑에서 별도로 생활하는 경우도 별거가족에 해당한다. 이렇게 별거할 경우, 경제적 기회손실은 물론, 가족 간 단절로 인한 소통부족으로 정서적 결핍을 느낄 수 있다.

(7) 집합가족

이들은 일부일처의 가족형태를 그대로 유지한 채 경제와 육아를 공동으로 담당하는 방식을 취하고 있다. 이러한 집합가족은 현대에 들어와 독신자, 노인가족, 편부모 가족 등 가족기능이 부족한 형태가 증가하면서 관심이 증대되고 있다. 집합가족의 생활을 장기적으로 할 수도 있지만, 2~3년 정도의 단기적 참여를 하거나 농촌 등지에서 계절적으로 집합가족 형태가 발생하기도 한다. 집합가족은 가정생활에서 부부가 혼자 감당하기 어려운 영역을 다른 가족들로부터 도움을 받는다는 장점이 있지만, 양육주권을 상실할 가능성과 사유재산의 범위 등에서 갈등이 일어날 수 있다. 이스라엘의 키부츠(kibbutz, 집단농장)는 가장 널리 알려진 집합가족의 형태이다.

3) 가족 대상 사회복지실천의 적용

가족 수준에서의 사회복지실천은 가족구성원들 간의 관계나 가족구성원 중 한 사람의 행동 또는 정서·심리상의 문제에 개입하여 문제를 해결 또는 경감시키기 위한 노력이다. 개인을 단위로 하는 것보다 가족을 단위로 개입하는 것이 개입효과가 더 크다고 판단될 때, 또는 클라이언트의 문제해결을 위해서는 가족 모두의 협조와 노력이 요구된다고 판단될 때 가족과의 실천을 택하게 된다(최세영, 2021: 134).

대개의 가족실천모델들은 일반체계이론의 영향을 받아 가족을 하나의 역동적인 체계로 간주한다. 따라서, 가족구성원 개인이 나타내는 문제의 원인을 개인적 요인에서 찾은 것이 아니라, 가족구성원들 간의 상호작용 패턴, 즉 관계양상에서 찾고자 한다. 문제의 해결도 개인적 변화에 초점을 두기보다는 가족구성원들 간의 상호작용하는 방식의 변화에 초점을 둔다.

가족 대상 사회복지실천은 주로 부부갈등, 부모-자녀 간 문제, 아동문제, 다세대 간의 갈등 등을 중재·해결하기 위해 사용된다. 우리나라의 사회복지실천에서 가족과의 실천은 교회, 병원, 가족치료센터, 가족치료연구소, 가정복지연구소, 일부 사회복지관, 대학의 연구소 등 다양한 장소에서 실시되고 있으며, 가족과의 실천에 대한 관심이 점차 확산되고 있는 추세이다(이경준 외, 2020: 166-167).

3 집단 대상 사회복지실천

1) 집단의 개념

집단은 가족과 같이 개인의 성장과 발달에 큰 영향을 미치는 환경체계이다. 개인은 생애주기를 통해서 유아기에 또래집단을 비롯한 학급, 동아리, 학교, 직장, 사회단체, 지역사회에서 다양한 목적과 조건에 따라 수많은 집단을 경험한다. 개인이 경험하는 집단의 유형과 그 집단 속에서 수행하는 과업과 역할은 그의 성격형성, 인간관계 그리고 생활과업 수행에 직접적 또는 간접적으로 영향을 미친다. 따라서, 개인이 경험하는 다양한 집단은 가족 다음으로 가장 친숙하고 직접적이며, 상호작용이 활발한 환경체계라고 할 수 있다(이영호 외, 2018: 317).

집단이란 한 개인으로서 서로 인식하고 상호작용하며, 사회적 실체로서 집단에 대한 의식을 공유하고, 구성원들의 집단과 연관된 행동에 의해 영향을 받으며, 자연적이고 표현적인 행동이 지배적인 두 명 이상으로 구성된 사회조직의 한 형태이다. 또한 집단은 두 사람 이상이 공동목적이나 관심을 가지고 모여서 서로 인지하고, 감정을 공유하며, 집단기능을 위해 규범을 만들고 행동을 위한 목표를 수립하며, 응집력을 발전시키므로 타 집단과 구별된다(Hartford, 1972). 인간은 사회적 동물이라는 명제는 인간의 성장과 발달에 영향을 미치는 중요한 사회환경 중 하나가 집단이라는 것을 강조하는 말이다. 인간은 전 생애에 걸쳐 다양한 집단경험을 하게 된다(송한용 외, 2023: 157).

인간은 환경적 요구에 적응하고 때로는 환경을 자신에게 맞게 변화시켜 나감으로써 성장하고 발전한다. 인간이 경험하게 되는 집단의 유형과 성격, 집단 내에서 차지하는 지위와 과업 등은 인간에게 끊임없는 상호작용을 함으로써 개인의 성격형성에 영향을 미치게 된다. 일반적으로 집단은 한 개인으로서 인식하고 상호작용하며, 사회적 실체로서 집단에 대한 의식을 가지고, 구성원의 집단과 관련된 행동에 의해 영향을 받으며, 표현적 행동이 지배적인 사회적 조직형태이다(Norlin et al., 2008). 집단이란 대면 접촉을 하는 두 사람 이상의 개인들이 다른 구성원들을 알고 자신이 그 집단의 구성원임을 인식하여 상호목적을 달성하기 위해 상호 의존관계에 있는 상태를 말한다(Johnson & Yanca, 2015). 집단경험은 인간의 전 생애에 걸쳐 성격 형성과 발달에 영향을 미치며, 인간의 행동변화에도 영향을 미친다.

집단의 정의는 다양한 관점에서 제시되고 있는데, 사회심리학에서 집단의 정의는 행위를 규제하는 어떤 규범을 공유하고 어느 정도 지속적이고 또 반복적인 역할관계로 맺어진 세 사람 이상의 개인들로 이루어진 사회적 단위를 말한다. 체계로서의 사회집단의 정의는 개인들이 서로 인식하고, 상호작용하며, 사회실체로서 집단에 대한 의식을 공유하고 구성원들의 집단과 연관된 행동에 의해 영향을 받으며, 자연적이고 표현적 행동이 지배적인 두 명 이상으로 구성된 사회조직의 한 형태로 정의한다(김영철 외, 2022a: 364).

그러므로 집단이란 서로 관련되어 있는 사람들의 집합이기 때문에 개인들의 단순 집합이 아니며, 집단 내에 있는 사람들의 관계가 구조화되고 유형화된 하나의 조직된 체계라고 규정할 수 있다. 따라서, 이 집단은 두 사람 이상이 하나의 단체를 이루어 공통의 목적과 흥미 또는 관심을 상호 간에 교환하면서 상대에게 영향을 주고받는 형태라고 할 수 있다.

집단의 특징은 다음과 같다(생각의 마을, 2019: 312).

① 규모(크기)가 작다. 최소 둘 이상의 사람으로 이루어진다.

② 보통 집단구성원이 집단에서 이탈하거나 새로운 구성원이 들어오는 경우에도, 집단의 규칙(규범)은 그대로 지속되는 특성을 갖는다.

③ 최소한의 역할 분화가 이루어진다.

④ 집단구성원 간 상호작용은 주로 대면적으로 이루어지며, 협의로 정의된 역할에 전적으로 근거하기보다는 전인격적으로 이루어진다.

⑤ 집단목적은 집단구성원의 욕구에서 나오며, 명시적이지 않고 묵시적인 경향이 있다.

⑥ 집단구성원은 공통된 집단 정체성을 가지며 집단을 하나의 실체로 지각한다. 다양한 집단활동을 통해 '우리'라는 의식이 형성된다. 예) 우리 반, 우리 동네, 우리 동아리 등

⑦ 집단은 집단과 관련된 구성원들의 행동에 영향을 미치는 규범체계를 포함한 하위체계를 갖는다. 이를 통해 사회화 및 사회통제(어떤 방식으로 행동해야 하는지에 대한 사회적 통제) 기능을 수행한다.

⑧ 집단구성원 간 관계와 상호작용 속에서 구성원들의 행동은 이성적 요소들보다는 정서적 요소들에 의해 주로 유발된다.

⑨ 집단체계는 그 구성원인 개인의 동기, 태도, 행위 등에 영향을 미친다.

⑩ 집단체계가 인간행동에 미치는 영향은 집단의 역동성으로 나타나게 된다.

2) 집단의 유형

집단의 유형은 관점에 따라 매우 다양할 수 있다. 집단구성원 간 상호작용과 정서적 결속 정도에 따른 일차집단(가족, 친구, 소집단 등)과 이차집단, 집단 구성 방식에 따른 자연집단(가족, 친구, 또래 등)과 형성집단(학급, 위원회 등), 집단의 크기에 따른 소규모 집단(보통 6~7명 내외)과 대규모 집단, 집단의 운영방식에 따른 개방형 집단(가입과 탈퇴의 자유)과 폐쇄형 집단 등이다. 이와 같은 유형은 각자의 특성과 목적을 가지고 있으며, 그것은 곧 해당 집단의 정체성과 구성원들의 기능 및 역할에도 영향을 미친다. 이와 달리, 집단 수준의 사회복지실천에서는 일반적으로 집단의 목적에 따른 구분을 통해 대상체계에 대한 개입을 구체화하는 데, 그 유형은 다음과 같다(Toseland & Rivas, 2017 ; 조미숙 외, 2021: 178－179 ; 최세영, 2021: 278－279).

(1) 치료집단

치료집단(treatment group)은 집단구성원의 교육, 성장, 치료, 사회화 등 행동변화, 사회화의 욕구충족 등을 목적으로 하며, 사회복지사의 역할은 상호작용을 통해 집단을 발달시키는 데 있다. 치료집단의 특성은 개방적이고 자기노출이 높고, 집단 각 구성원에 의해 주제에 따라 의사소통 양식이 다르며, 집단절차는 집단에 따라 융통적이라는 것이다. 집단구성원의 구성은 공동관심사, 문제, 특성에 근거한다. 여기에 해당하는 집단은 다음과 같다.

① 지지집단

지지집단(support group)은 일상생활 속에서 발생하는 문제들을 효과적으로 대처하고 적응해 나가도록 원조함으로써 구성원이 삶의 위기에 잘 대처할 수 있도록 돕는 집단이다. 유사한 문제나 경험을 갖고 있는 사람들로 구성되기 때문에 지역사회의 편견이나 낙인으로부터 벗어나 집단 안에서 안정과 위로를 찾을 수 있으며, 유대감 형성이 쉽고 자기개방수준이 매우 높다. 사례로는 암을 극복하려는 환우모임, 한부모가족모임, 자녀교육의 어려움을 갖는 다문화가정 부모모임 등이다.

② 교육집단

교육집단(educational group)은 집단구성원이 지식과 기술을 배우고 향상하는 데 목적을 두고 있다. 구성원들이 자신의 내면은 물론 자신이 속한 사회를 잘 이해할 수 있도록 강의형태 등을 통해 정보나 지식, 기술을 통해 원조한다. 교육집단구성원의 자기개방은 비교적 낮은 편이어서 사회복지사는 구성원의 지식, 기술, 경험 등을 고려하여 모든 구성원이 최상의 학습효과를 얻도록 해야 한다. 그 예로는, 성교육모임, 부모역할 훈련모임, 자원봉사 교육모임, 임산부 태교교육모임 등이다.

③ 성장집단

성장집단(growth group)은 구성원의 자기인식을 증진시키고 자기의 사고를 변화시키는 데 목적을 두고 있다. 특히, 개인의 능력과 자의식을 향상시키는 데 초점을 둔다. 자의식 고취 및 사고의 전환을 촉진함으로써 개인적 변화들을 이끌어 성장잠재력을 향상시켜 자극과 통찰력을 얻고 모델링을 찾으며 새로운 행동을 시험해보기도 한다. 성장집단은 자기개발, 잠재력 개발 등의 목적이 있기 때문에 다른 집단에 비해 자기개방을 많이 하는 편이다. 사례로는 부부를 위한 결혼생활 향상모임, 청소년 성장모임 등이다.

④ 치유집단

치유집단(therapy group)은 집단구성원의 정서적·개인적·사회적 욕구와 문제를 해결하는 데 목적이 있다. 치료집단은 일반적으로 다소 심한 정서적 개인문제를 가진 구성원들로 구성되며, 상호 지지를 강조함과 동시에, 치유와 회복에 중점을 둔다. 그리고 구성원 개개인의 증상이나 문제가 다르기 때문에 개인마다 상이한 목적을 갖는다. 그 예로는, 알코올중독모임, 마약중독자모임, 금연모임, 청소년 보호관찰집단 등이다.

⑤ 사회화집단

사회화집단(socialization group)은 사회적인 관계를 잘 맺지 못해 어려움을 겪는 개인에게 사회생활에 요구되는 기술을 익히거나 학습시킴으로써 사회생활 적응과 증진을 목적으로 한다. 이때 집단사회복지사는 사회화 과제를 달성하는 매개체로서 적극적으로 가르치고 시범을 보이며 참여를 유도하여 사회적 역할을 학습할 수 있도록 도와주어야 한다. 그 예로는, 공격성향이나 주의력결핍, 과잉행동장애 아동모임, 퇴원한 정신장애인 사교모임 등이다.

(2) 과업집단

과업집단(task group)은 조직의 문제에 대한 해결책을 찾기 위해 명령이자 성과물로서의 과업을 수행하는 집단이다. 과업집단의 목적은 조직이나 기관의 문제에 대한 과업성취, 해결책 모색에 있고, 의무사항 이행 및 새로운 아이디어 개발, 원조전략수립 등 과업을 수행하는 데 있다. 사회복지사의 역할은 상호작용이나 임명을 통해 집단을 발달시키는 것이며, 집단 특성은 특정 과업에 대한 토론에 초점을 두며 집단구성원의 자기노출은 낮다. 그리고 개인의 성장과 발전보다는 집단의 의사를 결정하고 산출물을 만들어 내는 데 초점을 두며, 주요 하위유형들로는 위원회(committee), 행정집단(administrative group), 대표자협의회(delegate group), 팀(team), 치료협의회(treatment conference), 사회행동집단(social action group) 등이 있다.

(3) 자조집단

자조집단(self-help group)은 대인 간의 상호지지, 집단구성원 간 공통문제해결, 집단구성원 상호 간 문제상황에 대처할 수 있는 능력을 향상시키는 데 목적이 있다. 자조집단을 지지집단의 한 유형으로 구분하는 학자도 있고, 지지집단과 다른 집단으로 구분하기도 한다. 알코올, 마약 등 약물이나 암 또는 비만과 같은 핵심적인 공통관심사가 있다는 점에서 지지집단과 유사하다. 일반적으로 자조집단은 전문가가 간접적인 역할을 수행하기 때문에 사회복지사가 주도적인 역할을 하지 않는다. 사회복지사는 물질적 지지를 제공하거나 다른 체계와의 연결, 자문, 정보와 지식, 자원 등을 알려 주는 자문기능 등의 역할을 한다. 집단을 이끌어 가는 실질적인 사람은 자조집단의 구성원으로서 쌍방적이고 자기노출이 높고 과업해결을 위한 정보교류가 있으며, 정서적 지지교류가 높다는 것이다. 사례로는 단주친목모임(Alcoholics Anonymous: A.A.)이 있다.

3) 집단 대상 사회복지실천의 적용

집단을 활용한 사회복지실천은 1890년대부터 시작되었다. 즉, 인보관운동, 성인교육, YMCA 등과 같은 기관 내에서 시작되었다. 역사적으로 집단을 서비스의 단위로 재인식한 대부분의 기관들은 사회적 변화를 위해 노력한 기관들이다. 이 기관들은 빈민들의 사회적 조건을 변화시키고, 서비스 제공을 통해 사람들의 민주·사회적 및 도덕적 특성을 발달시킬 수 있도록 환경과 사회에 영향력 있는 변인들을 확인하는 데 목표를 두었다. 빈곤지역에 위한 인보관과 청소년기관에서 시민들의 교육, 사회화, 지역사회에 대한 적응을 도모하고, 상호지지의 관계를 형성하며, 사회변화를 위한 힘의 결집이 필요하였기에 주로 집단을 중심으로 한 사회복지실천이 전개되었고, 이 때문에 집단사회복지실천이 발달되었다(이영호 외, 2018: 323).

집단사회복지실천은 집단이 개인에게 미치는 영향을 중요시하며, 개인 및 집단의 목표달성을 위해 집단과정을 활용한다. 집단사회복지실천은 사회적 기능의 향상과 사회적으로 바람직한 목표의 달성을 위해 집단 속의 사람을 대상으로 하는 사회복지실천의 한 방법이다.

인간은 성장해 가는 동안 다양한 집단을 경험하게 된다. 인간은 집단을 떠나서는 생활할 수 없으며, 성장과 발달을 가져올 수도 없다. 급격한 사회변화로 인해 사회적 소외, 소속감의 상실, 가족 기능의 저하와 같은 문제에 직면해 있는 현대인에게 집단은 직·간접적으로 영향을 미치는 중요한 체계이다. 집단의 사회복지실천은 의도적으로 집단의 경험을 제공하여 다양한 욕구를 충족시키고, 개인의 문제해결 및 자기성장을 가져올 수 있도록 하는 전문적인 노력이다. 집단구성원은 상호 간에 영향을 미침으로써 변화를 경험하고, 집단은 구성원 개개인의 활동에 의해 변화된다. 집단은 또한 다른 집단에 의해 영향을 받으며, 지역사회나 국가의 기대, 가치관, 문화 등에 영향을 받는다(정은, 2014: 331).

그러므로 집단을 이끄는 사회복지 전문가는 그 실천의 대상인 집단의 다양한 유형과 특징에 대하여 전문적인 지식과 기술을 습득하고, 집단구성원이 직면한 복잡한 문제와 상황을 체계적인 관점에서 사정하며, 효과적으로 해결할 수 있도록 부단히 노력하여 성장과 변화를 꾀해야 한다.

4 지역사회 대상 사회복지실천

1) 지역사회의 개념

최근 사회복지 영역 중에서 가장 큰 변화가 일어나고 관심을 받는 분야가 지역사회복지실천이다. 지역사회는 학자들에 따라서 다양하게 정의되고 있으며, 그 정의를 둘로 나누어 볼 때, 하나는 지역적인 특성을 강조하는 지리적인 지역사회를 의미하고, 다른 하나는 사회적으로 동질성을 띤 지역으로서의 지역사회를 의미한다(김혜영 외, 2021: 47).

지역사회(community)는 사람들이 모여 일상생활을 하는 지역을 말한다. '지역'이라는 말이 시사하는 바와 같이 지역공동체에 대한 관심은 지리적 및 공간적 자연환경에 시각을 두고, 그러한 환경 가운데서 영위되는 삶의 특질을 밝히고자 하는 것이다. 이러한 시각은 인간 삶의 상당 부분은 물리적 환경과의 관계에서 환경에 영향을 주기도 하지만, 환경으로부터 커다란 영향을 받는다는 사실을 인식하는 데서 비롯된 것이다. 환경은 삶의 터전이기 때문에 그 터전은 인간의 사회관계(인간관계)·가치관·신념·규범·행동양식에 영향을 미치게 된다(김영철 외, 2022a: 372).

지역사회는 공동체, 공동운명체의 뜻을 가진다. 지역사회는 일정한 지리적 구역을 전제조건으로 일정한 지역에 사는 사람들의 집합체를 말한다. 이에 공동체는 공동의 관심과 이해관계를 전제조건으로 기능적 기준에 의해 형성되며, 그 구성원이 공동의 이익을 추구하고 이해관계를 같이 하는 개인이나 집단조직체를 의미한다. 지역사회의 개념을 지역적 의미만 강조하여 지역의 범위를 크게 잡으면 언어의 의사소통이 불가능해도 '지역사회'라고 하지 않으면 안 된다. 따라서, 지역사회의 일반적 개념은 일정한 지리적 범위 내 사람들의 집단 또는 공동의 이해관계, 소속감, 문화에 기초하여 활동하는 사람들이 집단으로 구성하는 사회적 단위이다. 우리나라는 지역의 '행정구역'을 말하지만, 지역의 특수성은 상호작용이 빈번함을 말하기 때문에 행정구역과는 관계가 없다. 즉, 지역사회는 지리적 요건 구성과 구성원의 상호작용이 맞물려야 하는 것이다(표갑수 외, 2017: 320).

지역사회는 환경의 하위체계이면서, 동시에 다른 하위체계들을 포함하는 상위체계가 되기도 한다. 즉, 지역사회는 정치적·사회적·경제적 체계에 의한 변화에 영향을 받으면서 다른 하위체계에 영향을 미치기도 한다. 따라서, 지역사회의 하위체계인 주민들에게 사회복지서비스를 전달하는 기관, 가계, 학교 및 주민센터 등의 공공기관, 병원 등의 조직들이 원활하게 기능해야 지역사회의 능력이 커진다.

전통적으로 지역사회는 거주자들에게 생활수단의 원천이자, 사회적 상호작용 및 집합적인 정체성을 부여하는 지역성에 토대를 두고 있는 지리적인 단체로 간주되었다(Fellin, 2001). 지역사회의 정의에 있어서, 지역사회를 다른 지역과는 다른 특수성과 분리성 및 지리적 경계를 가진 지리적 지역사회와 복지, 농업, 교육, 종교 등에 있어 공동의 관심과 기능을 함께하는 사람들의 집단인 기능적 지역사회로 구분하여 정의하였다(Ross, 1967). 또한 지역사회가 지리적 측면과 심리적 측면을 동시에 지니고 있으며, 심리적 측면의 지역사회는 사람들이 공동의 감정과 이익을 추구하는 생활양식이며, 지리적 측면의 지역사회는 사람들이 함께 모여 사는 특정 지역을 의미하고, 사회적으로는 이 두 가지 의미가 다 결합된 것으로 보고 있다(Warren, 1987).

결론적으로 지역사회는 일정한 지리적인 경계를 가진 지역에 거주하는 사람들이 상호작용을 하며 공동이익을 추구하고 전통, 관습, 문화 등을 공유하는 공동체이다. 따라서, 지역사회는 지리적 의미와 기능적 의미를 함축하고 있으며, 일정한 지리적 범위 내 사람들의 집단 또는 공동의 이해관계, 소속감, 문화에 기초하여 활동하는 사람들이 집단으로 구성된 사회적 단위이다. 지역사회는 사회의 중요한 부분이며, 그 자체가 하나의 사회로서 가족, 집단, 조직의 행동에 영향을 미치고 그들에게 영향을 받으며 변화하고 발전한다.

2) 지역사회복지실천의 모델

사회제도의 발전과 변화에 관심을 기울이며, 문제확인, 원인진단 해결책 수립 등과 주민의 조직 및 행동을 끌어내는 데 필요한 전략의 고안 등 조직을 꾀하는 활동으로서, 미국에서나 다른 나라에서도 도시나 농촌을 막론하고 의도적이며 목적적인 지역사회의 변화에 최소한 세 가지 접근법이 있다고 본다.

지역사회복지실천의 모델은 다음과 같다(Rothman, 2005).

(1) 지역사회개발모델

지역사회개발(community development)은 지역사회의 최대한의 창의와 지역민의 적극적인 참여로 전체 지역사회의 경제적·사회적 발전을 도모하기 위한 사업을 말한다. 지역사회개발모델(community development model)은 지역사회구성원의 자발적 참여와 역량개발을 통해 지역사회 문제를 해결하고자 하는 것으로, 지역사회복지의 가장 전형적인 모델이다. 지역사회의 문제나 욕구를 다룰 때, 구성원들이 지역사회의 문제를 스스로 해결할 수 있는 능력을 강화시키는 데 역점을 둔다. 즉, 지역사회구성원들의 의식개선과 역량강화를 통해 지역사회의 전반적인 역량을 개선하고 지역사회가 갖는 통합능력을 제고하고자 하는 모형이다. 주로 지역복지관의 지역개발사업, 성인교육 활동 등이 여기에 해당된다.

(2) 사회계획모델

사회계획(social planning)은 사회, 지역사회, 또는 조직체를 보다 향상시키기 위하여 현재의 문제 또는 예상되는 미래의 문제를 파악하고 해결책을 제시하는 의도적이고 비교적 광범위한 노력을 말한다. 사회계획모델(social planning model)은 지역사회가 갖는 문제를 해결하는 데 있어서 합리적이고 전문적인 역량에 기초하여 효율적으로 문제를 해결할 수 있는 가장 적합한 방안을 마련하고자 하는 모형이다. 전문가가 개입하여 지역사회복지실천 과정을 주도하고 복지욕구가 있는 지역사회구성원에게 물자와 서비스를 제공한다. 즉, 최근의 복잡한 현대 산업사회의 변화를 위해 거대한 관료적인 기관들을 움직일 수 있도록 고도의 전문성을 갖춘 인력을 필요로 하며, 사회문제해결을 위한 기술적인 과정을 강조한다.

(3) 사회행동모델

사회행동(social action)은 넓은 의미에서의 사회복지활동의 하나로 대상의 요구에 따라 복지관계자의 조직화를 도모하고 여론을 환기시켜, 입법, 행정기관에 압력행동을 전개해 기존의 법제도의 개폐, 복지자원의 확충 및 창설 그리고 사회복지의 운영개선 등을 지향하는 조직활동을 말한다. 사회행동모델(social action model)은 지역사회의 억압 받고 소외된 구성원이 사회경제적으로 보다 나은 대우를 받을 수 있도록 하려는 접근모델로, 의식화, 조직화, 권리요구와 같은 적극적인 방법을 사용하여 불평등 및 기회 제한의 문제 등을 개선하는 활동을 전개하며, 이런 활동을 통해 지역사회의 정의를 실현하고자 한다. 이는 곧 차별받던 지역사회구성원의 의지 및 역량을 강화하여 이들이 스스로 자신의 권리를 찾아 나설 수 있도록 도와준다. 지역사회의 불우계층을 사회정의와 민주주의에 입각해보다 많은 자원과 향상된 처우를 지역사회에 요구할 수 있도록 지원한다. 일반적으로 소수인종집단, 여권신장운동, 노동운동조합, 소비자보호운동, 환경보호운동 등이 포함된다.

3) 지역사회 대상 사회복지실천의 적용

지역사회는 사회복지실천의 중요한 자원으로서 깊은 의미를 가진다. 사회복지사는 지역사회 안의 중요한 인적·물적 자원을 발굴하고 동원해야 하며, 지역사회가 인간행동에 미치는 영향도 지역사회의 물리적·사회적 환경에 초점을 두어야 한다. 즉, 클라이언트 중심의 집, 건물, 농촌마을, 도시지역 같은 물리적 환경에 거주하는 사람의 생활양식, 연령, 성, 문화적 양식에 적합한 방식으로 가정생활, 대인관계, 직장생활, 종교생활을 하는 사회적 환경을 지원해야 한다. 지역사회복지실천은 클라이언트와 사회복지사, 그리고 자원봉사자나 후원자 등의 참여자가 함께 어우러져 이루어진다. 특히, 장애인, 어르신 등을 위한 장기적이고 다양한 서비스가 강조됨에 따라 여러 기관과 개인의 참여가 불가피한 상황이 확대되고 있다(표갑수 외, 2017: 328).

연습문제

01 가족체계에 관한 설명 중 옳지 않은 것은?

① 단선적 접근에 기반을 둔다.
② 전체로서의 가족은 부분 합의 이상이다.
③ 가족 내 하부체계의 구성은 시간의 흐름에 따라 변한다.
④ 가족규칙은 가족구성원의 지위, 역할, 가족의식을 규정한다.
⑤ 유리된 가족은 가족관계가 소원하여 상호작용이 어렵다.

02 집단유형 가운데 인간이 지닌 무한한 가능성과 잠재능력을 충분히 발휘할 수 있도록 돕고, 이를 통해서 사회적 기능을 향상시키는 것을 목적으로 하며, 치료보다 예방에 중점을 두는 집단은 무엇인가?

① 지지집단
② 자조집단
③ 사회화집단
④ 성장집단
⑤ 개방집단

03 다음에 해당하는 사회복지실천 대상은?

클라이언트 중심의 집, 건물, 농촌마을, 도시지역 같은 물리적 환경에 거주하는 사람의 생활양식, 연령, 성, 문화적 양식에 적합한 방식으로 가정생활, 대인관계, 직장생활, 종교생활을 하는 사회적 환경을 지원해야 한다.

① 개인 ② 가족 ③ 집단 ④ 지역사회 ⑤ 조직

04 밀착된 가족에 대한 설명으로 옳지 않은 것은?

① 비행청소년 가족의 두드러진 특징이다.
② 한 가족구성원의 행위가 다른 구성원들에게 바로 영향을 미친다.
③ 관습에서 벗어나는 어떠한 차이에 대해서도 즉각적이고 격렬하게 반응한다.
④ '네가 나고, 내가 너다'의 사고방식을 가진 가족이다.
⑤ 가족구성원 간 경계가 명확하지 않다.

정답 1. ① 2. ④ 3. ④ 4. ①

Chapter 5

사회복지실천의 현장

✓ **학습목표**

1. 실천현장에 대한 이해
2. 실천현장의 분류 숙지
3. 시설에 대한 구분
4. 시설과 사회복지사와 관계 정립

✓ **학습내용**

1. 사회복지실천현장의 개념
2. 사회복지실천현장의 분류
3. 사회복지현장의 시설
4. 사회복지실천현장의 과제

✓ **개요**

사회복지실천현장은 클라이언트에게 사회복지서비스를 직접적 또는 간접적으로 제공하는 장(place)으로서 사회복지실천과정에 중요한 영향을 미치는 요소이다. 여기에서는 사회복지실천의 현장에 관하여 학습하고자 한다.

Chapter 5

사회복지실천의 현장

1 사회복지실천현장의 개념

1) 실천현장의 정의

「사회복지사업법」 제2조에서 사회복지사업은 「국민기초생활보장법」을 포함한 27개 법률에 의한 복지사업과 이와 관련된 자원봉사활동 및 복지시설의 운영 또는 지원을 목적으로 하는 사업이라고 명시하였다. 이러한 법적 근거에 의해 아동복지, 청소년복지, 노인복지, 장애인복지, 여성복지, 가족복지, 지역복지, 의료사회복지, 정신건강사회복지 등 다양한 사회복지실천현장에서 사회복지사들이 활동하고 있다.

사회복지실천현장은 클라이언트에게 사회복지서비스를 직접적 또는 간접적으로 제공하는 장(place)으로서 사회복지실천과정에 중요한 영향을 미치는 요소이다. 사회복지사에게 사회복지실천현장은 실천대상이자, 실천을 적합하게 하는 독특한 현장이며, 특정 인구집단 또는 사회문제의 영역을 의미하기도 하고, 사회복지서비스를 제공하기 위해 고안된 또는 사회복지서비스를 필요로 하는 사람과 이를 제공하는 사회 간의 차이를 조정하거나 공식적인 연결고리 역할을 하는 사회복지조직, 사회복지시설 또는 사회복지기관이다(정재일 외, 2018: 139－140).

사회복지실천현장의 개념을 좁은 의미와 넓은 의미로 구분하여 살펴보면, 좁은 의미에서는 사회복지실천이 이루어지는 구체적인 장소 또는 사회복지서비스를 직접 또는 간접적으로 클라이언트에게 제공하는 사회복지기관을 뜻한다. 예를 들어, 종합사회복지관, 장애인복지관 등이 있다. 넓은 의미에서는 사회복지실천이 이루어지는 분야(field) 또는 서비스의 초점이 되는 문제, 대상집단(client) 등을 모두 포함하는 개념이다. 즉, 넓은 의미의 실천현장은 단순히 물리적인 공간이나 장소만을 뜻하는 것이 아니라, 사회복지실천이 이루어지고 있는 실천 분야, 사회복지서비스를 제공하기 위해 직·간접적으로 관련되는 모든 분야를 말한다(윤선오 외, 2016: 134).

실천현장은 아동·노인·장애인·여성 복지시설처럼 대상 중심의 사회복지시설이 주를 이루었다. 그러나 IMF 외환위기 이후 노숙자를 위한 기관 설립이나 노인인구 증가 및 노인성 질환 증가에 따른 치매상담센터 설치, 성폭력과 같은 사회적 문제 인식 강화로 인한 성폭력피해상담소 확대 등 특정 사회적 욕구나 문제를 대응하기 위해 생겨난 사회복지시설이 늘어나면서 사회복지실천현장이 점차 다양해지고 있다(최은희 외, 2017: 69).

실천 분야를 기준으로 대상별, 영역별, 장소별 등으로 구분하면 다음과 같다(윤선오 외, 2016: 134).

① 대상별 분류: 아동, 청소년, 노인, 여성, 장애인 등
② 영역별 분류: 약물남용, 의료보건, 정신보건 등
③ 장소별 분류: 병원, 학교, 교도소 등

2) 실천현장의 중요성

실천현장의 중요성은 다음과 같다(윤선오 외, 2016: 135−136).

(1) 클라이언트에 관한 이해에 도움

사회복지실천현장은 매우 다양하기 때문에 이들 현장을 이용하는 클라이언트들의 유형별·개인별 특성은 서로 다르다. 사회복지사는 이렇게 서로 다른 특성을 지닌 클라이언트들에게 합당한 서비스를 제공하기 위해 먼저 클라이언트에

관한 정확한 이해가 필요한 데, 이 이해는 사회복지실천현장의 이해를 통해 가능하다. 그 이유는 클라이언트들의 유형별 특성은 역시 자신들의 처해 있는 환경으로부터 영향을 크게 받기 때문이다.

(2) 개입계획에 도움

사회복지사는 클라이언트에게 도움을 주기 위해 개입해야 하고, 이 개입을 성공적으로 진행하기 위해서는 개입계획을 철저히 세워야 한다. 사회복지실천현장과 관련하고 있는 정보를 토대로 체계적으로 계획되어야 한다. 개입을 위한 프로그램의 실천은 전적으로 현장의 환경적 요인으로부터 영향을 받기 때문이다. 예컨대, 이용기관을 찾는 어르신들을 위한 프로그램을 계획한다고 할 때, 우선적으로 사회복지사는 프로그램이 진행될 시설의 규모, 기구, 교통 따위와 같은 현장에 관한 상세한 정보를 파악하고 있어야 한다. 이런 노력을 통해 이론과 실제가 다르지 않고 같다는 것을 나타날 수 있다.

(3) 현장 간의 교류와 연계에 도움

사회복지사가 사회복지실천현장을 두루 알고 있으면, 다른 관련 현장과 교류하는 데 크게 도움이 된다. 특히, 사회복지실천현장 간의 연계 프로그램이 강조되고 있는 상황에서 사회복지사가 현장을 폭넓게 이해하고 있다면, 자신의 활동범위를 확대할 수 있는 강점을 갖는 것이다.

(4) 삶의 현장으로서 교훈

사회복지실천현장은 삶의 장으로서 매우 열악한 곳이다. 그래서 이들 현장은 이를 접하는 사람들에게 항상 교훈적이다. 이런 교훈의 현장에서 일하는 사회복지사는 현장이 주는 의미를 순수하게 받아들이고, 이를 생활의 교훈으로 삼을 수 있는 기회를 갖는다. 사회복지사가 종종 어려운 환경에 처해 있는 클라이언트들과 함께하는 것을 일이라기보다는 참다운 인간의 길을 위한 수행으로 받아들일 수도 있다. 예를 들어, 보호관찰당국이 사회봉사명령 대상자를 공공기관에서보다 사회복지기관에서 집행하는 것이 효과가 더 높게 나타났다.

2 사회복지실천현장의 분류

사회복지실천현장의 분류를 살펴보면, 기관의 기능 또는 목적에 따른 분류, 기관 설립주체 및 재원 조달방식, 서비스 제공방식, 주거서비스 제공 여부 등으로 분류할 수 있다. 그 내용은 다음과 같다(김효선 외, 2022: 122－136 ; 조학래, 2019: 79－96 ; 최은희 외, 2017: 70－84).

1) 기관의 기능 또는 목적에 따른 분류

(1) 1차 현장

기관의 주된 기능과 목적은 사회복지서비스를 제공하는 것이다. 일반적으로 사회복지사들이 중심이 되어 활동한다. 예를 들어, 지역사회의 종합사회복지관, 장애인복지관, 노인복지관, 사회복귀시설 등이 있다.

(2) 2차 현장

기관의 일차적인 기능은 따로 있으며, 필요에 의해 사회복지서비스를 제공한다. 사회복지서비스가 기관의 목표 달성과 서비스의 효과성에 미치는 긍정적 영향이 인정되어 사회복지실천이 부분적으로 수행되는 실천현장을 말한다. 예를 들어, 학교, 병원, 교정시설기관, 보육시설, 기업, 의료기관, 동행정복지센터, 보건소, 모자보건센터, 노인요양시설 등이 있다.

2) 기관 설립주체 및 재원 조달방식에 따른 분류

설립주체에 따라 공적부분과 민간부분으로 구분되는데, 공적부분은 국가와 지방자치단체가 주체가 되고, 민간부분은 재단법인, 사단법인, 종교단체, 사회단체에서 운영하는 비영리기관으로서 기부금이나 후원금, 재단전입금, 기타 서비스 이용료 등을 재원으로 하여 운영된다.

(1) 공공기관

공공기관은 정부지원에 의해 운영되며, 중앙부처인 보건복지부가 국가예산을 광역자치단체인 서울특별시·광역시·도로 전달하면 이들 기관은 다시 배정된 예산을 기초자치단체인 시·군·구로 하달한다. 다시 시·군·구는 배정된 예산에 따라 보다 구체적인 집행을 위하여 최일선 기관인 읍·면·동과 사회복지기관에 하달하여 사회복지 전문요원이나 사회복지기관의 직원들에 의해 이어지는 사회복지 전달체계를 형성하고 있으며, 사회복지서비스의 지원기관으로서 간접서비스를 제공하고 있다.

사회복지 전담공무원이 맡고 있는 업무를 살펴보면, 국민기초생활보장수급자 등 사회복지사업의 신청을 접수한다. 최저생계비, 신청자의 재산, 소득, 부양가족 등의 자료와 신청자와의 상담을 토대로 수급자를 선정한다. 수급자에게 생계, 주거, 교육, 장례, 출산 등의 급여를 지급한다. 장애인 차량지원, 경로당지원, 노인교통비지급, 소년소녀가장지원, 급식아동지원, 보육지원사업을 기획하고 실행한다. 자활이 가능한 대상자를 선정하고, 지역사회 사업장이나 관련 기관에 의뢰하여 근로할 수 있도록 지원하고 급료를 지급한다. 자원봉사자를 발굴하고 교육하며 배치한다. 지역 내 사회복지기관과 연계하고 자원봉사자를 연결한다.

(2) 민간기관

민간기관은 사회복지 관련사업을 목적으로 하는 기관으로서, 사회복지법인이나 재단, 종교단체, 시민사회단체 등이 운영하는 비영리기관을 말한다. 민간기관은 서비스를 직접 제공하는 사회서비스기관과 간접 서비스나 행정지원을 위해 조직된 협의체로 구분할 수 있다.

① 한국사회복지협의회

한국사회복지협의회는 「사회복지사업법」 제33조와 「동법 시행령」 제12조에 의거, 설립된 사회복지 공익법인으로서, 민간 사회복지증진을 위한 협의조정, 정책개발, 조사연구 교육훈련, 자원봉사활동의 진흥, 정보화 사업, 사회적 취약계층을 위한 사업 수행을 통해 우리나라의 사회복지증진과 발전에 기여하고 있다. 설립 목적은 사회복지에 관한 조사·연구와 각종 복지사업을 조성하고, 각종 사회복지사업과 활동을 조직적으로 협의·조정하며, 사회복지에 대한 국민의 참여를 촉진시킴으로써 우리나라의 사회복지증진과 발전에 기여하고 있다. 조직으로는 전국 단위의 한국사회복지협의회와 전국 17개 시·도 사회복지협의회를 두며, 기초단체에 시·군·구 사회복지협의회가 있다(박원진 외, 2018: 334-335).

② 사회복지공동모금회

사회복지공동모금회는 「사회복지공동모금회법」 제2조는 사회복지공동모금을 사회복지사업, 기타 사회복지활동의 지원에 필요한 재원을 조성하기 위하여 기부금품을 모집하는 것으로 규정하고 있다. 사회복지공동모금회는 공동모금을 통하여 사회복지에 대한 국민의식을 개선하고, 국민의 자발적인 성금으로 조성된 재원을 효율적이고 공정하게 관리·운용함으로써, 사회복지증진에 이바지함을 목적으로 한다. 조직으로는 중앙회 산하에 전국 17개 지회가 있다(박원진 외, 2018: 239).

③ 직능단체

사회복지관협회, 노인복지시설협회, 장애인복지관협회, 자활후견기관협회, 재가노인복지협회, 아동복지협회 등이 있다. 이러한 단체들은 서비스대상자들에게 직접적인 서비스를 제공하기보다는 민간사회복지 행정조직체로서 사회복지기관의 운영을 지원하고, 이를 통해 사회복지 서비스대상자들을 간접적으로 지원하는 역할을 담당하고 있다.

3) 서비스 제공방식에 따른 분류

(1) 행정기관: 간접서비스 제공

행정기관은 사회복지서비스가 효과적으로 복지대상자에게 전달되도록 사회복지기관 또는 시설에 행·재정적 지원을 주 업무로 하는 간접실천의 장이다.

사회복지행정을 담당하는 정부기관은 주요 정책관련 사무를 관장하는 중앙정부기관과 그 집행사무를 담당하는 지방정부기관으로 구분된다.

① 중앙정부

사회복지행정을 담당하는 중앙정부의 부서는 보건복지부와 여성가족부가 있다. 보건복지부는 아동, 장애인, 노인, 정신보건 등의 업무를 담당하며, 여성가족부는 청소년, 여성, 가족 등의 업무를 관장한다.

② 지방정부

지방정부의 사회복지 전달체계는 보건복지부에서 시·도, 시·군·구를 거쳐 읍·면·동의 공무원이나 사회복지 전담공무원을 통해 복지대상자에게 서비스가 전달되는 형태로 이루어진다(김영철 외, 2022c: 118-119).

(2) 서비스기관: 직접서비스 제공

서비스기관은 주거서비스 제공 여부에 따라 생활시설과 이용시설로 구분한다.

① 생활시설

생활시설은 주거서비스를 포함한 사회복지서비스를 제공하는 기관을 말한다. 아동, 노인, 장애인, 모자가정, 성폭력 피해자, 노숙인 등에게 의·식·주 등에 대한 사회복지서비스를 24시간 제공하는 사회복지실천현장이다.

생활시설의 분류는 〈표 5-1〉과 같다.

| 표 5-1 | 서비스기관의 분류

대상	생활시설
아동	아동양육시설, 아동일시보호시설, 아동보호치료시설, 공동생활가정, 자립지원시설
청소년	청소년쉼터, 청소년자립지원관, 청소년치료재활센터
여성 가족	모·부자가족시설, 미혼모자가족복지시설, 일시지원복지시설, 성매매피해자지원시설, 성폭력피해자지원시설, 가정폭력피해자보호시설
장애인	장애유형별거주시설, 중증장애인거주시설, 장애영유아거주시설, 장애인단기거주시설, 정애인공동생활가정
노인	양로시설, 소인공동생활가정, 노인요양시설, 노인요양공동생활가정

자료: 박종란 외(2021: 149).

② 이용시설

이용시설은 주거서비스는 제공하지 않으며, 자신의 집에 거주하는 클라이언트를 대상으로 사회복지서비스를 제공하는 기관을 말한다. 즉, 생활시설 생활인 또는 지역주민들을 이용하게 하여 사회복지 서비스를 제공하는 사회복지실천현장으로 설치목적에 따라 분류된다.

이용시설의 분류는 〈표 5-2〉와 같다.

| 표 5-2 | 이용시설의 분류

대상	이용시설
아동	아동상담소, 아동전용시설, 지역아동센터, 아동보호전문기관, 가정위탁지원센터, 어린이집
청소년	청소년상담복지센터, 청소년방과후아카데미
여성 가족	한부모가족피해자보호시설, 다문화가족지원센터, 건강가정지원센터, 성폭력피해상담소, 가정폭력피해상담소, 여성긴급전화1366
장애인	장애인직업재활시설, 장애인지역사회재활시설
노인	재가노인복지시설, 노인복지관, 경로당, 노인교실, 노인보호전문기관

자료: 박종란 외(2021: 151).

이외에도 지역사회복지시설로는 사회복지관, 자활센터 등이 있으며, 의료복지시설, 정신건강사회복지시설, 학교사회복지시설 등이 있다.

3 사회복지실천현장의 시설

우리나라에서 설치되어 있는 사회복지실천현장의 시설은 다음과 같다.

1) 아동복지시설

(1) 아동복지시설의 종류

아동복지는 모든 아동이 건강하게 출생하여 행복하고 안전하게 성장·발달하도록 그 복지를 보장하는 데 목적을 둔 시설이다. 여기에는 아동의 적절한 보호, 건강, 주거, 교육, 소득 등 다양한 영역과 관련된 시설이 포함될 수 있다. 「아동복지법」 제52조에는 11종류의 아동복지시설이 명시되어 있다. 아동복지시설의 종류는 다음과 같다.

① 아동양육시설

아동양육시설은 보호를 필요로 하는 아동을 입소시켜 보호, 양육하는 것을 목적으로 하는 시설이다. 아동양육시설의 입소대상자는 보호자가 없거나, 보호자로부터 이탈된 아동, 보호자로부터 학대받은 아동, 보호자의 학대로 아동학대예방센터에 신고되어 동 센터가 시·도지사에게 보호조치를 의뢰한 아동, 기초생활보장수급자로서 보호자의 질병 및 가출 등으로 가정 내에서 보호하기 어려운 아동 등이다.

② 아동일시보호시설

보호를 필요로 하는 아동을 일시보호하고 아동에 대한 향후의 양육대책수립 및 보호조치를 행하는 것을 목적으로 하는 시설이다. 본 시설에서는 보호자가 없거나, 보호자로부터 이탈된 아동, 보호자로부터 학대받은 아동, 보호자의 학대로 아동학대예방센터에 신고되어 시·도지사에게 보호조치를 의뢰한 아동, 기초생활보장수급자로서 보호자의 질병 및 가출 등으로 가정 내에서 보호하기 어려운 아동, 시·도지사 또는 시장·군수·구청장이 특별히 보호가 필요하다고 인정하는 아동 등을 입소대상으로 하고 있다.

③ 아동보호치료시설

불량행위를 하거나 불량행위를 할 우려가 있는 아동으로, 보호자가 없거나 친권자나 후견인이 입소를 신청한 아동 또는 가정법원, 지방법원소년부지원에서 보호위탁된 아동을 입소시켜 그들을 선도하여 건전한 사회인으로 육성하는 것을 목적으로 하는 시설이다.

아동보호치료시설에서는 대상자들이 안정된 생활을 할 수 있도록 환경개선 및 프로그램을 개발하고, 공동체 생활을 통해 기본적인 예의와 규칙적인 생활을 익힐 수 있는 생활관리서비스와 심리적 안정을 찾도록 하여 자발적 학습을 유도하고, 기초학습능력 향상과 검정고시 준비 등을 지원하는 학교서비스 등을 실시하는 한편, 상담 및 심리치료서비스, 사회정서활동서비스, 자립준비지원서비스 등을 시행한다.

④ 아동직업훈련시설

아동복지시설에 입소되어 있는 만 15세 이상의 아동과 생활이 어려운 가정의 아동에 대하여 자활에 필요한 지식과 기능을 습득시키는 것을 목적으로 하는 시설로서, 직업훈련, 학습지원, 정서지원 등의 지원활동을 수행한다.

⑤ 자립지원시설

아동복지시설에서 퇴소한 자에게 취업준비기간 또는 취업 후 일정 기간 보호함으로써 자립을 지원하는 것을 목적으로 하는 시설이다.

⑥ 아동상담소

아동상담소는 아동과 그 가족의 문제에 관한 상담, 치료, 예방 및 연구 등을 목적으로 하는 시설로서, 부모와 아동이 자기 가정 내에서 바람직한 관계를 가지며 행복할 수 있도록 지지·강화해 주는 사업 등을 실시하게 된다.

⑦ 아동전용시설

어린이공원, 어린이놀이터, 아동회관, 체육, 연극, 영화, 과학실험전시시설, 아동휴게숙박시설, 야영장 등 아동에게 건전한 놀이·오락 기타 각종 편의를 제공하여 심신의 건강유지와 복지증진에 필요한 서비스를 제공하는 것을 목적으로 하는 시설이다.

⑧ 아동복지관

지역사회 아동의 건전육성을 위하여 심신의 건강유지와 복지증진에 필요한 서비스를 제공하는 것을 목적으로 하는 시설이다.

⑨ 공동생활가정(그룹홈)

아동·청소년 공동생활가정은 보호를 필요로 하는 아동청소년에게 가정과 같은 주거여건과 보호를 제공하여 건전한 사회인으로 성장하도록 지원하는 시설이다.

대규모 집단시설 위주의 보호에서 소규모 가정형태 보호로의 전환 강조 및 지역사회 중심의 아동보호를 위한 새로운 보호형태로 논의하다가, 1997년부터 시범사업을 실시하고, 2004년 1월에 아동복지법상 아동복지시설 종류로 추가되었다.

⑩ 지역아동센터(공부방)

지역사회 아동의 보호·교육, 건전한 놀이와 오락의 제공, 보호자와 지역사회의 연계 등 아동의 건전육성을 위하여 종합적인 아동복지서비스를 제공하는 시설이다. 곧 가정에서 부모에 의한 보호와 양육이 적절히 이루어지기 어려운 상황에 있거나, 가정의 경제적 어려움이나 가족기능의 취약 등 지역에서 보호를 필요로 하는 아동 및 청소년에게 지역사회 안에서 사회복지통합서비스를 제공하여 건강하고 안전한 보호를 목적으로 하는 시설로서, 보호 프로그램, 교육 프로그램, 문화 프로그램, 복지 프로그램, 지역사회연계 등의 서비스가 제공된다.

이외에도 아동단기보호시설은 일반 가정에 아동을 보호하기 곤란한 일시적 사정이 있는 경우, 아동을 단기간 보호하며, 가정의 복지에 필요한 지원조치를 하는 것을 목적으로 하는 시설이다.

(2) 사회복지사의 역할

아동복지시설에서 일하는 사회복지사는 효과적인 조력자의 역할을 수행하기 위해 아동의 욕구에 적합한 태도와 기술이 요구된다. 아동발달단계에 적합한 언어와 행동을 이해하고, 아동에게 효과적인 면접기술과 놀이를 통한 의사소통방법을 개발하고 필요한 도구를 준비해야 하며, 아동기에 꼭 필요한 안정감을 줄 수 있는 지지자로서의 역할이 중요하다. 또한 아동복지시설의 사회복지사는 가족, 학교 등 아동을 둘러싼 다양한 체계를 활용하게 되므로 중개자의 역할도 매우 중요하다. 아울러 아동양육시설, 아동일시보호시설 등 보호시설에서는 아동의 성장·변화를 전체적으로 관리하기 위한 사례관리자, 정서적 지원자, 바람직한 행동을 학습하도록 돕는 교사의 역할수행이 요구된다.

2) 노인복지시설

(1) 노인복지시설의 종류

노인복지는 모든 노인이 건강과 생활안정을 유지하도록 하는 데 필요한 자원을 제공하는 것과 관련된 공적·사적 차원에서의 조직적 활동이며, 이를 지원하는 노인복지시설의 종류는 노인복지법 제31조에 노인주거복지시설, 노인의료복지시설, 노인여가복지시설, 재가노인복지시설, 노인보호전문기관 등으로 분류하여 명시하고 있다. 구체적으로 노인복지시설은 다음과 같다.

① 노인주거시설

노인주거시설은 가정에서 생활할 능력이 없거나 부양할 가족이 없는 경우, 또는 건강상태가 좋지 않은 경우, 이를 지원하는 시설로서, 양로시설, 노인복지주택, 노인공동생활가정이 해당된다.

양로시설은 노인을 입소시켜 급식과 그 밖에 일상생활에 필요한 편의를 제공함을 목적으로 하는 시설로서, 생활보호대상자와 실비보호대상자 및 부양자로부터 적절한 부양을 받지 못하는 65세 이상의 자를 대상으로 하며, 단 입소자로부터 비용의 전부를 수납하여 운영하는 시설은 60세 이상도 입소 가능하다. 노인복지주택은 노인에게 주거시설을 분양 또는 임대하여 주거의 편의·생활지도·상담 및 안전관리 등 일상생활에 필요한 편의를 제공함을 목적으로 하는 시설로서, 단독취사 등 독립된 주거생활을 하는 데 지장이 없는 60세 이상의 자를 대상으로 하며, 입소대상자의 배우자는 65세 미만인 경우에도 입소대상자와 함께 입소할 수 있다. 2010년부터 신설된 노인공동생활가정은 노인들에게 가정과 같은 주거여건과 급식, 그 밖의 일상생활에 필요한 편의를 제공함을 목적으로 하는 시설로서 대상자는 양로시설과 동일하다.

② 노인의료복지시설

노인의료복지시설은 치료를 목적으로 한 노인복지시설로서, 노인요양시설, 노인요양공동생활가정, 노인전문병원이 해당된다.

노인요양시설은 치매·중풍 등 노인성질환 등으로 심신에 상당한 장애가 발생하여 도움을 필요로 하는 노인을 입소시켜 급식·요양과 그 밖에 일상생활에 필요한 편의를 제공함을 목적으로 하는 시설로서, 장기요양급여수급자, 기초수급권자로서 65세 이상의 자, 부양의무자로부터 적절한 부양을 받지 못하는 65세 이상의 자를 대상으로 하며, 입소자로부터 입소비용의 전부를 수납하여 운영하는 경우에는 60세 이상의 자를 포함하고 있다.

노인요양공동생활가정은 2010년부터 신설된 시설로서, 치매·중풍 등 노인성질환 등으로 심신에 상당한 장애가 발생하여 도움을 필요로 하는 노인에게 가정과 같은 주거여건과 급식·요양, 그 밖에 일상생활에 필요한 편의를 제공함을 목적으로 하는 시설이며, 그 대상은 노인요양시설과 동일하다.

노인전문병원은 주로 노인을 대상으로 의료를 행하는 시설로서, 노인성질환으로 치료 및 요양을 필요로 하는 자를 대상으로 한다.

③ 노인여가복지시설

노인의 여가활동과 사회참여를 지원하기 위한 시설로서, 노인복지회관, 경로당, 노인교실, 노인휴양소 등이 해당된다.

노인복지회관은 노인의 교양·취미생활 및 사회참여활동 등에 대한 각종 정보와 서비스를 제공하고, 건강증진 및 질병예방과 소득보장·재가복지, 그 밖에 노인의 복지증진에 필요한 서비스를 제공함을 목적으로 하는 시설이다.

경로당은 지역노인들이 자율적으로 친목도모·취미활동·공동작업장 운영 및 각종 정보교환과 기타 여가활동을 할 수 있도록 하는 장소를 제공함을 목적으로 하는 시설이다.

노인교실은 노인들에 대하여 사회활동 참여욕구를 충족시키기 위하여 건전한 취미생활·노인건강유지·소득보장 기타 일상생활과 관련한 학습 프로그램을 제공함을 목적으로 하는 시설이다.

노인휴양소는 노인들에 대하여 심신의 휴양과 관련한 위생시설·여가시설 기타 편의시설을 단기간 제공함을 목적으로 하는 시설이다.

④ 재가노인복지시설

재가노인복지시설은 경제적·정신적·신체적인 이유로 독립적인 일상생활을 영위하기 어려운 노인과 복지사각지대 노인들에게 방문요양 일상생활지원을 비롯한 각종 필요서비스를 제공함으로써, 지역사회 내에서 건강한 생활을 영위하는 데에 어려움이 없도록 예방적 복지 실현 및 사회 안전망 구축을 목적으로 한다. 구체적으로 방문요양서비스, 주·야간보호서비스, 단기보호서비스, 방문목욕서비스 중 한 가지 이상의 서비스를 제공하는 시설을 의미한다.

방문요양서비스는 가정에서 일상생활을 영위하고 있는 노인, 즉 재가노인으로서 신체적·정신적 장애로 어려움을 겪고 있는 노인에게 필요한 각종 편의를 제공하여 지역사회 안에서 건전하고 안정된 노후를 영위하도록 하는 서비스이다.

주·야간보호서비스는 부득이한 사유로 가족의 보호를 받을 수 없는 심신이 허약한 노인과 장애노인을 주간 또는 야간 동안 보호시설에 입소시켜 필요한 각종 편의를 제공하여 이들의 생활안정과 심신기능의 유지·향상을 도모하고, 그 가족의 신체적·정신적 부담을 덜어주기 위한 서비스를 의미한다.

단기보호서비스는 부득이한 사유로 가족의 보호를 받을 수 없어 일시적으로 보호가 필요한 심신이 허약한 노인과 장애노인을 보호시설에 단기간 입소시켜 보호함으로써, 노인 및 노인가정의 복지증진을 도모하기 위한 서비스이다.

방문목욕서비스는 목욕장비를 갖추고 재가노인을 방문하여 목욕을 제공하는 서비스를 의미한다.

이외에도 재가노인에게 제공하는 서비스로서 보건복지부령으로 정하는 서비스는 재가노인복지시설의 서비스로 포함될 수 있다.

⑤ 노인보호전문기관

노인보호전문기관은 급속한 인구 노령화와 핵가족화 등에 따라 가족 간 갈등 및 노인부양부담 증대 등으로 노인학대 사례가 계속 증가하여 이를 전문적이고 체계적으로 대처하여 노인권익을 보호하는 한편, 노인학대 예방 및 노인 인식개선 등을 통한 노인의 삶의 질을 향상·도모하는 데 목적을 둔 시설로서, 시·도지사가 노인보호전문기관을 지정·운영하게 된다. 여기서 노인학대라 함은, 노인에 대하여 신체적·정신적·정서적·성적 폭력 및 경제적 착취 또는 가혹행위를 하거나 유기 또는 방임을 하는 것을 의미한다.

노인보호전문기관의 주요 업무는 「노인복지법」 제39조의5에서 규정한 노인학대 예방사업으로 하되, 노인인식개선교육(경로효친교육 등 포함), 노인자살 예방교육, 사업시설 내 노인권리 보호 및 기타 노인의 권익보호를 위한 사업 등을 실시할 수 있다.

(2) 사회복지사의 역할

노인복지서비스 현장에서 사회복지사는 다양한 문제를 가진 노인들을 접하게 되는데, 기존의 노인에 대한 부정적인 이미지를 반영하는 연령차별주의를 극복하고 노인들이 성공적인 노화과정을 경험하도록 도와주어야 한다. 또한 노인복지분야에서 일하는 사회복지사들의 역할을 조력자, 교육자, 중개자, 중재자, 전문가 등의 역할로 설명하고 있다. 우선, 노년기의 정체성 상실 및 역할상실에서 오는 무력감에 공감하며 정서적으로 안정되게 꾸려갈 수 있도록 돕는 조력자로서 역할, 취업교육, 사회교육, 여가활동지도, 치매노인 가족교육 프로그램 등 다양한 교육 프로그램을 개발하고 지도하는 교사로서의 역할이 강조된다. 또한 특수 노인집단에게 필요한 프로그램과 서비스를 개발하며, 고령자취업알선센터, 의료시설과의 연계를 이루고, 무의탁노인이나 불우노인을 위한 후원자를 개발하는 미시적 차원에서의 중개자 역할이나 기관 차원에서의 중재자 역할이 필요하다.

이외에도 지역에서의 재가봉사 프로그램이 활성화되면서, 방문상담 및 재가서비스를 위한 현장개입과 사례관리 등을 위한 전문가 역할도 요구된다.

3) 한부모가족복지시설

(1) 한부모가족복지설의 종류

한부모가족복지시설은 무주택 저소득 한부모가족을 일정 기간 보호하면서, 정신적·신체적 안정과 함께 자립의 기반을 마련할 수 있도록 지원하는 곳으로, 「한부모가족지원법」 제19조에 근거하여 모·부자보호시설, 모자자립시설, 미혼모자시설, 미혼모자공동생활가정, 미혼모공동생활가정, 모·부자공동생활가정, 일시지원복지시설, 한부모가족복지상담소 등이 포함된다. 구체적으로 한부모가족지원시설은 다음과 같다.

① 모·부자보호시설

모자보호시설은 「한부모가족지원법」 제4조에 따른 어머니로서, 만 18세 미만(취학 시 만 22세 미만)의 아동을 양육하는 무주택 저소득 모자가족을 대상으로 하며, 미혼모자시설(또는 미혼모자 공동생활가정) 퇴소자 중 스스로 아동을 양육하는 미혼모는 모자가족으로 시설입소대상자에 포함하고 있다.

부자보호시설은 「한부모가족지원법」 제4조에 따른 부로서 만 18세 미만(취학 시 만 22세 미만)의 아동을 양육하는 무주택 저소득 부자가족을 대상으로 하며, 세대주가 알코올, 마약 등으로 시설의 공동체 생활에 상당한 불편이 초래될 수 있다고 판단되는 경우에는 입소를 제한할 수 있다. 본 시설 입소대상은 아동 양육비 및 고등학교 학비 지원, 방과 후 아동지도, 아동식비 지급, 복지자금융자, 보육시설 보육료 감면 등의 지원을 제공받게 된다.

② 모자자립시설

모자자립시설은 부자보호시설에서 퇴소한 모자세대로서, 자립준비가 미흡한 세대를 우선 입소대상으로 하며, 「한부모가족지원법」 제4조에 따른 모로서, 만 18세 미만(취학 시 만 22세 미만)의 아동을 양육하는 저소득 무주택 모자가족이 입소대상이다.

본 시설 입소대상은 모·부자보호시설 입소대상과 동일한 지원을 제공받게 된다.

③ 미혼모자시설

미혼모자시설은 미혼의 임산부 및 출산 후(6월 미만) 일정 기간 아동의 양육지원이 요구되는 여성으로서, 분만혜택과 숙식보호를 필요로 하는 자를 대상으로 하며, 숙식 무료 제공과 함께 분만의료 혜택과 직업교육, 인성교육, 상담지도 등 자립지원을 제공한다.

④ 미혼모자공동생활가정, 미혼모공동생활가정, 모·부자공동생활가정

미혼모자공동생활가정은 2세 미만의 영유아를 양육하는 미혼모로서, 일정 기간 숙식보호와 자립지원을 필요로 하는 자를 대상으로 한다.

미혼모공동생활가정은 출산 후 아이를 양육하지 아니하는 미혼모로서, 일정 기간 숙식보호와 자립지원을 필요로 하는 자를 대상으로 한다.

부자공동생활가정은 독립적인 가정생활이 어려운 부자가족으로서, 일정 기간 공동으로 가정을 이루어 생활하면서 자립을 준비하는 자를, 모자공동생활가정은 독립적인 가정생활이 어려운 모자가족으로서, 일정 기간 공동으로 가정을 이루어 생활하변서 자립을 준비하는 자를 대상으로 한다.

각 시설 모두 숙식 무료 제공과 직업교육, 인성교육, 상담지도 등 자립지원을 제공하게 되며, 시설에 따라 아동 양육비와 만 4세 이하 자녀를 법정 저소득층 아동으로 포함시켜 보육료를 지원한다.

⑤ 일시지원복지시설, 한부모가족복지상담소

일시지원복지시설은 배우자(사실혼 관계에 있는 사람을 포함)가 있으나 배우자의 물리적·정신적 학대로 아동의 건전한 양육이나 모의 건강에 지장을 초래할 우려가 있을 경우, 일시적 또는 일정 기간 동안 모와 아동 또는 모에게 주거와 생계를 지원하는 시설이다.

한부모가족복지상담소는 한부모가족에 대한 위기·자립 상담 또는 문제해결 지원 등을 목적으로 하는 시설이다.

(2) 사회복지사의 역할

한부모가족지원시설에서 활동하는 사회복지사는 위기상황에 처한 가족에 개입하여 상담, 가족관계 개선 등의 서비스를 제공하는 한편, 입소자 및 시설의 특성에 따라 인성교육 및 직업교육 및 자활지도, 출산지원, 아동양육지원 등 시설을 이용하는 가족이 보다 안정되고 자립적인 생활이 가능하도록 전반적인 지원을 하게 된다. 또한 한부모가족이나 미혼부모에 대해 사후적 조치뿐만 아니라, 성교육 프로그램, 가족관계 개선 프로그램 등 지역사회 내에서 예방적 교육 프로그램을 개발, 운영하는 역할을 담당할 수 있다.

4) 장애인복지시설

(1) 장애인복지시설의 종류

장애인복지는 장애인의 인간다운 삶과 권리보장을 위해 장애발생 예방과 장애인의 의료·교육·직업재활·생활환경개선 등의 노력과 장애인복지대책을 종합적으로 추진함으로써, 생활안정에 기여하는 등 장애인의 복지와 사회활동 참여증진을 통하여 사회통합에 이바지하는 것을 목적으로 하며, 이를 지원하기 위한 복지시설로서 「장애인복지법」 및 시행규칙에 장애인거주시설, 장애인지역사회재활시설, 장애인직업재활시설, 장애인유료시설 등으로 구분되어 명시되어 있다. 구체적으로 장애인복지시설은 다음과 같다.

① 장애인거주시설

장애인거주시설은 거주공간을 활용하여 일반가정에서 생활하기 어려운 장애인에게 일정 기간 동안 거주·요양·지원 등의 서비스를 제공하는 동시에, 지역사회생활을 지원하는 시설이다.

- 장애유형별생활시설: 장애유형이 같거나 유사한 장애를 가진 사람들을 입소 또는 통원하게 하여 그들의 장애유형에 적합한 의료·교육·직업·심리·사회 등 재활서비스와 주거서비스를 제공하는 시설

- 중증장애인요양시설: 장애의 정도가 심하여 항상 도움이 필요한 사람을 입소하게 하여 상담·치료 또는 요양 서비스를 제공하는 시설
- 장애영유아생활시설: 6세 미만의 장애영유아를 입소 또는 통원하게 하여 보호함과 동시에, 그 재활에 필요한 의료·교육·심리·사회 등 재활서비스를 제공하는 시설 등으로 구분된다.

② 장애인 지역사회재활시설

장애인 지역사회재활시설은 장애인을 전문적으로 상담·치료·훈련하거나, 장애인의 일상생활, 여가활동 및 사회참여활동 등을 지원하는 시설로서 다음과 같이 구분된다.

- 장애인복지관: 장애인에 대한 각종 상담 및 사회심리·교육·직업·의료 재활 등 장애인의 지역사회생활에 필요한 종합적인 재활서비스를 제공하고, 장애에 대한 사회적 인식개선사업을 수행하는 시설
- 장애인의료재활시설: 장애인을 입원 또는 통원하게 하여 상담, 진단·판정, 치료 등 의료재활서비스를 제공하는 시설
- 장애인주간보호시설: 장애인을 주간에 일시보호하여 장애인에게 필요한 재활서비스를 제공하는 시설
- 장애인단기보호시설: 장애인을 일정 기간 보호하여 장애인에게 필요한 재활서비스를 제공하는 시설
- 장애인공동생활가정: 스스로 사회에 적응하기 곤란한 장애인들이 장애인복지 전문인력에 의한 지도와 보호를 받으며, 공동으로 생활하는 지역사회 내의 소규모 주거시설
- 장애인체육시설: 장애인의 체력증진 또는 신체기능 회복활동을 지원하고, 이와 관련된 편의를 제공하는 시설
- 장애인수련시설: 장애인의 문화·취미·오락활동 등을 통한 심신수련을 조장·지원하고, 이와 관련된 편의를 제공하는 시설
- 장애인심부름센터: 이동에 상당한 제약이 있는 장애인에게 차량운행을 통한 직장 출·퇴근 및 외출보조나 그 밖의 이동서비스를 제공하는 시설

- 수화통역센터: 의사소통에 지장이 있는 청각·언어장애인에게 수화통역 및 상담서비스를 제공하는 시설
- 점자도서관: 시각장애인에게 점자간행물 및 녹음서를 열람하게 하는 시설
- 점자도서 및 녹음서 출판시설: 시각장애인을 위한 점자간행물 및 녹음서를 출판하는 시설

③ 장애인직업재활시설

장애인직업재활시설은 일반 작업환경에서는 일하기 어려운 장애인이 특별히 준비된 작업환경에서 직업훈련을 받거나, 직업생활을 할 수 있도록 하는 시설로서, 장애인보호작업장과 장애인근로사업장이 있다.

장애인보호작업장은 직업능력이 낮은 장애인에게 직업적응능력 및 직무기능 향상훈련 등 직업재활훈련 프로그램을 제공하고, 보호가 가능한 조건에서 근로의 기회를 제공한다. 또한 이에 상응하는 노동의 대가로 임금을 지급하며, 장애인근로사업장이나 그 밖의 경쟁적인 고용시장으로 옮겨갈 수 있도록 돕는 역할을 하는 시설이다.

장애인근로사업장은 직업능력은 있으나, 이동 및 접근성이나 사회적 제약 등으로 취업이 어려운 장애인에게 근로의 기회를 제공하고, 최저임금 이상의 임금을 지급하며, 경쟁적인 고용시장으로 옮겨갈 수 있도록 돕는 역할을 하는 시설이다.

④ 장애인유료복지시설

장애인유료복지시설은 장애인 생활시설로서 장애인에게 필요한 치료, 상담, 훈련 등 편의를 제공하고 모든 비용을 입소한 자로부터 수납하여 운영하는 시설이다.

⑤ 장애인 생산품 판매시설

장애인 생산품의 판매활동 및 유통을 대행하고, 장애인 생산품이나 서비스·용역에 관한 상담, 홍보, 판로개척 및 정보제공 등 마케팅을 지원하는 시설이다.

(2) 사회복지사의 역할

장애인복지시설에서 일하는 사회복지사는 장애인과 가족에 대한 상담 및 자원과의 연계, 사례관리 등을 담당하게 된다. 특히, 장애인의 복합적 욕구를 충족시키기 위해 사례관리자로서 의료·교육·고용·주거 등의 서비스에 대한 욕구를 사정하고, 적절한 자원과 서비스를 연결시키며, 서비스 과정을 조정, 모니터, 평가하는 재활상담가의 역할이 중시되며, 다른 전문인력들과의 협동이 강조된다. 또한 장애인의 인권보장과 사회통합을 위한 사회행동, 정책 및 프로그램 개발 등 보다 거시적인 차원에도 관여하게 된다.

5) 정신건강시설

(1) 정신건강시설의 종류

정신건강사회복지는 정신질환의 치료라는 공동의 목표를 위하여 정신적·정서적 장애로 고통을 받는 클라이언트의 건강회복으로 사회적응에 기여하여, 정신건강을 촉진하는 지역사회 내에서 활동하고 봉사함으로써 사회기능을 향상시키는 데 목적을 둔다.

이러한 정신건강사회복지가 실천되는 현장인 정신보건시설은 정신질환의 예방과 정신질환자의 의료 및 사회복귀를 도모함으로써 국민의 정신건강증진에 기여하기 위한 시설로서, 정신보건센터·정신의료기관·정신질환자 사회복귀시설·정신요양시설 등이 해당된다. 구체적으로 정신보건시설은 다음과 같다.

① 정신보건센터

정신보건센터는 지역사회 내에서 정신질환자의 조기발견, 상담, 치료, 재활서비스 제공 및 사회복귀 촉진과 같은 지역사회중심의 치료·재활체계 구축에 있어서 무엇보다도 중추적인 역할을 담당하는 기관이다.

각 시·군·구에 설치된 정신보건센터에서는 지역사회 내 정신보건사업의 기획 및 자원조정뿐만 아니라, 정신질환자 발견, 등록, 진료의뢰, 정신질환 예방교육 등의 사업을 수행하고 있다. 또한 지역사회 내 아동·청소년 정신보건서비스 제공체계를 구축하기 위해 아동·청소년 정신건강서비스 요구도 조사, 부모 및 교사교육, 치료·재활 프로그램 운영 등을 실시하고 있다.

② 정신의료기관

정신의료기관은 의료법에 의한 의료기관 중 주로 정신질환자의 진료를 행할 목적으로 「정신보건법」의 시설기준 등에 적합하게 설치된 병원과 의원 및 병원급 이상의 의료기관에 설치된 정신건강의학과를 말한다. 급성정신질환자를 정신의료기관에 입원 또는 외래치료함으로써 재활 및 사회복귀를 도모하는 데 목적을 두게 된다.

③ 정신질환자사회복귀시설

정신질환자사회복귀시설은 정신보건법에 의하여 설치된 시설로서, 정신질환자를 정신의료기관에 입원시키거나 정신요양시설에 입소시키지 아니하고, 사회적응훈련, 작업훈련 등 사회복귀촉진을 위한 훈련을 행하는 시설을 말한다.

④ 정신요양시설

정신요양시설은 정신보건법에 의하여 설치된 시설로서, 정신의료기관에서 의뢰된 정신질환자와 만성정신질환자를 입소시켜 요양과 사회복귀촉진을 위한 훈련을 행함으로써 이들의 삶의 질 향상 및 사회복귀를 도모하는 데 목적을 둔 시설이다.

(2) 사회복지사의 역할

정신건강사회복지사는 치료팀의 일원으로 협동하여 클라이언트가 깊숙이 갖고 있는 갈등과 감정을 표현하도록 직·간접적으로 치료하는 동시에, 클라이언트의 가족과 상면하여 신뢰할 수 있는 밀접한 인간관계를 통하여 그 가족이 질병에 대한 성질을 납득 또는 이해하여 클라이언트의 치료에 원만히 협력하도록 지도하며, 클라이언트의 질환과 관련이 있는 불건전한 상태에 있는 그 가족을 치료하여 주위환경을 개선·유지시키는 역할을 담당하게 된다.

구체적으로 각 시설별로 정신건강사회복지사의 주요 역할을 살펴보면 다음과 같다. 정신보건센터에서는 전통적 정신병원의 입원치료에서 다루지 못한 예방, 홍보, 사례관리, 재활서비스를 다루면서 집단이나 개인에게 직접적 서비스를 제공할 뿐만 아니라, 자문가·지도자·계획가로서 지역사회기관 간의 관계를 향상시키고 지역사회자원의 활성화를 통해 주민의 정신건강 향상에 기여하게 된다. 정신 병·의원, 낮 병원 등 정신의료기관에서 활동하는 정신건강사회복지사는 클라이언트의 입원 전 단계에서는 입원 시의 사정 및 평가, 심리사회적 사정 및 가정환경조사 및 평가 등의 업무를 담당하고, 입원 중에는 치료과정으로 개별상담, 가족치료상담, 가족교육, 집단치료상담, 재활서비스, 사회기술훈련, 지역사회자원 동원과 자원조직, 자원봉사자 교육 및 자원동원 등의 원조활동을 한다. 또한 퇴원과정에서는 퇴원계획 및 재활계획 상담지도, 퇴원환자의 욕구사정과 사회적응상태 평가, 지역사회기관과의 의뢰와 연결, 퇴원환자의 사후지도를 위한 가정방문 등의 업무를 담당하게 된다.

한편, 정신질환자사회복귀시설에서는 재활상담, 사회기술훈련과 적응훈련, 일상생활과 대인관계훈련, 가족상담, 가정방문 등의 업무를 담당한다. 정신요양시설에서는 심리적·사회적 상담, 집단 프로그램의 개발 및 활용, 대인관계기술훈련, 일상생활교육과 훈련, 가족상담과 가정방문지도, 지역사회자원동원과 후원자 결성, 직업훈련과 취업보도, 정신요양시설의 개방화 추진 및 지역주민의 참여기회 확충 등의 역할을 담당하게 된다.

6) 노숙인복지시설

(1) 노숙인복지시설의 종류

노숙인복지시설은 노숙인 발생 예방 및 노숙인의 심신장애를 극복하여 정상적인 사회생활로 복귀할 수 있도록 신체적·심리적 치료와 재활기능을 담당하며, 실직 노숙인들에게 숙식서비스를 제공하여 생활안정 도모, 입소자들의 생활을 도와 취업의 기회를 제공하는 시설이다. 2011년 6월 「노숙인 등의 복지 및 자립지원에 관한 법률」(이하 노숙인복지법)이 공표됨에 따라 그동안 '부랑인 및 노숙인'으로 사용되던 용어를 '노숙인 등'으로 통일하고, 관련시설을 크게 노숙인복지시설과 노숙인종합지원센터로 구분하였다. 구체적으로 노숙인복지시설은 다음과 같다.

「노숙인복지법」에 따르면, 노숙인복지시설로 일시보호시설, 자활시설, 재활시설, 요양시설, 급식시설, 진료시설 등을 설치할 수 있도록 하였다. 이 가운데 노숙인쉼터에서 개편된 노숙인자활시설은 근로능력 및 의지가 있는 노숙인 등에 대한 자립지원(직업상담·훈련)을 담당하는 시설로 특성화되어 있으며, 기존의 부랑인시설은 치료·재활기능을 담당하는 노숙인재활시설로 특성화되었다.

(2) 사회복지사의 역할

노숙인시설에서 일하는 사회복지사는 일차적으로 노숙인 발견 시 개인 초기상담에 기초하여 필요한 정보 제공 및 야간 잠자리, 무료급식 제공과 같은 기초생활지원과 위기 노숙인에게 거리상담 및 의료지원 등의 응급구호활동을 실시한다. 그리고 근본적으로 노숙인이 정상적이고 안정된 사회생활로 복귀할 수 있도록 심층상담 등을 통해 신체적·심리적 치료 서비스를 제공하며, 다양한 일자리 알선과 직업훈련 연계 등의 서비스를 제공하게 된다. 또한 노숙인의 상태나 요구를 파악하여 필요한 경우, 병원이나 요양원, 쉼터 등의 생활보호시설이나 임대주택 등 적절한 사회복지시설이나 주거환경서비스와 연계시켜야 한다.

7) 사회복지관

(1) 사회복지관의 개요

① 사회복지관의 정의

사회복지관은 지역사회를 기반으로 일정한 시설과 전문인력을 갖추고 지역주민의 참여와 협력을 통하여 지역사회복지문제를 예방하고 해결하기 위하여 종합적인 복지서비스를 제공하는 시설을 말한다. 여기서 지역사회복지란 주민의 복지증진과 삶의 질 향상을 위하여 지역사회 차원에서 전개하는 사회복지를 말한다.

② 사회복지관의 목표

사회복지관은 사회복지서비스 욕구를 가지고 있는 모든 지역사회주민을 대상으로 보호서비스, 재가복지서비스, 자립능력 배양을 위한 교육훈련 등 그들이 필요로 하는 복지서비스를 제공하고, 가족기능 강화 및 주민상호 간 연대감 조성을 통한 각종 지역사회문제를 예방·치료하는 종합적인 복지서비스 전달기구로서, 지역사회 주민의 복지증진을 위한 중심적 역할을 수행하여야 한다.

③ 사회복지관 사업내용

사회복지관은 지역사회의 특성과 지역주민의 복지욕구에 대한 조사결과를 바탕으로 사업내용을 자율적으로 결정하되, 아래 분야별 단위사업 중에서 해당 사회복지관의 실정에 적합한 프로그램을 선정하여 수행한다. 다만, 우선사업대상자들을 위해 8개 이상의 프로그램을 선정하여 수행하되, 우선사업으로 지정된 프로그램 중에서 분야별로 각 1개 이상을 포함하여야 한다. 이 경우, 관할 시·군·구청장이 지역적 특성을 감안하여 특히 필요하다고 인정한 때에는 사업분야 및 단위사업을 조정하거나, 별도의 사업을 개발·추진할 수 있다.

사회복지관이 행하는 사회복지사업은 인도주의와 서비스를 필요로 하는 자의 존엄유지를 전제로, 다음 각 호의 기본 원칙에 따라 수행되어야 한다. 그 내용은 다음과 같다.

① 지역성의 원칙

사회복지관은 지역사회의 특성과 지역주민의 문제나 욕구를 신속하게 파악하여 사업계획 수립 시 반영하여 지역사회의 문제를 해결하고, 이에 따른 서비스를 제공하여야 하며, 지역주민의 적극적 참여를 유도하여 주민의 능동적 역할과 책임의식을 조장하여야 한다.

② 전문성의 원칙

사회복지관은 다양한 지역사회문제에 대처하기 위해 일반적 프로그램과 특정한 문제를 해결할 수 있는 전문적 프로그램이 병행될 수 있도록 지식과 기술을 보유한 전문인력이 사업을 수행하도록 하고, 이들 인력에 대한 지속적인 재교육 등을 통해 전문성을 증진토록 하여야 한다.

③ 책임성의 원칙

사회복지관은 서비스 이용자의 욕구를 충족하고 지역사회문제를 해결함에 있어서 효과성을 극대화하기 위하여 최선의 노력을 기울여야 한다.

④ 자율성의 원칙

사회복지관은 다양한 복지서비스를 효율적으로 제공하기 위하여 사회복지관의 능력과 전문성이 최대한 발휘될 수 있도록 자율적으로 운영하여야 한다.

⑤ 통합성의 원칙

사회복지관은 사업을 수행함에 있어 지역 내 공공 및 민간 복지기관 간에 연계성과 통합성을 강화시켜 지역사회복지체계를 효율적이고 효과적으로 운영되도록 하여야 한다.

⑥ 자원활용의 원칙

사회복지관은 주민욕구의 다양성에 따라 다양한 기능인력과 재원을 필요로 하므로, 지역사회 내의 복지자원을 최대한 동원·활용하여야 한다.

⑦ 중립성의 원칙

사회복지관은 정치활동, 영리활동, 특정 종교활동 등에 이용되지 않게 중립성이 유지되어야 한다.

⑧ 투명성의 원칙

사회복지관은 자원을 효율적으로 이용하고 운영과정의 투명성을 유지하여야 한다.

(2) 사회복지사의 역할

지역사회복지관에서 일하는 사회복지사는 지역사회의 통합적 개인을 위해 개인, 집단, 지역사회, 전문가 집단까지 개입수준을 확대하며, 다음과 같이 다양한 역할수행을 하게 된다.

① 조력자, 중개자의 역할

자원과 의사결정과정에 참여하는 기술이 부족한 취약계층을 옹호하는 가치를 가지고, 저소득층과 소외된 사람들의 삶의 질을 향상시키기 위한 기술을 개발하고, 자원을 재조직화 하는 전술을 습득하여 다른 조직체와 연대하는 방안들을 생각해야 한다. 지역사회 내 개인이나 가족을 대상으로 직접적인 서비스 제공, 또는 연결 및 교육하는 역할을 하게 된다.

구체적으로 국민기초생활보장 대상자의 상담 및 사후관리, 청소년문제 예방 및 치료를 위한 청소년상담 및 집단 프로그램, 방과 후 지역아동센터, 노인무료급식 및 목욕서비스, 재가장애인서비스, 저소득층 필요물품이나 후원금 전달, 지역 내 타 기관과의 연계를 통해 서비스 지원 등이 해당된다.

② 촉진자, 중재자, 훈련가의 역할

프로그램의 효율적 운영과 관리를 위한 방안이나 운영구조 개선 등을 통해 조직의 기능을 활성화시키는 촉진자의 역할과 지역 내 기관들 간의 연계와 공동사업을 통해 지역복지네트워크를 발전시키는 중재자의 역할을 수행할 수 있다. 또한 서비스의 질을 향상시키기 위한 직원교육과 슈퍼비전, 자원봉사자 교육과 같은 기관 내 인적 자원의 개발과 관리를 위한 훈련가로서의 역할을 수행한다.

③ 지역사회 차원에서의 역할

지역사회개발이나 지역문제 해결을 위한 주민참여와 공동체 의식을 증대시키기 위한 계획가와 현장개입가로서의 역할과 지역 내 특정 또는 소수집단의 이익을 대변하고, 이들이 당하는 불이익과 불합리한 제도의 문제점을 개선하기 위한 사회행동과 지역사회 인식을 개선하기 위한 역할을 수행한다.

④ 전문가 차원에서의 역할

복지관협회, 사회복지사협회와 같은 전문가 조직의 활동을 통해 정보 공유, 전문직 발전을 위한 다양한 활동에 참여하며, 지역 내 다른 복지기관들과의 협력을 통해 지역복지의 방향 설정, 효과적인 전달체계로의 변화를 위한 촉매자로서의 역할을 수행한다.

지역사회욕구조사, 단일사례연구 등 다양한 조사방법의 활용과 지역사회 프로그램의 개발과 평가를 위한 연구를 실시하여, 전문가로서 자기개발과 사회복지 실무에 대한 지식과 기술을 발전시키기 위한 연구자, 조사자의 역할을 수행한다.

4 사회복지실천현장의 과제

사회복지실천현장에서 해결해야 할 과제는 다음과 같다(남연희 외, 2021: 128-130).

1) 개발해야 할 사회복지실천현장

오늘날의 사회복지실천현장의 범위 및 대상은 광범위하고 다양하고 계속적으로 확장되고 있는 상태이다. 예를 들어, 다문화가정, 이주노동자, 북한이탈주민, 군사회복지 등이 있다. 또한 사회복지를 주요한 전문직으로 활동하는 실천현장뿐만 아니라, 부가적으로 역할을 수행하는 실천현장도 포함되어야 할 것이다.

사회복지실천의 대상은 인간의 문제가 사회적인 요구로 제기되어짐에 따라 제도화되거나 새로운 사회복지실천현장으로 개발된다고 할 수 있기 때문에, 사회복지사가 앞으로 관심을 두고 개발해야 할 현장은 보호관찰 및 갱생보호사업을 위한 교정사회복지, 산업체 종사자를 위한 산업사회복지, 학교사회복지, 군사회복지, 경찰사회복지 등이라고 할 수 있다.

이러한 새로운 사회복지실천현장에서 사회복지사는 전문화된 기능을 수행함과 아울러 집합적인 욕구를 염두에 둔 활동이 요구된다. 더욱이 개인과 가족에게 보다 나은 서비스를 제공하기 위해 사회복지정책과 사회복지운동을 위한 광범위한 문제에 이르기까지 사회복지실천을 확대하여 개인을 사회적으로 통합하여야 한다.

2) 사회복지기관의 기능과 역할변화

(1) 사회복지기관

사회복지사는 각각의 사회복지실천기관에서 고유업무를 보다 충실하게 수행하기 위해서는 생활시설, 여가시설, 중간시설, 지원시설 및 개발시설에서의 기능과 역할을 수행해야 한다.

사회복지실천기관은 ① 이용자중심에서의 종합적인 지역복지실현, ② 풍요로운 생활창조를 위한 여가생활지원, ③ 재가·주간·단기보호를 위한 중간시설 기능 강화, ④ 이차적 지원기관으로서의 역할 확립, ⑤ 직원과 조직 및 이용자 개발을 통한 전문적·생산적 복지지향을 목표로 운영되어야 한다는 점이 중요하다.

사회복지시설이 이러한 운영목표에 의한 기능과 역할을 수행해야 하는 이유는 최근 생활시설과 이용시설의 구분 없이 복합적으로 운영되고 있을 뿐만 아니라, 철저한 이용자의 욕구에 기초한 사회복지실천기관의 운영은 향후 나아가야 할 방향이기 때문이다.

최근의 사회복지서비스는 이용자 중심의 욕구에 기초한 사회복지서버스가 요구되고 있다. 따라서, 사회복지기관의 기능은 서비스 질의 관리기능이 보다 강화되어야 한다.

(2) 사회복지사

사회복지사는 아동복지지도원, 노인복지상담원, 모자복지 상담원, 장애인복지상담원, 보육지도원, 보호관찰사, 민간기관에서는 상담원, 생활지도원, 직업훈련

교사, 보호관찰사, 정신건강사회복지사, 의료사회복지사, 보육교사 등의 활동을 하고 있다.

이들의 활동은 사회복지행정에서부터 상담, 사례관리 및 프로그램개발, 자원개발, 교육 및 훈련, 슈퍼바이저, 취업알선 등 다양한 역할을 수행하고 있다.

해외사업, 다문화사업, 북한관련사업 등 사회복지현장의 변화에 따라 사회복지사의 역할은 변화될 수밖에 없다. 사회복지현장의 개발과 발전을 이끌어낼 인적자원으로서의 이들의 역할에 대한 기대는 점점 더 높아지고 있다.

(3) 서비스 질 관리와 책임성 확보

사회복지조직이 내·외적인 정보를 활용해서 변화하는 환경에 적응하지 못하거나, 이를 극복하지 못하는 사회복지시설은 비효과적일 수도 있고 생존에 위협을 받게 된다.

최근 시장경제를 지향하는 사회복지실천현장의 변화에 따라, 마케팅 접근법, 전략적인 계획 및 종합적인 서비스 질 관리를 강화해야 한다. 오늘날 사회복지기관 및 사회복지사는 다양성·시장성 확보가 기관의 생존을 위해 필수적으로 요구되는 현실이다. 그러나 사회복지의 본질적인 기반인 인간성, 책임성을 기반으로 하는 서비스 제공이 이루어져야 할 것이다. 그리고 기관 내적 측면에서 전략적인 기획 강화, 하드웨어 정비, 탄력적인 조직화, 직원개발, 관리자의 지도·감독기능 강화, 미학적 요소를 포함한 시설관리, 지역 특성을 반영한 서비스/프로그램 개발 운영, 사회복지의 마케팅 전략 모색, 사례관리 강화, 프로그램 평가능력 배양 등이 요구된다.

이를 위해서 사회복지기관 및 사회복지사는 자기개발과 사례·프로그램·운영평가 결과에 의한 환류체제를 바탕으로 전략적인 계획을 펼쳐나가야 하며, 이를 실제적으로 적용할 수 있는 실천력 또한 갖추어야 할 것이다.

연습문제

01 다음 중 1차 사회복지실천현장이 아닌 곳은?

① 아동양육시설
② 노인복지시설
③ 장애인재활시설
④ 공동생활가정
⑤ 보건소

02 모자보호시설의 실천현장 분류로 가장 알맞은 것은?

① 이용시설 ② 생활시설 ③ 요양시설
④ 직업재활시설 ⑤ 사회복귀시설

03 사회복지실천현장의 분류기준과 그 예로 옳은 것은?

① 일차현장 보건소
② 이용시설공동생활가정
③ 민간기관지역아동센터
④ 공공기관사회복지협의회
⑤ 생활시설-노인주간보호시설

04 사회복지실천의 2차 기관은?

① 보호관찰소
② 공동생활가정
③ 아동복지시설
④ 장애인복지관
⑤ 종합사회복지관

05 사회복지실천에서 공식적 자원에 해당하는 것은?

① 친구 ② 자원봉사자 ③ 사회복지사
④ 종교기관 ⑤ 가족

정답 1. ⑤ 2. ② 3. ③ 4. ① 5. ③

Chapter 6

사회복지사

✓ **학습목표**

1. 사회복지사의 개념 파악
2. 사회복지사의 질적 구성요소
3. 사회복지사의 위치 토의

✓ **학습내용**

1. 사회복지사의 개념
2. 사회복지사의 질적 구성요소
3. 사회복지사의 실태분석
4. 사회복지사의 역할

✓ **개요**

사회복지사는 현대사회에서 발생하고 있는 청소년, 가족, 노인, 여성, 장애인 등 다양한 사회적·개인적 문제를 겪는 사람들에게 사회복지학 및 사회과학의 전문지식을 이용하여 문제를 진단·평가함으로써, 문제해결을 돕고 지원하는 업무를 담당하는 자로 정의할 수 있다. 여기에서는 사회복지사에 관하여 학습하고자 한다.

Chapter 6

사회복지사

1 사회복지사의 개념

1) 사회복지사의 정의

1970년대 사회복지사업종사자로 시작하여 1983년 5월 「사회복지사업법」이 개정되면서 사회복지사 또는 사회사업종사자의 명칭이 '사회복지사'로 규정되어 사회복지사 자격증이 발급되기 시작하였다. 이후 사회사업은 사회사업학의 학문적 체계에서 사용되어지고, 사회복지사의 영문표기는 'Social Worker'로 사용하고 있다.

한국직업표준분류(KSCO)는 "사회복지사는 현대사회에서 발생하고 있는 청소년, 가족, 노인, 여성, 장애인 등 다양한 사회적·개인적 문제를 겪는 사람들에게 사회복지학 및 사회과학의 전문지식을 이용하여 문제를 진단·평가함으로써, 문제해결을 돕고 지원하는 업무를 담당하는 자"로 정의하고 있다. 미국사회복지사협회(NASW)에서는 사회복지사(social worker)를 개인, 집단, 지역사회의 복지를 촉진시키기 위해 활동을 수행하는 전문직으로 규정하였다.

우리나라는 「사회복지사업법」 제11조제1항의 규정에 의해 사회복지사는 "사회복지에 관한 전문 지식과 기술을 가진 자"로 규정하고 있다. 사회복지사가 하는 일은 사람이 살아가면서 직면하게 되는 위기상황에 전문적으로 개입하여 사회복지서비스를 제공하는 것이다. 사회복지사는 대상자, 즉 클라이언트가 바라는 욕구를 충족시켜 주고, 그들이 각자 맡은 책임을 다할 수 있게 적절한 사회기능 수행의 향상을 돕는 일을 한다. 그리고 사회복지사는 사회복지서비스 제공 대상인 클라이언트의 욕구해결이라는 목적달성을 위한 매개체 역할과 클라이언트의 욕구와 자원을 연결시켜 주는 주체이다. 그리고 사회복지사는 클라이언트의 문제해결과 능력을 향상시키고 클라이언트에게 자원과 서비스 기회를 제공하는 연결체계를 이어주며, 체계적인 효과를 증진시켜 사회정책의 개발과 개선을 위해 노력한다. 그렇기 때문에 사회복지실천현장에서 핵심 역할을 수행하고 있는 사회복지사의 역할이 더욱 부각되고 있다. 현대사회에서 점차적으로 심각해지고 있는 각종 사회문제의 해결을 위한 사회복지의 역할은 날로 중요해지고 있으며, 사회복지사의 역할 또한 전문직으로서의 그 중요성이 부각됨에 따라 다양한 측면에서의 사회복지사의 역할과 역량이 매우 중요한 문제로 강조되고 있다.

보건복지부와 한국사회복지사협회는 「2018년 사회복지사 자격관리 지침」에서 사회복지사는 '사회복지에 관한 전문 지식과 기술을 가진 자'이며, 수행업무는 사회복지사의 수행업무, 사회복지프로그램의 개발 및 운영업무, 시설거주자의 생활지도업무, 사회복지를 필요로 하는 사람에 대한 상담업무 등으로 규정하고 있다.

결론적으로 사회복지사는 가치를 기반으로 지식과 기술을 사용하여 광범위한 문제를 다루기 위하여 다양한 역할을 수행한다.

2) 사회복지사의 역사

사회복지사라는 명칭의 고유성은 우리나라 사회복지의 역사를 통해 살펴볼 수 있다. 우리나라 사회복지는 개항 이후 외국 선교단체의 의료·교육 사업을 통해 사회사업의 활동이 시작되었으며, 1920년 9월에 최초의 사회복지관이 건립되었다. 이후 선교단체를 중심으로 사회사업활동이 지속되었으며, 이 당시는 고아원, 양로원 등 시설중심의 자선사업이 이루어졌다. 해방 및 한국전쟁 이후에는 외원단체를 통해 응급구호사업이 실시되었으며, 전쟁고아의 구호 및 이재민 물자 지원 등 현물공급과 시설중심의 보호사업을 통해 활동했다.

이후 국가에서 실시한 사회보험(국민연금, 산업재해, 의료보험 등)을 중심으로 사회복지정책들이 만들어지고, 1970년대 「사회복지사업법」이 제정되면서 사회복지법인이 사회복지사업을 수행하도록 하였으며, 부랑인 보호사업을 중심으로 사회복지사들의 활동이 진행되었다. 이어 1989년 전 국민 의료보험의 시작과 더불어 사회복지사들의 활동이 점차 확대되면서 사회복지 전담공무원들의 활동이 시작되었다. 또한 도움을 필요로 하는 대상자들의 시설보호 위주에서 지역사회 내 보호방식으로의 인식전환과 지역 사회복지관의 설치·운영에 따라 사회복지사들이 본격적으로 활동하게 되었다. 2000년대 이후 다양한 복지환경의 변화로 사회복지사들의 영역은 아동, 노인, 장애인, 여성, 다문화 등의 다양한 분야로 다각적인 확대가 이루어졌으며, 점차로 사회복지사의 중요성이 대두되기 시작하였다.

3) 사회복지사의 기능

일반적으로 역할이 마땅히 해야 할 개인이 맡은 책임이나 임무라고 한다면, 기능은 구실이나 작용을 뜻한다. 따라서, 사회복지사로서 어떻게 직업역할을 수행하는가의 방법은 개인에게 달려 있지만, 사회복지사로서 수행하도록 기대되는 기능을 이해하는 것은 매우 중요하다. 사회복지사에 의해 수행되는 실천의 역할들이 크고 다양하기 때문에 사회복지사로서 해야 할 역할과 관련된 기능을 수행하는 데 있어 전문가다운 능숙함을 요구받는다.

사회복지사들이 사회복지현장에서 만나는 대상자들은 기능적인 약점이나 병리만을 가진 경우는 드물고, 오랜 시간 빈곤했고, 저학력·저소득이고 손상된 가족구조를 경험했으며, 가족병리를 지속적으로 경험한 사례가 많다. 사회복지사는 무엇보다 '무엇을 하지 않아도 되는가'라는 실천의 방어적인 자세보다는 어떤 역할과 기능이 적절한가에 대한 능동적인 자세를 견지할 것을 요구하고 있다. 따라서, 사회복지사는 일반적인 원조직과는 무엇이 다른지에 대해 차이점을 깊이 인식해야 하고, 그 인식을 바탕으로 직업현장에서 자신에게 요구되는 역할과 기능이 가능해진다고 할 수 있다.

사회복지실천현장의 6개 영역에서 근무하는 사회복지사의 직무특성과 관련한 사회복지사 기능을 살펴보면, 사회복지사는 행정가로서 통계 및 보고서 작성, 보고 및 행정처리, 서비스 내용 기록과 같은 문서관리기능 수행에 가장 많은 시간을 할애 하고 있고, 그 다음이 구체적인 서비스 제공 및 프로그램 시행, 정보제공 등과 같은 직접적인 서비스 제공과 시행, 사정, 접수 등의 기능 수행을 통해 중개인, 상담가, 사례관리자 등의 역할을 수행하고 있는 것으로 유추해볼 수 있다. 반면, 업무량 개발자나 직원개발자와 같은 역할에 주어지는 인사관리, 기획 및 재정 관리와 같은 기능 수행은 낮았다. 이러한 기능은 주로 담당자가 지정되어 있거나 소수 관리자에게 집중되어 있기 때문인 것으로 보인다.

사회복지사는 전체로서의 인간에 대한 관심을 추구한다. 이는 대개의 전문직이 특정한 측면의 인간에 대해 관심을 가지는 것에 비해 넓은 관심 범위이므로 깊이는 모자랄 수 있다. 그렇다고 사회복지실천이 깊이가 없는 전문직을 의미하는 것은 아니다. 사회복지사는 다양한 분야에서 그 분야가 가지는 특유의 전문성을 살린다. 정신건강, 장애, 가족관계의 위기 등 각 실천분야에서는 매우 심도 있는 전문성을 발휘한다. 하지만 분야별 전문실천영역의 모든 내용을 사회복지사가 숙지해야 한다는 것은 비현실적이다. 하지만 전체로서의 인간을 이해하기 위해 필요한 만큼은 인구학적 특성(노인, 청년, 장년, 여성 등)에 대해, 건강과 장애의 요소에 대해, 직업과 사회활동에 대해, 지역사회와의 참여적 교류에 대해, 금융상황에 대해, 그리고 나아가 서비스를 제공할 주체의 조직과 특성에 대해, 거시적인 사회복지정책에 대해 적절한 지식을 보유하는 것이 모든 사회복지사에게 필요하고, 이것이 사회복지사의 핵심 역량이 될 것이다(김영철 외, 2022c: 147).

결론적으로 사회복지사의 핵심 역량은 '전체로서의 인간'에서 찾아야 한다. 사회복지사가 다양한 영역에서 활동범위를 넓혀가는 원동력이 전체성에 있다고 할 수 있다. 즉, '전체로서의 인간'을 이해하고 개입하기에 필요한 만큼의 지식과 기술이 사회복지사의 핵심 역량이라고 볼 때, 사회복지사는 제대로 사회복지현장에서 기능하기 위해서 이 핵심 역량을 반드시 키워야 할 것이다.

2 사회복지사의 질적 구성요소

업무능력을 향상시키기 위한 사회복지사의 질적 구성요소는 다음과 같다.

1) 인권감수성

인권은 인간의 권리를 말하는 것으로 인간이라면 당연히 가지는 자연법상의 권리를 말한다. 이 권리는 어떤 국가나 법이 권리로 인정하여 주는 것과 상관없이 우리 각자에게 인정되는 실정법 이전의 권리로서 모든 인간들은 존중해야 할 의무가 있다.

인권감수성은 인권과 관련된 문제에 대해 민감하게 반응할 수 있는 능력을 의미한다. 인권감수성은 현대사회의 시민이라면 누구나 지녀야 하고, 이를 옹호하는 것은 사회복지사에게 요구되는 중요한 가치이다. 어떠한 사람이 인권을 옹호하는 행동은 인권에 대한 감수성, 인권에 대한 판단력, 인권에 대한 동기화, 인권옹호 행동과 관련된 성격 등 네 가지 심리적 과정을 거쳐야 한다. 인권감수성은 인권을 옹호하기 위한 첫 번째 과정이며, 인권의식보다는 구체적인 상황이나 장면에서 적용되는 개념이다.

사회복지사의 인권감수성은 사회복지 직무 특성상 매우 중요하다. 사회복지사의 주요 직무는 사회복지기관 이용자의 권리를 보호하고 권리를 실현하는 데 목적이 있다. 특히, 사회복지사가 이용자의 인권문제를 어떤 식으로 지각하고 해석하는가에 따라 사회복지시설 이용자의 인권문제가 달리 나타난다. 인권감수성의 개념은 인권에 대한 기술이나 태도가 아니라, 인권 관련 상황을 해석하고 지각하는 능력을 다룬다는 점에서 기존의 인권의식과는 차별화되는 개념이다.

사회복지실천에서 사회복지사들의 중요한 직무는 이용자의 권리 주장을 대변하는 것이다. 사회복지사의 윤리강령은 이용자의 권익보호와 이용자의 자기결정권을 최우선으로 행사할 수 있도록 도와주는 내용을 포함하고 있다. 특히, 복합적 문제와 다양한 욕구를 가진 의사능력이 힘든 이용자를 위해서 최대한 그들의 입장과 이익을 대변해야 하며, 이용자의 사생활 보호와 알 권리를 존중해야 한다. 사회복지사는 직무에 있어서 사회적 약자를 보호하고 인간의 평등과 인권의 존중을 대변하여야 하고, 사회적 가치와 권위를 존중하여야 한다. 사회복지조직은 윤리적 가치와 인간존중이 중요시되는 조직이다. 사회복지사에게 적용되는 규칙은 사회복지사의 직무와 관련된 실천으로써 윤리적 결정과 관련 있으며, 사회복지사의 인권감수성은 사회복지조직의 가치를 실현하는 데 중요한 기준이 된다.

이러한 인권감수성의 특성을 반영하여 사회복지사의 인권감수성으로 범위를 한정하면 타인의 고통과 인권침해로 나타나는 정서적 반응이라고 말할 수 있다. 그 내용을 보면 다음과 같다. 자신을 타인의 입장과 동일시하고, 인권침해에 대한 문제를 공유한다. 인권문제가 관련되어 있는 상황에서 그 상황을 인권과 관련된 상황으로 이해한다. 인권 관련 상황에서 나타나는 행동이 다른 당사자들에게 어떠한 영향을 미칠지를 예상하며, 그 상황을 타개하기 위한 책임이 자신에게 있다고 인지하는 심리적 과정을 의미한다. 이는 인권침해 상황에 처한 타인에 대한 공감과 함께 인권침해상황에 대한 자신의 정서를 포함한다.

인권감수성은 사회복지사가 사회복지직무를 수행하는 데 이용자와의 관계에서 긍정적 영향을 주는 중요한 요인이다. 지금까지 사회복지사의 인권옹호는 중요하게 강조되어 왔다. 그러나 사회복지사의 인권이 단순히 긍정적인 입장에서 추상적으로 논의가 되어서는 안 된다. 사회복지시설 이용자의 인권보호를 위해서는 사회복지사의 전문성을 향상시켜 궁극적으로는 필요한 인권옹호 행동을 이끌어 내야 한다. 그렇기 때문에 사회복지사의 인권감수성이 요구된다.

결론적으로 사회복지직무에서 사회복지시설 이용자의 인권옹호는 가장 대표적인 권리지향적인 활동이다. 사회복지시설 이용자의 권리 옹호를 위해 사회복지사가 이용자에게 제기되는 인권상황의 제반 문제를 해결하는 데 인권감수성은 중요한 판단기준이 된다.

2) 서비스 질

서비스(service)는 상대방에게 제공하는 무형적이고, 소유권의 이전이 없는 행위나 효용을 제공하는 행위를 말한다. 또한 질(quality)은 추상적인 개념으로 표준화에 어려운 측면이 있다. 따라서, 서비스 질은 서비스를 받는 대상자가 느끼는 만족의 정도로 파악되거나, 수요자의 주관적인 기준에 의해 다양하게 평가될 수 있다는 측면에서 지각된 서비스 질로 정의되고 있다.

사회복지서비스 질은 클라이언트의 기대와 지각된 서비스의 차이로서 클라이언트에 의해 서비스 질에 대한 평가가 달라질 수 있고, 객관적인 입장보다는 주관적인 입장에서 지각한 서비스 질이라고 할 수 있다. 또한 사회복지서비스 질에 대한 수준을 결정하는 요인은 사회복지서비스 기관의 제공자와 운영방식 모두가 해당될 수 있다. 사회복지기관은 서비스가 필요한 지역주민들에게 서비스를 제공함으로써 사회전반의 복지를 제공하는 기능을 가지고 있다. 사회복지기관은 사회복지사들의 가치와 전문성, 기술을 통해 클라이언트의 기대에 부합되는 사회복지서비스를 제공하고 클라이언트의 욕구를 달성할 수 있도록 사회복지서비스를 제공한다. 따라서, 서비스 질은 사회복지사의 기술과 적절성을 담보로 하고 있다.

사회복지서비스 정의는 매우 다양하나, 사회보험, 공공부조와 함께 사회보장제도를 구성하고 있는 하나의 영역으로 보고 있으며, 이는 비물질적인 사회적 관계상의 욕구에 초점을 두고 있는 것이다. 또한 「사회보장기본법」에서는 사회복지서비스를 국가와 지방자치단체 및 민간부문의 도움이 필요로 하는 모든 국민에게 상담, 재활, 직업의 소개 및 지도, 사회복지시설의 이용 등을 제공하여 정상적인 사회생활이 가능하도록 제도적으로 지원하는 것으로 정의하고 있다(「사회보장기본법」, 제3조).

사회복지서비스의 목적 달성과 클라이언트의 정상적인 삶의 질 향상을 위해서는 사회복지기관에서 사회복지사가 제공하는 서비스 제공 가치와 양식 그리고 이를 운영하는 방식에 따라서 달라진다. 사회복지기관에서 서비스 질에 대해 높은 수준을 결정되는 요인은 사회복지사가 될 수도 있다. 즉, 사회복지서비스 질은 클라이언트에게 욕구와 기대를 충족시키고 성취하는 것으로, 클라이언트가 사회복지서비스 이용 중 사회복지서비스를 인지하는 정도에 따라 결정되는 무형의 결정체로 클라이언트의 서비스 만족도에 대한 중간 매개물이다.

사회복지서비스 질은 클라이언트의 욕구를 만족시켜줄 수 있는 것으로 클라이언트에 의해서 사회복지서비스 질의 규정과 가치가 정해진다. 그러나 사회복지 분야에서 사회복지서비스 전달과정이 매우 복잡하고 다양하기 때문에 클라이언트 중심으로만 접근하는 것은 다소 한계가 있는 것으로 보인다. 따라서, 사회복지서비스 질은 클라이언트의 욕구와 사회복지시설을 둘러싸고 있는 환경과 양자 사이에서 대응하는 적절한 관련 체계와 관련성이 깊다. 즉, 사회복지시설에서 서비스 질이란 조직 환경의 요구와 클라이언트의 욕구를 기반으로 하는 요구를 중심으로 사회복지시설의 관리체계를 형성해 나가는 것과 큰 관련성이 있다. 즉, 종사자들이 제공하는 사회복지서비스 질의 제공과정에 있어서 지각된다. 따라서, 사회복지서비스 질은 사회복지시설을 이용하는 클라이언트의 욕구로 사회복지시설의 환경과 함께 사회복지서비스를 이용하는 클라이언트와 사회복지시설과의 상호작용에서 나타나는 지각된 가치이다.

결론적으로 이처럼 사회복지서비스는 다양한 요소들이 혼합 또는 병합되어 있을 뿐만 아니라, 여기에 대한 학자들의 정의도 하나의 공통된 개념으로 정의하는 것은 매우 어려운 일이라 할 수 있다. 따라서, 여러 학자들이 내린 사회복지서비스 질에 대한 개념을 보면 대체로 사회복지조직의 총체적 품질관리의 측면과 서비스를 이용하는 클라이언트의 만족 측면, 욕구충족 측면, 제도적 지원 측면, 조직의 상호작용 측면에 관심을 두고 있음을 알 수 있다.

3) 직무스트레스

직무스트레스는 환경이나 직업에서 오는 개인능력 이상의 요구나 압력에 대해 적절하게 대응하지 못함으로서 발생하는 생리적·심리적·사회적 반응을 뜻한다. 직무스트레스 요인은 직장 내환경에 관련되어 발생되는 스트레스 요인이고, 이는 직무수행과정의 스트레스 유발에 중요한 스트레스 원이 될 수 있다.

스트레스 원인의 증상이나 결과는 심리, 생리, 행동적 결과로, 개인의 능력을 초과하는 환경이나 상태로 부담을 요하는 사항일 때 무력감, 체념, 집중력 약화, 회피, 고민, 무관심 등의 심리적인 고통을 받게 된다. 이러한 심리적 고통은 객관적인 지각보다 주관적 지각에 의해 결정된다. 이러한 스트레스가 개인의 한계점을 넘게 되면 좌절, 우울, 불안, 긴장 등의 생리적 결과로 나타나고 식욕감퇴나 체중 변화, 음주습관 및 흡연 등의 행동장애로 발전할 수 있기 때문에 직무스트레스는 개인의 건강이나 업무의 성과에 직접적으로 영향을 준다.

직무스트레스는 직무만족에 직접적으로 영향을 주게 되는 요인으로, 직무스트레스 요인의 고유 성질에 따라 긍정적 영향 또는 부정적 영향을 주기도 한다. 조직의 요구가 한 개인에게 기회, 또는 제약이나 요구로 받아들여지느냐에 따라 스트레스가 긍정적, 또는 부정적으로 작용할 수 있다. 직무스트레스는 직무불만족, 생산성 저하, 조직몰입 방해, 결근과 이직률의 증가 등을 유발하게 되는 부정적인 측면이 많이 나타난다.

직무스트레스를 유발하는 환경에서 심리적 또는 신체적 요구를 직무스트레스라고 하는 데, 직무 제반 활동 등에서 발생되기 때문에 사람들이 직면하게 되는 환경, 직무, 상황 등과의 관계나 개인의 내적 요구 등이 다양하게 나타난다. 직무스트레스는 환경의 내용의 복잡함과 산업이 고도화될수록 더욱 심화되어 현대사회 조직체계의 심각한 문제로 대두되고 있다. 특히, 직장에서 직무환경과 관련되어 발생되는 다양한 스트레스는 점차 증가하고 있으며, 직무를 담당하고 있는 사람들은 많은 스트레스에 노출되어 있다.

직무스트레스는 정신과 신체 건강과 조직의 효과성에도 부정적 영향을 미치고 있고, 직무만족, 능률, 업무수행, 사기 등을 감소시킴으로써, 결과적으로 직무질적 저하를 초래할 뿐 아니라, 나아가 조직의 효율성 및 생산성을 저해한다. 한 개인의 역할 변화가 효과적이든 비효과적이든 그 영향은 조직의 나머지 사람들의 기능에 변화를 주게 되고, 한 개인 또는 조직의 스트레스는 결국 조직 전체에 영향을 미치게 된다.

직무스트레스는 개인의 직무성과를 저하시키는 요인으로 심리적 불만족상태와 개인의 건강문제가 나타난다. 이렇듯 지속적인 직무스트레스는 직무수행에 부정적인 영향을 미치고 개인의 심리적 불균형으로 각종 질병을 야기할 수 있다. 직무스트레스로 인한 역기능적 문제의 예방을 위해 개인의 능력개발과 직무스트레스에 대한 적극적인 관리와 관심을 높이기 위해서 효과적인 대처방안이 마련되어야 할 것이다.

4) 자아탄력성

자아탄력성(ego-resiliency)의 개념에서 탄력성에 대한 사전적 의미를 보면, 다시 돌아오는 경향, 탄성, 회복력을 의미한다. 즉, 역경을 겪으면서 개인이 자신의 힘과 능력을 잃었지만, 이전의 적응수준으로 돌아오고 회복할 수 있는 능력이다.

자아탄력성은 최근에 관심을 가지고 있는 개념으로 빈곤이나 가정불화, 정신병력을 가진 부모 등의 위험요소에 노출된 아동·청소년을 대상으로 시작된 연구에서 나온 개념이었으나, 사회복지 분야에서도 많이 활용되고 있다.

자아탄력성은 상황에 따른 스트레스로 지각하고, 스트레스로 인해 불안과 우울에 대해 지각되더라도, 무력감에 대한 요소들을 소진시키고 자신을 보살펴 위험에 있는 요인에 대해 미리 잘 다루어 처리할 수 있는 심리적 능력이다. 즉, 자아탄력성이 직무만족도에 가장 강력한 영향을 미치는 변인이 될 수 있다. 자아탄력성이 높으면, 갈등과 위기상황 같은 부정적 환경 속에서도 평정심 유지를 위해 노력하고 자신의 원래 심리정서상태로 재빨리 회복하여 직무만족도를 높일 수 있다. 다시 말해서 자아탄력성이 높은 사람은 공격에 민감하지 않으며, 인간관계에서 발생하는 문제나 갈등을 해결하는 능력이 뛰어나다. 자아탄력성이 낮은 경우는 스트레스 상황이나 낯선 상황에서 융통성이 부족하여 적응의 효율성이 떨어진다. 이는 자아탄력성이 가지는 긍정적인 적응요소로서 복잡하고 스트레스적인 일상생활에 잘 적응하기 위해 지녀야 할 개인의 중요한 성격자원이라는 것을 뜻한다. 따라서, 스트레스에 직면해 있는 사회복지사에게 스트레스의 영향을 확인하여 그 영향을 완충시키거나 적응을 도와주는 보호요인으로 자아탄력성의 역할이 중요하다고 할 수 있다. 자아탄력적인 사람들은 어떤 상황을 스트레스로 지각하는 경우가 낮고 스트레스로 지각하더라도, 우울이나 예기불안을 경험하는 경향이 낮으며, 자아경직적인 사람들에 비해 우울이나 불안에 덜 취약하였다.

사회복지사의 자아탄력성은 직무스트레스 원이 스트레스 반응을 유발하는 것을 중재하는 변인으로 밝혀져 자아탄력성이 스트레스 원에 대한 부정적 영향을 조절하는 효과를 지니고 있다. 따라서, 자아탄력성은 사람의 생활 속에서 균형적이고 조화로운 관계를 유지하며, 합리적이고 이상적인 적응을 할 수 있는 긍정적인 자원이 되기 때문에, 사회복지사에게는 매우 중요한 변인이라고 할 수 있다.

사회복지사는 직무의 특성상 사회복지사 자신이 서비스의 도구가 되어 이용자와 긴밀한 상호작용에 의해 서비스가 전달되기 때문에, 다른 분야보다도 사회복지사 개인이 가져야 할 개인의 내적특성이 특히 고려되어야 한다.

결론적으로 자아탄력성의 중요성을 인식하여 사회복지사에게도 자아탄력성을 적용하고, 사회복지사의 자아탄력성과 서비스 질에 관한 접근을 통해 사회복지사의 서비스 질에 미치는 경험적 연구가 필요하다.

3 사회복지사의 실태분석

1) 사회복지사 자격제도

보건복지부와 한국사회복지사협회는 「2018년 사회복지사 자격관리 지침」에서 사회복지사는 '사회복지에 관한 전문 지식과 기술을 가진 자'이며, 수행업무는 사회복지사의 수행업무, 사회복지프로그램의 개발 및 운영업무, 시설거주자의 생활지도업무, 사회복지를 필요로 하는 사람에 대한 상담업무 등으로 규정하고 있다.

사회복지사업법 제11조(사회복지사 자격증의 발급 등)

① 보건복지부장관은 사회복지에 관한 전문 지식과 기술을 가진 사람에게 사회복지사 자격증을 발급할 수 있다.

② 제1항에 따른 사회복지사의 등급은 1급·2급·3급으로 하고 등급별 자격기준 및 자격증의 발급절차 등은 대통령령으로 정한다.

③ 사회복지사 1급 자격증을 받으려는 사람은 국가시험에 합격하여야 한다.

④ 보건복지부장관은 제2항에 따른 사회복지사 자격증을 발급받거나 재발급 받으려는 사람에게 보건복지부령으로 정하는 바에 따라 수수료를 내게 할 수 있다.

2) 사회복지사 등급 자격기준

[1급]

(1) 정의

① 2급 자격기준에 해당하는 자로서 사회복지사 1급 국가시험에 합격한 자

② 고등교육법에 의한 대학에서 전공·학과에 관계없이 보건복지부령이 정하는 「사회복지학 전공교과목과 사회복지관련 교과목」(필수 10과목, 선택 7과목 이상)을 이수하고 학사학위를 취득하면 응시가능

(2) 1급 국가시험

① 시험 시행시기: 국가시험 일정은 시행기관인 한국산업인력공단(www.q-net.or.kr/1644-8000)이 계획하며, 매년 일정이 조금씩 변경될 수 있다. 대략 10, 11월 정도에 시험공고가 발표되며, 다음해 1, 2월경 시행한다.

② 시험방법

시험과목 수	문제 수	배점	총점	문제형식
3과목(8영역)	200	1점 / 1문제	200점	개관식 5지 선택형

③ 시험과목 및 시험시간

구분	시험과목		입실시간	시험시간
1교시	사회복지기초 (50문항)	• 인간행동과 사회환경(25문항) • 사회복지조사론(25문항)	09:00	09:30~10:20 (50분)
휴식시간 10:20~10:40(20분)				
2교시	사회복지실천 (75문항)	• 사회복지실천론(25문항) • 사회복지실천기술론(25문항) • 지역사회복지론(25문항)	10:40	10:50~12:05 (75분)
점심시간 12:05~12:50(45분)				
3교시	사회복지정책과제도 (75문항)	• 사회복지정책론(25문항) • 사회복지행정론(25문항) • 사회복지법제론(25문항)	12:50	13:00~14:15 (75분)

[2급]

(1) 정의

① 전공·학과에 관계없이 보건복지부령이 정하는 「사회복지학 전공교과목과 사회복지관련 교과목」(필수 10과목, 선택 7과목 이상)을 이수하고 학사(전문 포함)학위를 취득한 자

② 고등교육법에 의한 대학원에서 사회복지학 또는 사회사업학을 전공하고 석사 또는 박사학위를 취득하면 자격 취득

※ 다만, 대학에서 사회복지학 또는 사회사업학을 전공하지 아니하고 동 석사

학위를 취득한 자는 보건복지부령이 정하는 「사회복지학 전공교과목과 사회복지관련 교과목」 중 사회복지현장실습을 포함하여(개정된 사항: 2004.7.31. 이후 입학생부터 해당) 필수과목 6과목 이상(대학에서 이수한 교과목을 포함하되 대학원에서 4과목이상을 이수하여야 함)과 선택과목 2과목 이상을 각각 이수하고 학위를 취득하여야 함. 박사학위자는 사회복지 전공자에 한해 교과목 이수 불문, 학위취득 시 자격 획득

(2) 이수교과목(학사 및 전문학사 기준)

<table>
<tr><th>구분</th><th colspan="2">교과목</th></tr>
<tr><td>필수과목</td><td colspan="2">사회복지개론, 인간행동과 사회환경, 사회복지정책론, 사회복지법제, 사회복지실천론, 사회복지실천기술론, 사회복지조사론, 사회복지행정론, 지역사회복지론, 사회복지현장실습(10과목)</td></tr>
<tr><td rowspan="2">선택과목</td><td>2020학년도 이전</td><td>2020학년도 이후</td></tr>
<tr><td>가족복지론, 교정복지론, 노인복지론, 사회문제론, 사회보장론, 사회복지발달사, 사회복지윤리와 철학, 사회복지자료분석론, 사회복지지도감독론, 산업복지론, 아동복지론, 여성복지론, 의료사회사업론, 자원봉사론, 장애인복지론, 정신건강론, 정신건강사회복지론, 청소년복지론, 프로그램 개발과 평가, 학교사회사업론 (20과목)</td><td>(7과목 추가)
가족상담 및 가족치료, 국제사회복지론, 복지국가론, 빈곤론, 사례관리론, 사회복지와 문화다양성, 사회복지와 인권
(27과목)</td></tr>
<tr><td rowspan="2">명칭변경</td><td>사회복지발달사</td><td>사회복지역사</td></tr>
<tr><td>의료사회사업론</td><td>의료사회복지론</td></tr>
<tr><td>실습시간</td><td>실습 120시간</td><td>현장실습 160시간(+40시간)
강의 30시간(신설)</td></tr>
<tr><td>선택과목 추가</td><td>2020학년도 이전 입학자 4과목(12학점) 이수</td><td>2020학년 이후 7과목
(21학점, 9학점 추가)</td></tr>
</table>

3) 사회복지사 자격증 발급 현황

한국사회복지사협회의 「사회복지사 자격증 발급현황(2020.11.30)」에 따르면, 1996년 21,244명이었던 사회복지사 자격증 취득자는 2000년에는 42,292명으로 99.0%로 증가했으며, 2005년에는 129,999명으로 207.4% 증가, 2010년에는 412,815명으로 217.6% 증가, 2015년에는 789,071명으로 91.1%의 증가세를 보이고 있다. 또한 2020년(11.30 현재) 1,203,074명으로 52.5% 증가한 것으로 나타났다. 2019년에 비해서는 8.7%의 증가세를 보였다. 이러한 결과로 미루어 볼 때, 초기의 폭발적인 자격증 취득자의 증가는 최근 들어 주춤해지는 경향을 보이고 있다.

| 표 6-1 | 최근 5년간 자격증 교부 누계

(단위: 건, %)

구 분	계	1급		2급		3급	
		누계	당해 년도	누계	당해 년도	누계	당해 년도
2016	864,269	133,205	9,528	717,782	65,508	13,282	162
2017	938,040	138,808	5,603	785,787	68,005	13,445	163
2018	1,019,647	146,119	7,311	859,964	74,177	13,564	119
2019	1,107,119	153,866	7,747	939,688	79,724	16,656	1
2020	1,206,180	162,189	8,427	1,027,317	90,631	13,568	3
2021	1,299,413	178,649	16,356	1,107,190	76,871	13,574	6

단, 3급은 2019.1.1.부터 자격폐지

자료: 「2021 사회복지사 통계연감」(2021.12.).

4 사회복지사의 역할

사회복지사는 클라이언트의 문제나 욕구를 파악하여 적절한 개입을 할 수 있는 능력이 있어야 한다. 또한 지역 내의 사회자원 및 관계망에 대한 지식을 가지고 클라이언트와 기관 및 단체와 효율적 의사소통을 할 수 있어야 한다. 사회복지사는 기관(단체)의 성격과 담당하는 업무에 따라 한 가지 역할을 주로 수행하기도 하지만, 서로 다른 역할을 동시에 수행해야 하는 경우가 많으므로 상황에 맞는 적절한 소임을 수행해야 한다. 사회복지사의 구체적 역할은 다음과 같다(박종란 외, 2021: 99－106 ; 김혜영 외, 2021: 108－123 ; 양정빈 외, 2020: 132－143).

1) 서비스 직접 제공

사회복지사는 실천현장에서 변화를 가져오기 위해 클라이언트에게 직접서비스를 제공한다. 즉, ① 자존감을 회복시키기 위해 지지와 격려 제공, ② 가치나 태도를 변화시키기 위한 교육, ③ 정보 제공, ④ TV 프로그램이나 영화 등의 매체 활용, ⑤ 집단 프로그램을 계획·진행, ⑥ 가족치료나 집단과정에서 참여자들 간 의견 중재 등 다양한 역할을 수행한다.

상담자로서의 역할, 촉진자(facilitator)로서의 역할, 정보제공자로서의 역할, 교육자로서의 역할, 프로그램 진행자로서의 역할 등이 직접서비스 제공자의 역할에 포함될 수 있다. 부모기술훈련, 사회기술훈련, 사회적응훈련 등에서 교육자로서의 역할과 프로그램 진행자로서의 역할이 수행된다. 또한 문제해결을 위한 변화가 얼마나, 어떤 상태로 이루어지고 있는지를 모니터링하는 것도 클라이언트의 변화를 위해 필수적인 기능이다.

사회복지사가 클라이언트와 직접 대면하여 서비스를 제공하는 것을 의미하는 것으로, 가능하게 하는 자, 조력자, 교육자 등의 역할을 한다. 그 내용은 다음과 같다.

(1) 조성자

조성자(enabler)로서의 사회복지사 역할은 클라이언트 자신의 감정을 더욱더 잘 이해하고, 행동을 수정하며, 문제상황에 대처하도록 도움으로써, 그들의 사회적 기능을 향상시킨다.

(2) 조력자

조력자로서의 사회복지사 역할은 클라이언트의 위기상황에서 다양한 스트레스에 대처하도록 돕는다. 조력자의 기술은 희망을 전하고, 저항이나 양가감정을 줄여 주며, 감정을 인식하고 관리하며, 개인의 강점이나 사회적 자원을 발굴하고 지지해 주는 것 등이다.

(3) 교육자

교육자로서의 사회복지사 역할은 클라이언트와 다른 체계에 정보를 제공하며, 기술을 가르치는 일을 포함한다. 효과적인 교육자가 되기 위해 사회복지사는 정보를 명확히 전달하고 이해시키기 위한 효율적 의사소통이 필요하다.

2) 체계 연결

사회복지사가 실천현장에서 변화를 가져오기 위해 클라이언트에게 그의 주변환경과의 관계와 관련하여 서비스를 제공한다. 클라이언트는 종종 기존의 사회복지기관이 제공하지 못하는 자원들을 필요로 한다. 그리고 다른 유용한 자원들에 대한 정보가 부족하거나 그것을 이용할 능력이 부족하다. 사회복지사는 사람들을 다른 자원들과 연결하는 역할을 수행한다. 체계와 연결하는 역할과 관련해 사회복지사는 중개자(연결자, broker), 조정자(사례관리자, case manager, coordinator), 중재자(mediator)/심판자(arbitrator), 옹호자(advocator)로서의 역할을 수행할 수 있다.

(1) 중개자

중개자(broker)는 도움을 필요로 하는 클라이언트와 자원 및 서비스를 연결하는 역할이다. 사람을 자원과 연결시키기 위해서는 지역사회의 자원에 대해 잘 파악하고 있어야 적절하게 의뢰할 수 있다. 클라이언트에게 식량이나 주거, 법률적 도움이나 다른 필요한 자원을 얻도록 도와주는 역할이다. 연결 담당자와 좋은 업무관계를 유지하면서 자원체계의 정책을 잘 파악하고 있는 것이 성공적 의뢰의 필수요소이다.

(2) 옹호자

옹호는 사회복지 전문직이 생겨난 이래 줄곧 수행해 온 역할이다. 특히, 클라이언트 집단에 대한 옹호는 자원연결의 측면에서 볼 때, 클라이언트를 대신하여 자원과 서비스를 획득하는 활동과정을 의미한다. 옹호자(advocator)는 클라이언트 개인이나 가족의 권리를 옹호하고 정책적 변화를 모색하기 위한 활동을 하며, 클라이언트들이 적절한 서비스를 받을 수 있는 권리를 확보하거나 유지하도록 해야 한다. 또한 기관 내 프로그램이나 정책을 변화시키기 위해 적극적인 역할을 수행한다. 따라서, 옹호자의 역할은 클라이언트를 위해 일을 진행하고 대변하는 것이기 때문에, 특히 클라이언트가 필요한 것을 얻을 힘이 거의 없을 때 적절하다.

(3) 중재자

중재자(mediator)는 미시체계, 중범위체계, 거시체계 간의 논쟁이나 갈등을 해결하는 역할을 담당한다. 견해가 다른 개인이나 집단 간의 의사소통을 향상하고 타협하도록 돕는 중재자는 중립을 유지하며, 논쟁에서 어느 한 쪽 편도 들지 않는다. 중재자는 자신의 위치를 분명히 하고, 의사를 잘못 전달하는지 인식하며, 관련 당사자가 입장을 명확히 밝히도록 도와주는 역할이다. 중재자는 중립을 유지하며, 서비스 전달과정에서 존재하는 장애물을 제거하는 역할을 수행해야 한다.

(4) 사례관리자/조정자

사례관리자(case manager)는 클라이언트를 다른 체계에 의뢰할 때 능력, 기술, 지식, 자원 등이 부족하면, 사회복지사가 사례관리자의 역할을 수행해야 한다. 조정자(coordinator)는 클라이언트의 욕구를 평가하고, 다른 자원에서 제공된 필수 재화와 서비스 전달을 연결·조정하고, 클라이언트가 적절한 방식으로 서비스를 제공받을 수 있도록 개입한다. 따라서, 조정자의 대표적인 역할을 하는 것이 사례관리자이다.

3) 체계 유지와 강화

사회복지사가 실천현장에서 변화를 가져오기 위해 사회복지기관의 직원으로서 서비스 전달의 효율성을 떨어뜨리는 기관 내의 구조, 정책적·기능적 관계를 평가할 책임이 있다. 이는 클라이언트에 대한 간접적 서비스를 제공하는 기능이다.

(1) 팀구성원

사회복지사는 많은 기관 및 공공기관(예: 정신건강, 건강보호, 사회적응 세팅)에서 클라이언트의 문제와 서비스 전달에 협력하는 임상팀의 일원으로 활동하게 된다. 팀 구성은 내과의사, 심리학자, 정신과의사, 사회복지사, 간호사, 재활상담가, 교사, 작업치료사, 레크리에이션 치료사 등으로 이루어진다.

(2) 촉진자

촉진자(facilitator)는 집단의 지도자 역할을 담당한다. 사회복지사는 가족치료집단이나 과업집단, 교육집단, 자조집단, 감수성 훈련집단, 그 밖의 다른 목적을 가진 집단에 개입한다. 촉진자 역할은 거시적 실천에도 적용할 수 있다. 이때 사회복지사는 사람을 모으고, 의사전달 통로를 만들고, 활동이나 자원을 전달하며, 전문지식이나 기술에 접할 수 있도록 하여 변화 노력을 촉진해야 하는 책임이 있다.

(3) 조직분석가

조직분석가(organizational analyst)는 서비스 전달에 부정적 영향을 미치는 기관의 구조와 정책절차 등을 분석하고 지적하는 역할이다. 이 역할을 수행하기 위해서는 조직이론과 행정이론에 대한 지식을 갖추고 있어야 한다.

(4) 자문가

사회복지사는 자문가(consultant)로서 자문을 제공하고 받는 역할을 모두 수행할 수 있다. 즉, 사회복지사가 전문지식을 가지고 자문제공자로서 해야 할 역할도 하지만, 때로는 약물남용, 아동학대, 성 문제 등과 같은 전문지식이 필요한 문제에 대해서는 그 분야의 전문가로부터 조언을 받아야 한다. 따라서, 자문은 사회복지사나 서비스 제공자가 전문가로서 클라이언트에 대한 지식·기술·태도·문제를 존중하는 태도를 증가시키고 발전시키며, 수정하고 자유롭게 함으로써 클라이언트에게 더 효과적으로 서비스를 전달할 수 있게 하는 과정이다.

4) 체계개발 역할

사회복지사가 실천현장에서 변화를 가져오기 위해 클라이언트의 욕구 불충족, 예방적인 서비스에 대한 욕구, 서비스 간의 괴리 또는 현재 활용되고 있는 것과는 다른 개입방법에 의한 연구결과에 근거하여 사회복지기관의 서비스를 확대하거나 개선하는 것과 관련된 역할을 수행할 수도 있다.

(1) 기획가

기획가로서의 사회복지사의 역할은 미충족되거나, 새롭게 대두되는 욕구를 충족시키기 위한 프로그램을 계획하는 것이다. 특히, 지역사회에 대한 접근성이 떨어지는 작은 지역사회, 시골지역, 신흥도시에서 보통 지역사회 지도자와 함께 기획하는 역할을 하게 된다. 아동보호 프로그램, 건강관리 프로그램, 여가 프로그램 등이 그 예가 될 수 있다.

(2) 프로그램 개발자

프로그램 개발자로서 사회복지사의 역할은 클라이언트의 욕구에 대응해서 서비스를 개발해야 하며, 교육적인 프로그램(예, 10대 미혼모 대상), 지지집단(예, 성폭력피해자, 알코올중독자의 자녀), 기술개발 프로그램(예, 스트레스 관리, 양육, 적극적 자기표현 훈련집단) 등이 포함된다.

(3) 정책 개발자

정책과 절차 개발과정에서 사회복지사가 참여하는 것은 직접적으로 클라이언트에게 서비스를 제공하는 기관에서 제안된다. 사회복지사는 사회복지실천현장에 있기 때문에 클라이언트의 욕구를 평가하고, 어떤 정책과 절차가 클라이언트의 관심에 부합되는지를 평가하는 전략적 위치에 놓여 있다. 따라서, 사회복지사가 적극적으로 정책과 관련된 의사결정과정에 참여하는 것이 중요하다.

5) 연구와 조사 활용

사회복지사는 평가 가능한 개입방법을 선택하여 그들의 개입효과를 평가해야 한다. 그리고 클라이언트의 변화과정을 체계적으로 점검하기 위해 공적·사적 세팅 모두에서 평가할 책임이 있다. 특히, 자신의 실천활동을 평가하여 프로그램 서비스의 장단점을 사정하고, 지역사회를 연구하고 조사하는 역할을 한다. 사회복지실천에서 모든 사회복지사는 연구자 또는 조사자로서의 역할을 수행한다.

6) 기타 중요한 역할

역할구분에는 포함되지 않지만, 사회복지사가 현장에서 수행해야 할 중요한 역할로서 협상자(negotiator)로서의 역할, 능력고취자(empowerer)로서의 역할, 집단촉진자(group facilitator)로서의 역할 등이 있다. 협상자로서의 역할은 중재자와 마찬가지로 갈등상황에 개입해 상호 만족할 만한 합의점에 도달하도록 원조하지만, 중재자는 어느 한 쪽과 편을 이루지 않고 중립을 지키는 반면, 협상자는 대개 어느 한 쪽에 연계된다. 조성자로서의 역할은 클라이언트에게 변화가 일어날 수 있는 조건과 환경을 조성할 수 있도록 원조하는 것을 말한다. 클라이언트가 자신들의 욕구와 문제를 규정하고 해결책을 모색하고 적용하는 과정을 보다 효과적으로 다루도록 원조하고, 환경의 변화를 위해 직·간접으로 지원한다. 또한 능력고취자로서 사회복지사는 클라이언트의 개인적, 대인적, 사회경제적 또는 정치적 능력을 강화하는 역할을 수행한다. 능력고취자는 클라이언트의 개인적 능력은 물론 대인적 능력을 획득하도록 원조한다. 나아가 상호원조집단, 정치적 활동에의 관여 등을 통해 클라이언트의 사회경제적 또는 정치적 능력을 획득하도록 도와준다. 그리고 사회복지사는 집단에 개입해 집단의 사회적 기능 향상을 원조하게 되는데, 집단촉진자로서 집단구성원들의 참여를 촉진하고, 의사소통의 초점을 유지시키고, 구성원들 간의 의사소통을 연계하고, 집단 안팎의 갈등을 해결하기 위해 조정, 협상, 중재기술을 사용한다.

연습문제

01 **사회복지사 역할의 예로 옳은 것은?**

① 옹호자: 장애인의 교통 접근권 확보를 위한 관계법 개정 제안
② 중재자: 학교폭력 가해학생에게 비폭력 대화기술훈련
③ 협상가: 사회복지사의 사례발표회에서 슈퍼비전 제공
④ 중개자: 십대 미혼모를 위한 교육 프로그램 운영
⑤ 교육자: 게임중독 청소년에게 상담 프로그램 개발

02 **다음 중 사회복지 선택과목이 아닌 것은?**

① 사회복지사상
② 빈곤론
③ 의료사회복지
④ 복지국가론
⑤ 노인복지론

03 **사회복지사의 질적 구성요소가 아닌 것은?**

① 인권감수성
② 서비스 질
③ 직무스트레스
④ 자아탄력성
⑤ 서비스 직접 연결

04 **다음 중 사회복지 1급 자격기준이 아닌 것은?**

① 2급 자격기준에 해당하는 자로서 사회복지사 1급 국가시험에 합격한 자
② 고등교육법에 의한 대학에서 전공·학과에 관계없이 보건복지부령이 정하는 「사회복지학 전공교과목과 사회복지관련 교과목」(필수 10과목, 선택 7과목 이상)을 이수하고 학사학위를 취득하면 응시가능
③ 사회복지사 1급 자격시험은 년 1회 실시하고 있다.
④ 사회복지사 1급 자격시험의 과목은 8개 과목으로 시행하고 있다.
⑤ 자격시험의 과목 중 사회복지현장실습은 160시간 실습으로 대체한다.

정답 1. ① 2. ① 3. ⑤ 4. ⑤

PART Ⅲ

사회복지실천의 접근방법

Chapter 7

사회복지실천의 관계

✓ **학습목표**

1. 관계의 개념 이해
2. 라포형성의 중요성 실천
3. 전문적 관계의 기본 요소 실천
4. 전문적 관계의 기본 원칙 실천

✓ **학습내용**

1. 관계의 개념
2. 전문적 관계의 기본 요소
3. 관계의 기본 원칙

✓ **개요**

사회복지실천에서의 관계(relationship)란 사회복지사와 클라이언트와의 관계를 의미하며, 전문적인 관계를 말한다. 관계의 의미는 본질적으로 도움을 요청하는 클라이언트와 도움을 제공하는 사회복지사 간의 통제적(또는 제한적) 관계를 의미한다. 여기에서는 사회복지실천의 관계를 학습하고자 한다.

Chapter 7

사회복지실천의 관계

1 관계의 개념

1) 관계의 정의

사회복지실천에서의 관계(relationship)는 사회복지사와 클라이언트의 관계를 의미하며, 전문적인 관계를 말한다. 즉, 친구나 동료 등과 같이 어울리는 일반적인 관계가 아니라, 사회복지사가 클라이언트에게 개입을 하기 위하여 전문가로서 분명한 목적과 의도를 가지고 클라이언트와 관계 맺는 것을 의미하는 것이다(김철진 외, 2016: 130). 여기서 우리말로 '관계'로 번역되는 'relation'과 'relationship'를 구별할 필요가 있다. 즉, relation은 둘 사이의 형식적이고 단순한 관계를 의미한다. 반면에, relationship은 내용적인 관계를 말한다. 예를 들어, 공무원이 민원인의 요구를 해결할 때, 둘 사이의 관계는 공무원과 민원인이라는 relation이다. 하지만 공무원이 민원인의 상태, 즉 학식정도, 행정이해력, 민원 내용에 대한 숙지상태 등을 파악하여 맞춤 상담으로 민원을 해결해 준다면 이는 relationship이다. 또 다른 예로, 누군가 길을 물었을 때, 단순히 길만 가르쳐준다면 이때의 행인과 주민 사이는 relation이다. 하지만 질문자가 외지인이라 판단하고 탑승 절차, 요금 정도, 주변 상황 등을 소개해 준다면 둘 사이의 관계는 relation이 아닌 relationship이다. 따라서, 사회복지실천에서 사회복지사와 클라이언트의 관계는 전문적인 관계이므로 relationship이다(김보기 외, 2019a: 176-176).

사회복지실천의 노력은 개인 간 상호작용과정(interaction process) 속에서 발생한다. 관계는 클라이언트가 환경에 잘 적응하도록 도우려는 목적을 달성하기 위한 사회복지사와 클라이언트 사이의 태도와 감정의 역동적 상호작용이다(Biestek, 1957). 이러한 상호작용은 사회복지사와 클라이언트 간의 친밀한 관계 이상을 의미한다. 생태체계관점을 지닌 사회복지사는 클라이언트뿐 아니라, 동료, 지역사회 관계자, 각종 전문가 및 클라이언트의 주변 주요 인물들(가족, 친구 및 이웃)과의 상호작용도 중요하게 여긴다. 따라서, 사회복지실천의 상호작용은 사회복지사와 클라이언트 간의 일대일(one to one)의 관계에서 일어나고, 다중의 사람들로 구성된 체계(예, 가족, 팀, 집단)와의 관계에서 일어나기도 한다. 사회복지사가 상호작용하는 대상의 특성이 다양하지만, 이들과의 긍정적인 관계수립은 사회복지실천과정의 첫걸음이 필수요소이다(최혜지 외, 2021: 171).

사회복지실천은 사회복지사(social worker)와 클라이언트(client)의 관계(relationship)를 통해서 이루어진다. 즉, 사회복지실천에서 관계의 의미는 사회복지사와 클라이언트의 관계로 한정된 개념이며, 본질적으로 도움을 요청하는 클라이언트와 도움을 제공하는 사회복지사 간의 통제적(또는 제한적) 관계를 의미한다. 따라서, 두 사람의 관계형성이 사회복지실천의 핵심적인 요인이 된다. 즉, 사회복지사와 클라이언트의 관계가 사회복지서비스의 결과에 매우 중요한 영향을 미치게 된다. 따라서, 사회복지사는 관계의 의미와 전문적인 관계의 특성을 잘 이해하고, 이를 바탕으로 효과적인 관계형성을 할 수 있는 능력을 갖추어야 한다(김효선 외, 2022: 177).

관계라는 용어는 사회복지의 실천에서 중요한 역사적 의미를 가지고 있다. 이런 의미에서 관계란 두 사람이 서로에게 영향을 미치고, 그 과정 속에서 모두 배우고 변화하는 양방향의 과정이다(Salzberger-Wittenberg, 1970). 사회복지실천에서 클라이언트와 사회복지사의 관계형성은 사회복지사만의 노력이 아니라, 상호신뢰와 협력을 바탕으로 이루어진다. 따라서, 사회복지실천에서의 관계는 사회복지사와 클라이언트가 함께 클라이언트의 문제를 해결하는 연결 통로이며,

클라이언트가 자신의 환경에 좀 더 나은 적응을 할 수 있도록 돕는 중요한 매개체이다.

2) 라포형성

사회복지실천에서 관계란 사회복지사와 클라이언트 사이의 관계를 의미하며, 사회복지사와 클라이언트 사이의 상호작용 산물로서 '라포(rapport)'라고 한다. 즉, 라포는 사회복지사와 클라이언트가 사고와 감정을 공유하면서 서로 이해하여 조화롭게 일치된 상태를 말한다(조학래, 2019: 142). 사회복지실천에서 꼭 필요한 요소인 관계는 '좋은 라포' 또는 '결합력이 잘 형성된 상태'로 표현되어 왔다. 이러한 좋은 관계의 개발은 사회복지 원조활동(helping endeavor)에 꼭 필요한 요소로 인식된다(최혜지 외, 2021: 172).

라포형성(rapport building)은 의사소통에서 상대방과 형성되는 친밀감 또는 신뢰관계를 말하는 데, 사회복지실천에서 사회복지사와 클라이언트 사이의 라포형성은 클라이언트의 복지를 위한 사회복지사의 진실한 관심과 도우려는 열망을 통해 이루어진다. 즉, 사회복지사가 먼저 자신을 개방하는 태도를 보이면 클라이언트도 자신을 효과적으로 드러내게 된다. 이때 중요한 것은 사회복지사의 자기노출 수준을 적절히 조절하여 항상 클라이언트로부터 초점이 벗어나지 않도록 하는 것이다. 따라서, 라포형성은 클라이언트의 문제해결과정을 촉진하여 목표를 달성하는 데 도움이 된다.

일반적으로 라포형성은 비언어적(nonverbal) 방법과 언어적(verbal) 방법이 있는데, 사회복지사는 이 두 가지를 병행해야 한다. 라포형성을 위해서는 안정된 물리적인 환경도 필요하지만, 무엇보다 중요한 것은 사회복지사의 행동이다. 사회복지사가 클라이언트의 행동에 맞추어 반응하는 것은 라포형성의 지름길이다. 사회복지사의 언어적 의사소통방법도 라포형성에 영향을 미친다. 따라서, 사회복지사는 클라이언트와 가족구성원들이 자주 인용하는 단어나 표현을 주의 깊게 살피는 것이 유익하다. 즉, 클라이언트와 가족구성원들에게 익숙하지 않은 단어나 표현을 사회복지사가 반복하여 사용한다면 라포형성은 어려울 것이다(조학래,

2019: 143). 클라이언트에 대한 존중을 표현하는 것도 라포형성에 매우 중요하다. 존중을 표현하는 방법은 약속시간을 지키거나 클라이언트의 이름을 기억하는 등 기본적인 예의를 갖추는 사회복지사의 태도에서 나온다(Hepworth er al., 2018). 사회복지실천에서 사회복지사와 클라이언트 사이의 라포가 형성되면 클라이언트는 마음을 열고 사회복지사와 함께 자신의 문제해결을 위해 적극적으로 협력한다.

3) 전문적 관계의 특성

사회복지실천에 있어서의 관계는 일반적인 관계가 아니라, 클라이언트의 문제해결을 돕기 위한 전문가와 클라이언트와의 전문적인 대인관계라 할 수 있다. 이러한 전문적인 관계는 일반적인 대인관계와 달리 항상 클라이언트의 입장에서 출발하여야 하며, 전반적인 과정에 대하여 전문가로서의 책임을 지게 된다.

존슨과 얀카(Louise Johnson and Stephen Yanca)는 1989년 그들의 저서 『사회복지실천: 일반론적 접근(*Social Work Practice: A Generalist Approach*)』에서, 전문적인 관계의 특성에 대해 다음과 같이 주장한다(Johnson & Yanca, 2015).

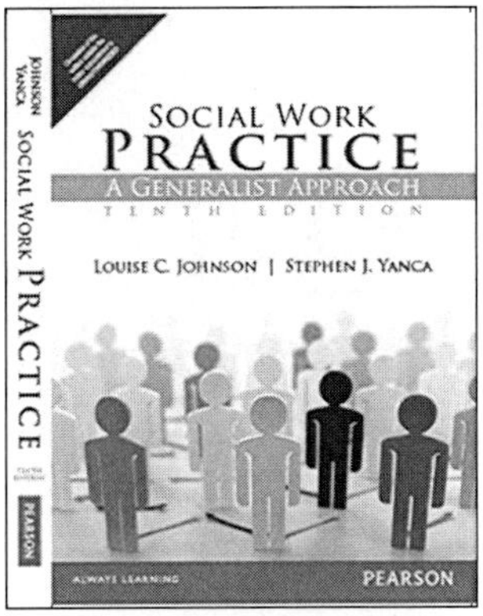

『사회복지실천』
(2015년 출판)

첫째, 서로 합의된 의도적인 목적을 갖고 있다. 이는 클라이언트의 문제해결이라는 목적을 갖고 보다 나은 원조를 진행하기 위한 관계를 형성해야 한다.

둘째, 클라이언트와 구체적으로 한정된 기간을 갖고 관계를 맺는다. 목적이 달성되었거나 또는 목적이 달성될 수 없다고 생각될 때 전문적 관계는 종결된다.

셋째, 클라이언트의 욕구 중심적 관계이다. 사회복지사는 자신의 이익보다 클라이언트의 이익을 위해 자신을 헌신하여야 한다. 따라서, 사회복지사는 타인의 욕구에 민감할 수 있도록 객관성과 자아인식에 기초한 관계를 형성해야 한다.

넷째, 사회복지사는 권위를 지닌다. 이러한 권위는 클라이언트를 돕기 위한 특화된 지식 및 기술, 그리고 전문직의 윤리강령에 바탕을 둔 권위를 말한다.

다섯째, 통제된 관계이다. 현재 진행 중인 사례에 대해 객관성을 유지하고, 자기 자신의 감정, 반응, 충동을 자각하고, 그 책임을 진다는 의미에서 통제된 관계이다.

2 전문적 관계의 기본 요소

원조관계(helping relationship)란 도움을 주는 사람과 받는 사람 또는 그 이상의 사람들 간의 상호적 친화와 결속의 상태 및 그러한 상태를 이루기 위한 과정(Siporin, 1975)을 포함한다. 전문적 원조관계는 클라이언트의 문제해결 및 사회적 기능 향상이라는 분명한 목적을 가지고 제한된 시간 동안 이루어진다. 일반적인 인간관계와 다르게 전문적 원조관계에서 클라이언트는 도움을 요청하고, 사회복지사는 전문가로서 도움을 제공하는 관계가 형성된다. 따라서, 전문적 원조관계는 항상 클라이언트의 입장에서 출발해야 하며, 사회복지사는 관계의 전반적인 과정에서 전문적 책임이 있다.

『사회복지과정』
(2004년 출판)

콤튼 등(Beulah R. Compton et al.)은 『사회복지과정(*Social Work Processes*)』(2004)에서, 사회복지사는 사회복지실천에서 전문적 책임을 수행하기 위해 전문적 원조관계의 기본 요소를 실천해야 한다고 주장한다(Compton et al., 2004 ; 최혜지 외, 2021: 173-176 ; 조학래, 2019: 146-152 ; 권향임 외, 2018: 205-510 ; 엄명용 외, 2018: 283-288).

1) 이해와 관심

콤튼 등(Compton et al., 2004)에 따르면, 이해(understand)는 상담 또는 모든 인간관계의 기본적인 기술로서 다른 사람, 즉 상대방의 마음을 읽고 상대방의 눈을 통해 세상을 볼 수 있는 능력이다. 이러한 이해의 능력이 클라이언트와 관계하는 일의 상황에서 구체적으로 나타날 때에는 클라이언트의 감정, 욕망, 가치, 신념 그리고 지각을 정확하고 민감하게 감지하는 능력, 그리고 이러한 사회복지사의 이해를 클라이언트에게 충분히 의사소통을 통해 전달할 수 있는 능력의 표현을 의미한다.

타인에 대한 관심(concern), 즉 존중은 클라이언트에게 일어난 일에 대해 진정한 관심을 가지며, 클라이언트의 삶과 욕구에 대해서 조건 없이 긍정적으로 인정한다는 것을 표현하는 것이다. 그러나 다른 생활습관을 지니고 있거나 적대적인 클라이언트를 만날 경우가 있다. 사회복지사는 클라이언트의 말이나 행동 및 태도 등이 마음에 들지 않더라도, 존엄성과 가치를 지닌 존재로 인정해야 한다. 또한 사회복지사는 자신의 감정을 인식함으로써 클라이언트에게 무의식적으로 분노와 거부 반응을 보이지 않도록 주의해야 한다. 타인에 대한 관심은 모든 클라이언트를 고유한 가치가 있는 존재로 인정하며, 클라이언트의 관심사와 원하는 목표에 맞추어 사회복지사 자신을 기꺼이 내주며 자신의 지식과 기술을 제공하는 것이다. 이처럼 타인에 대한 관심, 즉 클라이언트를 존중한다는 것은 클라이언트에게 영향을 주는 모든 사람과 사회체계에 관심을 가져야 한다는 것을 의미한다.

2) 존중과 보살핌

사회복지사는 클라이언트의 삶에 관심을 갖고, 그 삶을 있는 그대로 존중해야 한다. 아울러 클라이언트의 상황을 보살피고 도우려는 자세를 갖고 이를 클라이언트에게 전달해야 한다. 클라이언트에 대한 존중 속에는 클라이언트가 자신의 문제 또는 자신의 삶에 대해 무엇인가를 해낼 수 있는 능력을 갖고 있다는 사회복지사의 믿음도 포함된다. 사회복지사는 이러한 믿음이 클라이언트에게 전달되도록 해야 한다. 물론 도움의 초기단계에서는 클라이언트를 자세히 모르기에 이러한 존중을 표현할 수 없을지 모르나, 과정이 지나면서 점차 클라이언트의 독자성과 존엄성을 수용하고 이를 전달하며, 결과적으로 클라이언트의 자기결정의 권리를 지지하고 격려할 수 있어야 한다.

3) 수용

수용(acceptance)은 클라이언트와 그 문제를 심판하지 않으면서 있는 그대로 받아들이고, 적극적으로 이해하려는 사회복지사의 태도를 말한다. 사회복지사는 클라이언트의 행동에 대해 자신의 생존과 대처를 위해서 그 상황에서 최선을 다한 것임을 인식해야 한다. 클라이언트의 행동이 바람직하지 않더라도, 사람과 그의 행동을 구분하여 클라이언트를 비난하지 않고, 그의 상황과 감정을 이해하도록 노력해야 한다.

수용은 클라이언트에 대한 정형화된 편견이 사회복지사에게 있는지에 대한 자기 인식과 다양한 인간의 삶과 문제에 대한 깊은 이해를 바탕으로 이루어진다. 이러한 수용은 클라이언트의 감정을 존중하고 클라이언트가 자신의 문제를 해결할 수 있다는 믿음이 있을 때 가능하다.

4) 감정이입과 공감

감정이입(empathy)은 다른 사람과 일치되는 느낌의 과정으로 다른 사람의 생각, 느낌, 경험, 환경 등을 이해하고 인식하는 것이다. 즉, 공감(sympathy)은 사회복지사가 클라이언트와 같은 감정상태에 함몰되어 문제해결능력을 상실한 상태인 반면, 감정이입이란 사회복지사가 원조과정에서 자신의 관점을 유지하면서 클라이언트의 감정과 사고를 이해하는 능력을 의미한다. 이는 사회복지사가 클라이언트의 처지에서 보고 느낄 수 있는 능력으로 클라이언트의 주관적인 경험에 감정이입은 다른 사람과 일치되는 느낌의 과정으로 다른 사람의 생각, 느낌, 경험, 환경 등을 이해하고 인식하는 것이다. 즉, 공감은 사회복지사가 클라이언트와 같은 감정상태에 함몰되어 문제해결능력을 상실한 상태인 반면, 감정이입이란 사회복지사가 원조과정에서 자신의 관점을 유지하면서 클라이언트의 감정과 사고를 이해하는 능력을 의미한다.

이러한 감정이입을 위해서는 적극적인 경청과 세심한 관찰이 필요하며, 클라이언트의 상황에서 사회복지사는 어떤 감정을 느낄 것인가를 상상해보는 것이 좋다. 또한 클라이언트에게 감정이입의 반응을 보이기 위해서는 다양한 감정에 대해 적절한 어휘를 잘 사용하여 표현하여야 한다. 이러한 클라이언트와의 감정이입을 통해 전문적 원조관계는 발전될 수 있다.

5) 진실성

진실성(authenticity)은 전문적 원조관계에서 클라이언트와의 관계에서 보이는 성실성을 말한다. 클라이언트와의 관계에서 사회복지사는 자기 인식을 바탕으로 자신의 감정과 반응을 신중하고 진실하게 말하고 행동하며, 대화의 내용과 행동이 항상 일치하고, 자신의 내면과 외면이 일치하도록 노력해야 한다. 진실한 사회복지사는 방어적이지 않고, 다른 사람의 생각에 열려 있으며, 자기 생각과 느낌을 솔직히 나눈다. 이처럼 전문적 원조관계에서 사회복지사는 전문가 역할을 기계적으로 수행하는 것이 아니라, 타인에게 관심을 가지며, 자신을 가장하지 않고 실제 모습으로 관계를 형성한다. 진실성과 일치성을 갖추기 위해서 사회복지사는 올바른 자기 인식과 자기 성찰이 필요하며, 자신의 감정에 정직해야 한다. 또한 사회복지사와 클라이언트에게 같은 의미로 작용하는 전문가의 역할, 기관의 절차와 정책과 관련된 지식, 타인에 대한 관심, 수용, 헌신 등 전문적 원조관계에서 필요한 기본 요소를 내면화해야 한다.

6) 헌신과 의무

헌신과 의무(commitment & obligation)는 전문적 원조관계에서의 책임성을 의미하며, 신뢰성과 일관성을 포함하는 개념이다. 상호작용에서 책임성이 없다면 다른 사람과 의미 있는 관계를 맺을 수 없다. 따라서, 사회복지사와 클라이언트는 전문적 원조관계의 목적을 달성하기 위하여 헌신과 의무를 인정해야 한다. 전문적 원조관계에 헌신할 때 클라이언트는 안전하다고 느끼며, 그 초기에 주로 나타나는 시험적인 행동이나 시행착오적인 탐색을 줄이고, 자신을 보호하기보다는 현재의 과업에 자신의 관심과 에너지를 집중한다. 또한 전문적 원조관계에서 헌신은 일정한 의무를 수반한다. 클라이언트의 의무는 자신의 문제와 상황, 대처방법 등을 솔직하고 정직하게 말하며, 정해진 면접시간을 준수하는 것과 같은 전문적 원조관계에서 최소한의 절차상 조건을 성실하게 준수하는 것이다. 사회복지사의 의무는 정해진 면접시간을 준수하고, 클라이언트의 문제에 초점을 유지하며, 클라이언트의 성장과 변화를 위해 원조과정의 기본적 절차를 준수하는 것이다.

이러한 사회복지사의 의무를 정당한 이유나 적절한 설명 없이 준수하지 않는다면, 클라이언트는 사회복지사를 신뢰하지 않고 자신을 중요하게 생각하지 않는 것으로 받아들여 전문적 원조관계 형성에서 문제가 생기게 된다.

7) 권위와 권한

권위(authority)는 클라이언트와 기관이 사회복지사에게 위임한 권한(power)이다. 사회복지사는 전문적 지식과 기술 및 일정한 지위 등이 있으므로 사회복지실천에서 영향력을 행사할 수 있는 권한이 있다. 전문적 원조관계의 맥락에서 권위는 두 가지 측면이 있다. 하나는 사회복지기관에서 사회복지사의 지위와 기능을 통해 나오는 제도적 측면이다. 다른 하나는 전문가로서 사회복지사에게 정보와 조언을 구함으로써 클라이언트가 사회복지사에게 부여하는 심리적 측면이다. 클라이언트가 그런 권한을 가진 사람으로 사회복지사를 인정함으로써 성립된 전문적 원조관계는 클라이언트에게 안전과 보호의 느낌을 주게 된다. 이처럼 사회복지사의 권위와 권한은 클라이언트를 지배하거나 통제하기 위한 것이 아니라, 클라이언트의 욕구충족과 문제해결을 위한 전문적 원조관계로 발전하기 위해 사용해야 한다.

권위와 권한의 문제는 법원의 명령이나 기관의 결정으로 의뢰된 클라이언트일 경우, 더욱 두드러지게 나타난다. 잘못된 전문가의 권위와 권한 때문에 피해를 본 경험이 있거나, 전문가의 개입 목적을 오해한 클라이언트는 사회복지사에게 반감과 불신을 보일 수 있어 결과적으로 관계 형성이 어려울 수 있다. 이런 상황에서 사회복지사는 어떤 권위와 권한이 있으며, 이를 어느 정도 범위 내에서 어떻게 사용할 수 있는지 등을 클라이언트에게 분명히 설명하는 것이 바람직하다.

8) 자기개방(자기노출)

자기개방(self-disclosure)은 클라이언트의 이야기를 들으면서 그 주제와 관련된 사회복지사 자기 생각, 가치, 느낌, 태도 및 개인적인 것 등을 클라이언트에게 드러내는 것이다. 즉, 자기개방은 사회복지사가 원조과정에서 적절하다고 생각되는 자신의 감정과 경험을 클라이언트와 나눌 수 있는 능력을 말한다. 사회복지사의 자기개방은 클라이언트의 자기개방을 촉진할 뿐만 아니라, 원조과정에서 나타날 행동들을 클라이언트에게 보여 주는 모델링의 효과도 있다. 그 결과 클라이언트는 사회복지사와 신뢰감을 형성하고 솔직히 의사소통을 할 수 있게 된다.

일반적으로 자기개방은 감정을 표현하는 것과 자신의 경험을 이야기하는 것 같은 두 가지 형태가 있다. 먼저, 감정을 표현하는 것은 "당신의 변화가 무척 기쁩니다." 또는 "당신이 자주 자신을 비하하는 말들을 해서 속상합니다."라고 하는 것이다. 다음으로 자신의 경험을 이야기하는 것은 "저도 과거에 그런 문제를 겪은 적이 있어요."라고 하는 것이다. 이때 자기개방의 내용과 감정은 일치해야 하며, 지나치게 솔직한 자기개방은 자제해야 한다. 예를 들어, 클라이언트에 대한 부정적인 감정까지 개방하게 되면 갈등의 원인이 될 수 있으므로 특히 주의해야 한다. 따라서, 사회복지사는 클라이언트의 반응에 따라 자기개방의 양과 형태를 적절히 조절해야 한다. 또한 사회복지사가 자기개방을 자주 사용하면 클라이언트의 탐색을 방해하고 사회복지사에게로 관심이 이동할 수 있으므로 필요한 때에만 활용하는 것이 좋다.

9) 문화적 민감성

문화적 민감성(cultural sensitivity)은 사회복지사와 클라이언트 사이의 문화적 차이를 인정하고 이해하며, 이를 수용하고 존중하는 것을 말한다. 즉, 클라이언트가 자신의 문화가 존중받는다고 느끼도록 클라이언트의 문화와 관련된 지식과 기술, 경험, 인식 등을 전달하거나 보여 주는 것으로서, 집단 사이에 존재하는 문화적 다양성과 유사성을 인지하고 다양성에 대해 어떤 선호나 옳고 그름의 가치를 부여하지 않는 것을 말한다. 일반적으로 문화는 삶의 문제에 대처하는 방식, 자신의 요구를 충족하는 방식, 사람과의 관계를 형성하는 방식, 자신과 타인에 대한 기대, 일이 진행되는 방식 등에 영향을 미친다. 사회복지사는 자신의 문화중심주의에 빠지지 않고 문화상대주의에 따라 다른 문화에 대한 선입견과 고정관념을 가지지 않으면서 클라이언트의 생활 방식을 진정으로 이해하고, 또 그 문화권에 적합한 방식으로 의사소통할 수 있어야 한다.

최근 한국사회는 결혼이주여성, 외국인근로자, 새터민(북한이탈주민) 등이 증가하면서 사회복지실천에서 사회복지사의 문화적 역량의 필요성이 제기되고 있다. 따라서, 사회복지사는 인식, 지식, 기술 측면 등에서 문화적 역량을 갖추어야 하며, 이런 문화적 역량을 증진하기 위해서는 문화적 민감성이 필요하다. 이는 클라이언트의 문화에 대한 다양성의 존중이 배제된 상황에서 그의 강점과 장점을 발견하여 필요한 서비스를 제공할 수 없기 때문이다. 따라서, 사회복지사는 문화적 역량을 증진하기 위해 반드시 문화적 민감성에 대해 고려할 필요가 있다. 사회복지사는 자신의 문화, 가치, 행동 양식 등에 근거해 다른 문화적 배경을 가진 클라이언트의 문제를 규정하지는 않는지 민감하게 인식해야 한다. 또한 출신국가, 피부색 사이에 존재하는 권력적 위계관계가 클라이언트와의 전문적 원조관계에 영향을 미칠 수 있음을 인식해야 한다. 사회복지사는 다양한 문화적 배경을 지닌 클라이언트의 생활경험과 세계관과 관련된 지식 등을 기반으로 그들을 이해하도록 노력하며, 그들의 생활 경험과 문화적 가치에 적합한 개입전략과 기술을 개발해야 한다. 이를 위해 사회복지사는 소수 인종에 대한 선입관이나 편견을 탐색하거나, 문화적 특성을 이해하기 위해 다양한 문화를 경험하거나 사회적 차별에 맞서는 단체들의 활동을 분석하는 등의 활동을 해야 한다.

10) 구체성

클라이언트로 하여금 그의 행동, 사고 그리고 감정을 그 자신의 독자적인 방법으로 정확하게 묘사 또는 표현할 수 있게 도와줄 수 있는 능력이다. 다시 말해서 사회복지사는 클라이언트가 자신의 경험과 감정을 구체적이고 독특하게 표현하여 자신만의 독자성을 나타낼 수 있도록 도와주어야 한다. 그럼으로써 이는 초기에는 공감을 불러일으킬 수 있고 시간이 지나면서 문제해결의 구체적 계획을 세우는 데 연결될 수 있는 근거가 되다.

3 관계의 기본 원칙

관계(relationship)는 사회복지사와 클라이언트 중 어느 쪽의 일방적인 노력에 의해서 이루어지는 것이 아니라, 서로에 대한 신뢰와 믿음을 바탕으로 이루어내는 서로 간의 파트너십에 의해서 유지되는 것이다. 따라서, 사회복지실천의 관계에 있어서 어떤 부분이 잘못되어 관계가 안 좋아질 경우, 이런 모든 측면들을 검토해야만 한다. 효과적으로 사회복지를 실천하기 위해서는 항상 자기 자신을 이러한 관계형성의 중심에 두고, 관계 그 자체의 성질을 자각하고 깨닫고 있어야 한다(조미숙 외, 2021: 156).

사회복지사가 클라이언트와 좋은 관계를 발전시키는 것이야말로 실천노력에서 필수적인 요소라고 할 수 있다(Johnson, 1995). 즉, 사회복지실천의 관계는 사회복지사와 클라이언트 간의 감정이나 태도의 역동적인 상호작용을 말하며, 궁극적인 목적은 클라이언트가 자신과 사회환경 간에 보다 효율적인 적응을 하도록 도와주는 데 있다.

비에스텍(Felix Paul Biestek)은 1957년 그의 저서 『케이스워크 관계(*The Casework Relationship*)』에서, 사회복지사가 지켜야 할 7대 원칙에 대해 다음과 같이 제시하고 있다(Biestek, 2018).

『케이스워크 관계』
(2018년 출판)

1) 개별화

(1) 개념

개별화(individualization)란 클라이언트의 독특한 자질과 그가 놓인 특수한 환경에 따라 개별적으로 취급받기를 바라는 욕구와 권리에 기반하는 원칙이다. 모든 인간은 다른 유전적·신체적·환경적 특성을 가지고 있으며, 인지적 능력, 정서적 특성, 의지적 행동 및 성격적 특성을 독특하게 발달시킨다고 볼 수 있다. 따라서, 사회복지사는 클라이언트를 불특정한 인간이나 보편적 존재가 아닌 개별성을 지닌 특정한 인간으로 이해하고 대우하여야 한다. 원조함에 있어서도 각 개인에게 상이한 원리나 방법을 활용하여야 한다. 즉, 사회복지사는 클라이언트 개개인과 그 문제에 따라 사정을 달리하고, 개입목표 및 개입전략도 개별적으로 결정하고 수행되어야 한다.

사회복지사는 클라이언트를 어떤 유형이나 계층에 속한 사람으로서가 아니라, 개인적인 차이를 가지고 있는 독특한 개인으로 인식하여야 하며, 개입도 클라이언트의 차이에 기반을 두고 행해져야 한다.

(2) 사회복지사의 역할

사회복지실천에서 클라이언트를 위한 전문적 서비스를 개별화하기 위하여 수행할 역할들은 다음과 같다.

첫째, 사회복지사 자신의 편견이나 선입견에서 탈피하여야 한다. 사회복지사는 편견이나 선입견 등에 기반을 둔 고정관념에서 벗어나 클라이언트 문제를 중립적이고 객관적으로 볼 수 있어야 한다.

둘째, 인간행동 및 사회환경에 관한 지식에 근거하여 클라이언트를 이해하여야 한다. 클라이언트의 개성을 이해하고 개별적인 원조를 주기 위하여 인간행동의 기본적인 패턴(pattern)에 대한 이해가 바탕이 되어야 한다. 또한 의학, 심리학, 정신분석학, 사회학 등 제반 지식을 기반으로 하여 개개인을 더 깊게 이해하고 원조하는 분석틀을 만드는 데 활용하여야 한다.

셋째, 클라이언트의 언어표현 내용과 표정, 몸짓, 침묵 등에 대한 경청 및 관찰

능력이 있어야 한다. 사회복지사는 경청만으로도 필요한 자료를 얻을 수 있으며, 정서의 무언의 표현(태도 및 행동)을 관찰함으로써 많은 자료를 수집할 수 있다. 따라서, 사회복지사는 클라이언트의 언어나 태도의 표현에서 그가 무엇을 호소하려는지, 무엇을 말하려는지를 민감하게 포착하여야 개별화를 이룰 수 있다.

넷째, 클라이언트와 보조를 맞출 수 있는 능력을 갖추어야 한다. 사회복지사는 클라이언트가 처해 있는 상황에 자신을 맞추어 이해하는 능력을 가져야 한다.

다섯째, 클라이언트의 감정을 직관적으로 파악할 수 있어야 한다. 인간의 개성은 그의 감정의 움직임 속에 잘 표현되므로 클라이언트의 미묘한 감정상태도 포착할 수 있는 능력이 사회복지사에게는 필요하다.

여섯째, 사회복지사는 클라이언트가 속한 환경을 포함한 클라이언트의 전체 상황을 이해하고 관여할 수 있어야 한다. 사회복지실천 과정에서 클라이언트의 개별화에 치중하다 보면, 클라이언트가 속한 환경과 같은 전체적인 관점을 소홀히 하는 경우가 있다.

결론적으로 클라이언트의 진정한 개별화는 클라이언트의 사회적·신체적·지적인 요소들을 이해함은 물론, 이 요소들 간의 상호작용의 영향력과 파급성 그리고 미래에 전개될 일들을 조망하는 것까지도 포함시켜야 한다.

(3) 개별화를 실천하는 방법

사회복지사는 클라이언트의 개별화를 위해 다음과 같은 방법을 활용해야 한다.

첫째, 세밀한 배려이다. 클라이언트의 입장을 이해하고, 그의 상황에 대해 배려해 주어야 한다.

둘째, 비밀보장이다. 상담실 등은 클라이언트에게 자신의 비밀이 존중되고 있다는 안도감과 신뢰감을 주어 개성이 존중되고 있음을 느끼게 해 준다.

셋째, 약속시간 엄수이다. 약속한 면담시간이 잘 지켜지면 클라이언트는 사회복지사가 자신을 기다리고 있고, 자신을 존중한다고 느끼며 만족해한다. 만약 사회복지사가 늦은 경우에는 정중하게 이해시키도록 노력한다.

넷째, 면접 준비이다. 사회복지사는 면접 전에 사례기록을 찾아 자세한 것까지 기억하고 면접에 임하고 또한 관련 자료나 사회적 자원 등도 사전에 파악하여야 한다.

다섯째, 클라이언트의 참여를 유도해야 한다. 클라이언트의 능력에 맞게 클라이언트를 조사, 진단, 치료과정에 참여시켜야 한다.

여섯째, 융통성을 가져야 한다. 사회복지실천 진행 시 융통성을 잃지 말아야 한다. 모든 사례는 클라이언트의 개성에 따라 천차만별이므로 원칙적용에도 융통성이 있어야 한다.

2) 의도적 감정표현

(1) 개념

의도적 감정표현(purposeful expression of feelings)은 클라이언트의 감정을 자유로이 표현하고자 하는 욕구에 대한 인식을 기반으로 한 원칙이다. 특히, 사회복지사는 클라이언트의 본능, 충동, 감각, 감정, 정서 등의 억압된 감정 및 부정적 감정표현을 경청하고, 적극적으로 독려하며, 이를 비난하지 않아야 한다. 사회복지사는 클라이언트가 자신의 감정을 표현하는 일을 막거나 비난하지 말고 자유롭게 감정을 표현할 수 있도록 돕는 것이 사회복지실천 서비스의 한 부분임을 인식해야 한다. 또한 클라이언트가 자유롭게 감정을 표현하는 것이 치료목적으로 유용한 경우에는 사회복지사는 클라이언트의 그와 같은 감정을 오히려 적극적으로 자극하고 촉진시켜 자유로운 감정표현을 극대화시키고, 사회복지사는 클라이언트가 표현한 많은 것을 적극적으로 경청해야 한다.

사회복지실천에 있어서 자유로운 감정표현의 목적은 클라이언트가 스트레스나 긴장으로부터 해방되고, 자기의 문제를 보다 명확하게 더욱 객관적으로 인식할 수 있도록 원조하기 위함이다. 여기서 감정표현이란 그동안 표현할 수 없었던 감정을 분출시키는 것이 아니고 감정을 표현함으로써 클라이언트로 하여금 긍정적이고 건설적인 행동을 자유롭게 하는 것이다.

사회복지실천에 있어서 클라이언트에 관한 보다 확실한 조사와 사정 그리고 구체적인 개입활동을 위해서 클라이언트의 문제와 클라이언트의 인간 자체를 더욱 정확하게 이해할 수 있어야 한다. 클라이언트의 자유로운 감정표현을 통하여 클라이언트가 진술한 문제가 클라이언트에게 무엇을 의미하고 있으며, 어떻게 문제를 보고 있는지, 클라이언트가 문제에 대해서 어느 정도 집착하고 있는지 등을 파악할 수 있다. 그 밖에 클라이언트의 자유로운 감정표현은 클라이언트의 약점(weakness)에 대한 이해뿐만 아니라, 강점(strength)까지도 파악하여 적절한 평가를 내리는 것에 도움이 된다.

사회복지실천 과정에서 클라이언트가 표현하는 감정 속에는 어떤 목적이 포함되어 있는데, 그 내용은 다음과 같다.

첫째, 클라이언트의 내부에 있는 압력이나 긴장을 완화시켜 주는 것이다. 클라이언트의 감정표현은 클라이언트 자신의 문제를 보다 분명하게 객관적으로 볼 수 있도록 도와준다. 특히, 부정적 감정표현은 클라이언트의 울분(anger)이나 억눌린 감정을 내뿜게 할 뿐 아니라, 적극적이며 건설적인 행동을 하도록 도와준다.

둘째, 클라이언트의 감정표현의 내용을 기초로 하여 클라이언트 문제와 욕구의 단서, 클라이언트의 약점과 단점, 클라이언트의 관점 등을 이해하게 해 준다. 따라서, 보다 더 정확한 사정과 개입이 이루어질 수 있다.

셋째, 클라이언트의 감정표현을 경청하는 그 자체가 심리적 지지를 제공하는 방법이 된다. 클라이언트가 사회복지사와 함께 자신의 문제를 함께 나누고 느낌을 공유함으로써 죄책감 또는 괴로운 감정이 감소됨과 정서적 안정을 경험하게 된다. 이러한 심리적 지지는 클라이언트에게 치료적 가치가 있다.

넷째, 클라이언트의 부정적 감정의 해결이다. 부정적 감정이 제대로 처리되지 못하고 심리적으로 억압되게 되면 건강하지 못한 방법으로 표출되거나 폭발적이나 공격적인 행동으로 이어질 수 있다. 따라서, 클라이언트는 부정적 감정을 표현함으로써 감정에 대한 자기 인식을 높이고 이에 대한 건강한 대처방법을 강구할 수 있다.

(2) 사회복지사의 역할

의도적 감정표현을 위한 사회복지사의 주요한 역할은 클라이언트가 자신의 감정을 마음 놓고 털어놓을 수 있는 환경을 조성해 주는 것이다. 이를 위하여 사회복지사의 역할은 다음과 같다.

첫째, 사회복지사는 클라이언트가 편하게 긴장을 풀고 마음의 안정을 얻을 수 있는 물리적 환경을 제공한다. 적합한 환경으로는 독방 상담실, 편안한 의자, 따뜻한 조명, 그림 및 간단한 차 등을 제공하는 것이 도움이 된다. 사회복지사의 책상 위치도 클라이언트와 마주보고 앉는 것은 권위적인 느낌을 줄 수 있으므로 양 옆으로 앉거나 비스듬히 마주보고 이야기할 수 있도록 배치하는 것이 좋다.

둘째, 클라이언트의 면접 시 사회복지사는 시간적·정신적 여유를 가지고 있어야 한다. 면접은 하루나 이틀 전에 준비해 둠으로써 면접에 임하는 클라이언트가 마음의 여유와 안정을 느낄 수 있게 하는 데, 이는 클라이언트의 마음을 열고 감정을 표현할 수 있도록 돕는 심리적인 환경이 된다.

셋째, 사회복지사의 허용적 태도(permissive attitude)가 필요하다. 허용적 태도로 사회복지사의 주의를 클라이언트에게 집중할 경우, 클라이언트는 사회복지사의 관심, 진실성, 이해 그리고 객관성을 느끼게 되어 마음놓고 쉽게 이야기할 수 있게 된다.

넷째, 사회복지사는 클라이언트가 감정을 표현하도록 언어적인 격려 및 촉구를 한다. 즉, 모든 인간은 자신에게 중요한 사람이나 사물에 대하여 어떤 갈등적인 감정을 가질 수 있는데, 이러한 감정을 표현하는 것이 좋다는 것을 사회복지사는 클라이언트에게 직접적으로 언급함이 필요하다.

다섯째, 클라이언트의 대화 속 움직임에 민감하게 반응한다. 특히, 클라이언트가 말하는 속도에 대한 민감성 없이는 사회복지사는 자기도 모르게 클라이언트의 감정표현을 너무 지연시킬 수도 있고 너무 빨리 촉진시킬 수도 있는데, 이것은 사회복지사와 클라이언트와의 관계에 좋지 못한 영향을 미치게 된다.

여섯째, 비현실적 보장, 해석은 금물이다. 클라이언트에게 문제해결 등에 대한 비현실적 보장을 하거나, 표현된 감정에 대한 너무 빠르거나 많은 해석은 클라이언트의 감정표현을 가로막을 수가 있다.

3) 통제된 정서관여

(1) 개념

사회복지실천 관계에서 통제된 정서적 관여(controlled emotional involvement)란 사회복지사가 클라이언트의 감정에 민감성과 이해로서 반응하는 것이다. 즉, 사회복지사가 클라이언트의 감정을 민감하게 이해하고, 이를 기반으로 적절한 정서적 반응 및 언어적 반응을 하는 것이다. 이는 한 사람이 다른 사람에게 자신의 감정을 표현할 때, 상대방으로부터 자신이 표현한 감정에 대해 무엇인가 반응을 기대하는 기본적 욕구에 기초한다.

통제된 정서관여를 위한 사회복지사의 역할은 클라이언트 감정에 대한 민감성, 클라이언트가 전달하는 메시지에 대한 감정이입적 이해, 그리고 이에 대한 적절한 반응을 의도적으로 잘 표현하는 것이라고 설명되고 있다.

(2) 사회복지사의 역할

통제된 정서관여를 위한 사회복지사의 역할은 세 가지로 정리된다.

첫째, 민감성(sensitivity)이란 인간의 존엄성에 기초한 것으로서, 클라이언트의 감정을 이해하는 실마리이며 지표이다. 사회복지사의 민감성은 클라이언트의 감정을 잘 관찰하는 것과 경청하는 것에서 비롯된다. 클라이언트가 무엇을 생각하고 무엇을 행하고자 하는지에 대해 감각적으로 파악하고 적절히 대처하는 것을 말한다. 즉, 언어적 방법 외에 다른 표현의 강도, 주저함, 음성의 억양, 얼굴표정, 자세, 복장, 손놀림 등을 통해 클라이언트의 감정을 민감하게 이해할 수 있다.

둘째, 감정이입적 이해(empathetic understanding)란 전문적인 원조자인 사회복지사가 클라이언트가 나타내는 감정의 의미를 클라이언트의 입장에서 이해하는 것이다. 클라이언트에 대한 이해는 원조의 과정을 통해 계속해서 깊어지게 되므로, 사회복지사는 각 면접에서 이를 위해 노력해야 한다.

셋째, 사회복지실천의 정서적인 관여에 있어서 사회복지사의 반응은 민감성이나 이해만으로는 충분하지 못한 것을 채워 주는 역할을 한다. 이는 감정적 수준에서의 사회복지사의 반응으로 언어로 꼭 표현될 필요가 없는 심리적인 요소로서, 사회복지실천관계 형성에 가장 중요한 역할을 한다. 사회복지사의 적절한 정서적 반응은 클라이언트의 감정을 분담하는 것, 즉 감정이입적 이해를 말하는 것이기도 하다.

4) 수용

(1) 개념

수용(acceptance)이란 사회복지사가 클라이언트의 장점과 약점, 긍정적·부정적 성질과 감정, 건설적·파괴적 태도와 행동을 포함하여, 있는 그대로의 개인을 이해하고 편견 없이 받아들이는 행동상의 원칙으로, 일탈적 행동·태도에 대한 시인(approval)이나 동의(agreement)와는 다르며, 한 인간으로서 클라이언트의 가치, 있는 그대로의 현실과 감정을 받아들이는 것을 의미한다.

수용은 인간의 존엄성과 가치, 인간의 사랑에 기초하고 있다. 클라이언트의 힘과 그 한계, 친절함과 불친절함, 긍정적이고 부정적인 감정, 건설적이고 파괴적인 태도와 행동들을 모두 인정하고 받아들이는 것이다. 이는 긍정적 원조관계 형성의 기본이 되는 원칙이다. 이는 클라이언트를 그대로 받아들이는 것을 넘어서서 존중하며 조건 없이 따뜻하게 대하는 것을 포함한다.

(2) 사회복지사의 역할

사회복지실천 관계에서 효과적인 수용을 하기 위한 사회복지사의 역할은 다음과 같다.

첫째, 클라이언트가 존재하는 그대로의 모습을 받아들이는 것을 의미한다.

둘째, 사회복지사는 클라이언트와의 가치관 차이가 있음을 인정하여야 한다.

셋째, 수용하는 것과 동의하는 것과의 차이를 인식하고 있어야 한다. 수용은 클라이언트와 동의하는 것을 의미하는 것이 아니라, 클라이언트가 다를 수 있다는 권리를 허용하는 것이다.

넷째, 수용과 비심판적 태도는 기본적으로 같은 태도이지만 다른 면도 있다. 비심판적 태도의 경우, 클라이언트의 생각과 행동에 대한 평가는 이뤄져야 하며,

이때의 '평가' 또는 '심판'은 '비난'이 섞이지 않아야 한다는 것을 의미한다.

다섯째, 클라이언트를 바르게 수용하기 위해서는 저해요인을 줄여 가는 노력을 해야 한다. 그 내용은 다음과 같다.

① 인간의 행동과 성장발달에 관한 지식이 충분하지 못한 경우, 클라이언트를 바르게 수용하기 어렵다. 예를 들어, 청소년의 발달과업에 대한 지식이 없을 경우, 청소년의 반항적 행동과 심리적 문제를 제대로 수용하지 못하게 된다.

② 사회복지사의 가치관에 비추어 무엇인가를 수용할 수 없는 경우이다. 예를 들어, 사회복지사가 클라이언트와 같은 문제에 직면해 있을 때, 사회복지사의 가치관에서 벗어나 클라이언트를 객관적으로 이해하고 수용하는 것이 어려울 수 있다.

③ 사회복지사의 감정을 클라이언트에게 돌리는 경우(전이), 클라이언트를 있는 그대로 수용할 수 없다. 사회복지사는 현재 자신은 사회복지사로서 클라이언트를 만나고 있다는 자각과 자신의 감정이 클라이언트에게 전이되게 말하고 행동하는 것은 아닌지에 대한 자각을 항상 해야 한다.

④ 수용할 수 있는 것과 수용할 수 없는 것의 구분이 모호할 때, 클라이언트에 대한 바른 수용이 어렵다. 사회복지사는 인간행동에 있어서 윤리적 및 도덕적으로 정의와 부정의한 일에 대한 자신만의 가치관 및 철학을 확립해야 한다.

⑤ 클라이언트가 어떤 현실에 처해 있더라도, 사회복지사는 인간에 대한 존엄성과 가치를 존중하지 않으면 클라이언트를 수용하는 것이 어렵다. 특히, 클라이언트의 문제가 비윤리적이거나 도덕적인 문제일 경우, 사회복지사가 클라이언트를 존중하며 있는 그대로 수용하기가 어려워진다.

⑥ 사회복지사의 편견이나 선입관은 클라이언트를 수용하는 데 걸림돌이 된다. 사회복지사와 클라이언트 간의 문화, 인종, 가치관, 경제적 지위 등의 차이로 인해 편견이나 선입관이 발생하지 않도록 노력해야 한다.

5) 비심판적인 태도

(1) 개념

비심판적 태도(nonjudgemental attitude)란 원조과정에서 클라이언트문제의 원인이 성격과 같은 개인 내적인 요소에 의한 것이든, 그들의 외부환경에 의한 것이든, 그 문제의 책임이 클라이언트에게 있는지 등을 심판하지 않고, 클라이언트의 특성 및 가치관을 비난하지 않는 원칙을 말한다. 특히, 생태체계관점을 지닌 사회복지사는 클라이언트의 문제를 인간과 환경 간의 상호작용의 결과로 보기 때문에, 이에 대한 책임이 개인에게만 있다고 보지 않으며, 비판적인 태도를 보이지 않아야 한다. 즉, 클라이언트의 문제 또는 욕구의 발생이 클라이언트에게 책임이 있다는 것을 언어 또는 비언어적인 것으로 표현하지 않는 원칙을 말한다.

(2) 사회복지사의 역할

비심판적 태도를 위한 사회복지사의 역할은 다음과 같다.

첫째, 사회복지사의 클라이언트에 대한 비심판적 태도가 클라이언트에게 언어적으로 또는 비언어적으로 전달되어야 한다.

둘째, 클라이언트의 행동, 태도, 가치기준 등을 객관적으로 평가해야 한다. 이는 클라이언트를 판단하는 것이 아니라, 이해하기 위한 것임을 표현한다.

셋째, 클라이언트와 그의 욕구 및 문제에 대한 선입견, 분류와 성급한 추론은 피하도록 한다.

6) 클라이언트의 자기결정권

(1) 개념

클라이언트의 자기결정권(client self-determination)은 사회복지실천 과정에서 클라이언트가 자신이 선택하고 결정하는 자유를 가질 권리와 필요성이 있다고 인정하는 것이다. 사회복지사는 클라이언트가 자신의 문제와 어려움을 뚜렷한 관점으로 인식하게 도와주고, 적절한 지역사회의 자원을 소개해 주며, 사회복지사와 클라이언트가 함께 일할 수 있는 환경을 만들어 주면서 이 원칙을 실행한다. 그러나 클라이언트의 지적 능력이나 독립적으로 바람직한 결정을 할 수 있는지에 따라서 자기결정권에 제한을 받을 수 있고, 윤리규범, 사회제도 및 법, 그리고 사회복지기관의 기능 등에 따라 제한을 받게 되기도 한다. 예를 들어, 가족 없이 혼자 살고 있는 노인이나 정신장애인의 경우, 요양시설에 입소하는 문제를 의논할 때, 본인들의 의사에 따라 입소 결정이 될 수 있다. 만약 입소를 원치 않는 경우, 입소를 권고하는 것은 자기결정권에 위배되는 것이 될 것이다. 그러나 노인이나 정신장애인이 독립적으로 건강하게 살아갈 수 있는 능력을 고려했을 때, 또한 홀로 살아갈 때의 생명과 건강에 대한 위험성을 고려했을 때, 자기결정권을 다시 고려해보아야 할 것이다. 이때는 클라이언트에게 도움이 될 만한 다양한 자원에 대한 정보를 제공하고, 클라이언트가 최선의 결정을 할 수 있도록 도와야 한다.

(2) 사회복지사의 역할

클라이언트의 효과적인 자기결정권을 실행하기 위한 사회복지사의 역할은 다음과 같다.

첫째, 클라이언트로 하여금 자신의 문제와 욕구를 전체적인 관점에서 관찰하고 이해할 수 있도록 돕는다.

둘째, 사회복지사는 클라이언트가 지역사회 내 인적 자원을 포함한 활용 가능한 자원들이 존재하고 있음을 알려 주는 역할을 한다.

셋째, 클라이언트 자신의 잠재적인 자원을 적극적으로 개발하고 활용할 수 있도록 자극을 주어야 한다. 즉, 클라이언트가 성장할 수 있고 자신의 문제를 해결할 수 있는 관계의 환경을 만들어 주어야 한다.

넷째, 사회복지사는 클라이언트가 사회복지실천 전 과정에 적극적으로 참여할 수 있도록 돕고, 더불어 경청하고 수용적인 태도로 클라이언트가 자기 자신이나 자신의 문제에 대해서 보다 깊이 이해할 수 있도록 원조해야 한다.

클라이언트의 자기결정을 위해 사회복지사가 유의해야 할 사항은 다음과 같다.

첫째, 사회복지사가 결정하고, 그 결정한 내용을 클라이언트가 그대로 따르도록 유도하는 일은 피해야 한다.

둘째, 사회복지사 중심의 서비스 계획을 수립하고 지원 내용과 방법 등을 결정하는 일은 반드시 피해야 한다.

셋째, 사회복지실천 과정에서 사회복지사의 판단에 따라서 행동의 양식을 선택하거나 결정하도록 직·간접적으로 조정하는 일은 피해야 한다.

넷째, 통제(control)와 같은 방법으로 클라이언트를 설득하는 일 또한 피해야 한다.

7) 비밀보장

(1) 개념

비밀보장(confidentiality)이란 사회복지사는 전문적 관계로 이루어진 사회복지실천 과정에서 알게 된 클라이언트에 관한 정보를 전문적 치료목적 외에 타인에게 공개해서는 안 된다는 원칙에 바탕을 두고 있다. 이 원칙은 클라이언트가 사회복지사와의 원조관계를 통해 털어놓는 자신에 대한 정보의 기밀성을 유지할 권리가 있다는 것을 말한다. 그러나 클라이언트의 권리가 절대적인 것은 아니다. 비밀보장의 원칙을 적절히 행사하기 위해서 사회복지사는 전문적·법적 의무의 틀 안에서 이 비밀보장의 한계와 권리에 대해 클라이언트에게 명확히 설명해야 한다. 클라이언트의 비밀은 그 기관 내에서나 다른 기관의 전문직원들이 함께 알게 될 때도 비밀보장의 의무가 적용된다. 즉, 비밀보장의 책임은 클라이언트가 관련된 기관의 모든 직원이 같이 지켜야 하는 집단비밀의 원칙을 포함한다.

(2) 집단비밀의 필요성

클라이언트가 사회복지사에게 비밀정보를 말할 때 그 내용은 단지 사회복지사에게만 전달되는 것이 아니라, 사회복지기관 전체에도 전달된다는 것을 클라이언트가 명확히 이해할 수 있도록 한다. 집단비밀은 클라이언트를 도와주고 있는 개별사회복지사뿐만 아니라, 클라이언트를 돕는 과정에서 불가피하게 여러 사람에게 클라이언트의 정보가 알려지게 될 경우, 이러한 사람의 집단 내에서 보존되어야 하며, 그 이상으로 정보가 노출되어서는 안 되는 것을 말한다. 집단 비밀이 필요한 이유는 다음의 두 가지 경우로 고려될 수 있다.

① 사회복지사는 어떤 자유계약의 상담자가 아니라, 사회복지기관의 대리자이다. 따라서, 사회복지사와 공유된 정보는 사회복지사가 속한 기관과 공유된 것이라고 할 수 있다.

② 사회복지기관은 클라이언트 정보를 기관 내의 다른 직원들에게 알리지 않고 효과적인 서비스를 제공할 수가 없다. 따라서, 클라이언트의 정보는 기관의 집단비밀로 취급되어야 한다.

(3) 비밀정보의 구분

비밀정보의 구분은 다음과 같다.

첫째, 자연적인 비밀이란 만일 비밀이 타인에게 알려지면 클라이언트의 명예와 신용을 손상시키거나 상처를 주거나 또는 클라이언트가 부당하게 슬픔을 당하게 되는 것을 말한다. 자연적인 비밀은 친척이나 친구, 낯선 사람, 때론 전문적인 사람으로부터 알게 되는 경우가 많다. 예를 들어, 클라이언트의 전과 사실, 알코올중독, 이혼, 입양, 동성애에 의한 후천성면역결핍증(AIDS) 감염 등에 관한 사실은 클라이언트의 진술 외에도 의사진단이나 다른 문서를 통해서 알 수 있는 정보들이다. 사회복지사는 물론 사회복지실천과 관련된 사람은 모두 클라이언트에 관한 정보에 대해서 비밀보장을 유지하도록 힘써야 한다.

둘째, 약속에 의한 비밀이란 비밀정보를 안 후 그 비밀은 다른 사람에게 알려지지 않을 것을 확인하고 약속을 하는 일종의 계약이다. 약속에 의한 비밀의 내용은 자연적으로 알려지게 된 정보들인 경우도 있고, 또는 다른 사람에게 알리고 싶지 않은 클라이언트의 개인생활에 관한 정보들을 포함한다.

셋째, 신뢰에 의한 비밀이란 그 비밀이 다른 사람에게 절대로 알려지지 않을 것임을 사전에 언어적 또는 비언어적인 의사교환을 통해 클라이언트에게 전달하고 이해하도록 함으로써 전적으로 비밀보장에 대해 신뢰하게 되는 것이다. 신뢰에 의한 비밀은 비밀을 들은 사람이 비밀을 지키도록 클라이언트와 사회복지사

간에 맺은 계약적 합의에 의한 것 이상의 비밀보장의 의무와 책임을 동반하는 것을 의미한다.

(4) 사회복지사의 역할

비밀정보가 여러 사람에게 알려지더라도 비밀을 보존할 의무가 면제되는 것이 아니다. 그 의무는 그 비밀을 함께 알고 있는 모든 사람들에게 부여된다. 사회복지사는 클라이언트의 사생활을 존중해야 하고, 전문적 서비스과정에서 알게 된 모든 정보에 대해 비밀을 보장해야 하며, 다음과 같은 점에 유의해야 한다.

첫째, 사회복지사는 클라이언트에게 비밀보장의 한계, 즉 법적인 명령, 클라이언트와 타인의 생명에 위협이 되는 경우 등을 실천과정 초기에 명확히 설명하여야 한다.

둘째, 사회복지사는 클라이언트의 정보가 어떤 목적으로 수집되고 어떻게 활용되는가를 충분히 설명한다.

셋째, 사회복지사는 클라이언트에게 그에 관한 어떤 공식적 기록에 대한 올바른 이해를 하도록 도와야 한다.

넷째, 사회복지사가 클라이언트에게 기록에 대하여 올바르게 이해시킬 때 기록에 포함되는 다른 사람의 비밀을 보호하는 데 유의해야 한다.

다섯째, 사회복지사는 클라이언트의 행동에 관한 제3자의 관찰을 허용하거나, 녹음할 때는 기록하기 전에 클라이언트의 승인을 받아야 한다.

관계의 원칙은 〈표 7－1〉과 같다.

| 표 7-1 | 관계의 원칙

클라이언트의 욕구	관계의 원칙
유형 또는 범주로서 처우 받기보다는 한 개인으로 대우받고 싶은 욕구	개별화: 모든 클라이언트는 개별적인 욕구를 가진 존재로 개별화해야 한다.
자신의 부정적인 감정과 긍정적인 감정을 표현하고자 하는 욕구	의도적 감정 표현: 클라이언트가 감정을 자유롭게 표현하도록 해야 한다.
자기가 표현한 감정에 대해서 공감적 이해와 반응을 받으려는 욕구	통제된 정서적 관여: 클라이언트의 감정에 대해 민감하게 이해하고 반응해야 한다.

클라이언트의 욕구	관계의 원칙
자신의 약점, 실패와 관계없이 가치 있는 사람으로서 인정받고자 하는 욕구	수용: 클라이언트를 있는 그대로 인정해야 한다.
자신의 어려움에 대해 심판이나 비난을 받고 싶지 않은 욕구	비심판적 태도: 클라이언트를 비난하거나 심판하지 않는다.
자신의 생활에 관한 선택과 결정을 스스로 하고 싶은 욕구	클라이언트의 자기 결정: 클라이언트의 자기 결정을 존중해야 한다.
자신에 관한 비밀이 지켜지기를 바라는 욕구	비밀보장: 클라이언트의 비밀을 보장해야 한다.

자료: 조학래(2019: 153).

연습문제

01 사회복지사의 자기노출(self-disclosure) 시 적절하지 않은 것은?

① 자기노출의 내용과 감정이 일치해야 한다.
② 지나치게 솔직한 자기노출은 자제해야 한다.
③ 자기노출은 비윤리적이므로 피해야 한다.
④ 클라이언트의 반응에 따라 자기노출의 양과 형태를 조절해야 한다.
⑤ 자기노출의 긍정적 면과 부정적 면을 균형 있게 사용해야 한다.

02 클라이언트와 관계를 형성하는 기술이 아닌 것은?

① 클라이언트의 감정을 충분히 이해하고 있다는 것을 언어적·비언어적으로 전달한다.
② 클라이언트의 감정을 수용한다.
③ 진실성을 가지고 클라이언트를 대한다.
④ 클라이언트가 침묵하면 다음 주제로 넘어간다.
⑤ 사회복지사가 적절히 자기노출을 한다.

03 수용을 위한 사회복지사의 역할로 적합한 것은?

① 사회복지사는 클라이언트의 모든 것을 다 이해하려고 해서는 안 된다.
② 사회복지사는 자신의 가치관을 적용하여 클라이언트를 이해해야 한다.
③ 사회복지사는 클라이언트를 수용함과 동시에 동의할 수 있어야 한다.
④ 수용과 비심판적 태도는 기본적으로 같은 태도이지만, 다른 특징을 가지므로 구분해서 클라이언트를 대해야 한다.
⑤ 수용 과정은 저해 요인이 없는 비교적 수월한 역할 중 하나이다.

04 사회복지사가 지켜야 할 관계의 기본 원칙

① 비통제된 정서관여
② 개별화
③ 비심판적인 태도
④ 비밀보장
⑤ 클라이언트의 자기결정권

정답 1. ③ 2. ④ 3. ④ 4. ①

Chapter 8

사회복지실천의 면접과 기록

✓ **학습목표**

1. 면접의 원칙 실천
2. 면접의 과정별 숙지
3. 기록의 형태 실천
4. 기록의 유형 숙지

✓ **학습내용**

1. 사회복지실천의 면접
2. 사회복지실천의 기록

✓ **개요**

면접은 인간의 행동과 반응에 대한 전문적 지식과 정교한 인간관계기술을 갖춘 사회복지사가 클라이언트와 그의 문제를 이해하고 원조한다는 목적을 가지고 의도적으로 이끌어나가는 전문적 대화이다. 사회복지사들은 클라이언트의 상황을 측정한 내용을 기록해야 하며, 서비스의 목적과 과정을 서술해야 하며, 활동의 결과와 진전 내용도 평가해야 한다. 여기에서는 사회복지실천의 면접과 기록에 관하여 학습하고자 한다.

Chapter 8

사회복지실천의 면접과 기록

1 사회복지실천의 면접

1) 면접의 개념

(1) 면접의 정의

사회복지현장에서 면접은 사회복지사가 클라이언트의 문제를 확인하고 개입하여 원조를 제공하는 데 가장 기본적인 도구이다. 인간의 행동과 반응에 대한 전문적 지식과 정교한 인간관계기술을 갖춘 사회복지사가 클라이언트와 그의 문제를 이해하고 원조한다는 목적을 가지고 의도적으로 이끌어나가는 전문적 대화이다. 그리고 면접에 참여하는 사람들이 서로 수용한 의도적인 목적을 가진 대화이다. 면접은 여러 면에서 대화와 비슷하다. 이 두 가지 모두가 사람들 사이에 생각, 태도 및 감정이 교류되는 동안 일어나는 언어적·비언어적 의사소통을 의미하며, 대면적인 상호작용이다(서혜석 외, 2018: 151).

사회복지사에게 있어 면접은 사회복지실천의 기본적인 수단이며 기법이다. 사회복지사와 클라이언트 간에 처음으로 이루어지는 초기면접에서부터 사정을 위해서든, 구체적인 서비스를 제공하기 위해서든 사회복지사가 클라이언트를 돕기 위해서든 면접은 반드시 이루어져야 한다. 사회복지실천 면접은 인간의 행동과 반응에 대한 전문적 지식과 정교한 인간관계기술을 갖춘 사회복지사가 클라이언트와 그의 문제를 이해하고 원조한다는 목적을 가지고 의도적으로 이끌어 나가는 전문적 대화이다. 면접은 사회적 상호작용과 의사소통의 과정이며, 인지, 정서, 행동의 변화를 목적으로 한 언어적·비언어적 행동으로서 문제해결을 위한 개입이라 할 수 있다(도광조, 2018: 144).

사회복지실천 면접은 클라이언트에 대한 정보를 수집하고 도움을 제공하는 것이 목적이다. 즉, 사회복지 면접의 궁극적인 목적은 문제를 파악하고 문제상황에 처한 개인과 그 상황을 이해함으로써 문제를 효과적으로 해결하려는 데 있다. 따라서, 면접은 대상의 변화를 목적으로 문제해결의 개입과정에 나타나는 사회적 상호작용이라고 할 수 있다.

면접은 목적이 있고 목표지향적 특성을 지닌 전문적 대화 또는 의사소통이며 전문적 기술이지만, 사회복지사의 창의적 방법이 통합되는 예술이다. 모든 면접은 목적을 가지고 있고 분야에 따라 구체적 기술이 적용된다. 따라서, 모든 사회복지사는 자신에게 적절한 스타일의 면접기술을 발달시켜야 한다. 효과적 면접에 영향을 미치는 사항들은 다음과 같다(Brown et al., 1992).

① 사회복지사의 자기인식 정도
② 주고받는 심리에 대한 고유한 역동성을 이해하는 것
③ 원조관계를 발전시킬 수 있는 사회복지사의 능력
④ 클라이언트를 존중하며, 클라이언트로 하여금 의사소통 과정에 적극적으로 관여하도록 하는 사회복지사의 능력
⑤ 클라이언트에게 기술적으로 말을 하고 질문하는 사회복지사의 능력
⑥ 면접의 목적
⑦ 면접이 행해지는 분위기와 장소
⑧ 비밀보장의 정도
⑨ 전이와 역전이 등과 같은 면접과정에서 유발되는 역동성에 대한 사회복지사의 인식

(2) 면접의 특성

사회복지실천 면접은 두 사람 이상이 어떤 목적을 가지고 대화로 이루어진다는 점에서는 면접과 큰 차이는 없지만, 특별한 주제를 가지고 사회복지사에 의해 의도적·전문적으로 이루어진다는 점이 특징이다. 즉, 사회복지실천 면접은 인간의 행동과 반응에 대한 전문적 지식과 정교한 인간관계기술을 갖춘 사회복지사가 클라이언트와 그의 문제를 이해하고 원조한다는 목적을 가지고 의도적으로 이끌어 나가는 전문적인 대화라고 할 수 있다.

사회복지실천 면접은 다음과 같은 특성을 가지고 있는 일련의 커뮤니케이션이라고 할 수 있다(Compton et al., 2004).

첫째, 면접을 하기 위한 전후 관계(context)나 장(setting)이 있다. 즉, 서비스를 제공하는 기관이 있고 그 기관의 상황적 특성이 있다. 특정 클라이언트에게 규정된 서비스를 제공하는 특정한 기관의 상황이 세팅되어 있으며, 커뮤니케이션의 내용은 한정되고, 특정 상황과 관련되지 않는 요인들이 제거되는 기초가 된다.

둘째, 구체적 목적을 달성하기 위한 과정으로 일정한 목표와 방향이 있다. 면접은 클라이언트와 사회복지사가 목적달성을 위한 일련의 과정을 밟기로 상호 협의한 상태에서 진행함을 의미한다. 즉, 면접은 우연히 만나서 정보를 교환하는 비공식적인 대화가 아니라, 면접의 목적은 커뮤니케이션의 한계를 정하고 불필요한 자료를 배제시키는 근거로 구체적인 목표달성을 위해 수행되는 과정이라는 것을 말할 수 있다.

셋째, 계약에 의해 이루어지는 것이다. 면접이 한정적이고 계약적이라는 것은 사회복지사와 클라이언트가 규정된 목적을 달성하기 위해 특수한 상황에서 활동한다는 의미이다. 즉, 면접은 클라이언트와 사회복지사가 목적을 달성하기 위해 일련의 과정을 면접하기로 상호 합의한 상태에서 진행하는 것을 말한다.

넷째, 면접에서는 사회복지사와 클라이언트의 특수한 역할 관계가 규정된다. 즉, 사회복지사와 클라이언트에게 각각 정해진 역할이 있고, 그 역할에 따라 상호작용이 제한된다는 점에서 한정적인 요소가 있다.

(3) 면접의 구성요소

면접에서의 구성요소를 크게 내적 요소와 외적 요소로 나눌 수 있다. 그 내용은 다음과 같다.

① 내적 요소

면접의 내적 요소는 신뢰관계의 형성이다. 신뢰관계는 '라포(rapport)'라고 하며, 이는 클라이언트와 사회복지사 간의 상호이해와 관계를 수립하는 친근감, 신뢰감, 안정감, 조화, 공감, 화합 등의 정서적 유대를 의미한다. 신뢰관계는 사회복지실천현장에서 클라이언트의 존엄성, 자기결정 등을 실천할 수 있는 기초를 이루며, 실천의 성패를 결정하는 중요한 요인이 된다. 따라서, 면접의 초기과정에서 신뢰관계가 잘 형성되어야 클라이언트가 자신의 감정을 개방적으로 드러내고 본인의 문제들을 잘 표현하게 된다.

신뢰관계를 높이기 위해서는 사회복지사의 케이스 개입에 대한 동기와 태도가 순수하고, 명료하며, 클라이언트의 욕구에 맞추어야 한다. 따라서, 사회복지사는 클라이언트의 문화와 가치관이 다르다는 것을 이해하고 비판과 편견 없이 수용하고 존중해야 한다(조미숙 외, 2021: 176).

② 외적 요소

면접의 외적 요소는 장소, 시간, 사회복지사의 태도 등이 있다. 그 내용은 다음과 같다(김철진 외, 2016: 160-161).

• 장소

면접은 기관의 사무실, 클라이언트의 집, 학교, 직장, 공원, 카페 등 어디에서나 가능하지만, 원칙적으로는 기관의 상담실 등에서 주로 하고 있다. 기관의 상담실은 클라이언트가 편안함을 느끼며 물리적인 상황을 통제할 수 있으며, 사회복지사의 이동시간을 절약할 수 있다. 또한 가정방문은 클라이언트를 둘러싼 지역사회와 가정환경을 이해할 수 있고 가족과 면접할 기회가 더 많이 주어질 수 있으나, 전화나 손님의 방문 등으로 인해 주의가 산만할 수도 있다. 그리고 이외에도 학교, 직장, 공원, 카페 등의 장소에서의 면접상담은 클라이언트가 기관에 오거나, 가정방문을 꺼리는 경우에 적절하다. 따라서, 사회복지사는 클라이언트의 문제해결을 위해 면접장소를 적절히 선정하여 활용하여야 한다.

• 시간

사회복지사는 면접할 날짜와 시간을 미리 클라이언트와 약속을 해야 한다. 면접예약을 통해 주어진 시간 동안 사회복지사와 클라이언트가 문제를 해결하기 위해 초점에 집중하는 적극적 참여와 노력이 이루어진다.

면접시간은 면접의 목적, 기관, 사례에 따라 다르지만, 일반적으로 한 시간 전후의 면접이 이루어질 수 있도록 사회복지사가 클라이언트에게 미리 알려주는 것이 바람직하다. 너무 짧은 면접은 클라이언트가 하고 싶은 말을 충분히 표현하지 못하고 사회복지사가 듣고 싶은 이야기를 못 들을 수 있어서 상호관계를 형성하지 못하고 중도에 끝나는 면접이 되기 쉽다. 반면에, 너무 긴 면접은 초점에 벗어난 면접이 진행될 수 있다. 따라서, 클라이언트의 주의집중 능력과 의사소통능력에 따라 조정할 수 있다. 또한 면접기간에 일정한 규정은 없으며, 클라이언트의 문제해결 진행 정도에 따라 결정하는 것이 바람직하다.

• 사회복지사의 태도

사회복지사는 다음과 같은 태도를 고려해야 한다.

첫째, 사회복지사는 기관 전통이나 클라이언트의 기대를 고려한 옷차림이나 행동을 해야 한다.

둘째, 클라이언트가 사회복지사에게 단순한 호기심이나 사회복지사의 자질을 탐색하고 사적인 관계를 만들거나 사회복지사에 대한 감정을 표현하기 위해 개인적인 질문을 할 수 있다. 사회복지사는 수용될 수 있는 질문은 간략히 말하고 자신이 알지 못하는 질문은 자신의 한계를 스스로 인정해야 한다.

셋째, 관심, 따뜻함, 신뢰의 자세는 클라이언트의 특성을 인정하는 존중을 내포한다. 사회복지사는 클라이언트의 욕구에 관심을 보이고 도와주어 끊임없이 반응해 줌으로써 긍정적인 존중의 관계를 맺을 수 있다.

(4) 면접의 원칙

사회복지실천은 끊임없는 만남을 통한 구체적인 개입활동이다. 그래서 사회복지실천기술을 활용함에 있어서 가장 중요한 것은 '어떻게 클라이언트를 대해야 하는가?'이다. 즉, 클라이언트를 대하는 면담의 원리가 중요하다. 사회복지실천에서 다루는 클라이언트의 면담의 원리는 서비스를 주는 사람의 입장이 아닌 수요자 중심인 '서비스를 받는 사람 중심 시각'에 기초한 '함께 문제해결의 과정을 밟아가는 면담'이라고 말할 수 있다. 이를 활용한 면담의 효과적인 원칙은 다음과 같다(최덕경 외, 2015: 219－220).

① 서로의 이야기에 집중하며 진지하게 듣고 감탄하기

훌륭한 사회복지사는 클라이언트의 문제를 해결하기 전에 먼저 진정한 대화부터 하려고 한다. 클라이언트의 어려움을 들으려고 노력하며, 그 어려움에 함께하려고 애쓴다. 과정을 중시하는 면담은 주어진 순간에 충실하며, 클라이언트의 이야기에 집중한다. 집중할 수 있고, 또한 집중한다는 사실은 인격적 존재로서 클라이언트를 받아들이는 것이다. 서로의 이야기를 마치 들어보지 못한 새로운 이야기처럼 깊은 호기심과 진지함으로 열심히 들으며, 판단하며 깎아 내리기보다는 종종 경이감에 감탄하는 모습까지 보이는 것이다.

② 한 번에 한 사람씩 나누기

'full attention'이란 한 번에 한 사람씩 말한다는 뜻이다. 던져진 화제가 끝날 때까지 가능하면 다른 주제로 확장되고 옮겨가지 않는 것을 말한다. 클라이언트의 이야기를 가로채지 않도록 조심하는 것이다.

③ 가능하면 현재에 머물기

진행과정을 중시하는 면담은 현재에 초점을 맞춘다. 가능하면 '지금, 여기, 현재, 이 순간, 나, 너, 우리'에 머물며 집중해야 한다. 면담 자체가 주어진 현실이며 순간이기 때문에 모든 것을 내려놓고 오로지 면담에만 집중한다는 것이다.

④ 개인의 사례를 일반화하지 말기

많은 사회복지사들은 자신의 경험 또는 개인적 사회복지실천 경험과 전문지식의 적용사례들을 마치 일반 진리인 것처럼 말하거나 강요하는 경향이 있다. 자신의 경험이 더 우월하다거나 상대를 가르치려는 자세를 경계하며, 비록 유사한 경험을 했다고 해도 내 사례가 아니라는 사실을 인식하는 것이 중요하다.

⑤ 자신에게 정직하고 성실하기

과정을 중요하게 생각하는 사회복지사들은 정답과 해결책을 주기 전에 자신을 살펴본다. '과연 나는 어떻게 살았는가?' 자신의 정답과 해결책에 집착하는 사람들은 자기과시적이고 자기중심적이며 때로는 위선적인 모습으로 비춰질 수 있다.

⑥ 서로를 존중하기

과정을 중시하는 사회복지사는 클라이언트를 성숙한 개인으로 존중한다.

⑦ 자신의 문제를 소유하기

과정을 중요하게 생각하는 사회복지사는 자신의 문제는 자신의 문제라고 말할 수 있는 사람이다.

⑧ 자신을 객관적으로 관찰하기

과정과 성장을 중시하는 사회복지사들은 자신을 객관적으로 관찰하는 습관을 갖는다. 자신의 모습, 자신의 행동과 언어, 자신의 감정 등을 객관적으로 관찰할 수 있어야 한다.

⑨ 훈련된 언어생활하기

과정을 중시하는 사회복지사는 훈련되고 세련된 언어생활을 한다.

ⓐ 클라이언트가 감정적으로 힘들게 보일 때는 공감적 반영을 한다.

ⓑ 자기표현은 공감적 반영과는 반대로 '자신이 문제를 소유하고 있는 때' 사용할 수 있는 효과적인 대화기술이다.

ⓒ 클라이언트에 대한 느낌과 인상은 가능하면 피드백(feedback)으로 표현한다. 직접적 충고, 방향제시, 해석, 분석, 판단, 구해내기, 깊이 없는 농담, 대변 등을 피하고 피드백을 한다.

⑩ 서로의 비밀을 존중하기

이 말은 면담을 통해서 나온 말은 가능하면 비밀성을 존중해야 한다는 뜻이다. 이럴 때 서로를 신뢰하게 되고 자기개방과 좀 더 깊은 이야기를 할 수 있는 안전한 분위기가 되어 변화가 일어날 수 있는 진정한 사회복지실천현장이 될 수 있다.

2) 면접의 종류

면접의 종류에는 면접의 목적에 따라 클라이언트에 대한 정보를 얻고자 하는 목적으로 이루어지는 정보수집 또는 사회조사 면접, 평가에 도달하기 위한 사정을 위한 것과 치료적 목적을 가지는 변화를 위한 면접으로 분류할 수 있다. 그 내용은 다음과 같다(김효선 외, 2022: 193－196).

(1) 정보수집 면접

초기면접단계에서는 클라이언트가 어떠한 문제를 가지고 왔는지, 어떤 도움이 필요한지 등을 질문하고 답하게 될 것이다. 또한 이 초기면접에서는 클라이언트에 대한 일반적인 사항, 즉 나이, 가족관계, 학력 등에 관한 정보를 주고받게 된다. 대부분의 사회복지기관이나 사회복지 시설에서는 초기면접 질문지가 준비되어 있다. 초기면접과정에서 파악해야 할 내용은 대체로 다음과 같다(Zastraw, 2015).

① 일반적 사항: 나이, 성별, 학력, 결혼상태, 주소 등

② 현재의 문제: 현재 문제상황, 과거력(과거에 유사한 문제가 있었는지, 이를 위한 노력, 치료형태, 치료기관 등), 과거 병력
③ 가족력: 클라이언트의 원가족과의 관계, 부모－형제관계, 핵가족 중심의 부부관계, 자녀관계 등
④ 개인력: 아동기의 성장과정, 발달단계상의 문제, 학교생활, 직장생활, 결혼생활 등
⑤ 사회적·직업적 기능 정도

이러한 정보나 자료에 기초해 클라이언트의 개인적·사회적 문제의 시작과 과정, 원인 등을 살피게 되고 개입이나 치료를 위한 기반을 마련해야 할 것이다.

(2) 사정을 위한 면접

사정을 위한 의사결정 면접은 서비스의 적격 여부를 평가하고 결정하기 위한 것으로 사정면접이라고 할 수 있다. 즉, 어떤 서비스를 제공할지 구체적 서비스에 대한 의사를 결정하는 면접이다. 사정(assessment)은 문제가 무엇인지, 어떤 원인 때문인지, 그 문제를 해결하거나 줄이기 위해 무엇이 변화되어야 하는지에 대해 답하는 사회복지실천과정의 핵심적 단계이다. 예를 들어, 아동복지 담당 사회복지사는 위탁보호 신청자나 입양 신청자와 함께 기관이 그에게 아동을 맡겨도 좋은지 어떤지를 결정하기 위해 면접을 하고, 노인복지 담당자는 재가복지 서비스 대상자로서 적합한지를 결정하기 위해 면접한다. 면접은 정보수집보다 목적지향적 특성이 있으며, 사정면접의 목적은 어떤 결정을 내리는 데 도움이 될만한 필요한 정보만을 선택적으로 얻는 것이다. 클라이언트의 현재 문제상황, 그 문제해결의 목표 그리고 목표달성을 위한 개입방법의 결정 등이 사정면접을 통해 이루어지게 된다.

(3) 치료적 면접

치료를 위한 면접의 목적은 면접을 통해 클라이언트의 변화를 돕기 위한 것과 클라이언트의 더 나은 사회적응을 위해 환경을 변화시키기 위한 것이다. 클라이언트의 변화를 돕기 위한 치료면접은 주로 클라이언트의 자신감과 자기효율성

강화, 필요한 기술훈련, 문제해결능력 증가 등을 목적으로 한다. 환경변화를 목적으로 하는 면담은 클라이언트와 관련된 중요한 사람들과 이루어지기도 하고, 클라이언트의 권리와 이익을 옹호, 대변하기 위해 사회복지기관, 지역사회, 관련 공무원들과 이루어지기도 한다. 이러한 목적을 가진 면접은 사회적 상황을 변화시키려는 노력을 포함한다. 변화가 일어남에 따라 면접 그 자체는 치료도구가 되며, 피면접자는 감정, 태도, 행동상의 변화를 시도한다. 면접이 치료적 목적을 가질 수 있지만, 변화를 추구하는 클라이언트가 면접에 나타나지 않을 수도 있다. 이러한 경우에는 클라이언트의 생활에 있어서 중요한 사람들과 면접을 할 수 있다. 이때 사회복지사는 클라이언트를 대신하여 중재나 대변자로 활동한다. 중재나 대변에 관여하는 사회복지사는 클라이언트를 대신하여 그들에게 영향을 미치려는 전략적 위치에 있는 중요한 사람들과 면접을 한다. 이 경우, 면접의 목적은 클라이언트의 이익 면에서 사회환경 내의 힘의 균형을 변화시키는 것이다.

이러한 면접은 클라이언트가 변할 수 있도록 또는 클라이언트의 사회적 상황이 변화할 수 있도록 돕기 위한 것이다. 이 면접에서는 클라이언트의 감정, 태도, 행동을 효과적으로 변화시키기 위해 클라이언트에게 자신감, 자기효율성을 강화하고 필요한 기술을 훈련하고 문제를 해결할 수 있는 능력을 키운다. 그러한 변화의 결과로 클라이언트가 더욱 나은 사회적 기능을 수행하도록 지원하는 것이다.

3) 면접의 과정

모든 면접은 시작단계, 중간단계, 종결단계가 있다. 그리고 면접의 각 단계는 각각 다른 목적과 목표를 가지고 있다. 새로운 클라이언트를 처음 면접하는 경우, 라포형성과 평가에 초점을 맞추어야 하고, 평가면접의 경우 유용한 정보를 얻는 것이 일차적인 목표이며, 치료의 마지막 면접은 종결에 초점을 맞추어야 한다. 그러나 모든 면접은 클라이언트의 문제해결능력 향상과 감정의 표현을 통한 행동의 변화를 가져올 수 있도록 해야 한다. 면접의 과정은 다음과 같다(김영철 외, 2022c: 207－209 ; 길귀숙 외, 2018: 228－229).

(1) 시작단계

면접의 시작은 사회복지사가 클라이언트의 이름을 호명하면서 시작되며, 가능한 한 클라이언트가 편안하도록 배려한다. 사회복지사는 클라이언트가 면접에 적극적으로 참여할 수 있도록 원조하고 긴장과 적개심이 감소되도록 노력한다. 이러한 과정은 사회복지사가 지난 회기 면접 이후 중요한 변화에 대해 질문을 함으로써 시작하며, 이를 통해 클라이언트의 상태와 관심사를 이해할 수 있다. 면접의 초기에 사회복지사는 면접의 목적을 상기시키고 클라이언트가 가지고 있는 욕구나 문제에 대해 표현하도록 격려한다. 그리고 클라이언트에 대한 관심과 공감을 보여줌으로써 신뢰관계를 형성하고 현재 상황을 평가한다. 만약 초기면접이라면 치료적 관계를 형성하는 것과 평가를 위해 시간을 할애한다.

(2) 중간단계

중간단계의 면접은 주어진 과업에 따라 달라질 수 있으며, 치료계획의 수정, 활동계획, 장애물 제거 등이 될 수 있다. 사회복지사는 클라이언트의 말을 경청하고, 반응을 관찰하며, 면접의 목적을 달성하기 위해 다양한 기술을 활용한다. 사회복지사는 전문적 가치와 기술을 중심으로 클라이언트의 문제해결과정을 돕고 점검한다.

면접의 속도를 조정하고 적절한 시간 조절, 과업에 대한 초점 정리 등을 유지한다. 또한 의사소통의 효율성 정도를 매회 점검한다.

(3) 종결단계

면접의 목적이 달성되었거나 시간이 마감되었을 때, 사회복지사는 면접을 종결하기 위해 준비하여야 한다. 면접 종결 시 사회복지사나 클라이언트 모두가 불편해질 수 있다. 예를 들어, 클라이언트가 면접 종결 5분 전에 갑자기 중요한 문제점에 대해 대화를 시작하거나, 면접을 지속하기를 강력하게 요청할 수도 있다. 사회복지사는 클라이언트가 면접의 종결을 수용할 수 있도록 종결 15분 전에 정확히 남은 시간을 알려주는 것이 좋다.

성공적 면접의 종결을 위해 사회복지사는 첫째, 클라이언트에게 면접 종결에 대한 느낌을 나누도록 격려하고, 둘째, 사회복지사가 클라이언트에 대한 긍정적 감정을 표현하며, 셋째, 클라이언트에게 면접의 내용을 요약한다. 면접을 요약하는 것은 개입과정에 대한 초점을 유지하게 하고 그 내용이 서비스와 일치하는지 점검하는 데 도움이 된다. 다음 단계로 클라이언트와 사회복지사는 추후 면접을 계획한다. 만약 마지막 면접이거나 단회 면접이라면 클라이언트에게 작별 인사를 할 수 있는 기회를 주고, 새로운 문제가 발생하거나 어려움이 있을 때 언제든지 방문할 수 있다는 가능성을 제시한다.

종결은 클라이언트의 전체적 면접에 대한 인상을 결정하기 때문에 중요하다. 따라서, 종결은 서두르는 느낌을 갖지 않도록 충분히 시간 배정을 한다. 만약 사회복지사가 매회 성공적으로 면접을 종결했다면, 전체적 서비스 종결도 잘 될 수 있을 것이다. 그러나 사회복지사가 철저히 준비를 했다고 하더라도, 종결이 어려운 클라이언트가 있을 수 있다.

4) 면접의 기술

면접의 기술이란 상담과정에서 클라이언트의 의도를 올바르게 파악하고 상담을 성공적으로 이끌어줄 수 있는 방법, 즉 상담자가 클라이언트의 관계 속에서 지니고 있어야 할 의사소통기술이라 할 수 있다. 면접의 기술을 구체적으로 살펴보면 다음과 같다(조미숙 외, 2021: 179－185 ; 서혜석 외, 2018: 157－177 ; 김철진 외, 2016: 162－166).

(1) 관찰

관찰은 면접의 가장 기본적인 기술로서 클라이언트가 말하고 행동하는 것에 주의를 기울여 있는 그대로를 보는 것이다. 관찰은 경청과 더불어서 사회복지실천 면접의 전 과정 동안 사용하는 중요한 기술이다. 특히, 사회복지사가 클라이언트의 표정, 손놀림, 눈 맞춤, 얼굴 붉힘, 억양 등의 비언어적 표현을 통해 클라이언트의 감정과 표현의 차이를 분명히 하여 클라이언트를 이해할 수 있다. 사회복지사가 관찰해야 할 내용은 클라이언트의 언어적(verbal)·비언어적(nonverbal) 표현, 시작하는 말과 종결하는 말의 내용, 대화 중에 주제의 이동이나 반복되는 언급, 내용의 불일치, 숨겨진 의미, 침묵 등이다.

(2) 경청

경청은 면접에서 가장 중요한 기술이다. 경청이란 사회복지사가 클라이언트의 말에 선택적으로 주목하는 것을 말한다. 즉, 클라이언트가 무엇을 말하는지, 면접자의 질문에 어떻게 반응하는지를 듣는 것이다. 이때 경청은 클라이언트의 어려움에 공감하고 그에게 필요한 반응을 해가면서 적극적으로 잘 듣는 것이다. 경험이 부족한 사회복지사의 공통된 실수는 자신이 이야기를 많이 하고 클라이언트가 말할 기회를 적게 주는 것이다. 이러한 태도는 전문적 관계형성을 방해할 뿐 아니라, 클라이언트로 하여금 사회복지사의 신뢰감을 떨어뜨리게 한다.

효과적인 의사소통을 위한 중요한 관건은 상대적으로 더 비중을 두어야 할 클라이언트의 말과 행동을 선택하여 주목하는 것이다. 경청을 잘하기 위한 방법은 다음과 같다.

① 클라이언트가 말을 할 때 적절한 반응을 보여 준다. 예를 들어, 고개를 끄덕거린다든지, 단순한 "아", "예" 등과 같은 음성적 반응 등을 보여 준다.

② 사회복지사가 궁금하거나 내용을 잘 이해하기 위하여 적절한 질문을 하면, 클라이언트는 자신의 말을 경청하고 있다는 느낌을 받게 된다.

③ 클라이언트가 한 말에 대하여 반복과 환언을 실시한다. 반복과 환언을 통해 클라이언트의 말을 충분히 경청하고 있음을 표현할 수 있다.

(3) 질문

대부분의 의사소통은 질문을 하지 않고는 대화가 이루어지지 않는다. 질문은 면접의 중심이 되는 기술이다. 면접자는 몇 마디의 질문으로 클라이언트에게 많은 이야기를 하도록 해야 한다. 특히, 클라이언트의 보조에 맞춰서 질문을 해야 하고, 우회적이며 도움을 주기 위한 질문을 해야 한다.

질문을 하는 목적은 필요한 정보를 얻기 위해, 클라이언트의 마음을 탐색하기 위해, 클라이언트의 말을 정확하게 이해하기 위해, 대화의 실마리를 풀기 위해 질문을 한다. 그리고 치료의 개입수단으로 질문을 하게 된다. 질문에는 여러 가지 기술이 있다.

① 개방형 질문과 폐쇄형 질문

개방형 질문이란 자유로운 응답이 나올 수 있는 질문형태를 말한다. 반면, 폐쇄형 질문이란 비교적 제한된 답이 나올 수 있는 질문의 형태를 말한다. 어떠한 질문의 형태가 좋다고 말할 수는 없지만, 클라이언트의 생각이나 감정이 어떠한지 폭넓게 들어보고 싶은 경우에는 개방형 질문이 좋다고 할 수 있겠다. 특히, 폐쇄형 질문을 많이 할 경우에 클라이언트는 조사당한다는 느낌이 들 수 있으며, 불쾌할 수 있다.

- 개방형 질문: "사회복지사에 대해서 어떻게 생각하세요?"
- 폐쇄형 질문: "사회복지사는 좋은 직업이야. 너도 그렇게 생각하지?"

② 간접질문과 직접질문

직접질문은 문장의 형태가 의문문이고, 간접질문은 서술문의 형태로 이루어진다. 간접질문은 클라이언트 자신이 질문을 받는다는 느낌을 덜 받으며, 질문공세를 받는다는 느낌을 주지 않는다.

- 직접질문: "사회복지사란 직업이 좋지?"
- 간접질문: "사회복지사는 클라이언트에게 꿈과 희망을 주는 직업이야."

(4) 반영

반영(reflection)은 클라이언트의 말과 행동에서 표현된 기본적인 감정, 생각 및 태도를 사회복지사가 다른 참신한 말로 부언해 주는 것이다. 이것은 클라이언트의 자기이해를 도와줄 뿐만 아니라, 클라이언트로 하여금 자기가 이해받고 있다는 인식을 갖게 된다. 그런데 클라이언트가 한 말을 그대로 다시 반복하는 식으로 반영해 주면 클라이언트는 자기의 말이 어딘가 잘못되지는 않았나 하고 생각하게 되거나, 사회복지사의 그러한 반복에 지루함을 느끼기 쉽다. 그래서 가능한

한 다른 말을 사용하면서 관심을 가지고 이해하고자 한다는 태도를 보여야 한다.

(5) 명료화

명료화(clarification)는 클라이언트의 말 속에 내포되어 있는 뜻을 클라이언트에게 명확하게 말해 주는 것이다. 즉, 클라이언트가 말하고자 하는 의미를 사회복지사가 생각하고, 이 생각한 바를 다시 클라이언트에게 말해 준다는 의미에서 클라이언트의 말을 단순히 재진술하는 것이 아니다. 다시 말해서 명료화는 클라이언트의 실제 반응에서 나타난 감정 또는 생각 속에 암시되었거나, 내포된 의미를 클라이언트에게 보다 분명하게 말해 주는 것이다.

명료화하기는 주로 클라이언트가 보다 더 명확하게 말하도록 격려하도록 클라이언트가 말한 것에 대해 사회복지사가 이해했음을 입증하기 위해 질문하는 것이다. 그러한 질문은 "당신이 말하기를"로 시작하기도 한다. 그러나 명료화하기는 면담의 흐름을 방해할 수 있는 '바꾸어 설명하기'와 같이 어떤 사람은 쉽게 기분이 나빠질 수도 있다. 자신들의 의사소통을 잘못하는 것을 의미하거나, 은근한 비난으로 여기기 때문이다.

(6) 직면

직면(confrontation)은 클라이언트가 자신의 문제를 유지하거나, 그에 영향을 미치는 사표 감정, 행동과 대면하는 것을 말한다. 직면은 클라이언트가 자신의 사고, 믿음, 감정과 행동에서 모순과 불일치의 맹점을 알고, 역기능적 행동을 생산하거나 영속화하려는 경향이 있을 때 사용하는 것이 좋다.

직면은 클라이언트가 모르고 있거나, 인정하기를 거부하는 생각과 느낌에 대해서 주목하도록 하는 사회복지사의 언급(또는 지적)이다. 예를 들어, 클라이언트가 모르고 있는 과거와 현재의 연관성, 행동과 감정 간의 유사점 또는 차이점 등을 지적하고 그것에 주목하도록 하는 것이다. 직면은 클라이언트의 변화와 성장을 증진시킬 수 있는 반면, 클라이언트에게 심리적인 위협과 상처를 줄 수도 있다.

(7) 해석

상담에서의 해석(interpreting)은 사회복지사에게 어떤 의미를 전달하고자 하는 사회복지사의 시도이다. 해석은 클라이언트의 여러 언행들 간의 관계 및 의미에 대한 가설을 제시하는 것이다. 즉, 클라이언트로 하여금 과거의 생각과는 다른 각도에서 자기의 행동과 내면세계를 파악하게 하는 것이다. 해석의 의미나 범위는 전문가들에 따라 다르게 설명된다. 예를 들어, 고전적 정신분석가들은 주로 내담자를 저항의 본질에 직면시키려 하는 언급만을 해석으로 간주한다. 또한 '인간중심치료'의 사회복지사들은 획일적인 해석은 피하고, 주로 감정의 명료화나 반영을 사용한다. 이들은 해석이 저항을 조장하며, 사회복지사에게 너무 많은 치료적 책임을 갖게 한다고 주장한다. 그러나 실제로는 감정의 반영도 대부분 온화한 해석이다.

해석의 방법에는 행동 및 성격 변화의 원리와 가정에 따라 결정되는 것이 적

반영 · 명료화 - 직면 및 해석 반응의 구분(예)

다음은 클라이언트의 꿈 이야기에 대해서 반영·명료화·직면 및 해석이 어떻게 다르게 나타날 수 있는지를 예시한 것이다(서혜석 외, 2018: 162).

클라이언트: "지난 밤 꿈에 저는 아버지와 사냥을 갔는데 제가 글쎄 사슴인 줄 알고 쏘았는데, 나중에 가까이 가보니깐 아버지가 죽어 있었습니다." 그래서 깜짝 놀라 잠에서 깨었습니다. "디어 헌터(Deer hunter)"라는 영화를 본 지 며칠 안 되서 그런 꿈을 꾸었는지 모르겠어요."

반영: "그런 끔찍한 꿈을 꾸고 마음이 몹시 당황했군요."

명료화: "꿈이었겠지만, 총을 잘못 쏴서 아버지를 돌아가시게 한 죄책감과 같은 것을 느꼈는지도 모르겠군요."

직면: "너무 권위적이고 무관심한 아버지가 혹시 사고로 세상을 떠났으면 하는 생각이 마음 구석에 있었는지도 모르겠군요."

해석: "부모에게 효도해야 한다는 동양문화권에서 볼 때, 그런 꿈을 꾸었다는 사실에 마음이 심란하기도 하겠지요. 그리고 한편으로는 권위적 존재에 대한 적개심으로 간접적으로나마 인정하고 표현했다는 점도 중요하겠지요."

절하기 때문에 해석 방법의 일반적 지침을 말하기는 힘들다. 사례에 따라 적절히 그리고 다양하게 활용될 수밖에 없을 것이다.

(8) 요약하기

요약하기는 한 주제에서 다른 주제로 넘어가기 전에 그동안 논의된 바를 간단히 요약하여 핵심을 잡아주거나, 지나치게 긴 클라이언트의 말을 정리하여 장황한 주제가 어떻게 연결되는지를 간략히 설명해 주는 것이다. 그리고 한 세션이 끝날 때 그날 세션에서 다루었던 내용을 정리함으로써, 그 내용이 다음 세션으로 연속될 수 있도록 도와준다. 면접과정에서 나온 주요 내용들을 연결하여 요약해 주는 것이다.

면접 중간중간 이야기된 내용을 요약하고 강조할 필요가 있다. 요약을 통해 면담 동안 진전된 사항을 파악할 수 있고, 중요한 이슈나 요점을 다시 한번 생각할 수 있는 기회를 가질 수 있다.

또한 면담내용이 정확한지를 확인하는 기회를 제공한다. 즉, 클라이언트가 전달하려는 바가 분명치 않을 때, 클라이언트가 여러 가지의 주제, 내용, 상황, 사건 등을 한꺼번에 말하고자 할 때, 클라이언트가 무슨 말을 하고 있는지 혼돈에 빠졌을 때, 상담자 역시 클라이언트를 충분히, 확실히 이해하고 있는지 의심스러울 때 등이다. 이외에도 클라이언트가 너무 오래 말할 때, 요약하기는 좋은 기술이다.

(9) 분위기 조성

분위기 조성은 면접을 위해 심리적으로 편안한 분위기를 만드는 기술이다. 이를 위해 서로에 대한 이해와 개방성을 촉진시킬 수 있는 방향으로 분위기를 조성해야 한다. 면접 분위기를 조성하기 위해서는 일단 자연스럽게 자신의 관심사에 대해 이야기할 수 있도록 가벼운 일상 대화로부터 시작하여 클라이언트의 관심사와 문제에 초점을 두어 진행하도록 한다.

(10) 초점화

클라이언트가 어떤 주제에 대해 회피하고자 말을 모호하게 하거나 두서없이 말을 산만하게 하고 혼란스러워할 때, 사회복지사가 간단히 언급함으로써 다시 초점을 맞추는 것이다. 클라이언트가 자기 문제를 언어로 표현할 때, 말속에 숨겨진 선입견, 가정, 혼란을 드러내어 자신의 사고과정을 명확히 볼 수 있도록 해 준다.

2 사회복지실천의 기록

1) 기록의 개념

기록은 사회복지실천현장에서 필요한 중요한 기술 가운데 하나이다. 클라이언트가 말하는 내용을 즉시 기록하는 것이 일반적이지만, 목적에 따라 여러 가지 방법을 사용할 수도 있다. 기록은 면담의 부수적 요소이다. 따라서, 기록이 면담의 흐름에 장애가 되지 않도록 하고 기록하는 것에 대해 사회복지사 자신이 편안해야 한다. 특히, 면담 시 기록을 하는 동안 눈맞춤이 안 되는 등 주의집중에 대한 장애가 되지 않도록 주의한다(길귀숙 외, 2018: 253).

카두신과 카두신(G. Kadushin & Alfred Kadushin)은 2015년 그들의 저서 『사회복지 인터뷰(*The Social Work Interview*)』에서 다음과 같이 주장한다. 카두신 등(Kadushin & Kadushin, 2015)에 따르면, 효율적 기록을 위해서는 면담을 할 때마다 점검과 평가를 하는 것이 유용하다. 만약 클라이언트가 면담 중 기록에 대해 신경을 쓰거나 주저함을 보이면, 사회복지사는 반드시 클라이언트와 의사소통을 해야 하고, 면담의 장애로 판단되면 기록을 중단해야 한다.

『사회복지 인터뷰』
(2008년 출판)

케이글과 코펠스(Jill Doner Kagle & Sandra Kopels)는 1995년 그들의 저서 『사회복지 기록(*Social Work Records*)』에서 다

『사회복지 기록』
(2008년 출판)

음과 같이 주장한다. 그들(Kagle & Kopels, 2008)에 따르면, 기록은 사회복지실천과 서비스 전달에 중요한 역할을 해 왔다. 사회복지사들은 클라이언트에 대해 기록을 해야 하고 서비스의 목적, 과정, 영향에 대해서도 기록을 해야 한다. 즉, 클라이언트의 상황을 측정한 내용을 기록해야 하며 서비스의 목적과 과정을 서술해야 하며, 활동의 결과와 진전 내용도 평가해야 한다.

기록은 사례에 대해 알 필요가 있는 사람에게 언제든지 정보를 줄 수 있도록 하기 위해 정보를 보존하고, 서비스 전달을 촉진하며, 기관 내외의 전문가들과의 의사소통을 가능하게 하며, 실천가들을 교육 및 감독하고, 서비스의 질을 높이며, 조사연구를 돕는 데 사용된다. 기록의 주요 목적은 책임성(accountability)이다. 실천가들은 자신의 서비스를 기록하고 설명하고 평가함으로써 클라이언트, 기관, 지역사회에 대한 법적·윤리적 책임을 져야 하는 것이다.

2) 기록의 형태

기록의 종류에는 노트, 편지, 클라이언트나 클라이언트집단에게 주어진 서비스에 관한 기록 자료가 있다. 기록형태는 녹음기를 사용한 면담, 마이크로필름, 비디오테이프, 컴퓨터에 입력된 자료, 메모 등이 있다. 그 내용은 다음과 같다(길귀숙 외, 2018: 252－254 ; 최덕경 외, 2015: 225－227).

(1) 메모하기

메모(note taking)는 면접의 통합적 부분이다. 메모는 사회복지사의 지난 면접에 대한 기억을 상기시키고 클라이언트가 한 계약이나 사회력에 관한 정보, 전문적인 중요 사항 교환, 해결되었거나, 미결로 남아 있는 사항에 대한 정리 등을 기록하기 위해서 필요하다. 그러나 면접의 목적이 메모하는 것보다 우선시되어야 하고, 면접 전 클라이언트의 동의를 받아야 한다.

기록을 위하여 사회복지사는 간단히 메모할 수 있다. 메모가 필요한 경우, 좀 더 나은 이해와 면접에 대한 평가 때문에, 또는 지도 감독을 받기 위해 메모를 하겠다고 미리 클라이언트에게 양해를 구하는 것이 좋다.

그러므로 메모의 작성요령은 클라이언트에게서 시선을 돌리거나, 종이를 보지 않고 신중히 메모하는 것이다. 또한 면접의 단편적 내용을 적절하게 기억할 수 있도록 주요 어구나 낱말을 적는다.

(2) 녹음, 녹화하기

녹음이나 녹화 역시 메모와 마찬가지로 클라이언트에게 사전 동의를 구하여야 한다. 녹음과 녹화(tape recording & video taping)는 메모하는 것보다 모든 대화의 내용을 기록하여 제공하기 때문에 효과가 있으나, 녹음은 채록하는 데 많은 시간과 노력을 요구한다. 녹화는 최근 들어 상담과 면담의 기술을 향상시키기 위한 방법으로 많이 쓰이고 있다.

3) 기록의 유형

사회복지실천현장에서 사용되는 기록유형은 최소 기본 기록, 과정 기록, 이야기체 기록과 문제중심 기록 등이 있다. 그 내용은 다음과 같다(최덕경 외, 2015: 222－223).

(1) 최소 기본 기록

최소 기본 기록(minimum basic recording)은 단순하고 경제적인 기록양식으로 기본적인 신상정보인 클라이언트의 이름, 주소, 전화번호, 직업과 수입, 가족이나 친척의 주소와 전화번호와 면접날짜, 클라이언트의 주요한 문제, 목적, 개입계획, 클라이언트의 반응, 탐색이 필요한 영역, 필요한 자원, 클라이언트를 위해 필요한 활동과 종결상태를 포함한다.

(2) 과정 기록

과정 기록(process recording)은 사회복지실천에서 가장 오랜 역사를 가지고 있는 기록법으로 면접과정 중에 일어난 모든 일을 꼼꼼히 있는 그대로 기록하는 것이다. 초창기 사회복지사들은 클라이언트와 그가 처한 상황을 분석하기 위해 클라이언트의 말과 행동, 관찰, 신념 및 추측 등 기억할 수 있는 모든 것을 기록하였다. 이 방법은 정확한 피드백을 얻을 수 있어 실습생이나 직원교육에서 사정기술 또는 면접기술 등의 훈련에는 유용하나, 시간이 많이 걸리고 번거로워 최근에는 별로 사용하지 않는다. 오히려 면접의 전 과정이 꼭 기록되어야 할 경우, 비디오촬영을 활용하는 방법을 쓰는데, 이때에는 클라이언트의 동의를 얻어야 한다.

(3) 이야기체 기록

이야기체 기록(narrative recording)은 개별적이며 독특한 기록양식으로 클라이언트 상황과 서비스 교류의 특수한 본질을 반영할 수 있어 임상실무를 기록하는데 특히 유용하다. 이 유형은 시간대별로 서술하거나 요약체로 할 수 있다. 요약체 기록은 일정 기간별로 묶어서 서술하는 형태인데, 일지기록을 바탕으로 작성한다. 대개 사회복지실천 과정 단계에 따라 요약하는 것이 효과적이며, 요약의 내용에는 면담일시와 대상, 장소, 문제탐색, 표적문제와 개입전략의 요약 및 계약, 개입 단계에서는 클라이언트의 과업수행 과정과 표적문제의 진행상태, 사회복지사의 과업수행이 포함되고, 마지막으로 종결단계의 문제상태와 사후지도계획이 포함된다. 이야기체 기록은 시간소모적이고 비용이 많이 든다는 것이 단점으로 지적되고 있다.

(4) 문제중심 기록

문제중심 기록(problem-oriented record, POR)은 단순히 기록차원을 넘어 문제해결 접근방법을 반영한다. 문제중심기록은 첫째, 우선 문제를 파악하기 위한 자료수집, 둘째, 문제의 규정과 구체적 문제목록 작성, 셋째, 개입계획, 넷째, 개인의 수행 및 점검으로 영역이 나누어져 개입의 초점을 잘 보여 주며 효율성을 향상시킨다는 평가를 받고 있다. 문제중심 기록을 많이 사용하는 기록포맷은 SOAIGP이다.

- S-주관적 정보(Subjective Information): 클라이언트 입장에서 보는 상황에 대한 정보관찰, 임상적 검사, 체계
- O-객관적 정보(Objective Information): 전문가의 관찰, 임상적 검사, 체계적 자료수집으로 이루어진 정보
- A-측정(Assessment): 주관적 및 객관적 정보를 검토하여 얻은 전문가의 결론
- I-인상(Impression): 사회복지사가 받은 인상, 가설, 사정 또는 평가
- G-목표(Goals): 현재 목표
- P-계획(Plan): 전문가의 문제해결 방안

문제중심 기록은 계획이 완성되면 개입과 점검과정에서 추가적인 정보를 진행노트에 기록하고 각종 양적인 정보는 체크리스트나 표 또는 그래프로 구성된 진행도(flow chart)에 기록하고 기록자의 코멘트를 첨가한다. 그러나 SOAIGP를 이용한 구조화된 기록은 클라이언트를 총체적으로 보지 못하고, 간결한 정보중심으로 구성되어 기계적이라는 단점도 지적되었다.

(5) 목표중심 기록

목표중심 기록(goal-oriented record, GOR)은 1970년대에 개발되었다. 목표중심 기록은 과제중심모델이나 목표성취척도(goal-attainment scaling)로부터 발전을 보게 되었다. 목표중심 기록의 특징은 목표의 구체화이다. 클라이언트의 목표 성취를 돕기 위한 과업이나 활동의 기록도 또한 특징이다.

두 가지 강조점이 있는데, 문제에 대한 구체적 기록과 목적에 관해 구체적으로 기록하는 것이다. 목표를 성취하기 위한 과제가 점검된다.

(6) 요약 기록

요약 기록(summary recording)은 일반적으로 사회복지기관에서 가장 많이 사용되는 기록형태로 시간의 흐름에 따라 변화된 상황, 개입활동, 중요한 정보 등을 요약하여 기록하는 것이다. 요약 기록은 날짜와 클라이언트의 기본적인 사항

을 적은 뒤 개입내용과 변화상황을 간단히 요약하면 된다.

1회의 면접에서 파악한 것을 전체적으로 요점을 정리하여 기술한 방식이며, 압축기록이라고도 부른다. 요약기록을 정리하는 요령은 다음과 같다.

첫째, 면접할 동안 사회복지사와 클라이언트가 한 말을 반복하지 않는다.

둘째, 주된 관점은 클라이언트이며 사회복지사는 진단적 요약, 사회복지사가 받은 인상 또는 사정과 같은 특정문제와 관찰이나 감정과 분석적 사고를 기록한다.

셋째, 요약 기록은 결과를 서술하는 것이지만, 보통 사회복지사가 그 결과를 얻기 위해 취한 모든 단계를 서술하지는 않는다.

4) 기록의 관리

면접기록은 클라이언트 개인에게는 대단히 소중한 내용일 수 있다. 클라이언트 자신만이 간직하고 싶은 이야기를 사회복지사와의 대화 속에 노출하기도 하기 때문에 클라이언트와 면접하는 사회복지사는 기록의 관리를 철저히 해야만 한다. 기록된 파일을 책상 위에 놓고 자리를 비우거나, 기록이 컴퓨터 화면에 노출되어 있는 상태에서 자리를 비우는 일 등은 사회복지사로서 자질을 의심하게 하는 사례가 될 수 있다. 어떠한 형태의 기록이든 사회복지사는 신중하고 철저하게 관리함으로써 클라이언트의 비밀을 보장해야 할 의무와 책임이 따른다.

기록이라는 것은 사람들에게 전달하기 위해 어떠한 사실이나 중요한 사항을 작성하고 기입하는 것이며, 이를 문서화한 경우를 말한다. 또한 기록의 경우에는 면접을 진행하면서 얻게 되는 다양한 정보를 문서로 남김으로써 계획적인 면접을 의식적으로 전개해나갈 수 있다. 또한 면접의 질을 향상시킬 수 있는 수단이 될 수 있고, 나아가 어떠한 문제가 발생했을 경우에는 면접자의 책임소재를 명확하게 할 수 있다. 기록을 할 때 유의해야 할 사항으로는 다음과 같다(권향임 외, 2018: 196－197).

첫째, 사정, 개입, 평가의 기초가 되는 클라이언트의 상황에 관한 정보를 잘 정리해야 한다는 것이다.

둘째, 현실 상황에 대한 객관적인 서술과 사회복지사의 주관적 견해가 명확하게 분리되어 읽는 사람들이 사회복지사의 관찰 사항과 해석을 구분하여 이해할 수 있도록 해야 한다.

셋째, 기록이 간결·타당·명확하며 구체적이고 논리적이어야 한다. 또한 시기 적절하며 의미 있고 사실에 근거하도록 노력해야 한다.

넷째, 전문가적 윤리를 바탕으로 기록업무를 수행해야 한다.

다섯째, 전문가의 견해를 담으면서도 클라이언트의 관점을 무시하지 않도록 애써야 한다.

연습문제

01 다음은 기록의 중요성에 대해 설명한 것이다. 가장 거리가 먼 것은?

① 다른 사회복지사에게 사례가 넘어가는 경우 사례의 지속성을 유지할 수 있게 한다.
② 클라이언트의 비밀보장을 철저하게 해 준다.
③ 사회복지사의 개입활동에 대한 평가를 할 수 있게 한다.
④ 클라이언트의 욕구를 파악할 수 있다.
⑤ 전문가 간 의사소통의 도구로 활용될 수 있다.

02 사회복지실천에서 면접의 특성에 관한 설명으로 옳지 않은 것은?

① 클라이언트에 대한 이해를 촉진하기 위해 면접이 필요하다.
② 사회복지실천 단계마다 면접의 목적은 달라진다.
③ 면접 장소는 사회복지 기관의 사무실이나 상담실로 한정한다.
④ 사회복지사와 클라이언트의 역할은 서로 다르다.
⑤ 정보수집을 위한 면접보다 치료적 면접이 더 목적 지향적이다.

03 기록에 관한 설명으로 옳은 것은?

① 과정기록은 주관적이다.
② SOAP기록은 슈퍼비전에 효과적이다.
③ 이야기체 기록은 문제해결방식을 반영한다.
④ 요약기록은 기록자의 능력에 의존하는 정도가 높다.
⑤ 과정기록은 사회복지사가 가장 많이 사용하는 기록 유형이다.

04 면접에 대한 설명으로 옳지 않은 것은?

① 특정한 역할이 있다.
② 특수한 장(場)이 정해져 있다.
③ 계약에 의해 이루어진다.
④ 목적 지향적이다.
⑤ 면접장소가 제한적이다.

정답 1. ② 2. ③ 3. ① 4. ⑤

Chapter 9

사회복지실천의 관점

✓ **학습목표**

1. 사회체계에 대한 이해
2. 생태체계에 대한 이해
3. 강점관점에 대한 이해
4. 체계 간 상호 비교 분석

✓ **학습내용**

1. 사회체계관점
2. 생태체계관점
3. 강점관점
4. 통합적 접근

✓ **개요**

사회복지실천은 체계이론에 바탕을 두고 있다. 즉, 사회체계와 생태체계는 사회복지체계를 이루고 있다. 이들은 다양한 형태의 사회환경체계를 이룬다. 여기에서는 사회복지실천의 관점에서 체계이론과 강점관점에 관하여 학습하고자 한다.

Chapter 9

사회복지실천의 관점

1 사회체계관점

1) 사회체계관점의 개요

사회체계(social system)란 사람들로 구성되어 있고, 사람들에게 영향을 미치는 체계들로 사회적 환경 안에 존재하는 다양한 형태의 사회조직이라고 할 수 있다(고명수 외, 2018: 195). 즉, 개인, 가족, 집단, 조직, 지역사회, 계층, 문화 등은 사회체계라고 할 수 있다. 개인은 내적으로 신체적·사회적·정서적·인지적 측면 등의 하위체계로 구성되어 있다.

이러한 개인을 중심으로 보면 개인으로 구성된 가족, 소집단, 조직, 지역사회, 국가사회, 문화, 대륙 등과 같은 것은 상위체계라고 할 수 있다. 다시 말해서 인간과 인간의 체계는 수직적으로 개인－가족－소집단－조직－지역사회(community)－사회(society)－국가 등으로 체계의 서열이 있고, 수평적으로 같은 위상의 다른 기능을 하는 체계들이 있다. 이러한 체계는 어떤 위계상의 대표적 체계일 뿐 다른 여러 가지의 비슷하거나 다른 기능을 하는 체계가 얼마든지 있다. 예를 들면, 가족을 중심으로 보면 다른 친척이나 친구의 가족과 이웃의 다른 가족이 있고, 소집단을 중심으로 보면 친구집단, 다른 불량배 집단, 약물사용자집단 등이 있을 수 있고, 조직을 중심으로 보면 학교, 학원, 교회, 직장, 공공행정기관, 사회복지서비스기관, 사회복지시설, 동창회, 동호인단체, 사회봉사단체 등 다양하다. 그리고 다른 지역사회나 이웃나라 등도 사회체계가 된다. 따라서, 이러한 체계에는 동등한 위상의 등위체계, 하위체계, 상위체계가 있고, 이들은 위상이나 수준에 관계없이 상호관계를 가지며 영향을 주고받을 수 있다.

사회체계관점은 다양한 체계 간의 상호작용을 강조하는 개념이다. 사회체계관점은 광범위한 상징의 의미를 포괄하고, 개인, 집단, 조직, 지역사회 간의 관계를 강조하며, 세상을 이해하는 데 필요한 폭넓은 시각을 제공하기 때문에 다양한 현장에 적용할 수 있다. 특히, 사회복지는 개인과 환경 내 여러 시스템 간의 상호작용에 초점을 두고 '환경 속의 인간'이라는 관점을 유지해 왔기 때문에, 사회체계관점은 사회복지사가 사회환경 내에서 인간의 행동을 폭넓게 이해하고 가치중립적인 태도를 갖도록 한다. 사회체계적 관점은 일반체계이론의 관점을 적용한 것이다. 일반체계이론은 전체성의 과학으로 비유되는 질서이론이다(김영철 외, 2022a: 307).

사회체계란 환경 속의 인간행동을 이해하는 데 체계가 성장 또는 변화하면서 안정성을 유지해가는 방법을 설명하는 이론이라고 할 수 있다. 인간을 통합된 하나의 체계로 보는 통합적 인간관이며, 한 영역의 변화는 전체 인간의 사회적 기능에도 영향을 미칠 수 있다. 한 개인의 부적응 원인은 그를 둘러싼 사회체계와 역기능적 상호작용에 의한 것으로 본다(손병덕 외, 2019: 237).

일반체계이론이 '체계'라는 추상적 개념으로 설명하는 반면, 사회체계관점은 가족, 조직, 지역사회, 문화 등 구체적인 사회체계를 다루어 인간행동에 영향을 미치는 다양한 체계 수준의 사회체계를 설명하는 이론이다. 사회도 사람들이 공동의 장소와 문화를 공유하고 상호작용하는 하나의 체계이므로, 체계이론으로 설명이 가능하다. 사회복지 분야에서는 일반체계이론을 도입하여 4체계이론이나 6체계이론 등으로 발달되었고, 사회학 분야에서는 사회학자 파슨즈가 사회체계관점을 발달시켰다(고명석 외, 2018: 239).

결론적으로 체계이론은 체계부분들의 상호연관을 지배하는 일련의 원칙들을 설명하는 데 호소력을 가지고 있다. 마르크스 경제학과 케인즈 경제학 이론들도 체계이론이라고 공식화할 수 있다. 체계이론의 장점은 체계 간의 관계를 고려한다는 사실이다. 특히, 사회변동의 효과를 생각하는 데 있어서 체계적 접근은 우리로 하여금 변화의 방향을 예측하게 만든다.

체계이론(systems theory)은 체계에 대한 연구로서, 이것은 목표추구적 체계의 일반적 특성을 강조한다. 따라서, 일반체계이론이라고 불리기도 한다. 이 이론은 1950년대와 60년대에 유행하였으며, 사회학에서는 파슨즈(Talcott Parsons, 1902~1979)의 업적과 관련되어 있다. 일반체계이론의 시각은, 체계의 일반적 개념을 사회체계, 그리고 생물이나 기계론에 있어 여러 가지 자생적인 체계에 대해 모두 적용할 수 있다고 본다. 그러나 그 원형은 기계적 체계와 생물적 체계에서 나온 것이다. 체계이론은 자연과학에 학문적 기초를 두고 있는 일반체계이론(general system theory)에서 비롯되어, 사회과학영역에서는 체계이론을 일반체계이론에 바탕을 두고, 파슨즈의 구조기능이론적 관점에서 재조명한 사회체계관점(social system theory)으로 확대되어 사회복지 분야나 인간행동을 이해하는 학문에까지 사용하고 있다.

『사회체계』
(2012년 출판)

파슨즈는 그의 저서 1951년 그의 저서 『사회체계(*The Social System*)』에서 사회체계를 다음과 같이 정의한다.

파슨즈(Parsons, 2012)에 따르면, 사회체계는 최소한도의 물리적·환경적 측면을 가진 상황에서 상호작용하는 복수의 개인적인 행위자가 있고, 이 행위자는 만족 최대화에 대한 경향이라는 측면에서 동기화되고, 또한 행위자 상호를 포함하는 상황과의 관계가 문화적으로 구조화되고 공유되는 상징을 통해서 규정되고 매개되는 것이라고 한다. 사회체계의 주요 단위는 집합체와 역할들이며, 이러한 단위들을 연결하는 주요한 유형이나 관계는 가치와 규범이다.

최근 들어 사회복지영역에서는 생태체계이론(ecology theory)이 새롭게 등장하여 체계이론은 다양한 개념을 제시하고 있다. 생태체계이론은 생태학(ecology)과 일반체계이론(general system theory)적 관점을 통합한 이론으로, 현재 사회복지실천에서 가장 널리 사용되고 있다. 사회복지영역에서 체계이론에 대한 관심이 증대하게 된 배경으로는 기존의 성격이론들이 개인의 내재적 문제 또는 행동의 변화에만 초점을 두고, 개인의 성격발달에 상당한 영향을 미치는 환경이라는 주요 변수를 고려하지 못하고 사회구조적인 부분을 간과하고 있다는 점을 보완하기 위하여 도입되었다고 할 수 있다. 따라서, 생태학은 인간발달의 진화적·적응적 관점과 종의 특성들을 설명하는 데 유용한 개념이 되었고, 인간이 그들의 환경과 지속적인 상호작용을 하고 있다는 것을 강조하여 '상황 속의 인간'의 관점을 지향하는 기능주의를 넘어서는 또 다른 성격이론의 패러다임을 창출하였다.

이러한 관점은 자연과의 끊임없는 상호작용을 하는 인간의 실체를 규정하고 인간을 둘러싼 사회환경과 물리적 환경의 맥락을 통해 인간의 심리사회적 문제에 대한 깊은 통찰력을 제공하는 등 사회복지실천에서 인간의 문제에 대한 새로운 시각과 접근법을 개발하는 데 도움을 줄 수 있을 것이다. 사회복지영역에서 다루어지는 체계이론은 크게 사회체계관점과 생태체계이론 등으로 구분할 수 있다.

체계이론의 분류는 〈표 9-1〉과 같다.

| 표 9-1 | **체계이론의 분류**

<table>
<tr><th></th><th>특징</th><th>공통점</th></tr>
<tr><td>일반체계
이론</td><td>• 체계를 구성하는 요소들의 속성과 이들 간의 상호작용의 속성을 이해하고, 복잡한 체계 간의 관계 또는 체계 내부에서 이루어지는 상호작용의 특성을 설명한 이론
• 이론적·추상적·분석적 측면이 강함.
• 체계의 구조적 특성: 경계, 개방, 패쇄체계, 대상·상위·하위체계, 공유영역
• 체계의 진화적 특성: 균형, 항상성, 안정-평형상태
• 체계의 행동적 특성: 투입, 전환, 산출, 환류
• 사회복지실천에서의 적용: 개인과 환경의 문제를 상호 연결된 전체로 파악하여 문제사정과 개입체계를 명확하게 해 줌.</td><td rowspan="2">• 다양한 체계에 관심을 갖고 있고, 인간과 환경 사이의 상호작용을 강조
• 체계를 하나의 전체로 바라보고 체계 안에서 발생하는 스트레스와 이에 대응하는 인간의 균형에 관심</td></tr>
<tr><td>사회체계
관점</td><td>• 일반체계이론의 관점을 적용하여 사회체계를 설명하는 이론
• 인간행동에 영향을 미치는 다양한 체계 수준인 개인, 가족과 조직을 포함하는 소집단, 지역사회와 같은 더 복잡하고 넓은 사회체계를 설명하는 데 관심을 둠.
• 개인과 환경 간의 적합성과 상호 교류 강조
• 사회복지실천에서의 적용: 4체계이론과 6체계이론</td></tr>
</table>

	특징	공통점
생태체계 이론	• 일반체계이론+생태학 이론 • 인간과 환경 사이의 상호보완성을 설명하는 이론, 일반체계이론의 주요 개념들을 그대로 받아들이면서, 일반체계이론이 가지는 한계점을 극복하기 위해 생태적 관점을 도입 • 생태적 체계의 구성: 미시체계, 중간체계, 거시체계, 외부체계, 시간체계 등 • 사회복지실천에서의 적용: 저메인과 기터만(Germain & Gitterman, 1987)의 생활모델, 생태도 활용	

자료: 고명석 외(2018: 240).

사회체계의 특성으로는 다음과 같다(김보기 외, 2019a: 97).

첫째, 규칙적인 상호작용이나 상호의존성에 의해 통합된 조직이다.

둘째, 외부 환경과 지속적인 상호 교류를 통하여 다양한 수준에 걸쳐 존재하면서 안정적인 구조를 지닌다.

셋째, 하나의 체계가 변화하면 전체 체계의 변화가 수반된다.

넷째, 성장과 발달을 유지하기 위해서는 적절한 수준에서 개방적이어야 한다. 반투과성 경계를 유지하는 체계가 건강한 체계이다.

다섯째, 부분성과 전체성이라는 특성을 모두 가지고 있다.

여섯째, 대상체계는 갈등의 초점이 모이는 체계이다.

2) 사회체계관점의 핵심 개념

(1) 체계

체계(system)란 상호의존적이고 상호작용하는 각각의 부분들의 전체로, 부분들 사이에 관계를 맺고 있는 일련의 단위들이다. 이 단위들은 구성단위들의 집합체이지만 단순 집합이 아니라, 구성단위 간의 상호작용 또는 관계 양상을 포함하는 하나의 전체 또는 단위를 의미한다. 이 맥락에서 체계는 '전체의 각 부분들의 합보다 크다'로 정의된다(고명석 외, 2018: 237–238).

체계란 정보, 에너지, 자원 따위를 교환하면서 역동적으로 존재하는 실체를 말한다. 체계의 유형은 다양하며, 체계들 간에는 일정한 경계가 있다. 또한 모든 체계가 원칙적으로 개방적인 속성이 있지만, 현실적으로는 완전한 개방체계나 안전한 폐쇄체계가 존재하지 않으며, 개방체계와 폐쇄체계의 연속선상에 위치한다. 체계는 대상체계(subject system)를 중심으로 상위체계(supra system)와 하위체계(sub system)가 존재하며, 각 체계들 간에는 위계(hierarchy)가 존재한다.

체계가 기능적으로 완전체가 되기 위해서는 구성요소 전체가 질서 있게 상호연관성이 있어야 한다. 기본적으로 사람으로 구성되어 사람에게 영향을 주는 사회체계로, 하나의 거대한 국가, 공공복지 서비스 담당부서 또는 부부 등이 이러한 체계의 예가 될 수 있다. 개방체계(opened system)는 다른 체계와 에너지, 정보, 자원 등을 상호 교류하는 체계이며, 폐쇄체계(closed system)는 다른 외부체계와 상호 교류가 없거나 또는 교류할 수 없는 체계이다. 모든 체계는 개방체계와 폐쇄체계의 연속선상에 존재한다.

체계는 다음과 같은 특성을 가지고 있다(김영철 외, 2022a: 312-313).

첫째, 체계는 상호의존적이고 상호작용하는 각각의 부분들로 구성된 전체이다.

둘째, 체계의 한 부분에 미치는 영향은 전체 안에서 다른 체계의 부분에 영향을 미친다.

셋째, 체계는 다른 체계와 구분해 주는 눈에 보이지 않는 테두리로서 체계와 환경을 구분하는 경계가 있다.

넷째, 체계는 외부와 내부의 변화에 적응하고 안정상태를 유지한다.

다섯째, 체계는 스스로 안정상태를 유지, 발전하는 항상성의 원리가 있다.

(2) 개방체계와 폐쇄체계

① 개방체계

개방체계(open system)란 체계가 그것을 둘러싸고 있는 환경과 상호작용을 하는 것으로 인식하는 것을 의미한다. 이 체계는 다른 체계와 에너지, 정보, 자원 따위를 상호 교류하는 체계로써, 체계 내 사람들이 환경 또는 다른 체계들과 빈번한 상호작용을 하는 경우를 말한다. 개방체계는 체계 내에서 정보와 자원을 자유롭게 교환하며 체계 안으로 뿐 아니라, 체계 밖으로도 자유롭게 에너지의 교환을 허용한다. 개방체계는 반투과성의 경계를 가지므로 경계가 상대적으로 느슨해 에너지, 정보, 자원을 다른 체계들과 교환한다. 건전한 사회체계는 반투과성의 경지를 가지며, 이 경계를 잘 유지한다(표갑수 외, 2017: 280－281).

② 폐쇄체계

폐쇄체계(closed system)란 다른 외부체계들과 상호 교류가 없거나, 또는 교류할 수 없는 체계를 말한다. 즉, 폐쇄체계에서는 사람들이 주로 그 체계 안에서만 상호작용을 하고 체계 밖의 환경 또는 다른 체계와는 상호작용을 하지 않는다. 체계 안의 에너지, 정보, 자원 따위가 외부로 나갈 수가 없으며, 외부로부터의 유입도 없는 상태이다.

사회체계는 그 경계 바깥의 환경으로부터 에너지나 정보를 수용할 수도 수용하지 않을 수도 있는데, 폐쇄체계는 환경으로부터 고립되어 있다. 폐쇄체계는 경계 밖의 다른 체계들과 상호작용하지 않으므로 다른 체계들로부터 투입도 없고 다른 체계에 산출을 전하지도 않는다. 그러나 현실에서는 어느 체계도 완전한 개방 상태 또는 완전한 폐쇄 상태로 존재하지 않는다. 모든 체계는 개방체계와 폐쇄체계의 연속선상에 존재한다. 즉, 완전히 개방적인 사람이나 가족 또는 완전히 폐쇄적인 사람이나 가족은 우리 사회에 존재하지 않는다.

개방체계와 폐쇄체계를 구분하면 다음과 같다.

| 표 9-2 | 개방체계와 폐쇄체계

체계	내용
개방체계	• 환경과 역동적으로 연결되어 빈번하게 상호작용하는 체계 • 체계 안팎으로의 정보·자원·에너지의 투입이나 산출이 자유롭게 일어난다. • 환경과의 경계: 명확하면서도 유연하고 반투과적이다. • 속성: 항상성, 역엔트로피
폐쇄체계	• 다른 체계와 상호작용하지 않아 고립되어 있는 체계 • 속성: 균형, 엔트로피

자료: 생각의 마을(2018: 293).

(3) 경계

경계(boundaries)란 체계의 내부와 외부를 구분하는 폐쇄된 테두리로서 체계 내부로의 에너지 흐름과 외부로의 유출을 규제한다. 경계의 기능은 그것의 환경으로부터 체계를 구분하는 것이며, 기능 수행을 방해하는 환경의 영향력으로부터 체계의 부분들을 보호하는 것이다. 체계의 경계는 환경 내에서 투입과 산출의 교환을 위해 항상 투과성을 허락한다. 경계는 부모와 자녀 간에도 존재할 수 있다. 부모는 가정을 유지하며, 자녀들에게 지원과 양육을 제공한다. 경계가 반드시 장벽을 의미하는 것만은 아니며, 일정한 경계를 가지면서도 두 체계 간의 경계를 넘어 에너지를 교환할 때 그들은 연결될 수 있다.

(4) 투입, 전환, 산출, 환류

데일 등(Orren Dale et al.)은 1988년 그들의 저서 『인간행동과 사회환경: 사회체계이론(*Human Behavior And The Social Environment: Social Systems Theory*)에서, 투입, 전환, 산출의 내용에 대해 다음과 같이 주장한다(Dale et al., 2008).

『인간행동과 사회환경』
(2008년 출판)

① 투입

투입(input)은 과업 관련 투입과 유지 관련 투입이라는 두 가지 형태로 나뉜다. 과업 관련 투입은 그 사회체계가 관심을 갖는 지각된 욕구, 문제 또는 기회로 인해 발생한다. 유지 관련 투입은 지각된 욕구를 충족시키거나 문제를 다루거나 기회를 모색하거나 이용하는 데 필요한 자원들이다. 예를 들면, 클라이언트의 문제는 과업 관련 투입이고, 사회복지사 또는 돕는 데 필요한 기타 자원들은 유지 관련 투입이 된다.

② 전환

전환(conversion operations)은 구조와 상호작용으로 구성된다. 구조는 체계의 투입이 산출이 되는 과정에서 나타나는 일종의 순서이다. 구조에 포함되는 것은, 역할, 공식적인 행정적 준비, 가치, 시간, 예산, 계획안, 공간, 다른 체계들과의 유대 등이다.

③ 산출

산출(output)은 과업 관련 투입이 유지 관련 투입으로 기동되는 전환과정을 통해서 나온다. 산출은 과업산출, 유지산출, 소모로 분류된다. 과업산출은 과업 관련 투입이 처리된 결과이다. 원조를 요청한 클라이언트의 문제가 종결된 결과가 과업산출이 된다. 유지산출의 예로는, 클라이언트가 사회복지기관과 접촉함으로써 습득한 대인관계에 관한 지식과 기술을 들 수 있다. 소모는 과업산출과 유지산출을 낳는 데서 자원의 비효과적, 비효율적 또는 부적절한 사용을 의미한다. 사회복지사의 탈진(burnout)이 소모의 예이다. 산출은 다시 다른 체계의 투입으로 환경으로 내보내진다.

④ 환류

환류(feedback)는 투입의 특수한 형태로 체계가 자신이 수행한 것에 대한 정보를 받는 것이다. 즉, 체계의 에너지 전환과정을 거쳐 외부체계로 산출된 것에 대한 긍정적·부정적 반응 또는 정보가 체계로 다시 체계 내부로 투입되는 것(환류)이다. 예를 들어, 수학성적이 좋지 않았던 자녀가 90점을 받은 것은, 엄마의 지도로 자녀가 수학공부를 성실하게 했다는 정보를 알려 주는 것이다. 사회복지공동모금회의 지원기관으로 선정되었다는 것은 지원받을 정도의 프로포절을 기관이 작성했다는 환류를 받은 것이다(Zastrow & Kirst－Ashman, 2018).

(5) 환류와 목적 추구

체계의 투입이 발생하면 체계는 그에 대응하여 일정한 행동을 하게 되는데, 이 행동의 결과(즉, 산출)를 다시 체계에 투입으로 전환시키는 것을 '피드백(feedback)'이라고 한다. 즉, 피드백은 산출을 새로운 정보로 다시 투입시키는 과정인 것이다. 체계는 그것이 산출한 것을 다시 투입으로 전환함으로써 맹목적으로 내적 기제를 따르지 않고 목적 지향적으로 될 수 있다.

피드백에는 부정적 피드백(부적 환류)과 긍정적 피드백(정적 환류)이 있다. 부정적 피드백은 체계의 이탈을 수정하거나 변화시키는 것을 말한다. 즉, 원래 방향을 찾고 항상성 상태로 돌아갈 수 있게 하는 환류이다. 예를 들어, 클라이언트에 대한 사회복지사의 개입이 적절하지 못한 것에 대해 지도감독자가 지적할 수 있으며, 그 결과 사회복지사는 자신의 생각과 방식을 수정하고 클라이언트의 성장을 돕도록 목적을 재설정할 수 있다.

긍정적 피드백은 체계가 한쪽 방향으로 지속해서 이탈해 가는 것, 또는 체계가 그 목적과 관련하여 올바르게 행동하고 있으며, 같은 종류의 행동이 좀 더 요청된다는 의미를 말한다. 예를 들어, 전에는 벼락치기로 시험을 준비하던 학생이 이번에는 시험 3주 전부터 열심히 했더니 성적이 15등이나 올랐다. 이때 15등 오른 것은 3주 전부터 열심히 공부한 것에 대해 "잘하고 있으니 계속 그렇게 하라."는 형태의 정적 환류이다. 또는 심각한 부부갈등에 있어 누구도 개입되지 못한 상황이라면 결국 이혼으로 치달을 수도 있다. 긍정적 피드백은 엔트로피가 증가하는 상황에서 나타나고, 이러한 상황이 변화하지 않는다면 체계는 결국 해체될 수 있는 불안정상태로 위협받을 수 있다.

(6) 동등결과성과 다중결과성(다중종결성)

① 동등결과성

동등결과성(equivalent results)은 다른 체계들이 초기에는 각각 다른 상태였다고 하더라도, 투입(input)이 같은 경우에는 비슷한 안정상태에 도달할 것이라는 의미이다. 여러 가지 다른 방법으로 동일한 결과를 얻을 수 있기 때문에 단지 한 가지 사고에만 집착하지 않는 것이 중요함을 시사한다. 사회복지사는 가족의 경제적 지원을 위해 생계급여, 주거수당, 식품권, 보조금, 개인적인 후원 등의 다양한 방법 중 가능한 대안을 선택할 수 있다. 이는 여러 가지 방법으로 가족의 경제적 지원이 가능하다는 동등결과를 가져온다.

② 다중결과성

다중결과성(multiple results)은 처음의 조건과 수단이 비슷하다고 할지라도, 다른 결과가 야기된다는 체계이론의 기본 가정이다. 사회복지사가 동일한 치료적 방법으로 개입을 하더라도, 그 치료의 효과는 체계에 따라 달라질 수 있음을 이야기한다.

3) 사회복지실천과의 연관성

사회체계관점은 사회복지실천의 기초로서 인간행동에 대한 이해를 도울 수 있는 개인과 환경의 상호관계의 본질을 조명해 줄 수 있다. 일반체계이론에 입각해서 활동하는 사회복지사는 변화 노력에 관련된 많은 사람들과 여러 종류의 다른 상황에 적용할 수 있는 기본적 구조 틀을 가져야 하며, 막연하고 추상적인 지역사회나 조직이나 체계가 아닌, 문제를 가진 사람들을 변화시키기 위해 일해야 한다. 그리고 전통적 사회복지 개입방법은 일반적으로 문제를 제기하는 클라이언트체계만을 개입의 주요 표적으로 삼았지만, 체계이론을 활용하는 사회복지사는 클라이언트가 제시한 문제를 처리하는 데 가장 효과적인 행동체계를 찾아내야 한다. 사회복지사는 과업을 위해 클라이언트만 아니라, 다른 사람들과 관계를 맺어야 하며, 사회복지사가 한 체계와 일하면서 얻은 지식과 기술을 다른 체계와 일하는 데 적용할 수 있다는 것도 인식해야 한다. 그리고 조직을 사회변화와 관련된 중요한 체계로 보는 관점을 가져야 하며, 표적체계에 영향을 주고 사회복지사와 함께 일하는 행동체계에 대한 중요성을 인식해야 한다(구혜영, 2015: 166－167).

사회복지실천에서의 유용성은 다음과 같다(김영철 외, 2022a: 324－325).

첫째, 과거의 다른 실천모델보다 넓은 관점과 관심영역을 포괄한다. 문제를 사정할 때 문제와 관련된 많은 체계를 접촉하여 정보를 얻어내므로 개인으로부터 나오는 정보에만 의지하던 과거의 방법보다 훨씬 다양하고 객관적인 정보를 획득할 수 있다.

둘째, 개인, 집단, 공동체를 포함한 다양한 크기의 체계에 적용되는 이론이다.

개입을 위한 실천모델을 활용함에 있어 어느 한 가지 모델에 치우치지 않고 보다 다양한 모델을 절충적으로 선택하고 활용할 수 있다. 따라서, 사회복지사는 클라이언트를 돕기 위해 다양한 수준의 사람이나 체계와 일할 수 있으며, 다양한 실천모델을 적용할 수 있도록 해 준다.

셋째, 사회체계관점은 대상체계의 속성과 체계 사이의 상호연관성을 평가함에 있어 체계 간의 일관성과 상호성, 갈등의 정도와 상태를 규명할 수 있는 개념들을 제공하므로 사정의 도구로도 직접적 유용성을 지닌다.

넷째, 문제를 총체적인 관점에서 이해할 수 있으므로 사회복지사가 개입 시 체계 전체를 변화시키는 전략을 세우는 데 유용하다. 따라서, 개입이 종료되어도 이미 발생한 체계의 변화는 체계 자체의 적응 기능에 의해 지속되는 특성이 있기 때문에 그 효과가 지속적으로 유지될 수 있다.

그러므로 사회체계관점을 활용하는 사회복지사들은 클라이언트의 문제에 개입할 때 클라이언트 자신뿐 아니라, 전체 환경을 대상으로 접근하기 때문에 개입과정에 포함되었던 주변 체계들에 대해서 개입 후에도 클라이언트를 위한 지지체계로 활용할 수 있다.

2 생태체계관점

1) 생태체계이론의 개요

인간에 대한 정확한 이해수준을 향상시키기 위해서는 광범위한 문화적 및 역사적 맥락과의 상호작용과 상호 교류의 발견이 가장 중요하다. 인간행동에 대한 진정한 이해는 사회환경의 맥락까지 종합적으로 이해하는 통합적인 관점이 필요하다. 통합적 관점은 구체적인 사회현상을 시대적 배경과 맥락, 위치와 장소 및 네트워크 등의 공간적 맥락, 사회구조 및 제도의 영향력, 규범적 방향성과 가치 등을 고려하여 통합적으로 살펴보는 것을 의미한다. 이러한 통합적이고 역동적 인시각으로의 전환점을 제공하고 있는 이론이 바로 생태체계이론이다. 생태론적

『인간발달의 생태학』
(2009년 출판)

접근방법(ecological approach)은 현상 해명의 '핵심 개념'을 '생태'에 두는 접근 시각을 말한다(김영철 외, 2022a: 330).

생태체계이론(ecosystem theory)은 일반체계이론에 생태학적 관점을 결합한 이론을 말한다. 인간발달에 생태학을 적용한 브론펜브레너(Urie Bronfenbrenner, 1917~2005)는 1979년 그의 저서 『인간발달의 생태학: 자연과 디자인에 의한 실험(*The Ecology of Human Development: Experiments by Nature and Design*)』에서, 인간발달에 대한 사회생태학을 '인간발달 생태학'이라는 용어를 사용하여 하나의 학문적 관점으로 체계화하였다(Bronfenbrenner, 2009). 초기에 인간발달 생태학은 성장하는 유기체와 그가 살고 있고 변화하는 즉각적인 환경 사이에 평생을 걸쳐 일어나는 점진적인 상호적응을 과학적으로 연구하는 학문이었다. 이러한 상호적응과정은 즉각적인 장면뿐만 아니라, 그 장면들이 끼여 있는 형식적 또는 비형식적인 더 큰 사회적 맥락 안에서, 또는 그것들 사이에서 생겨나는 관계에 의해 영향을 받는다.

생태체계이론은 브론펜브레너(Bronfenbrenner, 2009)가 인간발달을 사회문화적 관점에서 이해하는 이론이다. 이 이론에는 다섯 가지의 환경체계라는 것이 있다. 미시체계, 중간체계, 외체계, 거시체계 그리고 시간체계가 그것이다. 이들은 아동을 둘러싸고 있는 직접적 환경으로부터 아동이 살고 있는 문화적 환경까지를 모두 아우르는 것이다. 서로서로 짜 맞춘 듯 들어 있는 한 세트의 러시아 인형처럼 좀 더 근접한 것에서부터 좀 더 광역의 것까지 이 다섯 가지의 체계는 서로 다른 체계에 담겨져 있다. 생태학적 체계의 본질은 상호작용적이다. 그들의 영향력은 호혜적 방식으로 작용된다. 이러한 구조들 각각의 관계와 영향은 인간이 발달함에 따라 변한다. 신생아는 단지 자신의 최인접 환경인 미시체계만을 인식할 뿐이다. 형식적·조작적 사고가 가능하여 직접 겪는 경험 이상으로 사고할 수 있는 청년들에게는 외체계와 거시체계가 점점 더 중요한 의미를 가지게 된다.

이처럼 브론펜브레너의 생태학적 체계이론은 아동발달을 환경과의 관계체계와 연결지어 다룬다. 그의 체계이론은 그 각각 아동의 발달에 영향을 주는 복잡한 환경의 '층'으로 정의된다. 하나의 층에서 일어나는 변화와 갈등은 다른 층에 전반적으로 영향을 미친다. 따라서, 아동발달을 연구할 때, 그 아동의 직접적인 환경뿐만 아니라, 방대한 환경과의 상호작용을 고려해야 한다. 그리고 최근에 와서 브론펜브레너는 그의 생태학적 체계이론을 아동 자신의 생물학적 영향을 강조하는 '생물생태학적 체계이론'으로 개명하여 정의하고 있다(Bronfenbrenner, 1995). 그 이유는 생물학적으로 영향을 받은 아동이 기질이 환경적 힘과 결합되어 발전을 이루기 때문이다.

2) 생태체계관점의 핵심 개념

생태체계관점은 사회체계의 상황을 이어받아 생태의 상황을 덧붙인 형태로 볼 수 있다. 이 관점은 사회복지실천의 전체 과정이 맞이하는 일체의 환경을 주목하면서 사회복지실천의 방향을 잡는 데 도움을 줄 것이다(최옥채 외, 2017: 217−218).

(1) 강조점

생태체계관점은 생물과 그 환경을 다루는 생태학과 환경 속의 인간을 강조하는 일반체계이론이 결합된 것으로, 개인과 환경을 함께 바라보는 데 중점을 둔다. 이 관점이 강조하고자 하는 것은 다음과 같다.

① 포괄적 이해

생태체계관점은 문제상황을 총체적으로 이해하게 한다. 먼저, 인간을 신체, 심리, 영성으로 분리하여 보지 않고 통합된 하나로 기능함을 강조한다. 따라서, 인간이 처한 문제상황 역시 어느 한 측면보다는 전체를 포괄하여 조망한다.

② 인간과 환경 간 상호작용에의 관심

생태체계관점은 인간과 환경이 상호작용하는 데 관심을 둔다. 물론 인간들 간 관계를 규명하는 것이 궁극적이지만, 인간에 관한 이해를 한층 더 정확히 시도하기 위해 인간이 환경과 상호작용하는 것을 중시한다.

③ 체계의 변화와 유지

모든 체계는 완전한 변화나 유지상태로 존재하지 않음으로써 부분적인 변화와 유지를 동시에 꾀한다. 이와 같은 강조점은 체계의 균형, 항상성, 안정상태, 호혜성이 뒷받침한다고 하겠다.

(2) 인문학적 기반

단순히 철학적 기초라고도 할 수 있겠으나, 실천의 다채로움을 들어 인문학적 기반으로 칭하였다. 생태체계관점을 뒷받침하는 인문학적 기반은 다음과 같다.

① 자연

생태체계관점은 인간의 손이 가지 않은 있는 그대로의 현상인 자연을 깊게 이해한다. 자연은 인간에게 가장 가깝고 큰 틀로 영향을 끼친다는 점에서 자연의 생태계는 보존되어야 한다.

② 생명

생태체계관점은 생명을 존중한다. 특히, 생명은 환경에 적응해야 한다는 점에서 생명을 지니는 생물 자체로만 존재할 수 없다. 최근에 '동물복지'가 대두되는 것도 이와 같은 맥락이라고 하겠다.

③ 안전

생태체계관점은 일상에서의 안전을 중시한다. 각자의 처지에 따라 안전은 확보되어야 한다. 예컨대, 아동은 학대로부터 안전, 청소년은 유해환경으로부터 안전, 근로자는 산업현장에서 안전, 모든 사람이 범죄피해로부터 안전해야 한다.

3) 사회복지실천과의 연관성

생태체계관점은 인간과 환경을 하나의 단일체계로 간주한다. 또한 인간과 인간의 신체, 사회환경 간의 공유영역에서의 적합성 또는 상호 교류에 영향을 미치는 힘에 대한 포괄적인 지식을 제공해 준다. 따라서, 개입방법에 있어서도 개인체계를 돕기 위한 직접적인 실천뿐만 아니라, 인간과 환경 간의 공유영역이나 상호교류에 개입하는 간접실천방법을 필요로 한다. 실천모델을 사용함에 있어서도 한 모델에 국한하지 않고 다양한 모델들을 절충적으로 사용하도록 하는 준거 틀을 제공한다. 역기능적 교류를 개념화하고 강조함으로써 사회복지사가 개입해야 할 지점과 내용에 대한 정보를 제공해 준다. 생태체계관점은 개인, 가족과 소집단이 생의 한 주기에서 다른 주기로 옮겨가면서 과도기적인 문제들과 욕구를 갖게 된다고 보고, 이 문제와 욕구를 규명하는 것에 관심을 둔다. 또한 상호작용 과정 속에서 문제나 욕구에 부적응하는 데도 초점을 둔다. 이 문제와 욕구를 규명하면 개입방안을 선정하고 그들의 문제를 해결하고 도울 수 있게 된다(Zastrow & Kirst－Ashman, 2018).

생태체계관점은 사회복지현장에서 유용하게 활용되고 있는데, 그 내용은 다음과 같다(손병덕 외, 2019: 198－199).

첫째, 대상집단에 관계없이 개인, 집단, 지역사회 등의 사회체계에 적용할 수 있다. 또한 문제를 전체 체계의 총체성으로 이해하여 개입할 때도 어느 한 부분만이 아닌 전체 관련 체계에 개입하여 체계적인 변화를 일으킨다.

둘째, 클라이언트와 관련된 정보 및 자료를 정리할 수 있는 구조를 제공해 주기 때문에 사정의 도구로 유용성을 갖는다.

셋째, 생태체계관점에서는 체계 적응유연성이 떨어져서 항상성이나 안정상태를 유지하는 것이 위협을 받게 되었을 때를 개입이 필요한 시기로 간주한다. 개입은 내적 자원의 강화나 외적 자원의 조달을 통해 체계의 항상성과 안정상태를 회복하는 데 초점을 둔다.

3 강점관점

1) 강점관점의 개요

최근에 등장한 강점관점은 인간의 과거의 결점, 병리성, 역기능에 초점을 두어 그동안 낙인(stigma)적으로 클라이언트를 진단하고 분류하는 것을 지양하고 클라이언트로 하여금 변화에 대한 희망과 확신을 갖게 하는 것으로, 그에 대한 자원을 클라이언트가 가지고 있는 자원과 장점으로부터 도출하는 개념이다(곽미정 외, 2016: 81).

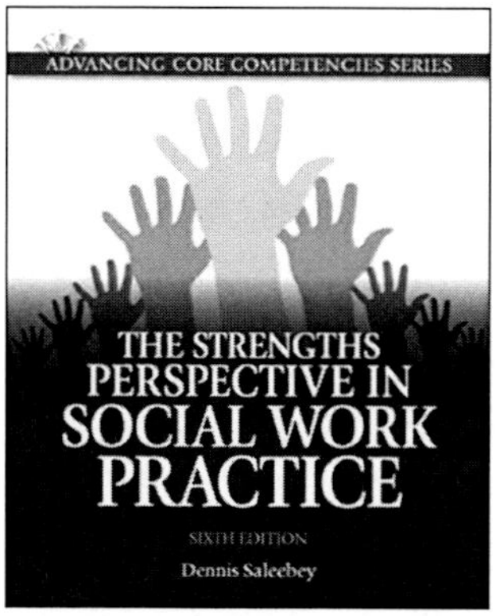

『사회복지실천 강점관점』 (2012년 출판)

샐리베이(Dennis Saleebey)는 그의 저서 『사회복지실천 강점관점(*The strengths perspective in social work practice*)』(2012)에서 다음과 같이 강점관점을 정의하고 있다.

샐리베이(Saleebey, 2012)에 따르면, 클라이언트가 갖고 있는 목적 및 꿈을 실현하거나, 클라이언트 자신의 다양한 문제로부터 벗어나도록 돕는 사회복지실천활동의 과정에서 사회복지사가 클라이언트의 강점을 발견하고 드러내어 활용하려는 총체적인 노력을 해야 한다.

강점관점은 그동안 사회복지실천에서 초점을 두었던 문제중심적 관점이 클라이언트의 문제를 해결하지 못하고 있다는 반성으로부터 발전되었다. 강점관점은 사회복지와 원조 전문직에 오랫동안 영향을 준 문제에 초점을 두고 있는 문제, 즉 해결(problem-solving)접근과 병리적인 것에 기초한 모델에 만족하면서 시작, 발전되어 사회복지관 등 기타 원조 전문직에서 중요한 패러다임의 전환을 가져왔다.

강점관점은 1992년 만성정신질환을 가진 클라이언트들이 그들의 삶에서 원하는 것이 무엇인가에 초점을 두어야 한다는 생각에서 시작되었다. 클라이언트가 정신질환이 있음에도 그 문제를 넘어 자신의 삶을 건설할 수 있다는 전제에 기초한다. 클라이언트의 문제에 초점을 두는 것이 아니라, 클라이언트가 가진 재능, 자원, 능력에 초점을 두며, 사례관리자는 클라이언트가 목표를 발견할 수 있도록 돕는 것이다. 또한 클라이언트의 재능, 능력, 목표를 성취하는 데 도움이 되는 가족과 이웃, 지역사회 자원들을 함께 발견하는 것이다. 즉, 클라이언트가 가지고 있는 강점과 능력이 변화를 가져온다는 믿음에 근거하고 있다(김효선 외, 2022: 157－158).

강점관점의 실천 원리는 다음과 같다(곽미정 외, 2016: 81).

첫째, 모든 개인은 선천적으로 강점을 지님을 신뢰한다.

둘째, 클라이언트와 상하관계가 아닌 협동적 관계를 형성한다.

셋째, 희망, 비전, 가치는 성장과 변화를 창출한다.

넷째, 어려운 상황이 도전과 기회가 될 수 있다.

다섯째, 인간에 대한 기본적인 신뢰를 전제로 한다.

여섯째, 인간은 위기를 극복할 수 있는 잠재적 힘을 가진다.

2) 강점관점의 핵심 개념

강점관점의 핵심 개념은 다음과 같다(엄명용 외, 2018: 220－222).

(1) 변형성

변형성(plasticity)은 형태의 변화 가능성을 의미한다. 특히, 우리 인간생활에 가장 큰 영향을 미치는 뇌의 변형 가능성과 관련하여 최근 뇌 속을 그림으로 들여다볼 수 있는 기술들에 힘입어 성인이 된 뒤에도 뇌가 미세하지만, 의미 있는 변형을 지속한다는 것이 드러나고 있다. 변형의 대부분은 특히 뇌신경세포의 자극 전달부(synapse)에서 삶의 경험, 학습, 마음상태 등에 따라서 발생한다. 신경단위인 뉴런(neurons)이 서로 정보를 주고받는 곳이 바로 뇌신경세포의 자극전달부분이다. 뇌는 우리의 신체기능뿐만 아니라, 우리의 생각과 행동을 명령하는 곳이기 때문에 뇌의 변형은 곧 우리 신체기능, 생각, 행동 등의 변형 가능성을 예고하는 것이다. 이러한 뇌의 변형성에 기초해볼 때, 인간은 행동, 감정, 인식 등을 수정·확대할 수 있는 놀라운 능력을 갖고 있다. 다시 말해서 어떤 특정 환경 속에서 우리가 어떤 자극에 어떻게 노출되느냐, 어떤 것을 학습하느냐에 따라 우리의 반응(행동, 생각, 감정 등)은 얼마든지 달라질 수 있다는 것이다.

(2) 가짜 약 효과

가짜 약 효과(placebo effect)란 새로 개발된 진짜 약물의 효과를 알아보기 위한 임상실험에서 등장하는 개념이다. 약물실험에 참가한 인원들을 실험집단과 통제집단으로 분류한 다음 실험집단에 속한 사람들에게는 새로 개발된 진짜 약을, 통제집단에 속한 사람들에게는 약효가 전혀 들어 있지 않은 가짜 약을 준다. 통제집단에 속한 사람들도 자신이 새로 개발된 약을 먹었다고 생각하게 하기 위해 약효 없는 약을 이들에게 투입하는 것이다. 새로 개발된 약의 효능을 증명해 보이기 위해서는 가짜 약의 효능보다 실제 약의 효능이 월등하게 높게 나타나야 할 것이다. 하지만 많은 실험 현장에서 가짜 약도 실제 약 못지않은 효과를 나타낸다고 보고되고 있다. 이것은 실험에 참가한 사람이 자신에게 주어진 약을 먹을 때 갖게 되는 생각이 약효를 발휘하게 한다는 것을 보여 주는 것이다. 이러한 현상을 통해서 우리는 우리가 처한 상황에 대한 긍정적 평가, 긍정적 기대, 잘 해결될 수 있을 것이라는 믿음 등의 능력을 짐작해볼 수 있다. “나는 약점 많은 못난 사람이다.”라는 생각과 “나는 이런 저런 강점을 지닌 능력 있는 사람이다.”라는 생각은 실제 삶 속에서 많은 차이를 발생시킬 수 있다는 것이다.

(3) 권한부여

권한부여(empowerment)란 개인, 집단, 가족, 지역사회 등(이하, 클라이언트)으로 하여금 그 자신들 가운데서 또는 그들을 둘러싼 환경 가운데서 스스로 자원을 발견·확대할 수 있도록 지원하고자 하는 의도 및 과정이다. 어떤 클라이언트가 권한부여되기 위해서는 이들을 둘러싼 환경 내에 이들이 선택할 수 있는 대안들이 먼저 마련되어야 하고, 클라이언트는 제공된 대안들을 선택할 수 있는 권한을 가져야 한다. 클라이언트는 선택 대안들이 존재한다는 사실을 알아야 하고, 행동을 취할 수 있는 권한을 가져야 하며, 실제 행동을 취할 수 있는 자원과 능력을 소지해야 한다. 권한부여의 현상이 실제적인 행동으로 나타나기 위해서는 클라이언트와 그 주변 환경 간 협동적 파트너십이 형성되어야 하고, 클라이언트의 행동이 수반되어야 한다. 권한부여 과정에서 클라이언트의 장점과 역량이 최대한 확대될 수 있도록 해야 한다. 이때 클라이언트는 전문가의 처분을 수동적으로 따르는 존재가 아니라, 적극성을 지닌 행위 주체로 간주되어야 한다. 대부분의 원조전문직은 원조대상인 클라이언트에게 최선의 대안을 알려준 후 그것을 실천하도록 강요해 온 경향이 있다. 물론 사회복지 전문직은 그렇게 하지 않기 위해 많은 노력을 해 왔다. 강점관점은 일반적 원조전문직과는 다른 태도와 방침을 견지한다. 즉, 클라이언트의 장점이나 자원은 회복·확대될 수 있다고 보고, 이들 자원은 거의 항상 주변 환경과의 관련 속에서 그리고 주변 환경에 의해서 발견·활용되게 하는 것이다.

(4) 탄력성

인생의 극심한 역경과 혼란 가운데서도 좌절하거나 무너지지 않고 어려움을 이겨내고 승리한 인생 역전의 드라마를 가끔 보고 듣는다. 멀게는 한국전쟁 중 부모·형제를 잃고 혼자 남은 사람들이 성공을 한 경우에서부터 가깝게는 알코올중독 부모나 학대 부모 밑에서 성장한 아동이 역경을 딛고 일어서 훌륭한 인물로 성장한 것을 보게 된다. 이들이 인생에서 겪은 역경은 인생에 상처가 되어 남아 있을 수 있지만, 이것 자체가 인생을 파멸로 이끄는 결정적 요소가 되지는 못했다는 것이다. 역경에 굴하지 않고 그 가운데서 되튀어 오르는 인간의 성질을 '탄력성(resilience)'이라고 한다. 역경 속에서 인간은 교훈을 얻기도 하고 인생을 살아가는 지혜를 얻기도 한다. 탄력성은 하나의 과정이다. 세상의 도전과 요구 속에서 지속적으로 자신의 역량, 지식, 통찰력을 가다듬고 신장시켜 가는 과정이다.

3) 사회복지실천과의 연관성

강점관점은 다른 인본주의 접근과 마찬가지로 기본적으로 클라이언트의 강점 중심으로 접근을 한다. 즉, 모든 인간은 성장하고 변화할 능력을 가지고 있고, 클라이언트는 문제를 가지고 있는 측면과 실제 해결을 할 수 있는 능력과 지식을 함께 갖고 있다는 데서 출발한다.

강점관점은 사회복지실천의 원조과정에서 사람들의 문제와 병리보다는 그들의 자원, 강점 및 환경에 초점을 둔다. 강점관점은 사회복지사의 기본적인 가치들과 일치하며, 실제로 사회복지 전문적 가치기반은 본질적으로 클라이언트의 강점에 초점을 두고 있으며, 절대적으로 클라이언트의 타고난 잠재력, 능력 그리고 강점을 인정한다.

사회복지실천에서 클라이언트의 강점을 강조하고 그것을 강화하는 것은, 일반적으로 알려진 모델의 실천과정과 동일하지는 않다. 다시 말해서 사회복지실천에서 강점관점을 적용하는 것은 클라이언트체계의 존엄과 가치를 지지하는 분위기를 만드는 것이다.

강점관점은 사람들의 결함과 무능력에 초점을 두는 병리적 관점과는 다르게 그들이 가진 능력과 강점을 확인하고, 이용하고, 증진하고 그리고 강화하는 것이다. 이러한 관점은 생활주기에 따른 실천과정(사정, 개입과 평가)에 유용하고, 사람들의 능력, 가치, 관심, 열망, 수행능력과 자원을 강조한다.

모든 사람은 자연적인 힘을 지니고 있으므로, 사회복지사가 클라이언트의 이러한 잠재력을 지지하는 것은 그들의 긍정적인 성장을 강화할 수 있다. 인간을 잠재력과 자기실현을 지향하는 존재로 보고 있다. 따라서, 이러한 관점에서 사회복지사는 인간의 잠재적 자원, 강점, 창조성 같은 복합적인 잠재력(multipotentiality)을 인정하는 기반을 형성하는 역할을 주로 하게 된다.

이러한 시각에 기초한 강점관점은 클라이언트의 문제에 대한 관심보다는 해결점을 발견하고 강점을 강화시키는 데 초점을 두며, 클라이언트를 독특한 존재로서 그 다양성을 존중하여 클라이언트의 역량을 실현해 나가도록 돕는 것이다(전재일 외, 2018: 127－128).

4 통합적 접근

1) 통합적 접근의 개념

통합적 접근(generalist approach)은 사회복지사가 개인, 가족, 집단, 지역사회에서 제기되는 사회문제에 대해 활용할 수 있는 공통된 하나의 원리나 개념을 제공하는 '방법의 통합화'를 의미한다. 즉, 전통적 방법의 전부 또는 적어도 2종류 이상을 조합해서 교육함으로써, 한 명의 사회복지사가 복수의 방법을 통합적으로 사용하여 클라이언트에게 개입할 수 있도록 하고자 하는 것이다.

통합적 접근은 이전에 사회적 상황에 따라 개인에 초점을 맞추는 경우와, 사회에 초점을 맞추는 사회복지실천에서 벗어나 클라이언트의 문제는 개인 내에서의 문제에 기인하는 부분도 있고, 사회의 자원분배의 불균등과 같은 사회문제에 기인하는 부분도 있고, 나아가 사회환경과 개인 간의 상호작용이 균형 있게 이루어지지 못함으로써 야기될 수도 있다는 입장이다.

클라이언트를 다양한 개인·가족·집단·지역사회와 관련을 맺고 살아가는 '환경 상황 속의 인간(person－in environment/situation)'으로 보고, 클라이언트의 문제를 클라이언트 개인과 환경과의 관련성 속에서 일어나는 '삶의 문제(problem－in－living)'로 이해하고, 다양한 수준에서 체계적·복합적·총체적으로 접근·개입하는 것이다. 개별적 접근(인간의 변화)의 한계를 넘어 다양한 인간체계(환경, 다양한 관계체계의 변화)에 대한 개입이 이루어져야 한다는 것이다. 클라이언트의 문제는 클라이언트 개인과 환경의 관련성 내에서 발생했기 때문에 문제해결도 개인과 환경의 관련성 내에서 이루어져야 한다는 것이다. 개인과 환경의 상호작용에 초점을 둠으로써 개인, 개인환경의 고유 영역 및 사회적 기능 수행 영역까지의 개입이 이루어짐으로써 총체적인 문제해결이 가능하다는 것이다. 다양한 인간 시스템, 즉 사회, 공동체, 이웃, 복합적인 조직, 집단, 가족, 개인 등을 변화시켜 사회적 기능을 최대화한다는 것이다(김보기 외, 2019a: 119).

통합적 접근은 개별사회사업, 집단사회사업, 지역사회 조직사업 등으로 분리된 종전의 방법론에서 통합방법론 또는 방법의 통합화(개인, 집단, 지역사회)에 제기되는 문제에 대처하는 데 활용할 수 있는 공통된 하나의 원리나 개념을 제공할 수 있는 방법의 통합을 추구한다. 개인의 문제도 개인이 가족을 포함한 집단, 지역사회와 상호작용과정에서 나타난 결과이기 때문에 개인의 사회적 기능 향상뿐 아니라, 집단과 지역사회의 기능 향상을 도모해야 한다는 것이다. 특별히 개별사회사업, 집단사회사업, 지역사회조직사업으로 구분해서 접근할 것이 아니라, 세 가지 방법론을 함께 활용해야 한다는 것을 의미한다. 또한 방법의 통합화나 일원적인 통합방법론은 클라이언트의 문제에 대한 접근에 있어서도 공통적이거나, 일반적인 원칙과 기술, 과정 등이 제공되어야 한다는 것을 의미한다. 사회복지실천의 본질적인 개념, 활동, 기술, 과업 등에 어떤 공통적인 기반이 있음을 전제로 한다(도광조, 2018: 81－82).

결론적으로 통합적 접근에서 사회복지사는 다양한 집단의 클라이언트, 즉 개인문제에서부터 사회문제까지 원조하며, 개인 수준으로부터 지역사회 수준까지 개입하는 기술을 사용해야 한다. 따라서, 통합적 접근의 사회복지사는 기본적인 의학적 문제를 다루고, 특수한 문제는 전문의에게 의뢰하는 가정의와 유사하다.

2) 통합적 접근의 실천모델

전통적 방법을 통합하고자 하는 학문적 연구가 많은 학자들에 의해 진행되었다. 그 내용은 다음과 같다.

(1) 4·6체계모델

핀커스(Allen Pincus)는 1973년 그의 저서 『사회복지실천: 유형과 수단(*Social Work Practice: Model and Method*)』에서, 체계이론을 사회복지실천에 응용하여 4체계이론을 주장하고 있다.

핀커스(Pincus, 1973)에 따르면, 사람은 만족스러운 삶을 영위하기 위해서는 주변 환경의 체계에 의존하기 때문에 사회복지사는 체계의 변화에 초점을 맞추어야 한다. 이러한 체계에는 첫째, 가족이나 친구, 동료와 같은 비공식 지원체계, 둘째, 지역사회 집단이나 협회와 같은 공식적 지원체계, 셋째, 병원과 학교와 같은 사회적 자원체계가 있다. 또한 문제가 있는 사람의 경우는 도움체계가 존재하지 않거나 적절한 자원이 부족하기 때문에 사회복지사는 클라이언트와 환경 간의 상호작용을 향상시키고 문제를 해결하도록 도와야 한다.

『사회복지실천』
(1973년 출판)

① 변화매개체계

변화매개체계(change agent system)는 클라이언트의 문제상황 변화를 위해 그 문제 관련 체계들을 확인하고 그 체계들과 함께 노력하고자 계획을 수립하고, 실천하고자 노력하는 사회복지사와 사회복지사를 고용하는 기관과 조직을 말한다. 계획된 변화를 향해 체계와의 활동을 계획하며, 사회적 인가와 자원을 제공한다. 변화매개체계는 기관 나름대로 가지고 있는 활동영역, 활동권위의 확보 및 제공, 각종 자원의 제공 및 연결 등을 통해 실질적인 사회복지사의 활동방향에 영향을 미친다.

변화매개체계는 네 가지 기본적인 체계들 중의 하나로 클라이언트에 대한 계획적 변화를 목적으로 특수하게 고용된 '돕는 사람'의 체계이다. 사회사업가는 다양한 종류의 사람들과 일을 하는 데 있어서 그의 목적과 관계가 어떤 것이어야 하는지를 결정해야 한다. 사회복지사는 그의 변화노력으로 혜택을 받을 사람이 누구이며, 변화를 위해 일할 수 있는 권한을 누가 부여했으며, 변화의 영향을 필요로 하는 사람은 누구이며, 변화노력에서 여러 다른 목표들을 달성하기 위해 누구와 함께 일을 해야 하는가를 분명히 해야 한다. 이러한 결정과정에서 사회복지사는 변화매개인이 되며, 그가 속한 기관은 변화매개체계가 된다. 또 클라이언트의 변화에 영향을 줄 수 있는 기타의 이윤추구 기관들도 변화매개체계라 볼 수 있다.

결론적으로 변화매개체계는 문제를 가진 클라이언트를 지원하고 문제를 해결하기 위해 계획적 변화에 개입하는 사회복지사나 사회복지사가 속해 있는 사회복지관, 상담실, 각종 쉼터, 개입기관 등이 해당된다.

② 클라이언트체계

클라이언트체계(client system)는 사회복지사에게 도움을 청하거나, 어떤 문제해결을 위해 사회복지사와 공동의 노력을 기울이겠다는 계약 상태에 있는 사람들이 해당된다. 즉, 서비스나 도움이 필요한 사람을 지칭하며 사회복지사와 계약이 이루어졌을 때 클라이언트가 된다. 사회복지사는 클라이언트체계와 결과목표에 합의에 이르러야 목적을 명확히 할 수 있다. 이 목표는 사회복지사와 클라이언트 사이의 계약으로 구체화될 수 있고 이 목표는 변화할 수 있다. 예를 들어, 비행청소년의 비행문제해결을 위해 학교사회복지사와 함께 노력하고자 묵시적 동의를 한 학교 교사, 비행문제를 상담하러 온 부모가 될 수 있다. 이때 자녀가 비행청소년인 부모가 사회복지사에게 도움을 청하는 경우, 부모가 클라이언트체계가 된다. 클라이언트체계는 사회복지사의 서비스를 제공받는 개인, 가족, 집단, 기관, 지역사회를 포함한다. 클라이언트란 서비스를 받기로 결정하고 계약을 통해 서비스를 요청하는 사람으로서 변화 노력의 혜택을 받는 사람들이다.

클라이언트체계는 클라이언트와 그 문제해결에 잠재적 영향을 주는 환경에 있는 사람들을 의미하는 데, 가령 사회사업가는 핵가족(nuclear family)을 클라이언트로 보고, 확대가족(extended family), 이웃, 교사, 고용주를 클라이언트체계의 한 부분으로 본다.

③ 표적체계

표적체계(target system)는 변화매개체계가 그 활동 목적을 달성하기 위해 영향을 주거나 변화시킬 대상을 말한다. 클라이언트체계가 변화의 대상인 경우는 클라이언트체계가 곧 표적체계가 된다. 비행청소년 사례의 경우, 변화시킬 대상은 비행을 함께하고 있는 친구, 주변 환경요소, 부적절한 부모 등일 수 있는데, 이때 친구와 주변 환경요소, 부모들은 표적체계가 된다.

표적체계, 즉 변화매개인이 변화 또는 그의 목표를 달성하기 위해 영향을 미칠 필요가 있는 사람들로서 클라이언트체계와 동일할 수도 있고 상이할 수도 있다. 표적체계는 클라이언트체계 외부에 있을 때 클라이언트체계의 목표에 동조적이거나 적대적일 수 있다. 예를 들어, 법원의 강제명령으로 행동치료를 받기 위해 온 비행청소년일 경우, 법원은 클라이언트체계이고 비행청소년은 표적체계이다. 또한 부모 간 갈등으로 심리적 어려움을 호소하는 자녀, 부부를 대상으로 한 가족치료의 경우, 자녀는 클라이언트체계, 부모는 표적체계이다. 단, 부모도 문제를 인식하고 도움을 요청한다면 부모도 클라이언트체계에 포함된다.

이렇듯 표적체계와 클라이언트체계는 때때로 일치하지만, 언제나 일치하는 것은 아니다. 이러한 불일치는 클라이언트가 변화되어야 할 대상이 아닐 때 서로 다르게 나타난다. 예를 들어, 클라이언트가 전셋집에서 쫓겨난 가난한 가족일 경우, 사회사업가의 표적체계는 집주인일 수도 있다. 표적체계와 클라이언트체계는 클라이언트가 정서적 고통에서 벗어나는 것과 같은 어떤 자기 변화를 이루려고 할 때 동일할 수도 있다.

④ 행동체계

행동체계(action system)는 사회복지사의 활동 목적을 달성하기 위해 공동으로 노력하는 모든 체계들이 해당된다. 예를 들어, 비행청소년의 문제를 해결하기 위해 부모, 학교 교사, 도움이 될 만한 친구 등이 동원될 수 있다. 이때 부모, 학교 교사, 도움이 될 만한 친구 등이 행동체계가 된다.

클라이언트체계와 행동체계의 목표가 갈등적이고 행동체계의 구성원들이 클라이언트체계의 결과 목표를 희생시키면서 그들의 결과 목표를 성취하려고 한다면, 사회복지사는 클라이언트체계를 지원하여 행동체계에 영향을 미쳐야 할 것이다.

결론적으로 핀커스의 4체계모델은 포괄적이고 전체적인 관점에서 클라이언트체계를 사정할 수 있는 기초를 제공하고, 사회복지사로 하여금 인간과 그의 공식적·비공식적 자원체계 간의 연결에 초점을 두게 된다. 이 모델은 복잡한 여러 수준의 체계들과 연결되어 있는 상태로서 사람들과 일한다는 점을 강조하고 있다.

콤튼 등(Compton et al., 2004)은 핀커스의 4체계이론에 전문가체계와 문제인식체계를 추가하여 6체계이론으로 확대하였다. 그 구체적인 체계는 다음과 같다.

⑤ 전문가체계

전문가체계(profession system)는 사회복지사들로 구성되어 있어서 사회복지사의 전문성을 강화하고, 사회 내에서 사회복지사의 위상을 높이기 위해 노력하는 체계를 말한다. 변화매개인은 클라이언트를 변화시키려고 노력하는 사람이나 기관을 의미하는 것이지, 막연히 지역사회나 조직 또는 제도와 같은 추상적인 것을 말하는 것이 아니다. 또한 지역사회, 조직, 가족, 또는 집단을 클라이언트체계, 표적체계 또는 변화매개체계라고 말할 때, 그 체계를 구성하는 사람들을 말하는 것이다. 만약 변화매개인의 목표가 체계의 구조, 즉 사람들 사이에 양식화된 관계망을 변화시키는 것이라면, 체계 내의 사람들에게 영향을 줌으로써 서로가 상호 관계하는 방법을 변화시켜 그 목적을 달성할 수 있다.

⑥ 문제인식체계(의뢰-응답체계)

문제인식체계(problem identification system)는 잠재적 클라이언트를 사회복지사의 관심영역으로 끌어들이기 위해 행동하는 체계이다. 사회복지사나 변화매개체계와의 접촉 초기에는 클라이언트체계로 고려될 수 있지만, 본질상 그 자체가 클라이언트체계로 고려되지는 않는다. 실천의 초기단계 동안 사회복지사는 문제인식체계를 잠재적 클라이언트로 다루어야 할 필요가 있을 것이다.

(2) 단일화모델

단일화모델(unitary model)은 세 가지 중요한 준거 틀, 즉 사회체계모델, 사회학습 또는 문제해결모델, 과정모델을 결합한 모델이다. 이 중에서도 특히 과정모델의 내용을 강조한다. 골드스타인(Howard Goldstein)은 1973년 그의 저서 『사회복지실천: 단일접근(*Social Work Practice: A Unitary Approach*)』에서, 과정모델은 조사와 평가, 의뢰와 중재, 평가적 전략 등에 의해 사회복지실천이 역할유도단계, 핵심단계 및 종결단계를 통해 이루어진다고 본다.

골드스타인(Goldstein, 1973)에 따르면, 4체계모델이 클라이언트체계 및 자원체계와 사회복지사와의 상호기능을 중시한 데 비해, 단일화모델은 사회학습에 관한 사회복지사의 기능에 더 많은 관심을 집중시킨다. 사회학습을 매우 광범위한 일반적인 의미로 제시하여 중요한 변화 목표를 개인이나 소집단체계에 한정시키지 않고, 사회학습 과정을 통해 조직, 지역사회 등의 더 큰 체계들이 변화될 수 있다고 주장한 것이다. 또한 사회복지사의 자원 확보와 폭넓은 활용을 통해 사회 변화가 가능하다고 강조한다. 그러므로 단일화모델의 목표는 크게 두 가지로 사회학습의 촉진 및 강화와 자원을 확보하고 활용하는 사회변화로 볼 수 있다.

(3) 문제해결모델

문제해결모델(problem-solving model)은 펄만(Helen Harris Perlman)이 1957년 그의 저서 『사회적 케이스워크: 문제해결과정(*Social casework: A problem solving process*)』에서 개발한 모델이다. 펄만은 진단주의와 기능주의의 대립을 해결하기 위해서 실용적이고 현재를 강조하는 문제해결모델을 발전시켰다. 펄만은 문제해결모델에서 인간의 삶 자체가 지속적인 문제해결의 과정이라고 보았다.

문제해결과정을 크게 세 가지 과정으로 나누어 살펴보면 다음과 같다(Perlman, 2011).

첫째, 클라이언트의 변화를 위한 동기를 이끌어 주는 것이다.

둘째, 클라이언트의 능력을 발휘할 수 있도록 하는 것이다.

셋째, 문제를 해결하는 데 필요한 원조나 자원에 접근하도록 하는 것이다.

펄만(Perlman, 2011)에 따르면, 개별사회사업 과정은 체계적이고 정리된 방법으로 생각과 감정을 효율적으로 행동으로 옮기는 문제해결과정이다. 그리고 개별사회사업의 목적은 치료가 아니고, 현재의 문제에 대처하는 개인의 능력을 향상시키는 것이다. 즉, 문제해결모델에서는 클라이언트의 문제를 해결하기 위한 문제해결과정을 통하여 클라이언트의 동기에 대한 지지, 자아기능의 강화, 문제해결에 대한 지지 등을 하고 있다. 또한 이 모델에서는 클라이언트가 외부의 도움 없이 문제를 처리하도록 돕고 있다. 클라이언트는 자극에 대해 단순히 반응하는 것뿐만 아니라, 문제를 처리하며 역동적인 사회구조 속에서 어떤 목표를 달성하고자 노력하고 있다. 즉, 클라이언트 자신이 문제해결자로서 자신의 문제를 해결하는 것이다.

문제해결모델에서는 클라이언트를 지원하고 훈련하여 스스로 문제해결을 할 수 있는 능력이 있다는 것을 자각할 수 있도록 돕고 있다. 사회복지실천에서 사회복지사가 클라이언트와 상호작용을 하며, 클라이언트의 즉각적 문제에 대한 해결책을 원조하며 훈련하고, 클라이언트가 자아 기능을 강화할 수 있도록 지원하고, 원조한다.

결론적으로 문제해결 모델의 특성은 자아개념을 중시하면서 클라이언트 자신이 문제해결자임을 강조하고, 인간은 누구나 안전을 유지·회복하며 문제해결에 의식적·무의식적으로 관여하는 존재라고 보는 것이다. 사회복지분야에서는 진단주의나 기능주의의 영향을 강하게 받고 있는 절충주의의 대표작이라 할 수 있다.

(4) 생활모델

생활모델은 1970년 초 저메인과 기터만(Carel Germain & Alex Gitterman)이 생태체계학적 관점을 이론의 준거 틀로 도입하여 개발한 모델이다. 클라이언트와 그 환경 간의 양면에 초점을 맞추기 위해 환경적 상호관계를 사용하는 사회복지실천의 접근방법이다.

사회복지실천에서의 생활모델은 개인과 환경 간 상호 교류 속에서의 균형과 적응을 강조한다. 명칭은 생활모델로 불리지만 기술적인 의미에서의 모델을 의미하지는 않고, 오히려 생활모델화된 실천이라고 하는 게 바람직하다. 그리고 이 이론은 생태체계적 관점을 그 출발점으로 한다. 즉, 생활모델은 생태적 관점에서 나온 실천모델로서, 사람과 환경을 통합적으로 보고 개인과 환경 또는 이 두 가지 모두를 변화시키는 데 필요한 이론과 실천 간의 격차를 줄이는 사회복지실천의 중요한 과제를 지금까지의 어떤 모델보다도 잘 수행한 모델이다. 따라서, 사회복지사와 클라이언트는 인간과 환경 간의 상호작용에 관련된 생활을 통해서 새로운 균형 상태를 창출하고자 하며, 더 나아가 적응능력과 자율성을 획득하게 된다.

생활모델은 문제를 병리적 상태의 반영이 아닌 전체의 부분들 간 상호작용의 결과로 보고 있다. 여기서 문제란 성격장애가 아닌 스트레스를 만들어 내고, 대처능력을 과중하게 부담시키는 생활상의 문제로 정의한다. 그래서 생활의 맥락에서 문제를 파악하는 데 관심을 두고, 문제를 개인의 장애로만 파악하지 않는다.

이와 같이 생활모델은 문제를 개인의 장애로서만 파악하지 않고 생활환경 내에서 파악하며, 개인이 환경과의 적응적 교류와 균형이 깨어지면 스트레스(긴장)가 발생한다고 하였다. 따라서, 생활모델은 생활 그 자체를 모델로 하고, 이것이 지니고 있는 성장과 발달 및 문제해결의 힘을 동원하고, 촉진시키기 위하여 넓은 범주의 접근을 모색하는 데 그 특징이 있다(권향임 외, 2018: 115-116).

모든 스트레스 상황이 반드시 스트레스를 유발하는 것은 아니며, 스트레스 유발 여부는 개인적·환경적 상황 그리고 특정 사건에 대한 인지방법에 의해 결정된다. 생활모델에서는 외부세계를 통제할 수 있는 인지능력을 강조하며, 사회복지실천의 목적을 환경과 개인의 상호 교류가 적응적으로 되기 위해 개인의 적응능력을 강화하고 환경에 영향을 주는 것으로 보고 있다.

생활모델에서의 주요 목표는 인간 생활상의 문제를 해결하고, 인간의 적응능력을 지지 및 강화하며, 스트레스를 경감시키고 대처를 위한 사회자원을 동원하는 데 있다. 따라서, 사회복지사는 클라이언트와 환경 간의 상호작용과 관련된 생활을 통해 새로운 균형을 창출하고, 더 나아가 적응 능력과 자율성을 획득하도록 노력한다.

(5) 임파워먼트모델

① 임파워먼트모델의 정의

임파워먼트(empowerment)는 오늘날 사회복지에서 매우 널리 알려진 용어 중의 하나이다. 그러나 임파워먼트라는 용어는 다소 모호할 뿐 아니라, 급진적 행동주의 막시스트(Marxist)에서부터 보수적인 자본주의에 이르기까지 서로 다른 의미로 사용되고 있다. 자유방임주의 경제와 최소한의 정부를 지지하는 보수적인 자본주의자들에 따르면, 임파워먼트는 더 나은 삶을 만들기 위한 사람들의 노력에 간섭하지 않는 것이다. 반면, 급진적인 막시스트에 의하면, 임파워먼트는 복지국가의 틀 속에서 체계적으로 배제당해 온 사람들의 손 안으로 힘을 이동시키는 과정이다.

이런 시대적 상황 속에서 임파워먼트 패러다임은 억압받는 사람들의 편에서 사회정의를 실현하는 사회복지의 주요 관점으로 이해되어 왔으며, 사회정의, 인간의 강점, 억압받는 자의 회복력과 관련이 있는 것으로 이해되고 있다.

미국과 영국의 임파워먼트에 대한 여러 정의들에 의하면, 인간이 환경 속에서 개인적·대인관계적·정치적 힘을 증가시킴으로써 삶에 대한 통제권을 획득하고 변화를 가져오려는 것이다. 임파워먼트는 과정이기도 하고 결과일 수도 있기 때문에, 과정과 결과 모두를 포함하는 개념이다(최혜지 외, 2021: 116).

결론적으로 임파워먼트는 소외되고 권리를 박탈당한 클라이언트들의 집단을 대상으로 문제해결능력을 증가시키고, 자신과 환경에 대한 통제력을 갖도록 자원, 서비스, 기회, 정보 등을 연결시키는 것이다. 따라서, 개인과 환경 간의 상호작용에서 발생하는 부조화, 불균형을 해결하려는 한 방법으로서 임파워먼트(empowerment)를 사회복지의 개입방법으로 활용하게 된다.

② 임파워먼트모델의 과정

『미국 사회복지의 임파워먼트 전통』 (1994년 출판)

사이먼(Barbara Levy Simon)은 『미국 사회복지의 임파워먼트 전통: 역사(*The Empowerment Tradition in American Social Work: A History*)』에서, 임파워먼트 과정과 여러 측면들을 4가지로 제시하고 있다.

첫째, 태도, 가치, 믿음의 변화과정이다. 개인적으로 자기효용에 대한 믿음의 변화가 임파워먼트 과정에 영향을 미친다. 임파워먼트 접근으로 나타나는 자기효용이란 자신의 이익을 위해 행동할 수 있도록 동기화하는 자신에 대한 감정, 자기가치에 대한 확신, 자기통제에 대한 확신 등을 포함하는 것이다.

둘째, 집단의식의 성장과정이다. 집단에 참여함으로써 타인에게 영향력을 행사할 수 있는 경험 및 사회적 지지와 상호원조를 경험하게 된다. 이러한 집단의 경험은 환경에 대한 새로운 시각과 일상생활의 대처기술을 익힐 수 있게 하며 집단적인 결속력과 응집을 경험하게 된다. 이로써, 무력감을 느끼는 클라이언트들은 개인의 문제를 집단의 문제로 인식하게 하며, 이는 공동운명에 대한 인식과 자각을 증가시킨다.

셋째, 비판적 사고와 행동을 위해 지식과 기술을 증가시키는 과정이다. 집단

활동을 통해 구성원 간의 문제를 공유하게 되고, 서로 지지하면서 문제의 내·외부 양상에 대해 비판적으로 사고할 수 있게 된다. 이러한 과정을 통해 자신의 문제가 타인의 문제와 유사하다는 것을 알게 되며, 필요한 자원과 기회를 획득하기 위해 역량을 강화시키며 문제해결에 초점을 둔다. 이 단계에서는 사회적 위축을 벗어나기 위한 다양한 모색이 시도되며, 사람들 간의 관계망, 조직화에 대한 관심이 증가되며 이를 바탕으로 조직적 파워의 형성을 준비한다.

넷째, 행동화 과정이다. 의식의 변화에 따라 반응적으로 행동하면서 행동전략으로 발전되며, 내적·외적으로 영향을 미치는 지식, 자원, 기술이 증가된다. 이런 과정을 통해 타인과 공유하는 목표와 사회변화를 이루기 위해 타인과 협력하는 행동이 구체화된다.

결론적으로 임파워먼트 과정은 미시적으로부터 거시적 수준으로의 변화를 유도하며, 이러한 과정은 심리적 위축에서 벗어나 사회적 자원의 획득을 위한 활동, 연계형성, 기회의 확대 등으로 이어진다. 따라서, 전개과정은 일직선상으로 단선적인 것이 아니라, 상호적으로 순환적으로 이루어지며, 단계별 구분이 다소 불명확하게 전개되는 특징이 있다.

③ 임파워먼트모델의 개입기술

협력적인 원조관계에서 클라이언트의 역량을 강화하기 위해서 사회복지사는 5가지 중요한 기술을 갖춰야 한다(최덕경 외, 2015: 169-170).

첫째, 클라이언트가 문제를 규정하는 것을 받아들이는 것이 중요한 요소이다. 클라이언트의 문제 규정을 받아들임으로써 사회복지사는 클라이언트가 상황을 이해하고 규정할 능력이 있다는 것을 인정하는 것이다. 이 기법은 클라이언트를 원조관계에서 힘을 발휘하고 통제력을 행사할 수 있는 위치로 이해한다.

둘째, 클라이언트의 장점을 명확히 하고 찾아낸다. 임파워먼트 접근에서 가장 강조되는 것은 강점 기반의 사정이다. 강점 중심의 접근은 문제와 대처에 대한 클라이언트의 관점을 강조하다. 이러한 원칙은 임파워먼트 실천에서 강조되는 개인과 환경에 대한 이중 초점을 유지하게 되며, 클라이언트의 대처능력과 동기화를 유도하고 클라이언트가 스스로 위기를 다루고 스스로에 대해 믿음을 갖도록 지지하는 프로그램을 구성할 수 있게 한다. 실천가는 클라이언트의 현재의 기능수준과 개인적 또는 대인관계적 힘의 근원을 알 수 있게 된다. 클라이언트의 장점은 일반적 대화를 통해 쉽게 찾아질 수 있다.

셋째, 클라이언트가 힘의 불균형 문제를 자각하게 하는 것이 핵심적인 기법이다. 사회복지사의 자각이 선행되면 일시적인 실천이 상황과 전체로서의 사회에서 힘의 분배 간의 관계를 종합적으로 이해할 수 있게 된다. 사회복지사가 힘의 근원을 자각하면, 클라이언트를 자각시키기 위해 유사한 기법을 실행한다. 한 가지 간접적인 기법은 현재의 상황에 대한 사회구조적 근원을 조사하고 규정하려는 목적을 가지고 클라이언트와 대화를 진행하는 것이다. 보다 직접적인 기법은 클라이언트가 설정된 상황이나 실제 상황에서 스스로 상황을 분석해보도록 하는 것이다. 이러한 분석의 결과는 클라이언트의 잠재적인 힘의 근원과 그들이 동기화될 수 있는 방법을 이해할 수 있는 기반이 되는 것이다.

넷째, 특별한 기술을 지도함으로써 클라이언트가 개인적·사회적·정치적 수준에서 보다 영향력 있게 되도록 하는 자원을 개발하도록 돕는다. 임파워먼트 실천에서 규정하고 있는 기술영역은 문제해결, 지역사회 또는 조직변화 기술, 양육, 구직, 자기방어와 같은 '생활기술'과 주장, 사회적 경쟁, 자기옹호와 같은 '대인기술'을 포함한다. 이러한 기술을 지도할 때의 사회복지사는 사회복지사와 클라이언트가 극복하려는 힘의 관계가 반복되지 않도록 교사보다는 자문가 또는 촉진가의 역할을 해야 한다.

다섯째, 자원을 동원하거나 클라이언트를 옹호하는 기법이다. 이는 임파워먼트에 대한 적절한 자원이 부족한 경우에 필요하다. 이러한 기법에는 사회복지사가 클라이언트를 위한 구체적인 자원과 정보를 모으는 것뿐 아니라, 필요할 때면 그들의 편에서 옹호하는 것까지 포함된다. 옹호가 무력감을 강화시키기 때문에 임파워먼트의 목표와 상충된다고 주장하기도 하지만, 클라이언트를 포함하여 협력적인 방법으로 과업을 수행할 수 있고 새로운 기술을 습득할 기회를 제공하기도 한다. 옹호와 자원동원을 통해 사회복지사와 클라이언트는 더 큰 사회적 구조가 임파워먼트의 완성을 위해 필요한 것을 제공하도록 할 수 있다.

3) 통합적 접근의 과정

여기서는 일반적인 통합적 방법의 과정으로 4단계 과정을 중심으로 설명하고자 한다. 사회복지실천과정은 초기 접촉단계, 사정계획단계, 개입행동단계 그리고 종결평가단계로 구성되어 있다. 그 내용은 다음과 같다(권향임 외, 2018: 118-120).

(1) 초기 접촉단계

이 단계는 인테이크(intake) 또는 인테이크 면접이라고 하는 초기의 대인관계 과정이다. 최초로 클라이언트를 대면하여 서비스를 제공할 것인지 아니면 다른 기관에 위탁할 것인가를 결정하게 된다. 클라이언트의 경우, 자신이 직접 기관을 찾아올 수도 있고, 가족이나 타인들로부터 위탁받아 오기도 한다. 경우에 따라서는 복지기관에서 전문가가 직접 클라이언트를 찾아나서는 아웃리치(out reach, 지역 주민에 대한 기관의 적극적인 봉사활동)방법도 있다.

초기 접촉단계에서의 사회복지사의 활동은 다음과 같다.

첫째, 클라이언트에게 가능한 서비스를 접촉할 수 있게 해 준다.

둘째, 클라이언트의 서비스 활용에 동기를 극대화시키고, 그에 대한 초기 저항을 극소화시킨다.

셋째, 사회복지사와 클라이언트의 서비스계약을 맺게 하는 초기 원조관계를 수립한다.

넷째, 계속 만날 상담시간과 빈도를 결정한다.

(2) 사정계획단계

초기단계에서 과제가 규명되면 사정(assessment)과 제공될 서비스 종류가 결정되는 단계로 들어서게 된다. 사정계획단계에서는 문제에 대한 정보를 가능한 한 많이 수집해야 한다. 사정내용은 첫째, 클라이언트문제의 성격, 둘째, 클라이언트의 한계와 잠재능력, 셋째, 문제에 관련되어 있는 가족, 친구, 이웃, 지역사회 등 여러 체계의 상황 등이다. 이와 같은 내용들이 충분히 사정되어야 적절한 과업에 대한 합의를 클라이언트로부터 얻어낼 수 있다.

계약은 사회복지사와 클라이언트가 앞으로 다룰 문제를 정의하고 목표를 설정하여 개입 계획을 서로 협상하는 과정이다. 계획을 세울 때는 시간, 기술, 윤리, 기관기능 등을 고려해야 한다.

사정계획단계에서 사회복지사의 활동은 다음과 같다.

첫째, 수립된 원조계획을 유지한다.

둘째, 잠정적 욕구의 조건, 상황, 해결되어야 할 문제와 조건들을 규명한다.

셋째, 사정의 과정은 과제진행에 관한 구체적 목표에 명확한 초점을 둔다.

넷째, 과제수행을 위해 사회복지사가 어떻게 활동할 것인지에 대한 계획수립을 한다.

(3) 개입행동단계

사정과 서비스계약이 이루어진 직후부터 시작된다. 목표가 확인되고 개입이 진행되어 종결과정이 시작될 때까지 계속된다. 개입에 대한 원조일 경우에는 치료적 단계라고 할 수 있다. 이 단계에서 사회복지사의 역할을 살펴보면, 중개자(broker), 대변자(advocate), 가능하게 하는 자(enabler), 교사(teacher) 등이 있다.

개입행동 단계에서의 사회복지사의 활동은 다음과 같다.

첫째, 클라이언트의 장점을 활용한다.

둘째, 클라이언트와 직접 관련되는 주변의 가족, 친구, 지역사회의 자원을 활용한다.

셋째, 전문적 사회복지사의 자아와 기술을 활용하며, 다양한 사회복지사의 개입 역할을 수행한다.

(4) 종결평가단계

서비스에 관한 효과성, 효율성에 대한 평가를 하고, 해결되지 않은 문제가 있을 때에는 다른 기관에 의뢰(referral)하거나 동일한 기관 내에 있는 다른 사회복지사에게 이전(transfer)해야 하고, 종결된 후에는 사후지도(follow－up)가 일정 기간 동안 이루어져야 한다.

종결평가 단계에서의 사회복지사의 활동은 다음과 같다.

첫째, 사회복지사와 클라이언트와의 관계를 종결한다.

둘째, 가능한 다른 원조 자원을 얻을 수 있도록 의뢰하거나 이전시켜 준다.

셋째, 결과를 평가하는 데, 평가는 종결단계뿐만 아니라, 모든 단계에서 이루어지는 지속적 과정이다. 평가과정을 통해 투입을 위한 환류가 일어나므로 지속적 과정으로서의 평가가 중요하다.

4) 사회복지실천과의 연관성

통합적 사회복지실천의 의의는 전통적인 방법, 새로운 사회현상들을 충분하게 설명하지 못하거나 해결하는 데 한계가 있다는 의식에서 사회복지실천에 적용할 수 있는 새로운 이론적 틀의 확립에 필요한 실용적 학문이 요구되는 필요성에 의하여 제기되었다.

통합적 사회복지실천에서 사회복지사의 역할은 다음과 같다(곽미정 외, 2016: 197).

첫째, 미시적·중시적·거시적 차원의 전통적인 사회복지실천방법 유지하면서도 다양한 실천방법들을 적용하여 전문가로서 효과적이면서 적절한 방법을 개발하는 능력 개발을 향상시키게 되었다.

둘째, 개인과 개인뿐 아니라, 개인과 자원 체계 간의 연결망을 구축할 수 있게 되었다.

셋째, 개인과 사회적 자원 체계 간의 새로운 관계를 형성하고 변화시킴으로써, 이들 상호 간 관계를 촉진하게 되었다.

넷째, 자원 및 체계 내에서 개인과 개인 간의 관계를 변화시키며, 한편 이들 상호 간 관계를 촉진시키는 기능을 수행할 수 있게 되었다.

다섯째, 실천영역을 토대로 사회정책의 개발과 변화에 기여할 수 있게 되었다.

여섯째, 사회복지실천 기능을 다양하고 적절하게 활용할 수 있게 되었다. 이를 통하여 개인, 집단, 가족, 지역사회, 정책, 제도 등에 있어서 포괄적인 관점을 유지하면서도 다양한 이론적 모델을 활용할 수 있는 역량, 경험을 확대할 수 있게 되었다.

연습문제

01 사회체계이론에 대한 설명으로 틀린 것은?

① 인간행동은 환경과의 역동적 상호작용의 산물이다.
② 인과관계 규명보다는 인간과 환경 간의 복잡한 상호 보완성에 관심을 기울인다.
③ 사회체계는 가족, 조직, 지역사회, 문화 등을 포함한 하나의 집합체이다.
④ 일반체계이론이 추상적인 반면, 사회체계이론은 실천적인 성격이 강하다.
⑤ 문제의 원인과 결과의 관계를 중시한다.

02 생태체계관점에 관한 설명으로 옳지 않은 것은?

① 맥락적 사고를 한다.
② 다체계적 접근을 한다.
③ 인간과 환경 간의 균형을 강조한다.
④ 사회구조 개선을 위한 개입방법을 제시한다.
⑤ 문제에 대한 포괄적인 이해의 틀을 제공한다.

03 사회복지실천의 통합적 접근의 발달배경이 아닌 것은?

① 인간과 환경과의 균형 강조
② 복잡한 문제에 대한 개입의 어려움
③ 분야별 전문화된 서비스 제공의 문제점 대두
④ 사회복지실천의 공통된 기반의 확장
⑤ 특정 문제를 중심으로 하는 개입의 장점 강조

04 통합적 접근방법에서 사회복지사가 직접 수행하지 않는 것은?

① 다양한 실천모델의 적용
② 종합 심리검사의 실시 및 평가
⑤ 가족 특성 이해를 위한 가계도 작성
④ 클라이언트 주변체계의 자원 발굴 및 동원
⑤ 클라이언트 주변체계 이해를 위한 생태도 작성

정답 1. ⑤ 2. ④ 3. ⑤ 4. ②

Chapter 10

사회복지실천의 사례관리

✓ **학습목표**

1. 사례관리의 목적 이해
2. 사례관리의 구성요소 숙지
3. 사례관리의 모델 이해
4. 사례관리자의 역할 실천

✓ **학습내용**

1. 사례관리의 개념
2. 사례관리의 구성요소
3. 사례관리의 과정
4. 사례관리의 모델
5. 사례관리자의 역할

✓ **개요**

사례관리는 일회성 사건이 아니라, 지속적으로 전개되는 과정이다. 사례관리는 클라이언트가 사회적·의료적으로 위기에 처해 있을 때 그리고 관계형성 초반에 집중적으로 제공된다. 클라이언트의 상황이 원만히 진행되고 있을 때에는 접촉의 빈도가 줄어들 수 있다. 여기에서는 사례관리에 관하여 학습하고자 한다.

Chapter 10

사회복지실천의 사례관리

1 사례관리의 개념

1) 사례관리의 정의

1970년대 탈시설화와 지역사회보호를 계기로 도입된 사례관리(case management)는 단순한 서비스로는 삶의 질을 향상시킬 수 없을 정도로 복합적이고 장기적인 욕구가 있는 클라이언트의 역량을 강화하기 위한 통합적인 서비스를 제공하는 사회복지실천방법이다. 한국에서는 사회복지서비스의 주요한 방법이자 전달체계로 자리 잡고 있다. 최근 양극화로 심화되는 빈곤문제와 정신질환과 장애, 폭력 등의 문제로 인한 복합적인 욕구를 지닌 대상자들이 증가함으로써, 이에 잘 대처할 수 있는 사례관리의 필요성이 증대하고 있다. 또한 보편적 복지의 후퇴와 함께 서비스의 사각지대나 불필요한 서비스 중복의 문제를 효율적으로 해결할 수 있는 효과적인 방법으로 또는 서비스전달체계로 사례관리가 각광받고 있다. 그러나 한국의 사례관리가 준비 안 된 상황에서 혼란스럽게 사용되고 있어서 다양한 부작용도 야기되고 있으며, 사례관리가 통제의 도구로 활용되고 있다는 비판도 받고 있다(엄명용 외, 2018: 421).

미국사회사업 백과사전(NASW, 1987)에서의 정의를 살펴보면, 사례관리란 복잡한 여러 가지 문제와 장애를 가지고 있는 클라이언트가 적합한 형태로 적절한 시기에 그들이 필요로 하고 있는 모든 서비스를 받을 수 있도록 보장하는 것이다. 따라서, 포괄적 서비스를 제공하기 위한 방법으로 정의하고 있다. 또한 사례관리를 가능하게 하는 차원과 촉진하는 차원으로 구성된 실천개념이라고 정의하기도 한다. 즉, 가능하게 하는 역할이란 개인이나 집단이 독립적으로 가능할 수 있도록 그들의 잠재력을 최대화하는 것이며, 촉진하는 역할은 도움을 필요로 하는 클라이언트의 사회적 제도, 조직, 기관 사이를 연계하는 것으로 보고 있다(Moore, 1990).

사례관리는 일회성 사건이 아니라, 지속적으로 전개되는 과정이다. 사례관리자는 장기간에 걸쳐 서비스를 제공하는 데, 그 접촉 빈도 및 강도는 클라이언트의 상황이나 요구에 따라서 다양하게 변한다. 사례관리는 클라이언트가 사회적·의료적으로 위기에 처해 있을 때, 그리고 관계형성 초반에 집중적으로 제공된다. 클라이언트의 상황이 원만히 진행되고 있을 때에는 접촉의 빈도가 줄어들 수 있다(조미숙 외, 2021: 311).

현재 사례관리는 일반적으로 받아들여지고 있는 용어로서, 개인, 가족, 집단을 비롯한 클라이언트들이 의료·법률 및 사회사업서비스와 적절한 보호를 받을 수 있도록 도움을 주는 활동을 지칭한다. 일반적으로 사례관리라는 명칭으로 통용되고 있는 개념 및 과업은 경우에 따라서는 사례조정, 보호관리, 보호조정, 서비스조정, 서비스통합 또는 서비스관리라는 말로 불리기도 한다(Weil & Karls, 1985).

그러므로 사례관리는 장기간 서비스를 제공받아야 하는 복합적인 문제를 가지고 있는 클라이언트에게 서비스를 제공하는 중재방법이라고 할 수 있다. 즉, 사례관리란 복잡하고 다양한 문제나 욕구를 가진 클라이언트가 개별적인 기관이나 전문가 등의 지역사회 내의 서비스 제공자들을 일일이 찾아다니지 아니하고, 사례관리자로부터 필요한 서비스를 보다 용이하고 효과적으로 받아들일 수 있도록 필요한 자원을 활용하여 클라이언트로 하여금 지역사회 내에서 독립적인 생활을 할 수 있게 도와주는 통합적인 서비스 전달방법이다.

사례관리의 개념은 혼란스러울 정도로 다양하게 정의되고 있는데, 비슷한 용어의 구별은 다음과 같다(최해경, 2017: 374).

사례(case), 보호(care), 관리(management) 등의 용어가 사용되고 있는데, 사례관리와 논쟁이 있다. '사례'라는 표현이 인간의 가치를 격하시키는 부정적인 의미를 담고 있다는 비판이 있는 반면, 사례관리가 개인에게 초점이 맞추어져 있으므로 사례가 적합한 용어라는 의견도 있다. 용어로서 사례관리가 보호관리(care management)보다 더 적합하다고 여기는 관점에서는 '보호'라는 용어가 클라이언트의 의존성을 의미하며, 클라이언트와 서비스 제공자 간의 수직적 관계를 암시하는 것으로 간주한다. '관리'라는 단어에 대한 거부감도 있다. 즉, 관리에는 통제, 지시, 취급 등의 의미가 포함되어 있어 클라이언트의 참여나 임파워먼트의 이념을 충분히 반영하지 못한다고 지적하고 있다. 임파워먼트 이념을 반영할 뿐 아니라, 주요 기능으로서 서비스 연계 및 조정을 적절히 표현하는 용어로 '서비스 조정'이나 '사례 조정'과 같은 용어가 제안되기도 하였다.

2) 사례관리의 목적

『일반사례관리』
(2017년 출판)

우드사이드와 맥클람(Marianne R. Woodside & Tricia McClam)은 1944년 그들의 저서 『일반사례관리(*Generalist Case Management: A Method of Human Service Delivery*)』에서, 그들이 주장하는 사례관리의 주요 목적은 다음과 같다(Woodside & McClam, 2017).

(1) 보호의 연속성

사례관리의 대상은 쉽게 해결될 수 없는 만성적이고 복합적인 욕구를 지니고 있기 때문에 중증장애인 등과 같은 경우는 평생 동안 보호를 받아야 할 필요가 있고, 장기적인 지원이 필요한 경우가 많다. 따라서, 어떤 일정한 장소나 기간 내에서 계속적으로 서비스를 제공하는 것이 필요하다. 보호의 연속성은 횡단적 차원과 종단적 차원으로 나눌 수 있다. 횡단적 차원에서의 연속성은 주어진 시점에서 이용자의 다양한 욕구를 충족시키기 위해 포괄적인 서비스를 제공하는 것이다. 여기에는 서비스 개입과 함께 환경에 대한 지지, 클라이언트와 가족과의 관계 유지, 위기

개입, 서비스의 단순한 연계를 넘어선 사회적 네트워크가 포함된다. 종단적 차원에서의 연속성은 시간의 경과에 따라 변화하는 개인의 욕구에 반응하는 서비스를 지속적으로 제공해 주는 것을 의미한다. 서비스의 시작인 전화 통화부터 서비스가 종료될 때까지 중단되지 않고 제공되는 것이다.

(2) 클라이언트의 역량강화

사례관리에서는 일차적으로 대상자의 보호가 중시되지만, 가능한 한 클라이언트가 스스로 살아갈 수 있도록, 즉 클라이언트가 사례관리자의 도움 없이도 자원과의 연결을 유지하며 살아갈 수 있는 역량을 강화하는 것을 목적으로 한다. 클라이언트 역량강화를 위한 또 하나의 방법은 그를 고객으로 대우하는 것이며, 클라이언트의 강점에 입각한 서비스를 제공하는 것을 의미한다.

(3) 서비스의 통합성

복합적이고 변화하는 이용자의 욕구를 해결하기 위해 기관과 지역사회의 자원과 서비스를 통합적으로 확보하는 것이 필요하다. 서비스통합은 서비스의 파편화와 중복을 감소시키고, 제공된 서비스의 상호작용을 촉진한다.

(4) 서비스 접근성 향상

클라이언트는 자신이 활용할 수 있는 자원에 대한 정보가 부족하거나 이용 가능한 자원을 알아도 다양한 장애물로 인해 서비스 접근이 제한되는 경우가 있다.

이를 위해 찾아가는 서비스, 정보제공과 의뢰, 자원개발과 연계, 자원활용 역량강화 등과 같은 적극적인 방법을 통해 자원과 서비스에 대한 클라이언트의 접근성을 높인다.

(5) 사회적 책임제고

사례관리는 제공되는 서비스의 책임성을 중시한다. 따라서, 사례관리 과정에서 주요 결정은 사례관리자 혼자 하는 것이 아니라, 팀에서 결정하며, 외부 전문가와 슈퍼바이저를 포함한 통합회의의 개최도 중요하다.

(6) 평가의 중요성

사례관리는 클라이언트 삶의 질을 향상시키고자 하는 목표와 함께 공급자의 관점에서 보호비용을 조절하고 효율성을 극대화하며 관리하고자 하는 갈등적인 목표를 지닌다. 사례관리는 개별맞춤형 서비스로 삶의 변화를 측정하는 성과평가가 기본적으로 중시된다. 그리고 1980년대 이후 사회복지서비스의 공급 주체가 중앙정부에서 지방정부로 분권화됨에 따라 한정된 복지자원의 효율적인 배분과 새로운 서비스 전달방식에 대한 관심이 고조되면서 서비스의 효과성과 효율성을 중시하는 사례관리 방법이 더욱 각광을 받게 되었다. 따라서, 사례관리는 서비스가 클라이언트의 욕구에 적합하면서도 서비스가 중복되지 않고 보호와 전달체계의 경제적 효율성과 효과성을 요구하며, 더불어 높은 전문성, 높은 수준의 보호, 지속적인 개선 등을 요구하는 신관리주의의 대표적인 방법으로 평가되기도 한다.

평가는 사례관리의 과정과 성과가 주 대상으로, 클라이언트에게 적절하게 제공되고 있는지, 클라이언트의 변화와 만족, 서비스의 통합, 서비스와 성과의 질에 대한 평가가 이루어진다.

2 사례관리의 구성요소

사례관리의 본질적인 의미와 목적에 부합하기 위해서 사회복지실천현장에서 갖추어야 하는 제반 조건이 사례관리의 구성요소에 해당한다. 앞에서 제시한 사례관리의 정의와 목적으로부터 사례관리의 구성요소는 크게 다섯 가지로 구분될 수 있는데, 그 내용은 다음과 같다(김귀숙 외, 2018: 345－347 ; 엄명용 외, 2018: 430－435).

1) 클라이언트

클라이언트는 대부분 복합적인 욕구를 가지고 있어 하나 이상의 사회자원을 필요로 하지만, 자원의 소재와 이용방법에 대해 잘 모르는 사람을 말한다. 현재 사회복지기관을 중심으로 지역의 저소득층 가족, 아동, 청소년, 노인 등 신체적·정신적·경제적·사회적 문제 등 복합적 문제를 가진 다양한 클라이언트가 대상이 된다. 중요한 것은 클라이언트의 범주에 대한 행정적인 기준을 정해 놓는 것이다. 다시 말해서 사례관리 대상자의 자격조건과 선정기준, 사례관리 대상자의 규모, 사례관리 대상자의 유형 등과 같은 사항을 규정하는 것이 필요하다. 이러한 사항에 대한 행정적인 기준을 마련함으로써 클라이언트의 상황과 특성에 맞는 관리가 가능해질 수 있을 것이다.

2) 사례관리자

만성적이고 복합적인 욕구를 지닌 클라이언트를 지원하는 사례관리자의 전문성과 숙련성은 3차 의료기관의 전문의가 일하듯이 매우 중요하다. 사례관리자는 인간 중심의 가치와 철학을 바탕으로 클라이언트에 대한 임상적인 능력과 자원조정, 네트워크 그리고 옹호적인 실천기술 등을 가지고 있어야 한다. 한국의 사례관리 환경은 아직 미흡하여 사례관리의 실천 기반이 매우 취약한 실정이다. 이로 인해서 사례관리자는 업무량보다 많은 사례를 맡고 있는 경우가 많고, 타 업무를 수행하면서 사례관리도 부가적으로 수행하는 등의 업무적인 부담이 크다.

사례관리자는 사례관리 수행에 필요한 전문적인 지식과 기술상담기술, 자원개발 및 관리능력, 네트워킹능력 등을 개발함으로써 사례관리를 위한 역량을 강화하는 것이 필요하다. 그리고 조직적인 차원에서는 사례관리자의 전문적인 역량을 잘 발휘할 수 있도록 슈퍼비전 체계를 갖추는 것이 필요하며, 소진을 예방할 수 있어야 한다. 사례관리 업무 자체가 업무의 난이도가 높은 편이며, 사례관리로 인한 업무량이 과중하고, 사례관리의 성과가 잘 드러나지 않기 때문에 업무적인 스트레스가 높은 편이다. 사례관리자의 교체는 클라이언트와의 관계의 유지, 서비스의 지속적 유지 등 사례관리의 전 과정에 커다란 장애를 제공할 수 있다. 따라서, 사례관리자를 고용한 주체는 사례관리자의 전문적 역량강화와 더불어 소진 예방을 위해 다각적인 관심과 지원을 아끼지 말아야 한다.

사례관리자의 역할은 크게 직접적 역할과 간접적 역할로 나뉜다. 사례관리자가 수행하는 직접서비스 역할에는 이행자, 상담자, 교육자, 정보제공자, 조력자의 역할이 포함된다. 사례관리자는 직접적 서비스 역할을 수행하면서 초기에는 사례관리자의 자기지향성이 높게 발휘되지만, 시간이 지나면서는 클라이언트의 자기지향성이 강화될 수 있도록 해야 한다. 클라이언트의 자기지향성이란 클라이언트가 가지고 있는 잠재 역량에 초점을 두고 클라이언트 자신이 자기의 욕구를 충족시킬 수 있는 능력, 기술, 자원을 획득하거나 자원을 활용함으로써 자신의 상황을 변화시킬 수 있도록 하는 것을 말한다.

사례관리자가 수행하는 간접적 역할에는 중계자, 연결자, 조정자, 옹호자의 역할이 포함된다. 사례관리의 핵심적인 요소는 자원을 조직화하고 연계하며 자원으로부터 소외계층을 대상으로 대변자의 역할을 수행하는 것이므로 간접적 역할의 중요성이 매우 높다.

3) 사회자원

대상자를 변화시키는 데 역점을 두는 임상사회복지실천과는 달리, 사례관리는 대상자의 역량강화와 함께 다양한 사회자원을 효율적으로 연계하고 조정하는 기능을 중시하는 방법이다. 자원에는 공식적·비공식적 자원 그리고 공공·민간 자원 등이 있다. 사례관리에서는 미리 개발되어 준비된 공식적 자원도 중요하지만, 클라이언트의 비공식적인 자원(가족, 친척, 동료, 이웃, 자원봉사자 등)의 개발과 연계가 중시된다. 따라서, 사례관리기관은 자신의 기관이 보유하고 있는 자원에 대한 조직화는 물론, 지역사회, 나아가서는 국가단위에서 활용할 수 있는 공적·사적인 자원망을 개발하고 조직화해야 한다. 지역사회 자원을 조직화할 때 업무의 효율성을 위하여 기존에 조직화되어 있는 자원망을 최대한 활용하도록 한다.

4) 사례관리과정

사례관리를 시간적으로 전개해 가는 요소로 사례관리과정을 들 수 있다. 사례관리를 비롯한 사회복지실천방법들은 일련의 과정들을 가지고 있다. 대체로 기본적인 과정은 초기과정, 사정과정, 계획과정, 중재과정, 종결과정이다. 이러한 과정은 클라이언트와 첫 번째 만나는 순간에서부터 시작되고 동시적으로 일어나는 것이며, 계단과 같이 따로따로 순차적으로 진행되는 것이 아니다. 단지 초기과정에서는 계약이 사정·계획·중재 과정보다는 먼저 이루어질 것이고 중기에는 중재과정이 계약·사정·계획 과정보다는 많이 일어난다.

이러한 일련의 사례관리과정은 프로그램에 따라 구체적인 기능을 이행하는 방법이 다를지라도, 그리고 원조서비스를 조절하고 접근하는 것이 다를지라도, 전문가의 핵심적 기술은 일치한다.

5) 사례관리 운영체계

사례관리는 클라이언트에게 필요한 통합적 서비스를 전달하는 작동체계이기 때문에 효율적인 운영체계의 구축이 필요하다. 사례관리 운영체계는 기관 내부 운영체계와 외부 운영체계로 구분할 수 있다. 기관 내부 운영체계는 사례관리 전담팀을 구성하고 프로그램과 서비스 제공팀, 자원개발 및 주민조직화팀을 구축하고, 팀 또는 기관 사례회의를 통해서 상호 협력해 나간다. 기관 외부 운영체계는 지역사회 내에서 클라이언트의 삶과 밀접한 관련이 있는 공공과 민간의 서비스제공기관들로 구성된 통합사례관리팀을 구축하고, 클라이언트를 돕는 데 협력할 수 있는 다양한 기관들이 함께 하는 통합사례회의를 통해 협력을 강화하도록 해야 한다. 이러한 운영체계 이외에도 슈퍼비전 체계, 솔루션위원회 등과 같은 지원체계가 필요하며, 공공부문과 민간부문이 함께하는 사례관리 전달체계의 구축이 필요하다.

3 사례관리의 과정

구체적으로 사례관리과정은 다음과 같다(남연희 외, 2023: 235－238).

1) 계약

계약은 효과적인 서비스를 위한 관계를 형성하는 과정이다. 이러한 관계는 도움을 제공할 사례관리자의 의지와 능력에 대한 클라이언트의 신뢰와 클라이언트 및 치료자의 기대에 대한 분명한 이해에 기초를 두고 있다.

계약과정의 주요 내용은 서비스의 적격성을 파악하고, 클라이언트와 사례관리자는 자신들의 역할을 소개하고 상호 기대를 명료화하며, 클라이언트의 문제에 관한 정보를 수집하고, 클라이언트가 가지고 있는 부정적인 감정을 완화시킬 수 있는 분위기를 조성하는 것이다.

2) 사정

정확한 문제사정은 사회복지실천의 전반적인 목적을 성취하는 데 매우 중요한 과정이다. 사정은 클라이언트가 해결해야 할 문제와 클라이언트가 가지고 있는 문제를 해결하는 데 필요한 자원, 클라이언트가 자원을 활용하는 데 있어서 가지고 있는 장애요인을 파악하는 것이다. 이러한 문제나 자원들은 클라이언트가 스스로 파악할 수 있는 것도 있고, 사례관리자가 관찰로부터 파악할 수 있는 것도 있다.

사정과정에서 사례관리자와 클라이언트는 문제가 무엇인지를 파악한 후에 문제영역에 대한 우선순위를 설정해야 하고, 클라이언트가 자신이 가지고 있는 문제나 정서적인 측면들을 인식할 수 있도록 하여야 한다. 특히, 사정과정에서 문제 및 자원의 파악은 사람과 환경 사이의 상호 교류적인 측면에서 진행되어져야 하며, 상호 간의 교류조건에 대한 정확한 사정이 함께 진행되어야 한다. 이를 기초로 자원활용계획에 대한 사정 틀을 개발하고 자원활용계획을 수립하여야 한다.

3) 계획

계획과정은 사례관리실천과정에서 중요한 축이라고 할 수 있다. 계획과정은 사정과 원조활동 사이의 중간과정으로서, 모든 사례관리의 활동들은 계획과정을 중심으로 진행된다. 계획은 사정기간 동안 수집된 정보를 클라이언트에게 도움이 될 수 있도록 변화시켜 주는 과정으로서 궁극적으로 클라이언트의 욕구와 환경적 요소 사이의 효율적인 관계를 수립하여 주는 일련의 행동지침을 의미한다.

구조화된 계획은 네 가지 단계를 거쳐 진행되는 것으로서,

첫 번째 단계는 목표설정의 단계로서 구체적이고 실제적으로 수립되어져야 한다.

두 번째 단계는 우선순위를 설정하고, 우선순위에 따른 일련의 실천활동을 구체화하는 것으로서 클라이언트의 욕구 및 의견에 기초해야 한다.

세 번째 단계는 목표를 성취하기 위한 방법들을 선택하는 것으로서 클라이언트와 사례관리자가 변화를 가져오기 위해 취해지는 일련의 조치라고 할 수 있다.

네 번째 단계는 사례관리실천의 전반적인 기간 및 진행절차를 결정하는 것이다.

4) 자원사정

이 과정은 서비스계획이 완전히 이루어지는 시기로서, 사례관리자는 장애요인을 극복하기 위하여 중재를 시작하고 활용 가능한 자원을 연결하는 과정이다. 특히, 사례관리에 있어서 자원의 사정은 세 가지 요인을 중심으로 접근하는 것이 효과적이다. 즉, 외부적·선천적·내부적 요인을 의미한다.

자원사정의 주요 내용은 원조자들과 새로운 관계를 형성시켜 주기 위한 제반 활동, 클라이언트 가족과 사례관리자 사이의 관계를 향상시켜 주기 위한 제반 활동, 그리고 환경적 요인과의 갈등에서 비롯되는 옹호나 박해, 위협과 같은 클라이언트의 행동에 대한 중재활동이 포함된다.

5) 중재

사례관리에 있어서 **중재**는 수립한 계획에 따라 일련의 행동들을 실천하는 과정이라고 할 수 있다. 중재과정은 연결, 협상, 대변, 조정, 상담 등을 통하여 이루어진다.

연결은 클라이언트의 정보결핍이나 이차적인 자원의 결핍과 같은 낮은 수준에서의 장애요인을 극복하는 방법이다. 즉, 사례관리자는 클라이언트와 필요한 자원 사이의 중간자로서의 역할을 담당해야 하며, 목표는 클라이언트와 자원을 바람직하게 연결하는 것이다.

협상은 연결이 이루어진 후에 클라이언트와 자원의 요구가 일치하도록 하려는 일련의 활동과정이다. 즉, 협상이란 필요한 서비스와 제공 가능한 서비스 사이의 적합성을 증진시키는 것으로서 이것은 충분한 신뢰를 바탕으로 이루어질 수 있다.

대변은 클라이언트의 욕구와 활용 가능한 자원 사이에서 연결과 협상을 통하여 적합성을 찾을 수 없을 때 이루어지는 실천과정이다. 즉, 대변은 클라이언트에게 필요한 권리, 자원, 서비스 등을 보장하기 위하여 개인과 자원 사이를 중재하는 수단이다. 이것은 공공부조나 정부의 서비스에 대한 클라이언트의 권리와 같은 것으로서 클라이언트가 시민으로서 그들의 권리를 거부당할 때 이루어진다.

조정은 모든 서비스 제공자들이 클라이언트에 대한 전반적인 계획을 수행해 나가는데 있어서 책임져야 할 부분들을 결정해 주기 위한 것이다. 이것은 갈등을 야기하는 여러 가지 요구 및 서비스의 중복성을 해결해 주는 것으로, 클라이언트의 참여와 원조 제공자들의 활동을 촉진시켜 주는 것이다.

상담은 클라이언트의 정서적인 측면에 초점을 두는 것으로, 클라이언트의 생활력이나 현재의 정서상태를 평가하고, 클라이언트에게 새로운 동기를 형성시켜 주어 의지를 강화해 주기 위한 실천과정이다.

6) 점검과 평가

점검은 사례관리가 서비스계획에 대한 이해 정도와 성취 정도를 파악하는 단계이다. **평가**는 서비스 전달이 클라이언트에게 얼마나 영향을 미쳤는지를 확인하는 것으로 클라이언트가 획득한 서비스 정도를 판단하는 과정이다.

사례관리자는 이러한 점검과 평가를 통해 서비스계획에 명시된 내용에 따라 서비스가 어떻게 전달되고 있는지, 얼마나 목표에 도달하였는지를 끊임없이 파악해야 한다. 사례관리에 있어서 점검과 평가는 서비스에 대한 책임성이 강화되고 있는 현실에서 매우 중요한 과정이다.

4 사례관리의 모델

사례관리의 실천모델은 임상적 접근을 중요시하는가, 아니면 서비스의 관리 기능, 즉 행정적 기능을 중시하는가, 그리고 지향하는 목적이 무엇인지, 사회복지실천현장이 일차적 현장인지, 아니면 이차적 현장인지에 따라서 다양하게 제시된다. 따라서, 사례관리자는 자신의 서비스 대상과 소속된 기관의 성격에 적합한 사례관리모델을 정립하고 적용하는 것이 필요하다. 사회복지현장의 특성, 개입기간, 사례관리자의 역할 수준 등이 고려되어 다양한 차원에서 사례관리모델의 적용성을 높이려는 노력들이 있어 왔다. 사례관리실천에서 활용되는 핵심적인 모델을 설명하면 다음과 같다(길귀숙 외, 2018: 351).

『일반사례관리』
(2017년 출판)

1) 매과이어의 모델 분류

매과이어(Lambert Maguire)는 2001년 그의 저서 『임상사회사업(*Clinical Social Work: Beyond Generalist Practice with Individual, Group and Families*)』에서, 사례관리의 모델을 다음

과 같이 분류하고 있다(Maguire, 2001).

(1) 전통적 장기모델: 관리보호 단기모델

전통적 장기모델은 치료될 수 없는 장기적이고 만성적인 건강문제나 정신보건문제를 다루는 전통적 사례관리모델이다. 복합적 인과관계를 추구하고, 비관적 예후에 대한 기대를 갖고 있고, 장기보호를 필요로 하고 자원의 조정을 필요로 한다. 관리보호단기모델은 시간제한적이고 집중적이며, 자원의 조정과 연계에 초점을 두고 치료를 중시하고 있다는 점이 전통적 장기모델과 구별되는 특성이다. 이 모델 역시 복합적 인과관계를 중시하고 조정된 보호를 필요로 하며, 시간제한적이고 집중적인 서비스의 관리를 목표로 한다.

(2) 일반사회복지모델: 전문사회 복지모델

일반사회복지모델은 사례관리자가 클라이언트에게 사례관리에 관한 모든 (차원의 다양한) 서비스를 제공하는 모델이다. 한 사회복지사가 모든 서비스를 제공하기 때문에 상충되는 조언을 피할 수 있으나, 전문가의 역량 부족 문제가 한계로 작용한다. 전문사회복지모델은 특정 영역과 문제를 전담하는 전문사례관리자와 전문가들 간의 업무 공유가 중시되며, 이들 간의 조정과 팀워크가 중시된다.

2) 사례관리의 제공자에 따른 모형

웨일 등(Marie Weil et al.)은 그들의 저서 『인적 서비스 실천의 사례관리(*Case Management in Human Service Practice*)』(1991)에서, 사례관리의 모델을 다음과 같이 분류하고 있다.

(1) 통합전문가모형

통합전문가모형은 사례관리자가 개별 클라이언트 또는 클라이언트집단의 서비스 조정에 대한 책임을 가지고 있으며, 사례관리자는 사회복지실천, 간호, 공공복지, 심리학, 대인서비스 등에 대한 훈련 등으로 직접서비스, 조정, 옹호 등을 제공한다.

일차적 치료자모형이란 사례관리자와 클라이언트와의 관계가 치료적인 모형으로 사례관리자는 석사학위 사회복지사, 심리학자, 정신의학자 등으로 전문인력이며, 클라이언트의 관심사와 문제에 대한 치료자 지식을 기반으로 치료자·클라이언트 간의 신뢰가 가장 중요한 모형이라 할 수 있다.

『인적 서비스 실천의 사례관리』(1991년 출판)

(2) 학제 간 팀 모형

학제 간 팀 모형은 구성원 각자가 특정한 전문영역의 서비스 활동에 개별적 책임을 가지며, 다양한 학문분야 간 전문화된 팀의 개념에 기반하는 모형으로 전문화된 사례관리자들이 공동으로 사례관리의 모든 과정을 구성하는 모형이다. 이 모형은 전문분야에 의해 담당 사례를 결정하며, 학제 간 팀의 역할은 접수, 서비스 연결, 서비스 접근 및 점검과 같은 활동을 통한 책임을 공유하는 역할을 담당하고, 사례관리팀은 다양한 전문가들로 구성되며 독립적이면서도 밀접한 협력관계를 이룬다.

(3) 가족모형

가족모형은 부모가 발달장애 아동의 사례관리자로서, 또는 성인 자녀가 허약한 노인의 사례관리자로서 역할을 수행하며, 가족이 사례관리과정에 대한 훈련을 받게 되면 보호의 연속성과 서비스의 질에 대하여 효과적일 것이라는 믿음에 기초한 모형이다. 이 모형은 전문가와 부모·성인 자녀와의 협력관계를 발달시키는 것이 중요하며, 대부분의 대인서비스체계가 복잡하기 때문에 많은 전문가들이 교섭하는 데 어려움이 존재하지만, 가족구성원을 위한 사례관리와 옹호에 대한 훈련은 가족으로 하여금 능력을 부여하는 경험이 될 수 있다.

(4) 지지적 보호모형

지지적 보호모형은 농촌 지역사회나 도시 저소득층 밀집지역에서 활용하는 것으로 지역사회 내에서 만성 정신장애인을 부양하는 데 필요한 심리적 지지가 그들의 자연적인 이웃과 일반 대중들 내에 존재한다는 신념에 기초한 모형이다. 이 모형은 지역주민들은 직접적인 정신보건서비스를 제공할 수 있으며, 클라이언트와 그들이 필요로 하는 지역사회 지지를 효과적이고 경제적인 방법으로 연결이 가능하고 지지적 보호자들은 일반 대중 가운데 선정하며, 특수한 훈련을 받고 대부분 한 명의 클라이언트와 일하도록 할당한다.

(5) 자원봉사자모형

자원봉사자모형은 기관의 직원과 자원봉사자와의 공동협력을 통하여 일하는 것으로, 지역사회 자원봉사자가 일정기간 훈련을 거쳐 사례관리기관이 전문가의 지도감독을 받으면서 만성정신장애인, 신체장애인, 허약한 노인, 발달장애아동 등의 사례관리자로 활동하는 모형이다. 자원봉사자가 클라이언트에게 직접적 서비스 제공, 서비스를 점검하거나 조정하며, 자원봉사자는 준전문가로서 클라이언트를 원조하는 보조협력자의 역할을 수행하고, 클라이언트의 복지에 대한 책임이 있으며, 임무에 대한 적절한 교육과 지도 감독을 받도록 해야 한다.

(6) 종합서비스센터모형

종합서비스센터모형은 서비스센터는 사회적·정서적 지지, 직업훈련, 기숙시설 등을 포함한 포괄적 서비스를 제공하는 모형으로 만성정신장애인, 발달장애인시설의 수용자, 자립생활센터의 거주자, 지체장애인, 장기 건강보호가 필요한 사람 또는 위탁 보호가정의 청소년들에게 서비스를 제공한다. 전형적 종합서비스센터는 거주자들에게 기본적인 서비스만을 제공하며, 만성정신장애인 또는 약물남용자 등을 위한 재활프로그램과 같은 것들은 다른 기관으로부터 서비스를 제공 받는다. 센터에서의 사례관리는 클라이언트들과 함께 거주하는 직원에 의해 수행된다.

3) 서비스 수준에 따른 분류: 한국형 모델

클라이언트에게 제공되는 서비스의 수준을 기준으로 한 사례관리의 한국적 모형은 다음과 같다(황성철, 1995: 275－304).

사례관리의 한국적 모형은 〈표 10-1〉과 같다.

| 표 10-1 | 사례관리의 한국적 모형

구분	단순형	기본형	종합형	전문관리형
1. 사례관리의 근본목적	지역사회의 자원과 서비스연계	지역사회의 자원과 서비스연계와 기초상담, 조언	지역사회자원과 서비스 연계, 심층상담 또는 치료	직접적·간접적 서비스 제공과 관리자로서 서비스관리
2. 사례관리의 기능	욕구인식 및 사정, 사례 계획과 서비스 연계, 서비스 점검	적극적 사례 발굴, 사정, 사례계획 및 개입, 서비스 연계, 상담, 서비스점검	로스만(Rothman)의 15개 기능을 수행	기본적인 사례관리 기능과 자원 배분, 통솔, 의사결정기능 포함
3. 사례관리자의 역할	자원과 서비스중개자(broker)	중개자, 상담자, 교육자, 지지자, 서비스점검자	자원 및 서비스 중개자, 상담 또는 치료자, 교육자, 클라이언트 옹호자	연계자, 상담자, 치료자, 교육자, 관리자
4. 사례관리자의 교육 및 전문성 정도	준전문가, 비전문가(전문대 졸업자, 또는 훈련된 자원봉사자)	준전문가, 전문가(전문대졸업자, 또는 초년생 사회복지사)	전문가(경력이 풍부한 선임 사회복지사)	특수분야별 전문가
5. 조직 내 사례관리자의 위치와 슈퍼비전	기존 조직과 업무수행 부서에서 수행, 전문가에 의한 엄격한 슈퍼비전	기존의 조직 내 수행, 경험이 많은 사회복지사의 슈퍼비전이 필요	독립된 사례관리 부서, 최소한의 슈퍼비전	독립된 팀 형성, 슈퍼비전이 필요 없음.
6. 사례관리자의 담당사례 수	비교적 많음.	적절한 사례 (30사례 내외)	비교적 적은 사례 (10~20사례)	최소한의 사례 (10사례 미만)
7. 개별/팀 접근	팀 접근이 가능하나 주로 개별적 접근	개별적 접근	개별적 접근	팀 형성에 의한 접근
8. 사례관리자의 업무에 관한 자율성 및 권위의 정도	자율적인 결정권이 없음, 전문가와 협의 요망	어느 정도 자율성이 보장됨.	자율적인 의사결정이 됨.	분야별 자율성을 보장하나 공동결정 요망

자료: 김보기 외(2019a: 355).

4) 사례관리의 중심초점에 따른 분류

로즈와 무어(S. M. Rose & V. L. Moore)는 1995년 그들의 논문 「사례관리(Case Management)」에서, 사례관리실천에서 중심초점을 클라이언트와 서비스 제공자 중 어디에 두느냐에 따라 클라이언트 중심 모형과 제공자 중심 모형으로 구분하였다. 그 내용은 다음과 같다.

(1) 클라이언트 중심 모형

클라이언트 중심 모형은 클라이언트와 사례관리자와의 관계에 초점을 두는 모형이다. 이 모형에서 사례관리자는 클라이언트를 적극적인 행동의 주체로 보고 그들의 강점, 잠재력, 성장가능성, 능력 등을 확인하고 개발하는 데 역점을 둔다. 또한 사례관리자는 클라이언트의 욕구를 포괄적으로 사정하고, 비공식적인 지원체계의 역할을 강조하며, 클라이언트의 자율성의 증대와 자기확신의 성장에 관심을 집중시킨다.

(2) 제공자 중심 모형

제공자 중심 모형은 서비스 계획에 초점을 두는 모형이다. 이 모형은 클라이언트를 수동적인 객체로 보고, 그들의 문제와 병리를 확인하고 해결하는 데 역점을 둔다. 이 모형은 클라이언트를 서비스 계획에 대한 적극적인 참여자가 아닌 순응자로 보며, 현존하는 서비스에 대한 안내와 의뢰에 역점을 두고, 공식지원체계의 활용을 강조하며, 문제확인과 클라이언트의 치료계획 준수에 관심을 집중시킨다.

5 사례관리자의 역할

사례관리자의 역할은 다음과 같다(김영철 외, 2022c: 279－280).

1) 통합 조정자의 역할

사례관리자의 역할 중 가장 우선되는 것은 통합 조정자(coordinator)의 역할이다. 사례관리자는 한 사례를 담당하여, 종결할 때까지 제공되는 모든 서비스를 총괄하고 서로 중복되지 않으며, 협력하여 개입의 효과와 책임성을 높일 수 있도록 조정한다. 사례관리자는 클라이언트의 욕구의 정도와 다양성에 대해 잘 알고 있어야 하고, 사례관리 프로그램을 조직하고 이들에게 제공되는 다른 개입과정과 지역사회 안에서의 유용한 지지적 자원의 관계를 알맞게 조정해야 한다.

2) 옹호자의 역할

사례관리자는 클라이언트를 옹호함으로써, 이들이 자신들의 권리를 찾고 정부와 지역사회로부터 유익한 지원을 활용하도록 돕는다. 이를 위해 정보제공과 교육, 지역사회조직과 사회제도상의 개선을 시도한다. 옹호전략은 직접 담당자에게 항의하는 것, 특정한 지식을 활용하는 것, 담당자의 상관에게 항의하는 것, 공식적 민원신고를 이용하는 것, 외부 권위에 항의하는 것, 법적 대응을 하는 것 등이다. 예를 들어, 지역주민들이 그룹 홈 유치를 제지하려 할 때, 영향력 있는 유지들을 동원하여 공청회를 개최함으로써 상황을 유리하게 이끌어낼 수 있다.

3) 공동협력자의 역할

사례관리자는 서비스를 제공하는 타 조직이나 기관의 직원들과 협의하여야 한다. 이를 위해 사례관리자는 팀 접근의 진행과정을 잘 이해하고 팀에서 공동협력하는 역할을 담당한다. 팀 접근은 다음의 단계를 가진다.

(1) 역할분리

팀 접근을 시도하는 처음 단계에서는 역할이 통합되지 않으며, 겉으로 표현되지 않은 불안과 경쟁심이 야기된다.

(2) 지나친 기대와 실망

역할분리는 팀의 공동목적을 달성하기 위한 복잡한 과정을 지나치게 단순화하여, 결국은 서로에 대한 분노 실망감을 갖게 되고, 경직된 자신의 역할만을 고집하는 결과를 빚게 된다.

(3) 현실적인 기대단계

점차적으로 전문가들은 팀의 목적을 달성하기 위해 서로에 대한 기대를 현실적 수준으로 낮추게 된다.

(4) 적응

통합적인 협동관계로의 발전이 더욱 명백해진다.

(5) 역할의 통합

통합단계에 이르게 되면 대상자의 환경을 바라보지 않고, 오히려 전체적이고 체계적인 개인과 환경 간의 관계를 고려하려 한다. 통합단계에 이르기 위해 전문가들은 사정, 계획, 다른 목표나 과업에 관해 개방적이고 안전한 분위기에서 전문적 견해를 상호 교환할 수 있어야 한다. 사례관리자가 이러한 역할을 잘 수행하기 위해서는 적절한 숫자의 사례대상자를 유지하는 것이 중요하다. 또한 사례관리자의 지도감독자를 두는 것 또한 중요하다.

연습문제

01 사례관리가 필요하게 된 배경이 아닌 것은?

① 임상적 치료모델에 대한 욕구 증가
② 서비스 전달체계 간 조정기능 부재
③ 복합 문제를 가진 클라이언트의 증가
④ 중복 서비스를 제공하는 전문기관의 확대
⑤ 시설 퇴소인의 지역사회 보호 필요성 증대

02 사례관리에 관한 설명으로 옳지 않은 것은?

① 복합적이고 장기적인 욕구를 가진 취약계층을 대상으로 한다.
② 궁극적 목적은 클라이언트의 자립과 자활을 위한 사회기능의 회복이다.
③ 서비스 제공의 범위는 사례관리자가 속한 기관의 범주 내에서 이루어진다.
④ 간접개입과 직접개입 모두 이루어진다.
⑤ 비공식적 자원의 활용도 중요시한다.

03 사례관리의 목적으로 바르지 않은 것은?

① 클라이언트가 일정한 장소나 기간 내에서 받을 수 있는 서비스의 연속성을 보장한다.
② 클라이언트의 욕구에 적합하고, 시간과 방식을 고려한 적절한 서비스가 제공되도록 돕는다.
③ 클라이언트의 가족과 일차집단의 보호능력을 확대시킨다.
④ 일차적 자원들과 공적 체계들을 분리하여 관리한다.
⑤ 클라이언트의 생활기술을 증진시킨다.

04 사례관리자에 대한 역할로 옳지 않은 것은?

① 중개자, 연결자, 조정자, 옹호자 등의 역할을 수행한다.
② 기관의 자원 기준에 맞추어 클라이언트의 문제를 사정하고 서비스를 제공한다.
③ 상담자와 치료자의 역할을 수행한다.
④ 사례관리자의 역할은 클라이언트의 욕구에 따라 업무가 달라질 수 있다.
⑤ 평가자로의 역할을 수행한다.

정답 1. ① 2. ③ 3. ④ 4. ②

PART Ⅳ

사회복지실천의 과정

Chapter 11

접수와 자료수집, 사정

✓ **학습목표**

1. 접수단계의 과제 숙지
2. 접수의 내용 파악
3. 자료수집의 출처 파악
4. 자료수집의 내용 숙지
5. 서정에 대한 집중 분석

✓ **학습내용**

1. 접수　2. 자료수집　3. 사정

✓ **개요**

접수란 문제나 욕구를 가진 사람이 사회복지기관에 찾아왔을 때, 사회복지사가 그의 문제와 욕구를 확인하여 그것이 기관의 정책과 서비스에 부합되지는 여부를 판단하는 과정이다. 자료수집은 클라이언트 문제를 파악하고, 나아가 클라이언트의 강점과 잠재적 역량을 이해하는 데 매우 중요한 과정이다. 사정은 수집한 자료를 해석하고 의미를 부여함으로써 최종적으로 문제를 규정하고 실천의 방향을 결정하는 것이다. 여기에서는 사회복지실천의 과정 중 초기단계인 접수와 자료수집, 사정에 관하여 학습하고자 한다.

Chapter 11

접수와 자료수집, 사정

사회복지실천 과정

사회복지실천 과정은 사회복지사가 클라이언트와 클라이언트를 둘러싸고 있는 다양한 환경 내의 체계들을 변화시키기 위하여 사회복지사의 전문적 가치와 기초지식에 개입하는 과정으로 각 단계별로 특유의 목표와 이를 수행하기 위한 주요 과업, 적절하게 사용되는 기술을 필요로 한다(박희숙 외, 2018: 299).

사회복지실천과정의 구성은 사회복지사가 문제(problem)와 욕구(need)를 가진 클라이언트와 클라이언트를 둘러싼 환경 내의 체계들을 변화시키기 위해 사회복지 분야의 전문직 가치와 지식에 기초하여 개입하는 전체적인 과정을 말한다. 또한 클라이언트를 위한 체계적이고 전문적인 개입과정을 의미하기도 한다. 학자들에 따라서 사회복지실천의 과정에 포함된 절차와 내용은 다소 차이가 있으며, 실제로 서비스 대상이나 방법에 따라 실천과정은 다를 수 있다(최세영, 2021: 246).

사회복지실천은 변화나 기능 향상을 위해 도움이 필요한 개인, 가족, 집단에 대해 전문적 지식과 기술을 갖춘 사회복지사가 계획된 절차와 단계에 따라 도움을 제공하는 일련의 과정이다. 따라서, 사회복지실천에는 일정한 계획적이고 조직적·체계적 절차와 단계를 포함한다. 사회복지실천과정은 학자들마다 약간의 차이를 두지만, 일반적으로 초기단계→중간단계→종결단계로 구분하고 있다. 그렇지만 현실적으로 사회복지현장에서 이러한 단계에 따라 그대로 이루어지는 것은 아니다(도광조 외, 2018: 167).

과정별 주요 과제는 다음과 같다.

| 표 11-1 | 사회복지실천의 과정별 주요 과제

실천 단계	주요 과제 내용	단계명칭
1단계	접수, 문제 또는 욕구 확인	접수단계 개시단계
2단계	피원조자와의 신뢰관계 형성: 초기 불안감과 저항감 해소	
3단계	문제나 욕구와 관련된 정보 및 자료수집	조사단계 **초기단계**
4단계	수집된 정보와 자료의 사정	
5단계	문제의 원인, 범위와 해결목표의 설정	진단단계 **초기단계**
6단계	피원조자와의 문제와 욕구에 대한 동의 및 원조계약체결	
7단계	문제해결을 위한 구체적 변화전략수립	치료단계 **중간단계**
8단계	변화창출: 치료, 원조, 개입, 교육, 고통제거, 동기조성, 자원연결, 행동변화	
9단계	변화정도의 평가: 제공된 서비스의 효과측정, 사후지도	
10단계	원조관계의 종결	**종결단계**

자료: 도광조 외(2018: 167).

초기단계란 어떤 문제에 직면한 사람이 그 문제를 해결하는 데 필요한 도움을 받기 위하여 기관에 찾아오는 경우, 처음으로 실시하는 면접으로서, 그 사람의 요구와 욕구를 명백히 하여 문제의 개요를 파악하고, 그 사람에게 기관의 기능을 설명하여 그 기관에서 돕는 것이 적절한지를 결정하는 단계이다.

클라이언트와 사회복지사가 만나서 함께 노력을 계속할 것인지의 여부와 만약 그렇다면 어떻게 할 것인지를 결정하는 탐색을 시작한다는 의미에서 초기단계를 '인테이크(intake)' 또는 '접촉단계'라고도 한다. 인테이크는 '거둬들이다', '받아들이다'라는 의미를 가지고 있다. 따라서, 인테이크는 클라이언트의 문제해결을 위해 어떤 기관이 적절한지, 어떤 사회복지사가 효과적인지를 분석하고 그 적격성을 심사한다. 그 기관이 클라이언트 문제에 도움을 줄 수 있는 곳이 아니라면, 클라이언트를 다른 적당한 기관에 의뢰(referral)하여야 한다(서혜석, 2017a: 157–158).

1 접수

1) 접수단계의 개념

접수(intake)란 문제나 욕구를 가진 사람이 사회복지기관에 찾아왔을 때, 사회복지사가 그의 문제와 욕구를 확인하여 그것이 기관의 정책과 서비스에 부합되지는 여부를 판단하는 과정이다. 즉, 문제에 직면한 사람이 문제해결에 필요한 도움을 받기 위해 기관을 방문하는 최초의 면접행위로 대상자의 요구와 욕구를 명백히 밝힘으로써 문제의 개요를 파악할 수 있게 한다. 또한 이 단계에서 사회복지사는 기관의 기능을 설명하고 기관에서 대상자를 돕는 것이 적절한가를 결정하게 된다(홍봉수 외, 2019: 223). 접수를 통해 그 기관에서 적합한 서비스를 줄 수 있다고 판단될 때, 사회복지사를 찾아온 사람은 클라이언트가 되어 그 다음 실천과정인 자료수집, 사정, 계획, 개입 과정 등의 단계를 거쳐 적절한 서비스를 받게 된다.

접수단계는 매우 주의를 필요로 한다. 그 이유는 원조관계를 시작하는 처음의 태도는 이후의 전 과정에 큰 영향을 미치기 때문이다. 그 내용은 다음과 같다.

첫째, 원조관계의 초기에 클라이언트가 사회복지사에 대해 많은 의심을 하는 것은 흔히 있는 일이다(Sheafor et al., 2017). 클라이언트는 사회복지사를 찾아오기 전에 우선 주변의 가능한 모든 자원, 즉 가족, 친구, 심지어 다른 전문직으로부터 도움을 구하고자 노력을 한다. 자신을 포함한 모든 원조자원이 불가능한 뒤에야 비로소 사회복지사를 찾아온다. 그렇기 때문에 이때쯤이면 클라이언트는 지치고 자신을 잃어 과연 자신의 문제가 해결될 수 있을지에 대해 매우 회의적 상태일 가능성이 높다. 즉, 클라이언트의 문제해결 경험은 원조과정에 대한 클라이언트의 동기에 영향을 미치기 때문에 이 단계에 대한 사회복지사의 이해가 필요하다.

둘째, 사회복지사는 클라이언트를 유형화해서는 안 된다. 만약 해당 문제가 기관에서 다루기 적합하지 않은 사안이라면 적합한 기관으로의 의뢰를 결정해야 한다. 접수면담에서 사회복지사가 주의할 것은 클라이언트를 유형화해서는 안 된다는 점이다. 즉 '비행', '부부폭력', '학습부진' 등의 문제유형에 따라 '그런 클라이언트는 보통 … 할 것이다'라는 식으로 정형화해서는 안 된다. 모든 클라이언트를 개별화하며, 그들이 가질 수 있는 양가감정(ambivalence)과 두려움을 이해하고 클라이언트가 편안한 마음을 가질 수 있도록 관심과 존중을 보여 주어야 한다. 사회복지사가 이러한 태도를 취해야만 클라이언트가 편안하게 자신의 문제를 말할 수 있다(양옥경 외, 2018: 243).

2) 접수단계의 목표와 목적

(1) 목표

접수단계의 주된 목표는 잠재적 클라이언트의 욕구가 기관의 목적과 서비스 내용에 적합한지 아닌지를 판단하여 접수 여부를 결정하고, 접수된 사례의 개입 과정에 클라이언트가 최대한 참여하도록 유도하는 것이다. 접수를 통해 그 기관에서 적합한 서비스를 줄 수 있다고 판단될 때, 사회복지사를 찾아온 사람은 클라이언트가 되어 그 다음 실천과정인 자료수집, 사정의 단계를 거쳐 적절한 서비스를 받게 된다.

접수과정은 다음과 같은 구체적 활동과 결정을 수반한다(김영철 외, 2022c: 289).

첫째, 가장 중요한 클라이언트의 문제와 욕구를 분명하게 확인하는 것이다.

둘째, 클라이언트와 사회복지사는 원조의 목적을 분명히 하고, 원조과정에서 기대하는 바가 무엇인지를 명확히 한다.

셋째, 클라이언트의 욕구가 기관의 자원과 정책에 부합되는지의 여부를 판단하는 것이다.

이 세 가지 활동에 기초하여 클라이언트에 대한 서비스를 접수해서 종결시키든지, 아니면 다른 기관으로 의뢰하든지를 결정하게 된다. 접수단계에서 사회복지사의 역할은 매우 중요하다.

(2) 목적

접수단계에서 달성해야 할 목적은 내담자가 직면하고 있는 문제를 기관의 도움을 이용하여 해결해 나갈 수 있는가의 적격성 여부를 결정하는 것이기 때문에 클라이언트가 기관으로부터 도움을 받기 위해서는 적격성의 요건을 가져야 한다. 그 내용은 다음과 같다.

첫째, 클라이언트의 문제가 기관의 기능에 적합한 것이어야 한다.

둘째, 클라이언트 스스로 문제해결을 위해 노력하는 태도를 지녀야 한다.

셋째, 기관의 도움을 받을 수 있는 마음의 준비가 되어 있어야 한다.

접수단계의 구체적인 목적은 다음과 같다(박현승 외, 2022: 290).

첫째, 내담자가 기관을 찾지 않으면 안 되는 상황을 명확히 이해하고 파악하는 것이다.

둘째, 내담자가 자기의 문제를 어떻게 보며, 그것에 대해 어떻게 느끼고 있으며, 어떻게 생각하는가, 또 미래에 대해 어떤 희망과 계획을 가지고 있는가를 파악하는 것이다.

셋째, 문제에 관해 기관이 무엇을 할 수 있는가를 생각하고, 기관의 기능으로 클라이언트의 욕구에 따른 도움을 줄 수 있는지의 여부를 결정하는 것이다.

넷째, 기관이 클라이언트가 자신의 문제를 해결하기 위해 제공하는 도움을 이용할 능력을 가지고 있는지의 여부에 관해 예비적 평가를 하는 것이다.

다섯째, 기관의 기능, 서비스를 제공하는 방법 등을 설명하는 것이다.

이렇듯 접수단계에서는 기관의 서비스와 기능에 대한 설명을 명백히 하여 적합한 사례인지를 결정하고, 클라이언트로서 도움을 받기로 잠정적인 결정을 하게 된다. 또한 이 과정에서 부적합한 사례에 대해서는 문제해결에 적합한 시설이나 기관을 소개하고 의뢰(referral)한다. 물론 의뢰하는 과정에서도 반드시 클라이언트의 동의를 구해야 하며, 의뢰하는 기관의 서비스에 대한 정보를 제공하고 클라이언트가 거부감을 느끼지 않도록 정서적으로 지지해 주어야 한다. 또한 사후 의뢰기관에서 클라이언트가 서비스를 적절히 받고 있는지 반드시 확인해야 한다.

3) 접수단계의 과제

접수단계의 과제는 여러 형태로 주장되고 있다. 즉, 헵워스 등(Dean H. Hepworth et al.)은 접수의 특성에 근거해 라포형성, 문제확인이라고 주장한다(Hepworth et al., 2018).

쉐이퍼 등(Bradford W. Sheafor et al.)은 1997년 『사회복지실천 기법 및 가이드(*Techniques and Guidelines for Social Work Practice*)』에서, 접수할 때 사회복지사가 해야 할 과업으로 ① 클라이언트에게 편안한 분위기의 조성, ② 클라이언트가 갖고 있는 두려움, ③ 오해에 대한 확인과 양가감정 다루기, ④ 서비스의 자격요건 및 비용 등에 대한 설명, ⑤ 의뢰의 결정, ⑥ 기관서비스의 특성에 대한 설명, ⑦ 앞으로 진행과정에 대한 기본적인 사항들, 즉 시간, 빈도, ⑧ 비용의 결정 등을 들고 있다(Sheafor et al., 2017). 여기서는 쉐이퍼의 이론을 중심으로 접수단계의 과제를 서술하고자 한다. 그 내용은 다음과 같다.

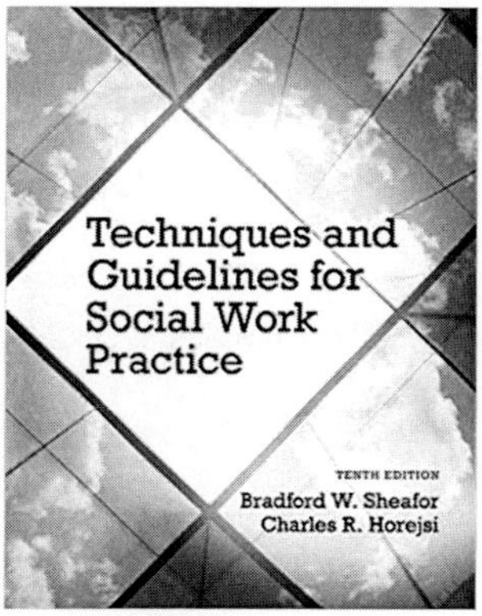

『사회복지실천 기법 및 가이드』
(2014년 출판)

(1) 클라이언트에 대한 문제확인

문제확인이란 클라이언트가 놓여 있는 체계에 대한 심층적인 분석이 아니라, 현재 명백하게 드러나는 문제를 확인하는 것이다. 문제확인은 현재 클라이언트가 문제로 호소하는 것에서 출발하게 되는데 사회복지사는 그 문제의 성격이 어떤 것인지, 그리고 그 문제가 클라이언트에게 얼마나 중요한 것인지, 무엇 때문에 이런 문제가 발생했는지 그 원인에 대한 탐색을 하게 된다. 클라이언트가 호소하는 문제 때문에 기관을 찾아온 이유가 될 수 있지만, 때로는 실제 문제가 처음 찾아온 이유와 다를 수도 있다. 또한 클라이언트가 호소하는 문제가 때로는 근본적인 문제가 아닐 때도 있고, 같은 문제에 주어진 의미가 클라이언트마다 다를 수도 있다. 따라서, 사회복지사는 클라이언트가의 실제 문제가 무엇인지 정확하게 판단해야 한다(최덕경 외, 2015: 233).

여기에서 문제는 주로 클라이언트가 제일 처음 호소하며 기관을 찾아온 이유일 수 있다. 예를 들어, 어떤 노인이 기관을 찾아와 노환으로 병원에 자주 가야 하는 데, 집이 너무 외진 곳에 있어 버스는 타기 불편하고 택시는 너무 비싸 탈 수가 없다고 했다면, 이때의 문제는 노인이 병원을 가는 데 이용할 차량이 없다는 것이다. 만약 기관에서 차량봉사나 무료진료 등의 서비스가 가능하다면, 노인은 접수를 통해 이 기관의 클라이언트가 되는 것이다.

그러나 실제 문제가 클라이언트가 처음 찾아온 이유와는 다를 수도 있다. 예를 들어, 아이의 학업부진 때문에 왔다는 어머니의 경우, 어느 정도 관계가 형성되자 "자신이 야간에 일을 하여 아이의 학업을 제대로 돌봐주지 못해 학업부진이 일어났다."고 말하면서 "아이의 학업을 돌볼 수 있도록 주간에 일하는 직업을 구하게 도와 달라."고 요청할 수 있을 것이다. 이런 경우, 클라이언트가 처음 찾아온 이유는 아이의 부진이었지만, 클라이언트의 실제 문제는 '적절한 구직'이다. 따라서, 사회복지사는 클라이언트의 실제 문제가 무엇인지 정확하게 파악하고, 그에 관한 서비스를 제공할 수 있는 평가를 해야 한다(양옥경 외, 2018: 243).

그러므로 클라이언트에 대한 문제확인은 관계형성과 동시에 이루어지며, 서로에게 영향을 미치는 활동이다. 주의 깊고 사려 있게 문제를 파악하려는 사회복지사의 태도는 밀도 있는 정보를 수집하는 것뿐만 아니라, 사회복지사에 대한 클라이언트의 신뢰감을 높여 주어 관계형성에도 긍정적으로 이바지한다(Hepworth et al., 2018).

(2) 의뢰

의뢰(referral)는 클라이언트의 문제와 욕구를 확인해 본 결과, 그 기관에서 해결할 수 없을 때 다른 적합한 기관으로 클라이언트를 보내는 것을 말한다. 이때 사회복지사는 클라이언트에게 의뢰하는 기관의 서비스에 대한 정보를 제공하고 그 기관과 접촉할 수 있도록 도와주어야 한다. 의뢰를 하게 되는 이유는 다음과 같다(Epstein, 1988).

① 기관의 인력 부족
② 필요한 전문기술을 가진 인력 부재
③ 클라이언트의 문제가 기관의 목적과 기능에 부합되지 않을 때
④ 그 기관보다 다른 기관이 클라이언트의 문제해결에 더 적합하다고 판단될 때
⑤ 클라이언트의 문제에 우선적 책임을 지는 기관이 있을 때

적절한 의뢰를 하기 위해서 사회복지사는 자신의 기관은 물론, 다른 기관의 강점과 약점, 정책과 자원, 접촉 가능한 담당자, 그리고 지역사회 내의 여러 자원에 대해서도 자세히 파악하고 있어야 한다. 이를 통해 사회복지사는 클라이언트로 하여금 모든 가능한 서비스를 받을 기회를 제공할 수 있어야 한다. 또한 다른 기관으로의 의뢰가 임무의 완성이 아니므로, 클라이언트에게 관심을 보여주고 그가 원하는 서비스를 적절히 받고 있는지를 반드시 확인하여야 한다. 가끔 의뢰된 후 서비스로 연결되지 못하고 실패하는 경우도 있다. 이는 클라이언트의 문제와 욕구, 의뢰하는 기관의 정책과 서비스에 대한 충분한 파악이 미처 되지 않은 채 서둘러 의뢰가 이루어졌기 때문이다.

성공적인 의뢰를 위해서 사회복지사가 고려해야 할 지침은 다음과 같다(Sheafor et al., 2017).

① 사회복지사는 의뢰의 이유를 분명히 해야 한다. 이를 위해 클라이언트의 문제를 확인하여 명확하게 정의하며, 확인된 문제를 클라이언트가 동의해야 한다.
② 의뢰를 확정하기 전에 사회복지사는 자신이 소속된 기관이 보유하고 있는 모든 자원을 고려하여 도움의 가능성을 다시 한번 검토해야 한다.
③ 의뢰하려고 고려하는 기관의 자원을 정확하게 평가하여야 한다. 다른 기관의 자원을 과대평가하여 클라이언트를 보내면, 그 의뢰는 실패할 가능성이 높다.
④ 다른 기관으로 의뢰하기 전에 친구, 친척, 이웃 등 클라이언트의 비공식

자원체계의 동원 가능성을 다시 한번 점검한다.

⑤ 의뢰에 대해 클라이언트가 가지는 양가감정, 즉 다른 기관의 도움에 대한 기대와 그에 대해 가지는 두려움을 수용하여 이를 표현할 기회를 준다.

⑥ 의뢰를 하는 기관에서 받게 되는 서비스의 내용과 한계를 클라이언트에게 분명하게 인식시킨다.

⑦ 의뢰를 받는 기관은 나름대로의 정책과 목적이 있고, 그에 따른 클라이언트의 수혜자격(eligibility) 기준이 있다. 따라서, 섣불리 클라이언트에게 서비스에 대한 장담을 해서는 안 된다.

⑧ 성공적인 의뢰를 위해 무엇보다도 사회복지사가 지역사회의 동원 가능한 자원에 대해 소상히 파악하고 있어야 한다.

⑨ 의뢰결과에 대해 추적평가를 하여 의뢰서비스 기술을 향상시킨다.

(3) 참여 유도

클라이언트가 원하는 욕구를 정확히 평가하고 그와의 친화관계를 성립하기 위하여 사회복지사는 개입과정에 클라이언트를 적극적으로 참여하도록 유도할 필요가 있다. 이를 위해서는 동기화, 양가감정의 수용과 저항감 해소, 클라이언트와의 라포형성 등과 같은 과업이 요구된다. 클라이언트를 원조관계로 끌어들이는 데 실패하면 감정이나 정보 등 자신을 적극적으로 드러내지 않는다. 심하면 더는 사회복지사를 찾아오지 않는 경우도 있다. 그래서 초기에 많은 주의를 기울여야 하는 과제이다.

클라이언트가 자발적으로 기관에 찾아온 경우에는 변화에 대한 어느 정도의 동기가 부여되어 있기는 하지만 인간의 보편적 감정인 변화에 대한 두려움 탓에 라포형성이 어렵다. 더욱이 비자발적 클라이언트, 즉 배우자나 친구의 강권 또는 학교, 경찰, 법원 등에 의해 의뢰된 경우에는 사회복지사의 서비스에 대한 저항이 매우 심하다. 이러한 저항에 적절히 대응하여 이를 감소시키는 것은 사회복지사의 라포형성 능력에 달려 있다. 그 내용은 다음과 같다(최세영, 2021: 246-252 ; 길귀숙 외, 2018: 272-273).

① 클라이언트의 동기화

클라이언트의 동기화의 중요성은 다음과 같다.

첫째, 클라이언트가 변화하려는 동기가 약하거나, 아예 없다면 변화를 위한 원조활동은 전혀 효과를 거둘 수가 없다. 성공적인 원조활동의 필수불가결한 요소 두 가지를 말한다면, 하나는 문제확인이고, 다른 하나는 그 문제를 해결하기 위해 클라이언트가 얼마나 적극적으로 임하느냐 하는 클라이언트의 동기이다(Hepworth et al., 2018). 원조활동의 성패는 바로 변화에 대한 클라이언트의 동기에 달려 있으며, 클라이언트를 변화과정에 적극적으로 참여시키기 위해서 동기를 유발시키는 것이 원조 초기과정의 주요 과제 중 하나이다.

둘째, 동기부여가 중요한 또 다른 이유는 사회복지사가 자발적으로 찾아오는 클라이언트 외에 비자발적인 클라이언트에 대한 원조서비스를 수행하게 되는 경우도 많기 때문이다. 이들은 사회복지사를 만나기 원치 않는 집단은 사회적 관심을 끌고 있는 사회문제에 관여한 개인이나 가족이 주로 비자발적 클라이언트, 즉 아동학대자, 보호감독을 받고 있는 자, 성 폭행자, 아내를 구타하는 자 등이 그들이다(Sheafor et al, 2017). 의기소침하거나 냉담한 클라이언트에게 동기를 부여하기 위한 사회복지사의 기술 중 가장 기본적인 것은 용기를 심어 주는 것이다.

사회복지사에게 중요한 것은, 클라이언트가 원조관계에 협조할 것인지 아닌지는 전적으로 클라이언트가 결정할 문제라는 것이다. 클라이언트를 원조관계에 참여시키기 위해 최선의 노력을 한 뒤에 마지막 결정은 클라이언트가 하는 것이며, 그 결과에 대해 받아들여야 하는 것도 클라이언트이다. 다만, 사회복지사는 클라이언트의 결정에 수반되는 긍정적·부정적 결과에 대해 알려 주어야 한다.

『일반적 실천 이해하기』
(2017년 출판)

커스트-애쉬맨과 헐(Karen K. Kirst-Ashman & Jr. Grafton H. Hull)의 저서 『일반적 실천 이해하기(*Understanding Generalist Practice*)』(2017)에 따르면, 비자발적 클라이언트에게 변화에 대한 동기를 부여하는 것은 더욱 어려운 과제이므로 각별한 주의와 기술이 필요하다. 원조과정에 대한 클라이언트의 동기를 자극하기 위한 바람직한 관계형성에도 유용한 지침으로, 특히 비자발적 클라이언트인 경우에 필요한 사회복지사의 행동지침은 다음과 같다(Kirst–Ashman & Hull Jr., 2017).

첫째, 무엇보다도 이들이 원해서 사회복지사를 찾아온 것이 아니라는 사실을 명심한다. 즉, 그들이 원조관계를 긍정적으로 받아들이게 만들려고 무리하게 노력하기보다는 이 사실을 인정하고 관계를 시작하는 것이다.

둘째, 서비스에 대한 저항의 실체를 있는 그대로 이해한다.

셋째, 클라이언트의 부정적인 감정을 표출하도록 이끈다. 예를 들어, "여기서 나를 만나게 된 것을 무척이나 싫어하고 있군요. 지금 당신 기분이 어떤지 알고 싶군요."라는 대응은 클라이언트에게 자신의 기분을 솔직하게 털어놓을 기회를 부여한다.

넷째, 비자발적 클라이언트가 원하는 것을 얼마만큼 해결해 줄 수 있는지를 생각해 본다. 클라이언트에게 절실한 구체적인 서비스를 해결해 줌으로써 관계형성의 실마리를 찾아볼 수 있다.

다섯째, 비자발적 클라이언트에게서 사회복지사에 대한 신뢰감이 즉각 형성될 것을 기대하는 것은 무리이다. 점진적인 관계형성을 통해 클라이언트의 신뢰감이 형성되기를 기다려야 한다.

② 클라이언트의 양가감정의 수용과 저항감해소

사회복지실천과정의 첫 번째 단계에서 수행해야 하는 가장 중요한 과제 중의 하나는 원조에 대한 클라이언트의 저항감과 양가감정을 해결하는 것이다. 이러한 감정은 사회복지사와의 만남과 의사소통, 원조과정에의 참여를 방해하여 결과적으로 더 이상 원조과정이 진행될 수 없는 상황을 불러오기 때문이다. 즉, 원조과정의 진행 여부는 저항감과 양가감정을 어떻게 해소하는가에 달려 있다고 해도 과언이 아니다.

양가감정은 동일한 대상이나 상황에 대하여 정반대의 감정이나 태도, 그리고 생각이나 욕구를 동시에 갖고 있는 것인데, 변화에 앞서 누구나 양가감정을 가질 수 있다. 저항은 양가감정, 도움을 수용하기 꺼리는 마음, 지위나 자원의 상실에 대한 두려움, 변화가 불가능하리라는 생각 등에서 기인하는 데, 원조과정에서 비협조적인 태도로 표현되기도 한다. 이처럼 원조과정에 대한 클라이언트의 저항감은 변화에 대한 두려움과 바람이 동시에, 존재하는 양가감정에 기인하는 자연스런 인간의 반응이다. 그러나 저항감은 이처럼 단순히 양가감정 때문만이 아니라, 클라이언트와 사회복지사의 특성으로 말미암아 더욱 강화되기도 한다. 클라이언트의 저항감을 강화시키는 또 다른 요인은 사회복지사에게서도 찾아볼 수 있다. 사회복지사의 지나치게 권위적인 태도, 전문적 용어의 남용, 도덕적으로 심판하는 듯한 태도 등은 클라이언트의 수치심, 열등감 등을 자극하여 오히려 저항하는 태도를 유발하기 쉽다(Shulman, 2015).

③ 클라이언트와의 관계형성

사회복지실천에서 접수단계는 사회복지사와 클라이언트가 처음 만나는 것에서부터 출발한다. 첫인상은 매우 중요하기 때문에 첫 대면 접촉은 이후의 모든 만남에 영향을 미친다. 따라서, 사회복지사는 첫 만남이 서로에게 긍정적인 경험이 될 수 있도록 노력해야 하는 데, 이를 위해서는 무엇보다도 클라이언트와 라포가 형성되어야 한다.

초기에 관계(라포)가 형성되면 클라이언트 본인의 문제를 노출하는 데 어려움을 덜 느낄 뿐만 아니라, 앞으로 전개되는 실천과정에도 보다 적극적으로 참여하려는 의지를 갖게 되므로, 사회복지사는 초기 접수과정에서 긍정적인 라포형성을 할 수 있어야 한다.

사회복지사가 클라이언트와의 긍정적인 관계형성을 위해 고려해야 할 사항은 다음과 같다.

첫째, 클라이언트에 대하여 긍정적이고 확신 있는 태도를 유지한다.

둘째, 클라이언트가 자신의 관심사와 상황을 분명히 이야기하도록 적극적으로 경청한다.

셋째, 클라이언트에게 친숙한 환경(가정 등)에서의 면담을 검토한다.

넷째, 클라이언트의 행동이나 대인관계 활동에 대해 솔직하게 이야기한다.

다섯째, 비심판적 태도를 유지한다.

여섯째, 클라이언트를 돕겠다는 의지를 표현한다.

일곱째, 클라이언트가 희망하는 목표에 따라 행동계획을 수립한다.

결과적으로 긍정적인 라포형성은 클라이언트가 가지는 두려움을 감소시키고, 사회복지사의 원조의지에 대해 클라이언트가 신뢰하고, 사회복지사가 자신을 이해하고 진정으로 도우려는 의지를 가지고 있음을 클라이언트가 느낄 때 형성된다. 이를 위해 사회복지사가 감정이입과 따뜻함, 진실함을 가지고 클라이언트를 대하는 것이 기본적 기술이다(Sheafor et al., 2017).

4) 접수의 내용

사회복지사가 클라이언트 접수내용을 기록하는 양식을 '초기면접지(intake sheet)'라고 한다. 각 기관에 따라서 형식은 다르지만, 일반적으로 공통된 내용을 수록한 양식이 사용된다. 클라이언트에 따라서는 직접 작성(기본적인 내용)하기도 하고, 노인이나 아동 등 본인이 작성하기 어려운 경우에는 사회복지사가 면담과정이나 면담 후 기록하기도 한다. 면담과 기록과정으로 클라이언트의 방문 이유가 무엇인지를 파악하고 그 문제나 욕구를 기관에서 해결할 수 있는 것인지를 결정하게 된다. 접수양식에 포함되는 내용은 다음과 같다(길귀숙 외, 2018: 274).

① 기본 정보: 이름, 성별, 나이, 결혼관계, 주소, 전화번호, 직업 등

② 주요 문제: 사회복지사의 도움을 청하게 된 문제가 무엇이며, 문제가 언제부터 어떤 과정 속에서 지속되었는지에 대한 내용을 기록한다. 신청자가 자기 문제를 보고 느끼는 방식을 기록한다.

③ 기관에 오게 된 동기: 기관을 어떻게 알고 찾아오게 되었는가 하는 것으로서, 타 기관의 의뢰인지, 기관소개 광고를 보고 왔는지, 누구로부터 소개를 받았는지 등을 기록한다.

④ 의뢰 이유: 타 기관 또는 가족으로부터의 의뢰일 경우에 의뢰한 이유가 무엇인지 기록한다.

⑤ 이전의 사회복지서비스를 받은 경험: 과거 어떤 기관에서 어떤 서비스를 받았는지에 대한 내용을 기록한다. 이전 서비스의 경험 유무가 긍정적인지 부정적인지에 따라서 저항이 발생하기도 하고 신뢰관계를 형성하는 데 영

향을 미칠 수 있다.

⑥ 기본적인 가족관계: 현재 동거 중인 가족을 중심으로 가족구성원의 이름, 나이, 직업, 교육 정도, 종교, 관계 등을 기록한다.

5) 접수의 결과처리

접수의 처리결과는 다음과 같다(박희숙 외, 2018: 305).

① 클라이언트로서 등록할 것인가, 아니면 거절할 것인가?

② 타 기관이나 다른 사회복지사에게로 소개 또는 의뢰할 것인가?

③ 다음 단계에서 서비스를 계속할 것인가, 아니면 종결할 것인가?

접수결과는 대체로 이상의 질문과 관련하여 처리된다.

2 자료수집

1) 자료수집의 개념

자료수집은 클라이언트의 문제를 이해하고 분석하며, 문제를 해결하는 데 필요한 자료를 모으는 것을 말한다. 자료수집은 클라이언트 문제를 파악하고, 나아가 클라이언트의 강점과 잠재적 역량을 이해하는 데 매우 중요한 과정이다. 이렇게 수집된 자료를 바탕으로 사정(assessment)을 하게 되므로, 자료수집이 사정에 선행되어 이루어져야 할 것으로 보이지만, 실제 자료수집과 사정은 거의 동시에 반복적으로 이루어진다. 즉, 사회복지사는 자료를 수집하면서 문제를 분석하고, 분석과정에서 필요한 정보를 수집한다(조미숙 외, 2021: 209).

초기면접지를 통해 수집된 자료들은 담당 사회복지사가 본격적인 개입을 준비할 때 필요한 정보를 제공해 준다. 숙련된 사회복지사는 초기면접지의 자료만으로도 많은 정보를 유추해 낼 수 있다. 예를 들어, 이름은 그 사람과 가족의 정체성과 관련이 있다. 1970년대까지 만해도 출생 시 이름 지을 때, 여성인데 남자이름을 갖고 있을 경우가 많았다. 이는 부모가 남아선호사상이 있어 아들을 기대한다는 의미에서 딸들에게도 남자이름을 지어 주었을 가능성이 있다. 당사자는 부모의 남녀차별을 경험하면서 학교나 사회에서는 자신의 이름을 설명해야 했던 불유쾌한 경험을 갖고 있을 수 있다. 최근에는 종교성 이름을 가진 학생들을 자주 대하게 된다. 특히, 기독교식 이름이 많다. 이는 부모가 기독교인일 가능성이 높다. 물론 당사자도 역시 마찬가지이다. 주소나 직업이나 가족관계, 결혼관계 등은 그 사람에 대해 더 많은 정보를 제공해 준다. 또한 가족은 문제의 촉발요인이 될 수도 있고, 클라이언트의 긍정적 자원일 수도 있는데, 가족구조, 가족구성원의 수와 동거 여부, 연령과 직업, 종교 등은 많은 정보를 제공해 줄 수 있다. 또한 과거 사회복지서비스나 정신보건서비스 등을 받은 경험이 있다면, 클라이언트에 대한 다른 전문가 의견을 참고할 수 있음을 의미하는 것이다. 따라서, 자료수집은 사회복지실천 전 과정을 통해 이루어진다(엄명용 외, 2018: 346).

2) 자료수집의 정보원

사회복지실천에서 가장 보편적으로 활용되는 자료의 출처는 다음과 같다(Zastrow, 2015 ; 조미숙 외, 2021: 211－213 ; 길귀숙 외, 2018: 279－281 ; 김철진 외, 2016: 181－183).

(1) 클라이언트의 진술

일반적으로 자료의 일차적인 출처는 문제를 제시하거나 문제를 가지고 있는 클라이언트 자신이다. 따라서, 클라이언트와의 개별면접을 통하여 정보를 수집할 수 있다.

클라이언트의 문제에 대한 서술적 묘사, 문제에 대한 느낌, 문제를 해결하기 위한 개인적 자원, 문제를 해결하기 위한 노력, 문제의 역사, 문제 원인에 대한 견해 등에 대한 의견이 포함된다. 그러나 클라이언트의 이야기는 편견과 잘못된 인식, 강한 정서적 감정 등에 의해 왜곡되는 경우가 있으며, 기관이나 정부에서 제공하는 이득을 얻기 위해 거짓을 말할 수도 있다. 따라서, 사회복지사는 클라이언트 이야기의 객관성과 타당성을 정확히 인지할 수 있어야 한다.

(2) 클라이언트의 비언어적 행동의 관찰

초기단계에서 클라이언트는 직접적 구두보고와 더불어 사회복지사와 면접과정 자체에 대해 각 개인들 특유의 방식으로 행동하고 반응한다. 비언어적 행동에 대한 사회복지사의 직접적 관찰은 클라이언트의 정서적 상태와 반응에 대한 직접적 정보를 획득할 수 있는 출처이다. 클라이언트의 언어적 표현뿐만 아니라, 비언어적 행동, 즉 클라이언트의 분노, 당혹, 두려움, 떨림, 몸짓, 자세, 얼굴표정, 옷차림과 외모, 손과 팔 등의 몸동작, 눈 맞춤, 목소리톤 등은 경우에 따라 클라이언트의 사고와 감정을 더 정확하게 판단할 수 있기 때문에, 사회복지사는 세밀하게 관찰하고 클라이언트의 비언어적 행동까지도 읽을 수 있는 능력을 갖추어야 한다.

(3) 클라이언트의 자기 모니터링

클라이언트의 문제양상에 대한 자기인식을 돕기 위해서 또는 클라이언트가 자신의 문제를 명확하게 인지를 못하는 경우, 문제행동 빈도와 문제행동 발생 시 감정 등을 스스로 점검해보도록 하는 것을 의미한다. 이러한 자기 모니터링은 자신의 문제해결에 적극적인 참여를 유도하는 효과를 가진다. 이는 클라이언트의 무력감을 감소시키고, 상황에 대한 통찰력을 증진시킬 수 있다.

(4) 부수적인 정보

클라이언트의 동의를 얻어 가족, 이웃, 친구, 친척, 다른 기관, 의사, 고용주, 학교 등으로 정보를 얻을 수 있다. 때로는 클라이언트가 문제에 대해 직접적으로 진술한 것과 상반된 정보가 있을 수 있는데, 각 정보의 정보제공자와 정보의 신뢰도를 염두에 두고, 어떤 상호작용 속에서 이런 관점의 차이가 나타나는지 주목한다.

(5) 심리검사

심리검사는 객관적이고 표준화된 측정을 통해 인간의 내적·심리적 특성을 파악하는 과정으로 클라이언트에 대한 과학적이고 객관적인 자료를 얻을 수 있다.

최근 임상사회복지사가 활용하는 검사로는 MBTI, MMPI, 사회성숙도, 결혼만족도, 가족관계의 친밀도, 자아존중감, 우울척도 등이 있다.

MMPI(Minnesota Multiphasic Personality Inventory)

미네소타 다면성 인격목록을 말한다. 미네소타 대학의 해더웨이(S.R. Hathaway)와 머킨리(J.C. Mckinley)에 의해 1940년에 발표된 것으로, 550항목의 질문으로 되어 있으며, 히포콘드리아(hypochondria, 심기증: 병 의심증)·히스테리·우울증·정신병·남녀 성 흥미·편집병·신경 쇠약·조현병 등의 경향을 측정하고, 그 결과의 신뢰성을 검토하기 위하여 의문점·허구 척도·신뢰성 척도·수정 척도를 첨가한 것이다. 이것은 질문지법의 결함을 보완하도록 고안한 것이며, 성격 테스트로서 일반적으로도 사용된다.

(6) 클라이언트가 작성한 양식

초기면접지에 클라이언트가 직접 이름, 성별, 나이, 직업, 주소나 전화번호, 문제의 서술, 가족구성원 등을 작성하도록 한다. 이러한 정보는 종종 클라이언트로 하여금 일정한 양식에 기재함으로써 가장 효과적으로 수집될 수 있다.

(7) 중요한 사람과의 상호작용 및 가정방문

클라이언트와 그의 삶의 중요한 사람과의 상호작용을 관찰한다. 가족구성원이나 가까운 친척, 동료, 친구, 이웃 등 클라이언트의 생활에 유의미한 영향을 미치는 사람으로부터 많은 정보를 수집할 수 있다. 특히, 가정방문 시에는 면접장소에서 보이는 태도와 달리, 자연스러운 클라이언트의 행동과 상호작용을 볼 수 있고, 그의 문제에 미친 환경적 영향을 더 잘 파악할 수 있게 된다.

(8) 직접 상호작용하면서 느끼는 사회복지사의 감정

클라이언트가 사회복지사와 상호작용하는 패턴은 그가 다른 사람과 어떻게 상호작용하는지에 대한 실마리를 제공한다. 따라서, 평소 클라이언트의 대인관계 패턴과 의사소통 유형, 숨겨진 내면의 감정, 중요한 타인과의 관계에 대한 정보 등을 이를 통해 수집할 수 있다.

(9) 그 밖의 자료

클라이언트 사례와 관련된 신문자료, 투서, 소문 등의 자료도 클라이언트에 관한 정보로 사용할 수 있다.

사회복지실천의 초기단계에서의 접수와 자료수집의 과정에서 요구되는 기술은 사회복지사 자신과 관련된 것이다. 사회복지실천의 가장 기본적 도구는 사회복지사 자신이다. 또한 초기단계에서 사회복지사가 클라이언트와 긍정적인 관계를 형성하는 것이 중요하다. 따라서, 사회복지사는 클라이언트를 이해하려고 노력하는 자세와 클라이언트와의 관계에서 자신의 감정을 검토하고, 클라이언트가 원조활동을 긍정적으로 받아들일 수 있도록 하는 개입을 동시에 준비하여야 한다. 사회복지사의 따뜻하고 인간적이며 전문적인 자세와 상대방에게 도움이 되고자 하는 진심 어린 태도가 클라이언트와 사회복지사 관계의 기본이 되어야 한다.

3) 자료수집의 내용

사정을 위한 자료수집의 목적은 문제를 이해하고, 분석하여 개입을 계획하기 위한 것으로 그 내용은 다음과 같다.

(1) 접수 시 클라이언트에 대한 기본적인 정보

접수란 문제를 가진 사람이 사회복지기관을 찾아 왔을 때, 사회복지사가 그의 문제와 욕구를 확인하여 그것이 기관의 정책과 서비스가 부합되는지 여부를 판단하는 과정이다. 즉, 서비스 제공 여부를 결정하고 앞으로 진행될 전문적 관계의 영상을 결정하는 중요한 자료수집을 하게 되는 단계이다.

(2) 문제에 관한정보

클라이언트의 문제와 욕구, 문제에 영향을 미친 요인 등 자료수집에서는 문제에 영향을 미친 요인과 문제를 지속시키거나 악화시키는 요인에 대한 정보

(3) 클라이언트의 개인력

개인력은 클라이언트가 살아온 역사이다. 영유아기, 학령기, 청소년기, 성인기, 노년기 등 생애주기에 따른 인간관계, 생활사건, 클라이언트 감정 등에 대한 정보

(4) 클라이언트의 가족력

현재의 가족 상황 및 가족관계, 현재의 가족 구성 및 가족 관계 등

(5) 클라이언트의 기능 수준

지적 기능, 정서적 기능, 신체적 기능, 행동적 기능, 대인관계 기능, 업무능력, 문제해결능력 등 클라이언트의 전반적인 기능 수준에 관한 정보

(6) 클라이언트의 환경

사람 및 문제를 둘러싸고 있는 환경에 대한 정보, 클라이언트를 둘러싼 환경 특성에 관한 자료이다. 클라이언트가 현재 이용하고 있는 서비스, 활용 가능한 자원, 친밀한 이웃과 지역사회에 대한 정보, 사회적 관계망, 차별 및 소외 경험, 클라이언트를 둘러싼 환경 속에 있는 한계 등이 포함

(7) 클라이언트의 강점과 한계

문제를 해결하는 데 있어서 활용할 수 있는 클라이언트 개인 또는 클라이언트를 둘러싼 환경 속에 있는 한계, 강점, 동기 등에 관한 정보

4) 자료수집의 방법

사회복지사는 여러 경로를 통해 자료수집을 할 수 있다. 그 내용은 다음과 같다(김혜란 외, 2023: 243－247 ; 김철진, 2016: 181).

(1) 면접

면접을 통한 자료수집은 생각과 느낌이 교환되는 가운데 클라이언트의 언어적 또는 비언어적 메시지를 포함한다.

(2) 관찰

관찰은 비언어적인 형태의 자료를 수집할 때 유용한 방법으로서 수집하고자 하는 정보의 종류에 따라 자연스러운 관찰과 일련의 순서가 있는 구조화된 관찰이 있다.

(3) 검사

클라이언트의 심리는 지능, 동기화, 대처행동의 유형, 자아·개념, 불안이나 우울의 정도 등을 표준화된 심리검사를 통해 수집할 수 있다.

5) 자료수집 시 유의 사항

사회복지사는 자료수집 과정에서 다음과 같은 오류가 발생될 수 있으므로 유의하도록 한다. 그 내용은 다음과 같다(Gambrill, 2012).

① 과다하고 불필요한 자료 등 부적절한 자료를 수집하지 않는다.
② 선입견을 지지하는 자료의 선택적 수집을 하지 않는다.
③ 타당도가 낮은 표준화된 측정도구를 사용하지 않는다.
④ 환경적 요소의 역할 간과하지 않는다.
⑤ 자료출처의 정당성과 수용성에 영향을 미치는 문화적 차이의 간과하지 않는다.

⑥ 문제와 선택을 명백하게 하기 위해 필요한 실생활이나 역할극에서의 행동 관찰 기회의 무관심을 갖지 않는다.
⑦ 자료수집에서 클라이언트의 행동에 영향을 미치는 중요한 사람들을 제외하지 않는다.
⑧ 문제를 명료화하지 않는 자료의 모호성을 추구하지 않는다.
⑨ 관심의 대상인 행동과 관련되어 발생한 사건, 선행사건, 결과를 기술하지 않는 것에 유의한다.
⑩ 다른 전문가들의 지지를 받지 못하는 의견을 신뢰하지 않는다.
⑪ 사례 기록에 제시된 근거 없는 자료를 신뢰하지 않는다.
⑫ 선행 사건이나 결과가 행동에 미치는 영향을 측정하기 위해 실시해야 하는 상관관계 검증을 하지 않음에 유의한다.
⑬ 경미한 단점 때문에 가치 있는 평가도구를 사용하지 않음에 유의한다.
⑭ 대상자의 인구사회학적 특성을 고려하지 않은 평가도구의 사용이나, 비전문적 지식을 바탕으로 한 표준화된 도구의 해석을 하지 않는다.
⑮ 편파적이고 대표성이 없는 표본을 사용하지 않는다.

3 사정

1) 사정의 개념

사정(assessment)이란 수집한 자료를 해석하고 의미를 부여함으로써 최종적으로 문제를 규정하고 실천의 방향을 결정하는 것이다. 자료수집이 클라이언트와 문제를 이해하기 위한 자료를 모으는 것이라면, 사정은 자료수집을 통해 모은 자료를 분석하고 심사숙고하여 문제를 규명해 내는 과정이다. 사정은 창조적이면서도 문제해결과정에 대한 과학적인 인지과정이라고 할 수 있다(Johnson & Yanca, 2015).

사정의 목적은 클라이언트가 제시한 문제의 본질을 보다 명확히 이해하여 문제를 규정하고 나아가 문제를 해결하기 위한 단서를 찾아 개입의 근거를 마련하기 위함이다. 즉, '환경 속의 인간(person in environment) 관점'에서 클라이언트의 문제의 본질을 파악하여 개입하고자 하는 문제영역을 규명하고, 클라이언트의 문제에 대한 기초선(baseline)을 파악한다. 문제의 원인을 파악하여 이러한 문제를 변화시키기 위해 클라이언트 내·외부에 존재하는 강점과 자원을 확인한 후 어떤 유형의 개입이 적절하며 구체적으로 어떤 변화가 필요한지를 결정하는 것이다. 단순히 클라이언트를 이해하기 위한 것이 아니라, 클라이언트의 문제해결을 위한 계획을 개발하기 위한 것이다(Compton et al., 2004).

사정을 얼마나 정확히 했느냐에 따라 개입결과가 달라질 수 있기 때문에 사회복지실천에서 사정은 매우 중요하다. 흔히 우리가 사용하는 사정은 처음부터 사용된 것이 아니었다. 처음에는 '진단(diagnosis)'이라는 용어로 불렸는데, 이 진단이라는 용어를 사용하게 되면 클라이언트를 강점보다는 병리에 초점을 맞추게 되며, 이로 인해 인간은 누구나 성장할 수 있다는 잠재력과 가능성을 배제하는 결과를 초래하게 되었다(Hepworth et al., 2018).

이렇게 클라이언트의 강점을 개발하지 못한다는 지적과 병리적 접근은 사회복지의 가치를 실현하지 못한다는 이유로 '진단' 대신 '사정'이라는 용어를 사용하게 되었다.

이렇듯 사정은 수집된 자료를 바탕으로 클라이언트가 가지고 있는 욕구와 문제의 원인을 규명하고, 개입을 하기 위하여 정보를 수집, 분석, 종합화하는 실천활동이다. 따라서, 사회복지사는 클라이언트의 문제와 강점 및 약점, 자원을 이해하고, 문제에 영향을 주는 환경을 파악하여 클라이언트와의 환경 간의 상호교류를 이해하여야 한다(김효선 외, 2022: 238−239).

2) 사정의 내용

클라이언트의 욕구나 문제해결에 접근하기 위해서 사회복지사는 사정과정에서 수집된 자료를 바탕으로 클라이언트의 제반 상황을 파악하고 클라이언트의 문제의 발견, 문제를 좀 더 잘 이해하기 위한 정보의 발견, 정보분석을 위한 문제형성을 진행하게 된다.

(1) 문제의 발견

문제를 발견하는 것은 사정의 제일 기초적인 단계이다. 우선, 문제는 클라이언트가 '제시한 문제(presenting problem)'에 초점을 두는데, 그 이유는 제시한 문제가 바로 클라이언트가 시급하게 느끼고 있는 문제이며, 그것 때문에 그가 도움을 청했기 때문이다. 그리고 제시된 문제는 사회복지사가 좀 더 깊이 탐색해야 할 영역이 어느 부분인지 알려주기도 한다. 이것은 접수 및 참여 유도의 단계에서 문제의 확인보다는 좀 더 심층적인 문제의 성격과 원인을 이해하려고 하는 것으로 접수 및 참여 유도의 단계에서 문제의 확인이 클라이언트 스스로가 말하는 문제에 기초를 한다면, 문제의 발견단계에서는 문제들에 대한 사회복지사의 평가에 대한 비중을 더 크게 둔다.

클라이언트가 빈번히 직면하는 문제들은 다음과 같다(Johnson & Yanca, 2015 ; Kirst-Ashman & Hull Jr., 2017).

① 인간관계에서의 갈등문제

인간관계에서의 갈등문제는 주변 사람들과의 관계에서 명백하게 어려움이 있는 문제들을 의미하는 것으로, 배우자 간, 부모-자녀 간, 형제자매 간 또는 친척 간 의사소통 유형, 아동양육방법, 여가 선용, 친척관계, 부모부양문제 등의 이유로 인한 갈등을 의미한다.

② 사회적 관계 불만족

사회적 관계에서의 불만족은 타인과의 관계에서의 어려움이 현실화됨으로써 나타나는 문제라고 볼 수 있다. 사회적 관계상의 어려움을 가지는 것은 수줍음이나 열등감 등으로 인한 대인관계의 어려움, 생각이나 주장을 제대로 하지 못하는 것, 이로 인한 패배감이나 왜곡된 정체감을 가지는 것 등에서 비롯된다. 예를 들어, 흔히 사람들이 느끼는 사회적 불만족으로 지나치게 소극적인 성격으로 인하여 사람들과의 관계에서 언제나 자신이 피해를 본다고 느끼는 사람의 문제이다.

③ 공식적 조직과의 문제

공식적 조직과의 문제는 클라이언트가 흔히 제기하는 문제들로, 예를 들어 사회복지사가 자신에게 불친절하게 대했다거나, 기대한 만큼의 생활비가 충족되지 않았다고 불만 등을 갖는 것이다.

④ 역할수행상의 문제

역할수행상의 문제는 역할갈등적인 상황이 심한 경우를 일컫는다. 자신의 지위에 따라 사회적 또는 문화적으로 기대되는 행동양식을 수행하는 어려움을 느끼는 문제들이다. 지식, 기술, 경험 등이 부족하여 기능을 수행하는 데 어려움이 있는 경우도 포함될 수 있다.

⑤ 생애주기에서 파생되는 문제

생애주기에서 파생이 되는 문제는 사람이 생애주기에 있어서, 학업, 결혼, 임신, 이혼, 퇴직, 은퇴 등과 같이 겪게 되는 중요한 전환기에 적응을 하지 못하고, 심각한 정서상의 혼란을 겪게 되거나, 대처할 방향을 찾지 못해 문제의 상황에 놓이게 되는 것을 말한다.

⑥ 심리행동상의 문제

심리행동상의 문제는 정서심리 상태가 불안하거나 우울 정도가 심한 경우, 적절한 감정반응이나 지각반응 등이 이루어지지 않는 경우, 이러한 정서심리상태로 인한 분노 폭발, 신경증적 거식증, 약물남용과 같은 행동상의 문제와 범죄행위 등과 같은 통제가 되지 않은 행동이 모두 포함된다.

⑦ 부적합한 자원문제

부적합한 자원문제는 기본적으로 필요한 욕구들이 해결되지 않음으로써 발생하게 되는 것이다. 예를 들어, 가난의 문제가 돈이라는 것이 자원의 결핍을 의미하며, 생계비 부족, 의료서비스의 부족 등이 여기에 속한다. 또한 생활상의 어려움이나 즐거운 일들을 함께 해결할 수 있는 사회적 자원의 결핍이나 부족은 개인이나 가족들에게 심한 스트레스를 가져다준다.

⑧ 의사결정상의 문제

의사결정상의 문제는 여러 가지 이유로 의사결정이 제대로 이루어지지 않는 경우의 문제를 말한다. 인생의 중대한 갈림길에서 감정적인 혼란으로 인하여 합리적이고 객관적인 선택을 하지 못하는 경우이다.

⑨ 다문화 간 갈등

우리 사회는 최근 들어 다인종 사회로 전환되고 있다. 특히, 이주노동자뿐만 아니라, 결혼이주여성들이 급격히 증가하고 있다. 이로 인해, 직장과 가정에서 문화적 차이로 많은 갈등을 겪고 있다.

이외에도 클라이언트가 겪는 문제는 부모나 형제자매와 같이 가까운 사람들의 사망이나 관계 상실에 대한 클라이언트의 부적응과 부적절한 정서적 반응이나, 중도장애나 질병과 같이 예기치 못한 사건도 문제에 해당된다.

결론적으로 문제는 바라보는 사람에 따라서 다른 시각과 관점이 있을 수 있으므로, 표현된 문제, 진술된 문제에 대해 사회복지사는 다각적으로 탐색해야 한다. 클라이언트가 표현하고 있는 문제는 클라이언트의 입장에서 자신의 가치와 상황 속에서 정의되어 제시된 문제라고 할 수 있다. 따라서, 사회복지사는 바로 '문제'로 단정하기보다는 클라이언트가 느끼거나 제시한 문제의 이면과 보다 근본적이고 포괄적인 문제가 있는지를 탐색하도록 하고, 주어진 정보와 클라이언트의 반응을 통해서도 문제를 발견하고 정의할 수 있어야 한다(이경준 외, 2020: 276).

(2) 정보와 자료수집

정보와 자료의 수집은 사정과정에서도 이루어진다. 접수 → 자료수집 → 사정은 순차적으로 진행되기도 하지만, 자료수집과 사정이 동시에 이루어지기도 하고 순환적으로 이루어지기도 한다.

문제의 원인을 파악하고 규정하는 것은 사정과정에서 이루어지지만, 자료수집

과정에서도 클라이언트의 진술을 듣기 위해 문제의 원인에 대해서 질문하게 된다. 또한 사정과정에서도 클라이언트의 비언어적·언어적 표현과 행동의 해석으로 문제와의 관련성을 추론하며 추가적인 정보를 얻게 되므로, 사정과정에서도 정보와 자료수집이 이루어지게 된다.

사회복지사는 사정과정에서 정보를 수집하는 지침을 참고하여 필요한 정보를 얻고 이를 바탕으로 보다 정확한 사정을 실시해야 한다(이경준 외, 2020: 276).

브라운과 레빗(L. Brown & J. Levitt)은 1979년 그들의 논문 「문제의 방법론: 시스템 동일시(A Methodology for Problem: System Identification)」에서, 사정 시 정보를 수집하는 유용한 지침에 대해 다음과 같이 제시하고 있다(Brown & Levitt, 1979).

① 누가 문제체계에 관련되어 있는가?
② 참여자들은 어떻게 관여하는가?
③ 클라이언트가 문제에 어떤 의미를 부여하는가?
④ 문제행동이 어디서 일어나는가?
⑤ 언제 문제행동이 일어나는가?
⑥ 문제행동이 일어나는 빈도는 어느 정도인가?
⑦ 문제행동이 언제부터 있어 왔는가?
⑧ 문제와 관련하여 채워지지 않는 욕구는 무엇인가?
⑨ 문제에 대한 클라이언트의 정서적 반응은 어떠한가?
⑩ 클라이언트는 문제에 그동안 어떻게 대처하여 왔으며, 그것을 해결하는 데 어떤 기술이 필요한가?
⑪ 클라이언트는 어떤 장점과 기술을 가지고 있는가?
⑫ 필요로 하는 외적 자원은 무엇인가?

(3) 문제형성

문제형성(formulation of problem)이란 이제까지 얻은 정보를 분석하여 사회복지사가 전문적인 시각에서 문제들을 판단하는 것이다. 즉, 클라이언트가 호소하고 있는 문제와 욕구 그리고 욕구충족을 방해하고 있는 요인들이 무엇인가를 탐색하여 문제의 정의를 내리는 것이다. 이와 같은 과정을 통해 목표달성과 개입계획을 세우게 되는 것이다. 문계를 형성하기 위해서는 무엇보다도 충족되지 못한 욕구가 어떤 것인가를 발견해야 하고, 어떤 요인들이 클라이언트의 욕구충족을 방해하였는지를 고려해야 한다(박희숙 외, 2018: 323).

클라이언트가 재산문제를 충족되지 못한 욕구로 바꿔 재진술하고, 클라이언트의 욕구가 무엇인지 분명히 규정함으로써 욕구를 충족시키지 못하게 하는 요인들이 무엇인지를 파악하여 문제형성을 통해 클라이언트를 도울 수 있다. 욕구의 의미는 인간이나 사회체계가 현존하는 상황에서 합리적인 기대에 맞게 기능하는데 필요한 것이다. 이것들에는 기본적인 자원, 심리사회적 발달 욕구, 인간관계상의 욕구, 적절한 역할수행상의 욕구들이 포함된다. 결핍이란 욕구와는 구별되는 것으로 행동을 유발하는 강한 욕망으로 만족과 안녕을 증대시키기 위한 것이다. 이러한 결핍은 반드시 충족되어야만 하는 것은 아니다. 따라서, 결핍보다는 욕구가 인간생존에 더 기본적인 것임을 나타내고 있다. 욕구가 분명히 규정되면 그 욕구를 충족시키지 못하고 있는 요인이 무엇인지 파악하여 문제를 형성하는 것이다.

3) 사정도구

사회복지사가 클라이언트의 문제해결과 욕구충족을 위한 최선의 개입방법을 선택하기 위해서는 여러 사정도구에 대한 이해가 필요하다. 사회복지사를 비롯한 원조전문가들이 개발한 사정도구들은 개인과 가족구성원 사이의 상호작용을 관찰할 뿐만 아니라, 더 큰 사회체계와의 상호작용을 사정하는 데 유용하다. 여러 사정도구는 클라이언트와 가족구성원에 관한 객관적인 자료뿐만 아니라, 그들의 생각이나 느낌 등과 같은 주관적인 자료를 수집하는 데 유용하기 때문에 사정에 도움이 된다. 특히, 사회복지실천 과정의 초기단계에서 말을 잘 하지 않는 클라이언트와 면접할 경우, 사회복지사는 사정도구를 통해 자료에 관한 기술이나 진술을 요구할 수 있으므로 큰 도움이 된다(Holman, 1983).

사정도구는 클라이언트체계가 가지고 있는 자원을 규명하는 데 유용하다. 그리고 클라이언트와 사회복지사 간의 대화를 중개한다는 점에서 자신의 생각과 감정을 표현하는 데 어려움을 가진 클라이언트에게 매우 유용하다. 사정도구를 활용하는 데 있어서 고려해야 할 사항은 다음과 같다(Miley et al., 2007).

첫째, 이 도구는 클라이언트체계의 고유한 상황에 적합성을 가지는가?

둘째, 시간·노력 및 비용의 측면에서 얼마나 소요되는가?

셋째, 클라이언트는 도구의 목적과 절차에 대해 충분한 정보를 제공받았는가? 클라이언트는 참여할 것을 동의하였는가?

넷째, 이 도구를 사용하는 데 특별한 훈련이나 자격증이 필요한가?

다섯째, 클라이언트의 역할은 무엇인가?

여섯째, 클라이언트와 그 결과에 대해 논의할 것인가?

일곱째, 이 도구는 유용한 정보를 제공해 줄 것인가, 아니면 단순히 클라이언트의 행동에 라벨을 붙이는 것인가?

여덟째, 어떻게 결과가 사용되는가?

아홉째, 이 도구는 신뢰성 있고 타당성 있는 정보를 제공하는가?

여기에서는 사회복지사가 활용할 수 있는 주요 사정도구에 대해 살펴보고자 한다.

(1) 가계도

가계도(genogram)는 적어도 3세대 이상의 가족계보(family tree)와 가족관계를 여러 상징부호를 사용하여 도식화한 것으로, 클라이언트나 가족이 제시한 문제의 근원을 클라이언트의 양육환경에서 사정하는 도구이다(Zastrow, 2015). 가계도는 여러 세대에 걸쳐 가족구성원의 성별, 연령, 출생과 사망, 결혼과 이혼, 직업 등의 인구학적 정보와 주요 생활사건, 가족구성원의 기능, 가족관계와 역할 등의 정보를 연대기적으로 보여준다(McGoldrick et al., 2008).

가계도는 사회복지사와 클라이언트가 협력해서 가족구성원의 관계와 특별한 관심을 받는 가족의 경험들을 탐색하고 논의하는 작업을 통해 완성한다. 사정도구로서 가계도는 가족의 경험을 체계화하고, 가족의 문제들을 재구성하는 데 도움이 된다. 가계도의 작성과정은 현재의 문제, 동거가족, 가족의 현재 상황 등과 같은 비교적 쉬운 질문부터 점차 확대가족, 가족사건의 역사, 가족구성원의 역할, 기능, 관계 등의 어렵고 불안을 초래할 수 있는 질문으로 넓혀가는 것이 좋다(McGoldrick et al., 2008).

가계도는 사회복지실천에서 가장 널리 활용되는 사정도구로 가족이 지니고 있는 문제점을 추적하고 강점과 해결을 찾기 위해 여러 세대를 살펴봄으로써 개인 및 가족을 사정하는 데 유용한 사정도구이다. 사회복지사는 가계도를 통해 가족구성원의 문제와 관계 등을 전체 가족의 맥락에서 볼 수 있으며, 여러 세대에 걸쳐 가계도를 작성할 경우, 가족의 과거와 현재가 어떻게 연결되어 있는지를 파악할 수 있다(조학래, 2019: 244).

가계도는 네 가지 차원에서 분석할 수 있다. 그 내용은 다음과 같다(박희숙 외, 2018: 328).

첫째, 가족의 구성과 가족구조를 분석할 수 있다. 이혼, 재혼 등 결혼상태와 형제순위, 자녀에 대한 부모의 태도와 기대 등이 분석된다.

둘째, 가족의 생애주기를 분석할 수 있다. 가족이 생애주기에 따른 변화에 성공적인 적응을 해왔는지를 검토한다.

셋째, 세대들 간에 유형의 반복이 있는지 분석을 할 수 있다. 강점, 창조성, 적응유연성 등의 적응적 유형과 자살, 가정폭력, 알코올 남용 등 부적응적 유형 그리고 상호작용에서의 친밀감, 단절, 갈등, 소원함, 삼각관계 등이 세대 간에 반복되는지 검토한다.

넷째, 가족구성원들의 역할과 기능이 균형을 이루고 있는지 분석할 수 있다. 부부간, 형제자매 간에 또는 능력이나 부모의 편애, 가족가치 등에서 차이가 있는 가족구성원 간에 힘의 균형은 어떻게 이루어지고 있는지, 불균형이 있을 경우 가족이 이 문제들을 어떻게 해결을 하는지, 균형을 이루기 위하여 가족구성원들이 어떻게 변화해야 하는지 등에 대해 검토한다.

가족구성원의 구조와 관계를 나타내는 가계도의 작성에서 공통으로 사용하는 상징들은 〈그림 11－1〉과 같다.

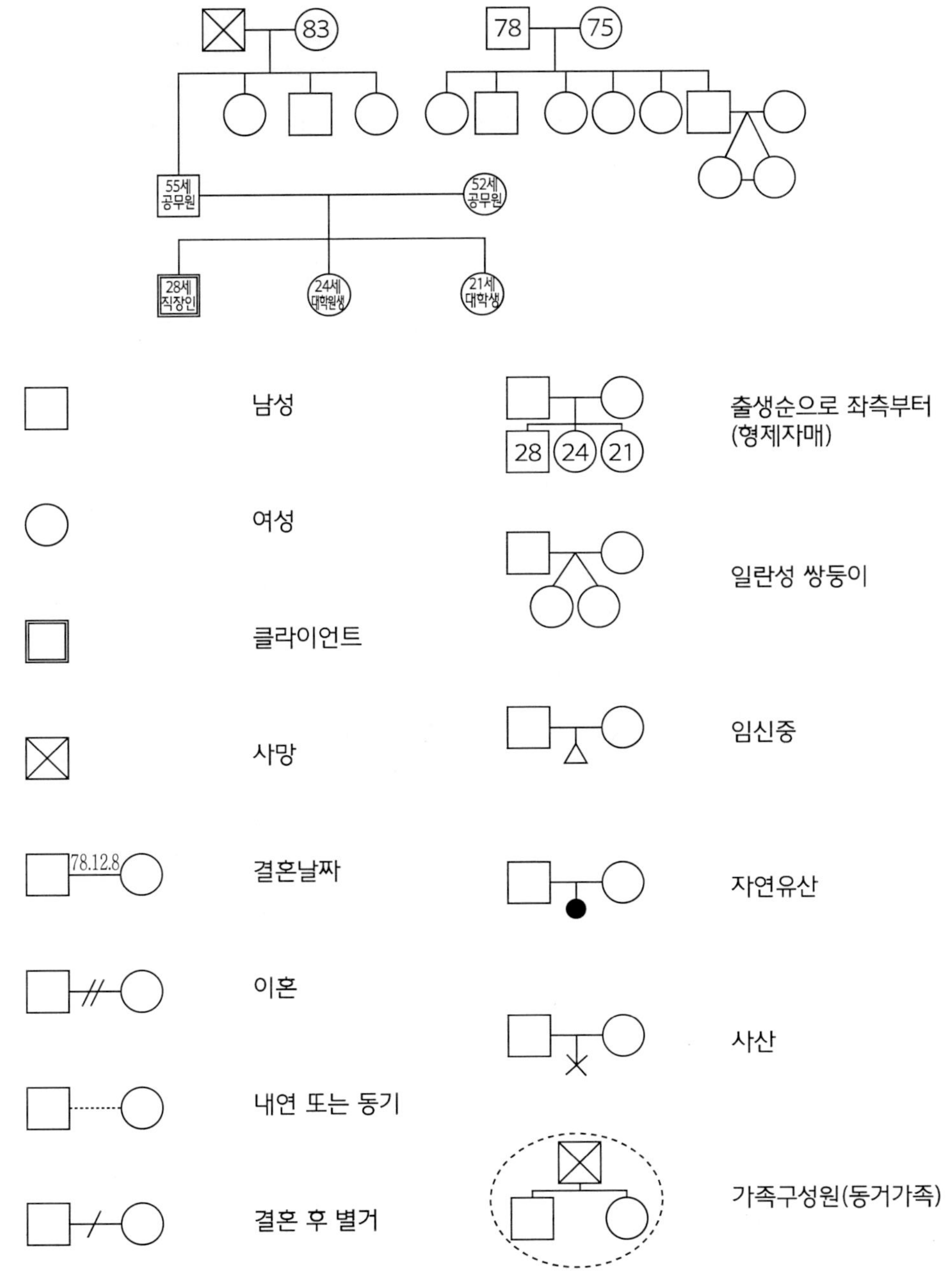

자료: 박희숙 외(2018: 329).

| 그림 11-1 | 가계도

(2) 생태도

생태도(eco map)는 하트만(Ann Hartman, 1973)에 의해 고안된 것으로 클라이언트 및 클라이언트와 관련된 사람, 직접적으로 관련된 사회복지기관과 환경의 영향 및 그 상호작용의 변화를 표시하는 것이다.

클라이언트 또는 클라이언트 가족을 둘러싼 환경체계와의 연결/고립, 자원의 흐름 등을 표시한다. 생태도를 통해 클라이언트 또는 클라이언트 가족에게 유용한 자원이나 환경은 무엇이며, 스트레스가 되는 체계가 무엇인지 등에 대한 정보를 얻을 수 있다. 생태도는 생태학적 관점에서 클라이언트체계를 이해하는 데 도움을 주며, 사정단계뿐만 아니라, 계획된 변화과정을 측정하는 도구로서 활용할 수 있다(허정철 외, 2023: 303).

일반적으로 사용되고 있는 생태도는 〈그림 11-2〉와 같다.

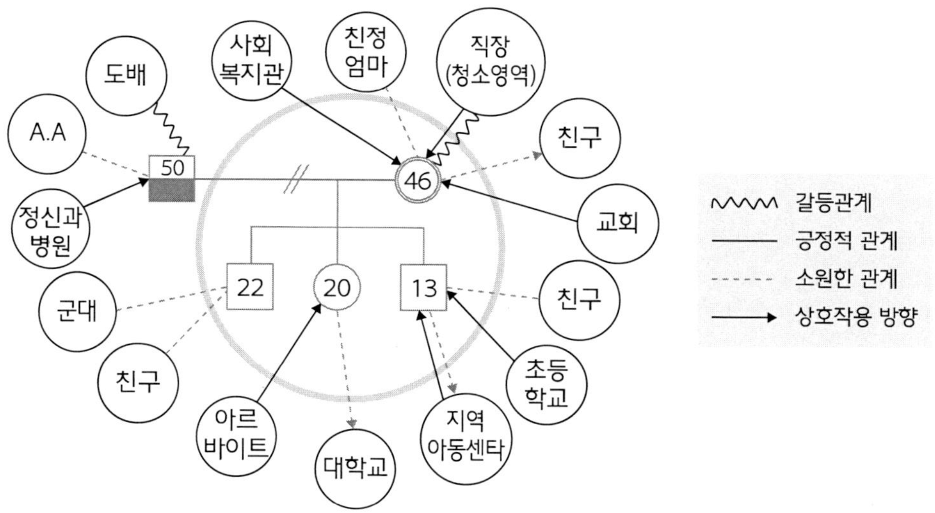

자료: 김보기 외(2019a: 280) 재인용.

| 그림 11-2 | 생태도

(3) 사회적 관계망 도표

사회적 관계망 도표(social support network grid)는 트레이시와 휘태커(Tracy &

Whitaker)에 의해 1990년 개발되었으며, 클라이언트의 주변 사람들 중에서 의미가 큰 사람을 선정하여 이를 중심으로 사회적 관계망을 사정하는 도구이다. 이때 분명한 것은 사회적 관계망 도표는 각각의 사람들을 관계내용을 절대적인 평가가 아닌 도표에 드러난 사람 간의 상대적 평가를 한다는 것이다.

사회복지사는 클라이언트와 함께 사회관계망을 작성하는 데 있어 클라이언트의 설명에 과장이나 축소가 있을 수 있으므로, 중요한 사람이 누락되지 않도록 각별한 신경을 써야 한다. 클라이언트의 사회적 관계망이 적절하게 형성되어 있다면 스트레스 상황에서도 잘 벗어날 수 있으며, 또한 문제해결도 성공적으로 촉진시킬 수 있다(김효선 외, 2022: 247).

사회적 관계망 도표는 〈표 11-2〉와 같다.

| 표 11-2 | 사회적 관계망 도표

항목 \ 지지제공자		엄마	이모	친구 (엄친아)	친구 (너무해)	선생님	사회 복지사
생활영역	① 가족 ② 친척 ③ 직장/학교 ④ 조직 ⑤ 친구 ⑥ 이웃 ⑦ 전문가	①	②				
물질적 지지	① 거의없다 ② 가끔 ③ 자주	②	①				
정서적 지지	① 거의없다 ② 가끔 ③ 자주	①	①				
정보/조언	① 거의없다 ② 가끔 ③ 자주	②	②				
도움방향	① 양방향 ② 내가 그에게 ③ 그가 나에게	③	③				
비판	① 거의없다 ② 가끔 ③ 자주	③	②				
친밀도	① 양방향 ② 내가 그에게 ③ 그가 나에게	②	③				
접촉빈도	① 매일 ② 매주 ③ 한달에 한번 ④ 1년에 서너번	①	③				
알고지낸 기간	① 1년 미만 ② 1~3년 ③ 3~5년 ④ 5년 이상	④	④				

자료: 김효선 외(2022: 248).

(4) 생활력 도표

생활력 도표(life history grid, life chronology)는 클라이언트의 생애 동안 발생한 사건이나 문제를 시기별로 전개하여 조직화한 사정도구이다. 출생부터 개입 시점까지 다양한 자료 출처를 통해 얻은 클라이언트에 관한 사항을 종합하여 표로 작성한다. 이를 통해 클라이언트가 겪고 있는 문제의 발생시점과 촉발사건, 사건 간에 보이는 양상이나 관계를 파악할 수 있다. 또한 특정 발달단계의 생활 경험을 이해하는 데 도움이 되며, 아동과 청소년 대상의 활동에서 유용하다.

생활력 도표는 〈표 11－3〉과 같다.

| 표 11-3 | 생활력 도표

연도	나이	장소	가족	주요사건	문제점
2001	1	서울	본인	부35, 모20, 본인 출생	가정불화 심함.
2003	1	서울	동생	출생, 모 가출	양육 불가
2004	4	서울	본인	보육원에서 육아	가족 이산
2005	5	서울	본인	어린이집 입학	주위 불안

(5) 사회도

사회도(sociogram)는 주로 집단과 사회복지사가 집단 내의 하위집단, 연합, 소외자 등을 파악할 때 많이 사용한다. 사회도는 집단구성원들의 관계를 점, 선을 이용해 그래프로 나타낸다. 점은 집단구성원이고, 선은 이들이 서로 어떻게 연결되어 있는지를 나타낸다. 선은 한 구성원이 다른 구성원들과 어떤 형태의 관계에 포함되어 있는지를 나타낸다. 사회도는 상징을 사용해서 집단 내 구성원들 간에 상호작용에 대한 표현을 하는 그림으로, 구성원들 간의 개인적인 수용과 거부 및 집단 내에서의 대인관계를 평가하는 데 사용하는 방법이다. 주로 집단과 관계하는 사회복지사가 집단 내 구성원들의 상호작용을 파악할 때 많이 사용한다. 단, 사회도는 집단 내의 비공식적 구조 내에서의 어느 주어진 순간만을 포착하고 있어 관찰 및 사정의 수단으로 사용하기에는 편리하지만, 그 현상의 이유를 설명하지 않기 때문에 치료나 개입을 결정할 때 이용하기에는 적당치 않다 (박희숙 외, 2018: 331－332).

일반적으로 사용되고 있는 사회도는 〈그림 11－3〉과 같다.

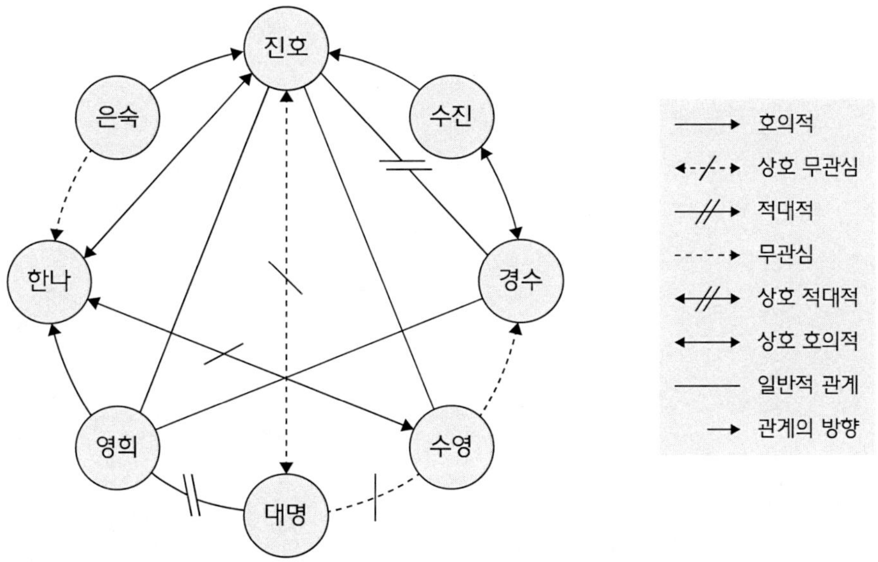

자료: 박희숙 외(2018: 332).

| 그림 11-3 | 사회도

연습문제

01 접수단계에서의 사회복지사의 과제에 관한 내용으로 옳은 것은?

① 클라이언트가 호소하는 문제에 대해 심층적으로 분석한다.
② 서비스 적격 여부를 판단한다.
③ 신청자가 원하는 서비스가 기관에 없는 경우 이유를 설명하고 돌려보낸다.
④ 직면기법을 사용하여 문제를 확인한다.
⑤ 양가감정을 표현할 경우 양가감정을 빨리 잊도록 독려한다.

02 사회복지기관을 처음 방문한 클라이언트에 대한 접수 내용으로 옳지 않은 것은?

① 어떤 문제로 오셨나요?
② 우리 기관은 어떻게 알게 되었습니까?
③ 그동안 면담이 도움이 되었나요?
④ 그동안 많이 힘드셨을텐데 잘 견디셨네요.
⑤ 언제 그 문제가 발생했었나요?

03 사정에 관한 설명으로 옳지 않은 것은?

① 의료모델에서 나온 용어이다.
② 개입을 위해 문제상황을 파악한다.
③ 클라이언트의 강점과 자원을 확인한다.
④ 이웃이 제공한 의견도 사정 자료로 활용한다.
⑤ 사회복지사와 클라이언트 간 쌍방적 활동이다.

04 사정도구 중 생태도에 대한 설명으로 옳지 않은 것은?

① 지역사회 자원과 상호작용의 변화를 확인하는 것은 어렵다.
② 가족들이 지역사회 자원들과 얼마나 유기적인 관계를 형성하고 있는가 확인할 수 있다.
③ 클라이언트의 양육환경과 주변 환경과의 관계를 확인할 수 있다.
④ 사회복지사는 생태도를 통해 가족의 지역사회 사회적 관계망을 파악할 수 있다.
⑤ 생태도를 통해 가족과 외부자원 간 연결 정도를 파악할 수 있다.

정답 1. ② 2. ① 3. ① 4. ①

Chapter 12

계획과 개입

✓ **학습목표**

1. 계획의 과정 실천
2. 목표설정의 지침 숙지
3. 계약의 형태 이해
4. 직접적 개입 숙지 및 실천

✓ **학습내용**

1. 계획
2. 개입

✓ **개요**

사회복지사와 클라이언트는 표적문제를 선정하며 개입목표를 설정하여 이를 달성하기 위한 계획을 수립하고, 클라이언트와 합의하여 결정한 문제를 해결하기 위해 개입을 한다. 이러한 계획과 개입 단계는 사회복지실천 과정에서 가장 핵심적인 단계이다. 여기에서는 사회복지실천의 과정 중 계획과 개입에 관하여 학습하고자 한다.

Chapter 12

계획과 개입

1 계획

1) 계획의 개념

(1) 계획의 정의

사회복지사와 클라이언트는 표적문제를 선정하며 개입목표를 설정하여 이를 달성하기 위한 계획을 수립하고, 클라이언트와 합의하여 결정한 문제를 해결하기 위해 개입을 한다. 이러한 계획과 개입 단계는 사회복지실천 과정에서 가장 핵심적인 단계이다.

계획(planning)단계는 수집된 자료들을 근거로 하여 사회복지사와 클라이언트가 공동협의하에 다루어야 할 문제들을 정의하고, 목적을 구체화시켜 문제로부터 목적으로 옮겨가기 위해 계획된 중재방법을 제공하는 단계이다. 서비스 계획을 협의하는 과정은 사회복지사와 클라이언트가 중재 방법을 이행함으로써 끝나게 된다. 협의가 되면 사회복지사와 클라이언트 양자는 결속되며 일방적인 변화가 이루어지는 것이 아니고 공동협의에 의한 변화가 이루어지게 된다. 그러나 사회복지사는 클라이언트의 자기결정권을 저해하지 않고 공동결정에 클라이언트를 참여시키기 위하여 유용한 지식과 정보에 관한 모든 자원을 활용해야 한다

(김혜란 외, 2023: 283).

계획은 사정과 변화에 초점을 둔 실행(action) 간의 가교(bridge)라고 할 수 있다. 계획은 종종 사정단계의 일부분으로 간주되기도 하지만, 계획에는 사정과 별도로 숙고되어야 할 중요한 측면이 있다. 계획은 사정단계에서 얻어진 많은 정보와 가능성들에 대하여 합리적으로 선택하고, 비평적으로 사고하는 판단력이 요구되는 과정이기 때문이다(Johnson & Yanca, 2015).

(2) 계획과정

계획단계에서는 목표설정뿐만 아니라, 개입방법, 평가방법 등 클라이언트의 문제해결을 위한 전반적인 내용을 계획한다(이경준 외, 2020: 299).

이를 달성하기 위한 구체적 계획수립에 따른 과정을 보면 다음과 같다(최세영, 2021: 276-287).

- 1단계: 클라이언트와 함께하기

클라이언트의 욕구와 기대를 명료화하기 위하여 클라이언트와 대화를 나눈다.

- 2단계: 문제의 우선순위 정하기(표적문제 선정)

① 클라이언트는 자신에게 문제가 있다는 것을 인정해야 한다.
② 문제는 이해 가능한 말로 분명하게 규정해야 한다.
③ 문제에 대한 대처는 현실적으로 가능한 것이어야 한다.
④ 사회복지사와 클라이언트는 문제의 우선순위를 정하고 우선적으로 해결할 문제(표적문제)를 선정하고 합의한다.

- 3단계: 목표 설정하기

목적은 개입의 필요성, 즉 왜 개입을 해야 하는지를 분명하게 해 주며, 명료하게 진술된 목적은 개입의 성공 여부를 평가하기 용이하도록 도움이 된다.

• 4단계: 목적을 목표로 구체화하기

목적은 목표보다 광범위하고 추상적인 개념으로서 목표들을 달성함으로써 목적이 이루어질 수 있다. 따라서, 목적이 설정되고 나면 목적 달성 여부를 측정할 수 있는 형태인 목표로 구체화한다. 목표는 누가, 언제, 무엇을 수행할 것인지, 달성 정도를 어떻게 측정할 것인지를 구체화하여 표현해야 한다.

• 5단계: 계약의 공식화

사회복지사와 클라이언트 간에 개입과정에 관하여 합의를 이루는 것을 계약이라고 한다. 계약의 내용으로는 목적, 목표, 개입기간, 역할, 시간 등이 포함된다.

2) 목표설정

(1) 목표설정의 정의

목표는 '문제가 해결된 상태' 또는 '개입을 통해 일어나기 바라는 변화'를 의미한다. 어떤 상태나 변화가 가장 바람직하다고 생각하는지, 즉 무엇을 목표로 할 것인가에 대해서 사회복지사와 클라이언트는 합의해야 한다. 만약 두 사람의 관점이 일치되지 않으면 합의될 때까지 기다려야 한다. 합의되지 않은 상태에서 과정이 진행되면 일치되지 않은 두 개의 이슈가 계속 존재하며, 그 결과는 양쪽 모두에게 만족스럽지 못하게 된다(Compton et al., 1998).

목표설정은 명시적이며 측정이 가능하고 현실에서 달성 가능한 것으로 설정해야 한다. 목표를 설정할 때는 사회복지사와 클라이언트가 달성하고자 하는 목표에 대해 확실한 동의가 요구된다. 이러한 목표의 설정은 원조과정의 방향과 지속성을 제공하며, 불필요한 과정을 사전에 방지하고 적절한 전략과 개입방법의 선택 및 향상에 도움을 제공한다. 구체적인 목표는 사회복지사와 클라이언트가 진행과정을 점검하는 것을 도우며, 특정한 개입과 실천과정의 목표달성 정도를 측정하는 기준이 된다(박희숙 외, 2018: 334-335).

목표설정은 개입과정에의 방향을 명확히 제시할 수 있으며, 개입결과를 평가할 수 있는 기준이 된다. 그리고 개입전략 방법을 선택하고 개발할 수 있게 한다. 또한 클라이언트의 변화 정도를 모니터할 수 있으며, 사회복지사와 클라이언트가 성취하려는 목표가 같음을 보증한다.

목표설정이 중요한 이유는 사회복지사와 클라이언트가 달성하고자 하는 목표를 명확히 해 주어 개입과정의 방향성과 지속성을 유지할 수 있도록 도와주기 때문이다. 또한 목표에 적합한 개입전략의 개발과 선택을 용이하게 해 주며, 목표를 기준으로 변화과정을 점검함으로써 결과의 효과성을 평가하는 데 도움이 된다(Hepwotth et al., 2018).

(2) 목표설정의 지침

목표설정 시 필요한 지침은 다음과 같다(Hepworth et al., 2018).

① 목표는 반드시 클라이언트가 바라는 바와 연결되어야 한다

목표가 클라이언트가 바라는 바와 연결되어야 한다는 것은, 목표 속에 클라이언트의 바람이 반영되어야 한다는 것이다. 그래야 클라이언트가 동기를 가지고 목표를 달성하고자 하는 노력을 하게 될 것이다. 예를 들어, 어떤 종류든지 한 가지 직업기술을 갖는 것을 목표로 정했다면 평상시 클라이언트가 꼭 배우고자 했던 자동차 정비기술을 배울 수 있도록 돕는 것이 클라이언트로 하여금 강한 동기를 부여할 수 있다.

② 목표는 명백하게 측정 가능한 형태로 진술되어야 한다

목표가 측정 가능한 형태로 명백하게 제시되어야 하는 이유는, 변화하고자 하는 바가 무엇인지 분명할 때만이 그 결과를 주관적 판단이 아닌 객관적 관찰에 의해 평가할 수 있기 때문이다. 예를 들어, 단순한 부부관계의 향상이 아니라, '서로를 비난하는 말이나 행동의 감소' 또는 '서로의 감정을 이해하는 말이나 칭찬의 증가' 등과 같이 구체적으로 표현되어야 목표가 어느 정도 달성되었는지를 측정할 수 있다.

③ 목표는 달성 가능해야 한다

문제가 발생하면 누구나 일단 스스로 문제를 해결하고자 노력한다. 이런 노력이 실패하며 좌절된 상태에서 클라이언트는 사회복지사를 찾아 오게 된다. 이런 상황에서 달성하기 어려운 목표를 설정하여 또다시 실패하면 클라이언트는 더 크게 실망하고 좌절하게 될 것이다. 이는 클라이언트의 부정적 자아상에 심각한 영향을 미쳐 오히려 개입하지 않았던 것보다 더 못한 결과가 초래될 수 있다. 따라서, 목표는 작더라도 달성 가능한 것으로 하며, 목표달성을 통해 클라이언트가 성취감을 느껴 문제해결능력이 향상될 수 있도록 해야 한다.

④ 목표는 사회복지사의 지식과 기술에 상응하는 것이어야 한다

목표가 반드시 사회복지사의 지식과 기술에 상응해야 한다는 것은, 사회복지사의 지식과 기술 내에서 목표달성이 가능해야 한다는 것이다. 만약 사회복지사의 능력 밖이라면 지도감독을 통해 목표에 접근할 수 있어야 하고, 그렇지 않으면 자격이 되는 다른 전문가에게 의뢰해야 한다. 예를 들어, 세대 간 복잡한 삼각관계에 얽혀 있는 가족문제의 경우, 가족치료 경험이 전혀 없는 사회복지사로서는 클라이언트를 도울 수 없으므로 숙련된 가족치료자에게 의뢰하는 것이 적합할 것이다.

⑤ 목표는 성장을 강조하는 긍정적 형태여야 한다

목표가 성장을 강조하는 긍정적 형태여야 한다는 것은, 주로 '… 하기'로 진술되어야 한다는 것을 의미한다. 즉, '비난하지 않기'보다는 '칭찬하기'로 한다는 것이다. '…를 하지 않는 것'은 문제행동의 상실을 의미하지만, '…를 하는 것'은 긍정적 행동을 얻는 것을 의미한다. 잃는 것보다 얻는 것이 변화의 동기를 더 많이 제공한다.

⑥ 목표가 사회복지사의 중요한 권리나 가치에 맞지 않는다면 동의하지 않아야 한다.

아무리 가치나 권리가 개인적인 것이라고 할지라도, 클라이언트의 요구사항이

나 목표가 근본적으로 사회복지사의 가치나 권리에 맞지 않아 받아들이기 어려운 것이라면 동의해서는 안 된다. 예를 들어, 사회복지사가 독실한 가톨릭 신자인데 클라이언트가 유산을 요구한다면, 클라이언트의 자존심이 손상되지 않는 수준에서 이유를 잘 설명하고 다른 전문가에게 의뢰할 수 있다.

⑦ 목표는 반드시 기관의 기능과 일치해야 한다

사회복지사가 기관의 조직 내에 있는 한 사회복지사의 변화노력은 기관의 기능과 일치해야 한다. 만약 일치되지 않을 경우, 다른 기관으로의 의뢰를 생각해야 한다.

(3) 목표설정의 우선순위

개입목표가 이러한 지침대로 잘 설정되었다 하더라도, 목표가 여러 가지인 경우, 우선순위를 정해야 한다. 우선순위를 정할 때 사용하는 기준은 다음과 같다.

첫째, 클라이언트에게 가장 시급한 문제

둘째, 가장 단기간에 달성할 수 있어 성취감을 느낄 수 있는 것

셋째, 클라이언트가 다른 목표에 도전할 수 있도록 강한 동기를 제공할 수 있는 것

넷째, 사회복지사의 능력, 기관의 기능상 무리 없이 달성 가능한 것

3) 계약

(1) 계약의 정의

목표설정과 그것을 달성하기 위한 전략, 역할, 개입, 평가방법 등을 구체적인 활동용어로 기술한 계획에 대해 사회복지사와 클라이언트가 서로 동의하는 것을 계약(contract)이라고 한다. 계약내용 속에는 개입활동과 그에 따른 클라이언트와 사회복지사 각각의 역할을 명확히 하여 가능한 클라이언트의 참여를 높여야 한다. 클라이언트의 입장에서 계약은 활동계획에 합의하는 것 이상의 이득이 있다. 계약을 통해 클라이언트는 결과를 염두에 두고 상호작용하며, 사회복지사와의

관계에서 자율성을 가지고 통제력을 발휘할 수 있다.

계약은 법적인 효력을 가지지 못하므로 일반적으로 구두로 하는 경우가 많으나, 서면계약을 선호하는 사람들은 서면으로 계약을 해야 오해의 소지가 없다고 주장한다. 그러나 클라이언트에 따라서는 서면내용을 목표를 달성해 주어야 하는 사회복지사의 의무인 것처럼 인식하여 달성이 되지 않았을 경우, 잘못된 개입(malpractice)으로 소송을 제기할 수도 있으므로 주의가 필요하다. 구두계약을 선호하는 사람들은 어차피 사회복지실천과정에서는 개인 간의 상호작용이 중요하므로, 공식적으로 계약하는 것보다 비공식적으로 개입계획만을 분명히 하는 것이 더 좋다고 주장한다(Hepworth et al., 2018).

(2) 계약의 형태

사회복지실천의 과정에서 계획에 대한 계약은 사회복지사와 클라이언트가 서로의 이해를 구두로 공유하는 구두계약 형태로 진행하기도 하고, 계획내용을 문서화하여 서면상으로 자료를 남기는 서면계약의 형태를 띨 수도 있다(박희숙 외, 2018: 337－339). 그 내용은 다음과 같다(김효선, 2022: 268－270).

① 서면계약

서면계약(written contract)은 가장 공식적인 형태이다 사회복지사, 클라이언트 그 외 관련 체계가 합의하고 동의한 사실을 분명하게 문서화하는 것을 말한다. 사회복지실천 계획으로 구성된 목적 및 목표, 참여자의 역할과 시간적 조건에 대해 문서자료를 만들어 참여자들이 서명하는 형태로 구성된다. 서면계약의 장점은 목표를 명료화하고, 우선순위를 정하며, 역할과 책임을 분명히 하고, 클라이언트와 사회복지사의 오해(갈등)를 줄일 수 있다는 점이다.

자발적이고 적극적인 클라이언트는 물론, 비자발적인 클라이언트라 하더라도, 클라이언트에게 분명하지 않은 상태에서 클라이언트 모르게 처리되지 않음을 보장해 준다는 점에서 유용하다. 서면계약의 단점은 계약과정이 복잡하고 문서를 준비하는 데 시간이 많이 걸린다는 점, 클라이언트가 처벌의 두려움으로 계약에 동의할 위험성이 있다는 점, 사소하지만 쉽게 개념화된 목표에 집중하면서 복잡하거나 성취하기 어려운 목표를 회피할 가능성, 클라이언트에 따라서는 서면내용을 목표를 달성해 주어야 하는 사회복지사의 의무인 것처럼 인식하여 달성되지 않았을 경우, 잘못된 개입으로 소송할 수도 있다는 점 등을 들 수 있다.

② 구두계약

구두계약(verbal contract)은 모든 목표와 책임을 분명하게 한다는 점에서는 근본적으로 서면계약과 유사하지만, 목표와 실천활동, 역할, 시간 등을 서면으로 하는 대신 말로 계약한다는 차이가 있다. 구두계약의 장점은 서면계약보다 실용적이어서 쉽고 편리하며, 계약내용이 유동적이므로 융통성 있게 조정할 수 있어 거부감 없이 이루어질 수 있다는 점이다. 즉, 신속하고 비교적 쉽게 할 수 있으며, 서면서류에 서명하기를 거부하거나 불신감을 가진 클라이언트와 일할 때 유용할 수 있다. 그러나 단점은 서면계약처럼 합의한 내용의 세부적인 사항을 클라이언트에게 제공하지 않기 때문에 구체적인 내용을 잊어버리거나 공식적이지 않다는 점이다. 따라서, 구두계약이라도 계약내용을 간략하게 기록해 놓거나 클라이언트와 사회복지사 외에 주위의 중요 인물에게 그 내용을 공언하는 것이 좋다.

③ 암묵적 계약

암묵적 계약(implicit contract)이란 계약내용을 문서화하거나 분명하게 언급하지는 않지만, 암묵적으로 개입의 목표에 대한 합의가 이루어진 것을 의미한다.

이 방법은 가장 비공식적이며, 사회복지현장에서 자주 사용되기도 한다. 하지만 클라이언트가 실제 동의하지 않은 부분에 대해 잘못 생각할 수 있고, 클라이언트가 계약의 모든 조건과 책임을 이해한다고 가정하지만, 그렇지 않을 수도 있다는 단점이 있다. 이러한 위험성이 내포되어 있으므로, 가능하면 사회복지실천현장에서는 서면계약이나 구두계약을 활용하는 것이 좋다.

(3) 계약서의 내용

계획수립이 완료되면 계약서를 작성한다. 계약서 작성은 클라이언트와 사회복지사 상호 간에 기대하는 내용과 수행해야 하는 과업내용을 문서화하고 사인한다. 계약서에는 문제의 정의, 목표, 클라이언트와 사회복지사의 역할을 기록하고 만남의 시간, 장소, 만남의 주기, 비용, 서명날인 같은 자세한 내용도 기록하게 된다. 이와 같이 계약서를 작성하는 이유는 서로 간에 무엇을 동의했고 동의하지 않았는지 명확히 할 수 있기 때문이다. 어떤 의미에서는 법적 의미도 지닌다 (최덕경 외, 2015: 257).

계약서에 포함되어야 할 내용은 〈표 12－1〉과 같다.

| 표 12-1 | 계약서에 포함되어야 할 내용

항목	구체적 내용	
구조적 요인	• 사례번호, 참석자 • 장소	• 날짜, 시간
문제	• 클라이언트가 규정한 문제 • 개입활동을 위한 합의된 문제 개요	• 사회복지사가 규정한 문제 • 최종 목표
최종 목표	명확하고도 구체적으로, 목표달성 정도가 측정될 수 있도록 기술	
계획	• 접근방법 • 사회복지사의 과제 • 평가계획(목표와 과정에 대한 평가)	• 클라이언트의 과제 • 세션 내의 과제
비용	• 합의된 목표를 달성하기 위하여 사용될 비용	
서명날인	• 사회복지사 서명날인	• 클라이언트 서명날인

자료: 김효선(2022: 270).

2 개입

1) 개입의 개념

개입(intervention)이란 초기단계에서 설정된 목표를 달성하기 위해 클라이언트 또는 클라이언트 주변 환경에 변화를 가져오기 위한 개입활동이 수행되는 단계로, 클라이언트의 가치와 신념체계, 평소 일상생활에서의 대처방법 등을 잘 파악하고 있어야 효과가 있다. 이 단계에서 사회복지사의 개입활동 핵심은 클라이언트의 변화 노력을 지원하기 위해 문제해결을 위한 구체적인 변화전략을 수립하는 것이며, 사회복지사는 계획대로 문제해결과정이 진행되고 있는지를 끊임없이 점검하면서 잘 될 수 있도록 도와주며 지지와 환류를 제공하여야 한다(김혜란 외, 2023: 305).

이러한 개입이 성공하기 위해서는 적절한 개입의 선택이 우선되어야 한다. 개입은 변화가 필요한 표적체계들과 조화, 클라이언트의 발달상의 단계들과도 조화를 이루는 것이 중요하다(Hepworth & et al., 2018). 따라서, 사회복지사는 개입의 계획에 있어 인간 발달단계들 및 가족의 발달단계들을 신중하게 고려해야 할 것이다. 이들 정상적 범주에서의 발달단계 이외에도 클라이언트에게 과도한 스트레스를 유발시키는 생활사건들도 개입의 선택에서 고려되어야 할 사항이다.

사회복지사는 개인적 문제로부터 전체 지역사회에 영향을 미치는 문제에 이르기까지 다루는 문제의 범위가 광범위하고 변화의 초점이 개인, 관계, 환경 등 다양하기 때문에 직·간접적 개입방법을 모두 활용할 수 있어야 한다. 개입단계에서 고려될 사항들은 다음과 같다(박희숙 외, 2018: 342).

첫째, 문제를 명확히 정의한다.

둘째, 문제해결방안에 관련된 정보를 수집한다.

셋째, 수집된 자료를 바탕으로 대처행동을 의논한다.

넷째, 검사와 심리진단자료 등을 참고로 바람직한 행동절차 및 의사소통의 실제 계획을 수립한다.

다섯째, 계획된 것을 실제 생활에서 실천해 본다.

여섯째, 실천결과를 평가하고 행동계획을 수정·보완한다.

개입과정은 크게 클라이언트에 대한 직접적인 개입과 클라이언트의 욕구에 반영하도록 환경을 변화시키는 간접적 개입이 있다. 그 내용은 다음과 같다(허정철 외, 2023: 343－363 ; 김효선 외, 2022: 273－280 ; 김철진 외, 2016: 140－220).

2) 직접개입

(1) 개인에 대한 사회복지실천

개인에 대한 사회복지실천은 개별사회사업(social casework)으로부터 발전해 왔으며, 전문사회사업 방법 중 가장 먼저 개발된 방법이다. 개인에 대한 직접적 개입의 초점은 일대일 관계를 기반으로 클라이언트의 사고, 감정, 행동의 변화에 있으며, 면접과 상담기술을 주로 사용한다(Zastrow, 2015).

① 정서 및 인지에 대한 변화

클라이언트의 정서 및 인지 변화에 초점을 두는 기술로서 우울, 불안, 분노, 적개심, 두려움, 열등감, 수치감 등으로 인해 대인관계 및 사회역할 수행에 어려움을 겪는 경우, 다양한 면접기술을 활용하여 감정을 정화시키고, 부정적인 정서를 유발하는 인지적 요소를 변화시킴으로써 자신에 대한 이해를 확장시키고 변화를 도모한다.

• 정서 변화에 초점을 두는 기술

합리하고 불건전한 정서를 적절히 해소하도록 도와 자아기능을 회복시키는 것을 말한다. 사회복지사가 사용할 수 있는 기술이다.

격려(encouragement)는 클라이언트의 문제해결능력을 향상시키려는 기법의 하나로 클라이언트의 행동, 태도, 감정을 칭찬하거나 인정해 주는 언어적 표현인 것이다. 클라이언트의 가능성에 대한 확신을 표현하는 사회복지사의 진술형태를 띠고 있으며, 클라이언트의 강점을 인정하고 지지하는 수단이 된다.

재보증(reassurance)은 합리적인 결정에 대해 의구심을 갖는 클라이언트에게 클라이언트의 능력에 대한 신뢰를 표현해 자신감을 주는 기법이다.

일반화(universalization)는 클라이언트가 자기만이 이런 어려움이 있다고 괴로워하는 것에 대해 클라이언트의 생각, 느낌, 행동 등과 비슷한 상황에 있는 사람들이 공통적으로 겪는 것임을 말해 줌으로써, 이질감이나 소외감, 일, 일탈을 해소하고 자신에 대한 신뢰감과 자신감을 회복시키는 기법이다.

환기법(ventilation)은 클라이언트의 문제해결을 방해하고 있는 억압된 또는 부정적인 감정(분노, 증오, 슬픔, 죄의식, 불안 등)을 표출하도록 하여 감정의 강도를 약화시키거나 해소시키는 기법이다.

• 인지구조를 변화시키는 기술

인지구조의 변화란 클라이언트의 왜곡되거나 부정적인 사고구조를 변화시켜 자신과 상황을 좀 더 현실적으로 인식하도록 돕는 것이다. 주로 초점화, 직면, 재명명기법 등이 쓰인다.

초점화(focusing)는 클라이언트가 자기 문제를 언어로 표현할 때 혼돈되거나 산만한 것을 점검해 주고 내용이 모호할 때 클라이언트의 논의 속에 감추어진 선입견, 가정, 혼란된 개념 등이 드러나도록 도와주는 기술을 말한다.

직면(confrontation)은 도전(challenge)이라고도 불리는데, 주로 클라이언트가 자신의 문제를 부정하거나 회피하고 합리화하여 변화를 거부하고 개입을 피하려고 할 때 사용되는 기술로, 특히 클라이언트의 사고나 행동 중에서 변화에 장애가 되는 부분에 대한 인식력을 향상시키기 위해 사용하는 기술이다.

재명명(reframing)은 어떤 문제에 대해 클라이언트가 부여하는 의미를 수정해 줌으로써 클라이언트의 시각을 긍정적인 방향으로 변화시키려는 전략이다. 인지재구조화 또는 재정의(refining)라고도 한다.

• 상황인식능력을 향상시키는 기술

상황인식능력의 향상은 클라이언트 자신의 정서상태와 인지구조 및 행동, 문제와 이를 둘러싼 상황, 동원 가능한 자원에 대한 클라이언트의 통찰력을 높이는 것을 말한다.

정보제공은 클라이언트의 의사결정 및 과업수행에 필요한 정보를 제공함을 말한다.

조언은 클라이언트가 해야 할 것에 대해 추천하거나 제안하는 것을 말한다.

② 행동의 변화

클라이언트의 부적응적인 행동, 즉 음주, 도박, 비행, 폭력, 강박적 행동, 대인불안 등을 변화시키거나 일상생활 또는 사회적응에 필요한 행동, 즉 일상생활기술, 직업기술 등을 습득할 수 있도록 돕기 위한 것이다.

토큰강화(토큰경제)는 여러 가지 바람직한 행동과 습관을 구체적으로 미리 정해놓고 그 행동을 했을 때, 그에 상응하는 토큰을 줌으로써 체계적으로 강화하는 것이다. 예를 들어, 하루 또는 한 주 등 정해진 시간 동안 스스로 목욕하는 것, 옷 입기 등을 잘 수행하면 토큰을 주고, 모아 둔 토큰을 선물가게의 물건 또는 돈으로 교환하는 방법이다.

타임아웃(time-out)은 문제행동이 어떠한 상황으로 인해 강화되는 경우 클라이언트를 상황으로부터 격리시키는 방법으로, 문제행동을 감소시키거나 제거하려는 기법이다. 이 방법을 사용할 때에는 미리 상대방에게 경고를 주어 상대방이 그 행동의 의미를 이해하고 있어야 한다. 예를 들어, 공격적인 행동을 하는 아동의 경우 잠시 화 또는 흥분을 가라앉힐 때까지 상호 합의한 장소에 있거나 어떤 방의 의자에 앉혀놓는 방법이다.

행동조성(행동형성: shaping)은 도달점 행동을 향한 점진적 접근을 차별강화함으로써 행동을 형성해 나가는 행동수정의 대표적인 방법이다. 도달점 행동은 행동형성의 최종 목표를 의미하는 것이며, 행동조성은 특정 행동수준까지 끌어올리기 위해 작은 단위의 행동으로 나누어 실행한다. 회음에는 아주 간단한 반응을 요구하지만, 점점 강화물을 주는 기준을 까다롭게 하여 좀 더 복잡하고 정교한 반응을 습득하게 한다.

행동계약은 두 사람 이상이 서로 약속된 기간 동안 무엇을 할 것인가를 구체화해서 동의하는 것을 말한다. 예를 들어, 약물사용 청소년의 단약을 위해 사회복지사가 청소년에게 '3주 동안 약물을 사용하지 않는다면 점심 무료쿠폰을 제공한다. 그러나 만약 실패한다면 보호관찰 담당관과 상의 후 약물검사를 하기로 한다'고 제안한 후 클라이언트가 이에 동의하는 경우이다. 계약의 목적은 바람직하지 못한 행동을 하는 사람들에게 특권을 누리려면 책임이 따른다는 것을 가르쳐 주고, 자기 자신을 스스로 통제할 수 있는 능력을 활용하도록 해 주는 것이다.

행동시연(rehearsal)은 클라이언트가 습득한 행동기술을 현실세계에서 직접 실행하기 전에 사회복지사 앞에서 기술을 반복적으로 연습하는 것이다. 숨겨진 시연은 클라이언트가 원하는 반응에 대해 속으로 상상해보고 반영해보는 것이며, 명백한 시연은 클라이언트가 원하는 행동을 역할극에서 실제로 말로 표현하고 행동으로 나타내는 것이다. 역할극을 활용하여 상황에 효과적으로 임할 수 있는 태도, 말, 행동 등에 대해 연습할 수 있다. 예를 들어, 정신장애인의 취업면접을 앞두고 사회복지사와 클라이언트가 가상면접을 연습하는 것이다.

역할교환은 클라이언트가 다른 사람의 입장에서 바라보고 의견을 말하게 하는 기법이다. 예를 들어, 부부, 부모자녀 등 갈등상황에, 즉 대상자 간에 서로의 역할을 바꾸어 그 사람의 말과 행동을 그대로 표현하게 해서 상대방이 자신의 행동과 태도를 인식할 수 있도록 돕는 것이다.

모델링(modeling)은 바람직한 행동을 타인이 하는 것을 보고 그대로 모방함으로써 행동을 변화시키려는 것으로, 복잡하거나 새로운 행동을 가르치는 데 기술로서 클라이언트에게 이 기법을 적용하여 의도하는 행동을 학습시키기 위해 CD 같은 자료를 사용하기도 한다. 예를 들어, 정신장애인의 취업면접을 앞두고 사회복지사가 클라이언트의 입장이 되어 면접에서의 적절한 자세, 태도, 말, 행동 등에 대해 시범을 보인다.

③ 관계 변화 및 사회적응 향상

클라이언트가 타인과의 관계에서 바람직한 인간관계를 형성하고 사회에 잘 적응할 수 있도록 돕기 위한 것이다.

의사소통기술 중 효과적인 표현기술로 활용되는 기술이 '나－메시지(I－Message)'이다. 상대방의 행동이 자신에게 미친 영향과 자신의 욕구에 대한 표현을 잘할 수 있도록 하는 기술로, 분명하게 자신의 메시지를 보내되 메시지를 받는 사람이 방어적이 되지 않도록 하는 데 도움이 된다. 평소 우리는 '너는 항상 이기적이다', '넌 항상 그런 식이야'라고 표현함으로써, 행동 변화가 필요한 부분에 대한 언급보다는 상대방의 존재를 무시하고 비난함으로써, 상대방을 방어적으로 만들거나 관계를 악화시키는 대화로 진행시키는 경우가 종종 있다. '나－메시지'

전달법은 상대방의 특정 행동을 간단히 묘사한 후 행동으로 인한 나의 느낌과 생각을 전달하고, 상대방의 행동으로 인한 영향이나 결과를 설명하는 것으로 구성한다. 즉, '당신이 ~ (특정 행동)해서, ~ 했어요(나의 느낌). 이로 인해 ~ 했어요(영향 및 결과)'라고 표현한다.

'나-메시지'는 상대방에 대해 비난하지 않고 상대방의 행동 또는 말로 인해 받고 있는 영향을 효과적으로 전달하는 방법이다. 예를 들어, 집에 알리지 않고 밤늦게 귀가하는 딸에게 부모님이 '넌 연락도 없이 또 늦냐?'라고 말하기보다는 '네가 아무런 연락도 없이 늦게 와서, 혹시 오다가 무슨 일이 일어났는지 걱정돼서 불안했어. 잠도 못 자고 몇 시간 동안 밖에서 서 있었거든…'이라고 표현한다.

문제해결기술(problem-solving skills)은 클라이언트가 미래에 예상되는 어려움을 효과적으로 대처할 수 있게 도와주고, 하나의 원칙을 여러 상황에 적용할 수 있도록 한다. 문제해결 원리의 핵심은 예방기능이다. 클라이언트가 실제 생활로 전환할 수 있는 기술을 점차 습득함에 따라 사회복지사에 대한 의존도는 점차 줄고 자기에 대한 신뢰가 점차 증가할 수 있도록 돕는다. 문제해결기술의 단계는, 1단계 문제 인식→2단계 문제 분석 및 욕구 발견→3단계 브레인스토밍→4단계 대안평가→5단계 대안 실행→6단계 문제해결노력 결과 평가이다.

사회기술훈련(social skills training)의 목적은 예방과 교정을 위한 폭넓고 다양한 기술을 가르치는 것으로서, 클라이언트에게 현재 환경과 발달단계, 또는 역할관계에서 효과적으로 기능하는 데 필요한 기술을 습득하도록 돕는다. 이는 미래의 부적응, 불행, 잠재능력 개발의 실패, 생산성 상실 등의 가능성을 줄일 수 있도록 효과적인 대처기술을 배움으로써 사회적 역기능을 예방하는 기능을 한다. 사회기술훈련은 아동 및 청소년 기관, 정신보건시설, 보호관찰소, 중독치료기관 등 다양한 세팅에서 활용된다.

자기주장훈련(assertiveness training)은 자신과 타인의 권리를 동등하게 존중하면서 자신의 사고, 감정, 원하는 것, 의견 등을 단호하게 요구하거나 표현하는 것을 의미한다. 클라이언트가 자신의 사고나 감정을 미성숙하게 표현하거나 공격적인 방법으로 표현함으로써 대인관계에서 갈등이 발생할 경우, 자기주장훈련을 통해 이를 개선할 수 있다. 자기주장의 행동유형은 요청을 거부하기, 분위기와 어울리지 않는 의견 표현하기, 자신의 약점을 인정하기, 칭찬 수용하기, 긍정적인 감정 표현하기, 행동의 변화를 요구하기, 대화를 주도하고 유지하기 등이 있다.

스트레스 관리기술에서 스트레스(stress)란 어떤 갈등이나 위협을 느끼는 상황이 스스로 통제하거나 대처할 수 없을 정도로 지각될 때 일어나는 생리적·심리적 반응을 의미한다. 스트레스에 잘 대처할 경우 상황에 대한 통제력과 자아존중감을 향상시킬 수 있고, 더불어 스트레스를 능동적으로 변화시키는 것도 가능하다. 스트레스와 관련된 세부 기술은 인지재구조화 기술과 함께 긴장이완훈련, 스트레스 면역훈련 등이 있다.

(2) 가족에 대한 사회복지실천

가족은 일차적 보호체계이면서 가족구성원의 문제에 영향을 주고받으며, 다양한 체계 속에서 상호작용한다. 사회복지실천에서는 클라이언트에게 영향을 미치는 주요한 체계인 가족에 대해 주목해 왔으며, 가족을 대상으로 한 활동을 해왔다. 가족 대상 실천에서 다루는 문제들은 클라이언트의 문제(예, 만성질환, 암, ADHD, 조현병, 우울, 치매, 중독 등의 신체 및 정신장애, 비행 등)가 가족과 밀접하게 연결된 경우, 가족구조의 문제(예, 한부모가족, 재혼가족, 조손가족 등), 가족구성원 간의 문제(예, 고부갈등, 부모-자녀 갈등, 부부갈등 등), 가족 내 병리적인 문제(예, 가정폭력 등), 생애주기 전환기의 문제(예, 결혼, 보육, 교육, 노후 등), 사회자원의 부재 또는 위기 환경(예, 빈곤, 실업, 의료, 주택, 낙인 및 편견 등)으로 인한 가족문제 등이다.

가족치료의 치료기법 중 몇 가지 개념에 대해 소개하면 다음과 같다(허정철 외, 2023: 354-356).

탈삼각화는 제3자를 두 사람의 관계에서 분리시켜 가족 내에 형성되어 있는 삼각관계를 벗어나게 함으로써 가족구성원들의 자아를 분화하도록 돕는 기법이다. 탈삼각화 과정에서 치료자는 가족 간의 정서적 및 공간적 거리를 두기, 새로운 2인관계를 재정의하며, 강화하기, 자기 위치 형성하기, I-Message 전달하기, 가족구성원에게 긍정적 해석 및 칭찬 등을 통해 자아 분화를 돕는다.

경계 만들기는 가족구조 중 역기능적인 상호작용이 나타나는 하위체계를 대상으로 경계를 만듦으로써 재구조화하는 것이다. 이를 통해 하위체계의 기능을 제대로 수행할 수 있도록 돕는 기법이다. 예를 들어, 치료자는 앉는 자리를 재배치함으로써 밀착된 가족의 경우에는 하위체계 간 경계선을 명확히 보여 주고 개인적인 공간과 시간을 더 확보하도록 함으로써 각 개인의 독립성을 키워준다. 소외되거나 분리된 가족의 경우 의도적으로 함께 레크리에이션 또는 공동의 할 일을 만들어서 서로의 시간을 갖도록 하는 과제를 실행하도록 함으로써 하위체계 간의 교류를 촉진시키고 경직된 경계선을 완화시키는 작업을 한다.

실연은 면담 중에 치료자가 가족들에게 문제나 갈등상황과 관련된 역기능적인 상호작용을 직접 실행해보도록 하는 것이다. 가족구성원들이 직접 행동함으로써 자신의 상호 교류를 경험하고 관찰해볼 수 있는 계기를 제공한다. 예를 들어, 자녀 3명을 혼자서 통제하기가 어렵다고 호소하는 어머니에게 자녀가 떠들고 야단법석을 부리면 어머니가 어떤 방식으로 자녀들을 통제하고 반응하는지 평소 실생활에서의 상호 교류 행동을 해보도록 한 후, 치료자는 대안적인 방안을 제시하며 보여 주는 등으로 개입한다.

과제부여는 가족이 실제 상황에서 개발하고 적용할 수 있도록 가족이 행할 필요가 있는 내용에 대해 과제를 주는 것이다. 예를 들어, 서로를 비난하는 부부를 대상으로 배우자에 대한 긍정적인 시각을 가질 수 있도록 하기 위해 '상대방의 장점 30가지 작성해 오기' 과제를 주는 경우 등이다.

가족조각은 가족구성원 중에 한 사람이 조각자가 되어 각 가족구성원에게 자신이 지각하고 있는 것을 나타내는 위치와 신체적 표현을 하도록 하며, 나머지 구성원들은 조각자가 표현하고 싶은 것이 모두 표현될 때까지 자세를 유지시킨다. 모든 가족구성원이 조각을 해보도록 한 후, 가족구성원 모두는 조각을 한 이후에 경험한 것을 이야기하도록 한다. 가족구성원들은 조각하는 과정에서 가족에 대해 인식한 개인의 위치, 입장, 감정, 생각 등을 표현하고 다른 가족구성원들의 조각을 보는 과정에서 통찰력, 이해, 공감, 후회, 미안함 등의 다양한 감정을 경험할 수 있게 된다. 가족체계를 공간을 통하여 상징적·비유적으로 묘사하는 방법으로 가족사정 또는 가족 개입을 위해 사용된다. 이 기법은 언어적 표현이 부족하고, 소극적으로 참여하는 가족들이 자연스럽게 참여하도록 할 때 효과적이다.

재구성은 문제가 되는 행동과 반응을 재구성하고 긍정적인 의미를 부여하여 가족구성원들이 행동에 대한 지각을 변화시킴으로써 좀 더 바람직하게 상호작용하도록 돕는 기법이다. 예를 들어, 의사결정에서 우유부단한 태도를 보이는 남편의 행동에 불만을 느끼는 부인에게 '당신의 의견을 고려하며 조심성 있게 결정하기 위해 보이는 태도'로 긍정적인 의미를 부여하여 행동에 대한 지각을 변화시키는 방법이다.

치료면담 전의 변화에 대한 질문은 첫 면담시간에 치료자가 내담자에게 어떻게 문제의 심각한 정도가 완화되었는지를 내담자가 파악할 수 있도록 하는 질문으로, 내담자의 잠재능력을 발견하고 내담자 자신이 의식하지 못하는 해결방안을 찾는 데 도움이 된다. 예를 들어, "저번 상담이 끝나고 1주일이 지났는데요. 그동안 엄마와의 관계에서 약간이라도 변화한 것이 있었습니까?"라고 질문한다.

예외질문은 실패 경험보다는 성공했던 경험을 찾아내어 그것을 의도적으로 계속 실시함으로써 성공의 경험을 확장하고 강화하는 것이다. 문제가 없던 상황은 지금(문제 상황)과 어떻게 달랐는지에 대해 탐색하게 함으로써 문제해결의 단서를 찾게 하는 질문이다. 예를 들어, "문제가 발생하지 않았던 때는 언제인가요?", "문제가 발생하지 않았다는 것을 어떻게 알 수 있을까요?", "문제가 발생하는 상황과 발생하지 않는 상황의 차이점은 무엇인가요?" 등이다.

척도질문은 구체적인 숫자를 이용하여 가족구성원에게 자신의 문제 정도, 변화 정도, 변화에 대한 의지 등을 표현하도록 하는 질문이다. 예를 들어, "처음에 여기 왔을 때를 1로 하고 문제가 완전히 해결되었을 때를 10으로 한다면, 오늘 당신의 문제수준은 몇 점입니까?"라고 질문한다.

역설적 개입은 문제해결을 위해 시도되었던 기존의 방법과 전혀 상반된 방법을 제시하여 개입하는 방법이다. 치료자들은 흔히 가족구성원에게 상식에 반하는 일을 행하거나 믿게 하는 데, 이러한 개입내용은 역설적인 측면을 지닌다. 즉, 변화시켜야 하는 증상에 대하여 변화시키지 말라는 지시를 함으로써 클라이언트는 치료적 이중구속의 상황에 빠지게 되는데, 사회복지사가 '변화하지 말라'고 지시한 것을 충실히 따른다면 클라이언트는 이미 증상을 통제할 수 있게 되는 것이고, 만일 사회복지사의 지시를 따르지 않는다면 증상을 포기하게 되는 것이다.

증상처방은 클라이언트에게 증상행동을 자발적으로 계속하도록 격려하는 지시나 과제를 주는 기법이다. 예를 들어, 잦은 부부싸움을 호소하는 남편과 아내에게 매일 2시간씩 부부싸움을 하도록 지시하는 것으로, 매일 규칙적으로 싸움을 하면 부부는 싸움을 통제할 수 있게 된 것이며, 치료자의 지시를 어긴다면 부부싸움을 포기함으로써 문제가 해결되게 하는 방법이다.

제지기법은 변화의 속도가 지나치게 빠르다고 지적하고 가족구성원에게 천천히 진행하라고 경고하거나 개선이 생길 때, 퇴보에 대해 걱정하는 방법 등을 활용한 기법이다.

(3) 집단에 대한 사회복지실천

집단에 대한 사회복지실천의 역사는 19세기 중반 영국 런던의 YMCA에서 레크리에이션과 사회화 집단을 통해 청년들에게 기독교 정신을 심어주고자 한 데서 시작하였다. 이후 YMCA, YWCA 등의 집단활동은 산업화 및 도시화가 이루어지면서 도시빈민지역의 청년들을 중심으로 사회환경을 조직 및 개선하고자 하였다. 초기 집단개입의 실천의 장으로 인보관을 들 수 있는데, 집단의 힘을 활용하여 도시빈민과 이주민을 대상으로 교육 및 계몽하고, 공동체를 통해 종교적·문화적 정체감 형성과 정서적 지지 및 원조를 제공하였다(Zastrow, 2015). 1923년 집단사회사업(group work)이 사회사업대학의 교과목으로 채택되면서 사회복지실천방법론으로 자리를 잡게 되었다. 1960년대 이후에는 다양한 실천현장, 즉 병원, 정신과병원, 아동복지기관, 학교 등에서 집단을 활용하여 사회변화뿐만 아니라, 개인의 치료 및 변화를 목적으로 개입이 이루어지기 시작했다. 오늘날의 사회복지실천현장에서 집단을 활용한 다양한 실천이 이루어지고 있다.

집단에 대한 사회복지실천은 의도적인 집단경험을 통해 집단구성원의 사회적 기능 및 문제해결능력 향상과 환경에 대한 효과적인 대처능력 향상을 위한 실천방법이다.

사회복지사는 집단구성원, 전체 집단, 집단 환경 등 세 가지 수준에서 개입한다. 직접적 개입에서는 집단구성원에 대한 개입과 전체 집단에 대한 개입으로 나누어 살펴보고자 한다(허정철 외, 2023: 360－362).

① 집단구성원에 대한 개입

집단과정에서 집단구성원의 변화를 위해 개인 내적 수준과 대인관계 수준에서의 개입할 수 있다.

개인 내적 수준은 집단구성원의 사고, 행동, 감정 등의 변화에 초점을 두며, 구성원의 심리사회적 발달이 역기능적 또는 비합리적 신념체계를 형성하는 데 영향을 미치고 있는 경우 개입한다. 개인 대상 기술에서 정서, 인지, 행동을 변화시키는 기술을 집단과정에서 활용하여 개입한다. 예를 들어, 지지하기, 직면, 재명명, 사고중단, 이완기법 등을 적용할 수 있다.

대인관계 수준은 구성원이 집단 내·외부의 타인과 관계를 맺는 방식에 대한 개입에 초점을 두며, 모델링, 역할극, 실연, 코치 등의 방법을 통해 대인관계기술을 습득할 수 있도록 돕는다. 예를 들어, 사회기술훈련, 자기주장훈련, 의사소통훈련 프로그램을 집단 수준에서 적용할 수 있다.

② 전체 집단에 대한 개입

집단 내에서 구성원과 구성원 간의 사이, 그리고 전문가와 구성원들 사이에 발생하는 역동적인 상호작용을 '집단과정(group process)'이라고 한다. 집단과정은 개별 구성원뿐만 아니라, 전체로서의 집단에 영향을 미치는 독특한 힘을 만들어 내는데, 집단과정에서 만들어지는 이러한 힘을 '집단역동(group dynamics)'이라고 한다. 사회복지사는 의도된 집단경험 또는 집단구성원의 상호작용인 집단역동을 통해 전체 집단에 대해 개입하고, 집단이 지닌 치료적 효과를 극대화시킨다.

사회복지사는 전체 집단의 역동을 촉진시키기 위해 의사소통 및 상호작용 유형, 집단의 결속력, 사회적 통제, 집단문화에 개입한다.

의사소통 및 상호작용 유형에서 집단구성원들은 언어적 및 비언어적 의사소통을 통해 상호작용하며 집단 내 구성원뿐만 아니라, 집단 전체의 역동에 영향을 미친다. 사회복지사는 집단에서 이루어지는 의사소통과 상호작용의 빈도, 기간, 참여기회의 배분 또는 내용에 대해 개입한다. 특히, 집단의 초기단계에는 다른 구성원들과 상호작용하기보다 집단지도자를 중심으로 상호작용 또는 의사소통하거나, 타인을 의식하며 프로그램 활동에 자신의 분명한 입장을 드러내지 않는다. 이러한 경우 집단구성원 간 상호작용을 촉진시키기 위해 상대적으로 참여정도가 낮은 구성원에게 개입하여 모든 집단원들이 균등하게 상호작용할 수 있도록 돕는다. 또한 각 구성원들이 서로의 의견과 감정을 솔직하고 자유롭게 표현할 수 있도록 지지하고 격려한다. 구성원들이 집단의 토론을 이끌어 가도록 요구하거나, 특정 주제에 대한 각 구성원의 의견을 제시하도록 지시함으로써 상호작용을 촉진시킬 수 있다.

집단의 정서적 결속에서 사회복지사는 집단이 결속력이 있고, 매력 있는 체계가 될 수 있도록 원조해야 한다. 결속력은 집단구성원들로 하여금 집단에 머물도록 하는 요소이다. 집단의 결속력과 매력은 구성원의 자존심, 경청하고자 하는 의지, 집단회합에서의 참석, 집단상호작용에의 참여에 영향을 미치며, 집단에 대한 소속감을 증진시킨다. 집단결속력을 증진시키기 위한 방법으로 의사소통에 참여할 기회를 적절하게 배분하는 것, 구성원들 간의 접촉할 수 있는 기회를 제공하는 것, 흥미 있는 집단활동(등산, 여행 등)을 포함시키는 것, 구성원들이 토론주제를 선택할 수 있도록 격려하는 것, 구성원들이 목적성취와 상응하는 방향으로 계속나아가고 있음을 확신시켜 주는 것 등이 있다.

사회적 통제에서 집단 내에는 규범, 역할, 지위, 위계구조, 그리고 권력기관과 같은 사회적 통제와 관련된 요인들이 존재한다. 집단 내에서 사회적 통제가 너무 강하면 구성원들이 제한을 받아 억압당한다고 느낄 수 있으며, 통제가 너무 약하면 혼란이 초래되고 집단의 기능이 떨어진다. 사회복지사는 구성원들이 규범적으로 또는 기능적으로 통합될 수 있도록 이에 개입한다. 예를 들어, 집단 초기에 규범을 설정하는 것, 집단구성원의 역할 중 집단역동을 방해하는 역할을 다루는 것, 집단역동을 도와주는 구성원의 역할을 지지하고 격려하는 것, 위계구조를 설정하고 권력을 배분하는 것 등이다.

집단문화란 집단구성원들이 공통적으로 가지는 가치, 신념, 관습, 전통을 의미한다. 이러한 문화는 구성원들이 동질적일수록 빠르게 형성되고, 이질적일수록 늦게 형성된다. 따라서, 집단을 구성하기 전에 집단 목적에 따라 집단구성원의 특징을 동질하게 할 것인지, 이질적으로 할 것인지 대해 결정해야 한다. 부모교육을 실시함에 있어 자녀의 연령이 다양한 부모로 구성한다면, 대학생 자녀를 둔 부모가 청소년 자녀를 둔 부모에게 청소년기 부모의 역할에 대한 선 경험을 나눔으로써 정보를 제공하는 기능을 할 수 있지만, 유아 자녀를 둔 부모와 함께 교육을 할 경우, 각 발달단계별로 부모가 자녀에 대해 고민하는 내용이 다르기 때문에 동일 주제로 다루기가 쉽지 않다.

집단구성원들은 자신의 경험과 종교, 인종 등에서 고유한 문화를 집단으로 가져오지만, 이러한 가치들은 의사소통 및 상호작용 과정에서 서로 영향을 미쳐 새로운 집단문화로 발전하게 된다. 중간단계에서 사회복지사는 집단의 문화가 목적 성취에 어떠한 영향을 미치는지 고려해야 한다. 집단문화에 개입하는 방법으로 구성원들이 공통적으로 가지고 있는 신념체계에 도전하는 것, 집단에서 논의할 수 없거나 금기사항과 관련된 문화와 지배적인 문화 특성을 구성원들에게 알리는 방법이 있다. 예를 들어, 강한 감정표현을 억제하는 부모집단의 문화가 형성된 집단의 경우, 강한 감정표현을 하지 못하는 이유를 탐색하게 한 후, 통제력의 상실 없이 감정표현을 할 수 있는 방법을 배울 수 있도록 역할극을 통해 이를 다룰 수 있다.

3) 간접개입

간접개입은 사회복지사가 클라이언트를 돕기 위해 클라이언트 이외의 사람들에게 하는 활동이다. 간접개입의 유형에는 사회적 지지체계 개발, 서비스 조정 프로그램 개발, 옹호활동, 사회행동, 지역사회 내 기관 간의 협력, 환경조정 등이 있는데, 그 내용은 다음과 같다(김영철 외, 2022c: 343-345).

(1) 사회적 지지체계 개발

사회적 지지체계를 개발하기 위해서는 자연적 지지체계를 활성화해야 한다.

그리고 클라이언트의 욕구에 환경이 반응할 수 있도록 기존의 공식적 지지체계를 활용하는 것이다. 사회복지기관이나 프로그램 또는 서비스를 활용하는 것이 이에 속한다. 사회적 지지체계를 개발하는 구체적인 방법 4가지는 ① 자연적 지지체계의 활성화, ② 자조집단의 구성, ③ 자원봉사자의 활용, ④ 공식적 지지체계의 활용 등이 있다.

(2) 서비스 조정

다양한 문제를 가진 클라이언트에게 복합적 서비스가 주어질 때 서비스 조정이 필요하다. 조정은 다양한 서비스들이 공동의 목적을 달성하기 위해 적절하게 클라이언트를 도울 수 있도록 하는 것을 의미한다. 즉, 조정은 복합적 문제를 가진 클라이언트의 상황에 복합적 서비스를 제공하기 위해 필요한 서비스이며, 원조하는 사람 간의 기능적 관계에 따라 그 효과가 좌우된다. 그리고 조정에서 중요한 점은 관련된 모든 기관이나 개인이 서비스 조정에서 상호 만족할 수 있도록 해야 하는 것이다.

(3) 프로그램 개발

클라이언트의 욕구와 기대, 문제를 해결하기 위한 서비스가 지역사회 내에 없을 경우도 있다. 또는 클라이언트에게 필요한 서비스인데, 사회복지사가 소속된 기관 내에 해당 서비스가 없을 경우도 있다. 일반적으로 이런 경우, 다른 기관에 의뢰한다. 그렇지만 소속기관에서 새롭게 마련될 충분한 타당성이 있다고 판단되는 경우는, 프로그램 개발이 이루어져야 할 것이다.

(4) 옹호활동

옹호활동은 욕구충족을 방해하는 사회적 여건의 변화를 위해 사용할 수 있는 전략이다. 옹호는 의사결정자에 비해 힘이 약한 클라이언트를 위해 옹호활동이 아니면 실현될 가능성이 거의 없는 결정이 내려질 수 있도록 의사결정자에게 설득이나 강제력을 동원해 개인이나 집단의 영향력을 행사하는 것이다. 옹호활동은 ① 클라이언트에게 제공되지 않는 자원과 서비스를 얻을 수 있도록 하고,

② 클라이언트에게 불리한 영향을 미칠 실천, 절차, 정책들을 수정하며, ③ 필요한 자원이나 서비스를 제공받을 수 있는 새로운 법률이나 정책들을 증진시키기 위해 클라이언트와 함께 또는 클라이언트를 대표하여 일하는 과정이다. 옹호를 고려할 때, 사회복지사는 클라이언트의 자기결정권을 주의 깊게 살펴야 한다.

(5) 사회행동

사회행동은 사회복지사가 인간의 욕구에 반응하는 방법 중의 하나로써 사회행동의 원리는 사람들의 집단을 조직화하여 권력 주관과 기관, 정치조직에 압박을 행사하는 것이다. 사회행동을 지지하는 사람들은 현재의 권력구조가 압제받는 사람들의 힘을 인식하여야만 사회에서의 공의가 실현된다고 믿는다.

(6) 지역사회 내 기관 간의 협력

클라이언트의 욕구를 효과적으로 충족시켜 주기 위해서 지역사회 내 존재하는 다양한 조직이나 기관 간 협조가 필요하다. 그리고 클라이언트의 문제가 복잡하고 다양하기 때문에 한 기관이 클라이언트의 문제를 모두 해결할 수는 없으므로, 기관에 정보를 교환하거나 협조체계를 구축하여 클라이언트의 욕구에 유연하게 대응해야 한다.

(7) 환경조정

환경조정은 개인과 환경 간의 중간영역에 작용하는 다각적 개입이다. 즉, 개인과 환경 간의 조화를 회복, 유지, 증진하기 위해 자원과 기회를 제공하며 환경 내의 유의미한 사람과 클라이언트의 개인적 능력 및 대인관계 능력을 증진하는 것이다. 클라이언트의 독특한 동기, 능력 및 욕구, 환경에 관한 진단적 평가 후에 이루어지는 목표지향적 문제해결을 위한 개입이다.

4) 점검

점검(monitoring)은 개입활동 초기단계에서 설정된 목표가 올바른 것인지의 여부를 확인하는 과정이다. 개입의 초기단계에서 맺은 계약은 문제의 우선순위, 목표, 사회복지사와 클라이언트의 개입활동 등이 구체적으로 포함되어 있다. 그러나 이러한 계약의 내용은 개입이 진전되는 과정에서 클라이언트 자신이나 주변 환경의 변화에 따라 달라질 수 있는데, 이러한 변화를 적절히 대처하기 위해서는 진행과정에 대한 계속적인 점검과 평가가 필요하다(길귀숙 외, 2018: 313). 그 내용은 다음과 같다(김철진 외, 2016: 220－221).

(1) 변화에 저항

변화에 저항이 따르는 것은 흔한 현상이다. 개인 클라이언트의 저항도 문제이지만, 클라이언트의 변화노력을 방해하는 외부요인들이 문제이다. 생태도를 통해 클라이언트 환경 속에서 발생하는 스트레스와 갈등을 알아보고 변화를 증진시키거나 방해하는 세력을 분석해 본다면 왜 클라이언트가 저항을 보이거나, 부정적으로 반응하는지에 대해 그 이유를 알게 될 것이다. 확대가족구성원, 친구, 이웃, 지역사회 또는 종교 지도자를 조언자 자격으로 초빙하여 이야기를 들어보는 것은 매우 유용하다.

(2) 저항 받아주기

만일 클라이언트가 저항하는 것이라면 받아 주어야 한다. 클라이언트의 저항의 이유를 존중하며, 동시에 그 저항이 어떤 기능을 하는지 이해해야 한다. 클라이언트의 동기가 이해된다면 그 저항을 긍정적인 목적으로 재명명하는 것이 가능하다. 예를 들어, 비행청소년의 부모는 청소년에게 비난하고 화를 내는 것을 일상화한다. 부모가 자신의 행동을 변화시키지 않으려 하는 것은 자녀의 미래에 대한 두려움이나 부모로서의 조그마한 자존심이다. 즉, 부모가 지속적으로 그러한 행동을 보이는 목적이 청소년의 안전한 미래를 확보하는 것이라는 것을 이해해야 한다. 그렇게 할 때, 부모의 목적을 성취하기 위한 모든 가능한 방법에 대해 논의하면서 비생산적인 비난과 논쟁을 피하도록 이끌 수 있다.

(3) 목적과 과업 나누기

목적과 과업을 더 작게 나누는 조치를 취할 필요가 있다. 아동들에게 과제가 너무 부담이 되어서는 안 된다. 문제행동의 변화가 너무 느리거나 변화가 없을 때, 부모들은 화를 내거나 좌절하고 치료에 저항을 보이는 경우도 있다. 이때 치료 시작부터 부모에게 아동의 문제행동이 재발되거나, 아동이 과제를 수행하기를 원치 않는 경우가 있을 수 있다는 것을 미리 알아 두는 것이 좋다. 이러한 점은 치료상에 어려움이 있는 모든 클라이언트에게 중요하다.

연습문제

01 사회복지실천의 계획단계에 대한 설명으로 잘못된 것은?

① 사회복지사와 클라이언트가 달성하고자 하는 목표에 대해 분명히 한다.
② 목표설정은 사회복지사가 원하는 결과와 관련이 있어야 한다.
③ 목표는 사회복지사의 지식과 기술에 상응하는 것이어야 한다.
④ 사회복지사는 목표가 자신의 가치나 권리에 맞지 않는다면 동의하지 말아야 한다.
⑤ 목표는 클라이언트와 상호 협동하여 설정한다.

02 사회복지실천과정 중 계약에 관한 설명으로 옳은 것은?

① 비자발적 클라이언트인 경우 서면계약이 효과적이다.
② 서비스 비용은 계약 내용에 포함되지 않는다.
③ 말로 계약을 맺으므로 구두계약은 오해의 가능성이 가장 낮다.
④ 계약에 거부감을 느끼는 클라이언트에게는 구두계약이 유용하다.
⑤ 사회복지사와 클라이언트가 각각 서명한 서면계약은 법적 효력을 가진다.

03 개입단계에서 사회복지사가 수행하는 과제는?

① 변화 정도를 모니터한다.
② 클라이언트의 문제를 '충족되지 못한 욕구'로 진술한다.
③ 문제를 형성한다.
④ 클라이언트의 문제를 확인한다.
⑤ 개입의 효과성을 측정한다.

04 간접개입에 해당하는 것은?

① 위 클래스 이용 청소년의 부모를 상담하였다.
② 예비부모 교육집단을 운영하였다.
③ 사례관리에서 재사정을 통해 서비스를 조정하였다.
④ 문제행동을 보이는 아동에게 행동수정 요법을 적용하였다.
⑤ 게임 중독 문제가 있는 철우네 가족을 대상으로 가족치료를 하였다.

정답 1. ② 2. ④ 3. ① 4. ③

Chapter 13

평가와 종결

✓ **학습목표**

1. 평가의 유형 숙지
2. 종결의 유형 이해
3. 종결의 구성요소 이해
4. 종결에 대한 반응 실천

✓ **학습내용**

1. 평가
2. 종결

✓ **개요**

사회복지실천과정의 마지막 단계는 평가 및 종결 단계이다. 평가단계는 실제 개입의 결과가 얼마나 안정되게 유지될 것인가를 결정하는 단계이고, 종결단계는 클라이언트가 상실과 이별에 직면하여 보이는 다양하고 복잡한 감정과 태도 때문에 어느 단계보다 사회복지사의 민감한 반응과 기술적 접근이 필요한 단계이다. 여기에서는 사회복지실천의 과정 중 마지막 단계인 평가와 종결에 관하여 학습하고자 한다.

Chapter 13

평가와 종결

사회복지실천과정의 마지막 단계는 평가 및 종결 단계이다. 평가단계는 실제 개입의 결과가 얼마나 안정되게 유지될 것인가를 결정하는 단계이고, 종결단계는 클라이언트가 상실과 이별에 직면하여 보이는 다양하고 복잡한 감정과 태도 때문에 어느 단계보다 사회복지사의 민감한 반응과 기술적 접근이 필요한 단계이다.

1 평가

1) 평가의 개념

평가(evaluation)는 사회복지실천 과정과 개입 성과를 과학적 방법에 의해 측정하는 것이다. 평가는 사회복지사와 사회복지기관이 클라이언트와 지역사회구성원에게 책무성(accountability)을 증명하는 작업이기도 하다. 사회복지사의 책무성이란 클라이언트에게 계약 내용대로의 서비스를 제공할 책임이며, 사회복지전문직의 윤리와 가치를 서비스전달과정에서 잘 지켜낼 책임이며, 기관의 프로그램과 정책 및 지침에 맞는 서비스를 제공할 책임이다(이승연 외, 2023: 293).

평가를 통해 사회복지사와 클라이언트는 자신들이 의도한 대로 서비스 계획을 이행했는가와 목표가 성취되었는가에 대한 평가한 후 문제와 목표 및 서비스 계획 등을 수정할 수 있다. 사회복지실천에서 평가는 기관의 계획이나 정책 또는 프로그램에 전반적으로 적용될 수 있다. 평가의 개념을 크게 다음과 같이 세 가지로 나누어 살펴볼 수 있다(윤선오 외, 2016: 286).

첫째, 광의적 차원으로 사회복지실천 평가란 사회복지실천활동이 얼마나 효과적이었는지, 효율적이었는지를 판단한다.

둘째, 협의적 차원으로 사회복지실천 평가란 사회복지사의 개입 노력을 사정하는 것을 말하며, 개인, 가족, 집단, 지역사회 대상으로 실시한 개입이 변화를 일으켰는지, 어느 정도의 변화가 생겼는지를 사정하는 것이다.

셋째, 프로그램 평가로서, 이것은 실천적 조사연구의 한 유형으로서 사회복지 서비스가 필요한지, 서비스가 계획한 대로 수행되었는지, 서비스가 목적한 대로 클라이언트의 욕구나 문제에 효과적이 있었는지를 평가하는 것이다.

2) 평가의 유형

평가에는 일반적으로 세 가지의 유형이 있다(Hepworth & et al., 2018; 이승연 외, 2023: 305).

(1) 성과(결과)평가

성과평가(outcome evaluation)는 설정했던 목표들이 얼마나 달성되었지를 평가하는 것이다. 즉, 개입과정을 통해 원했던 변화가 일어났는가 하는 평가이다. 그러나 결과를 측정하려면 무엇보다도 그 결과가 개입으로 인해 일어났다는 것을 검증해야 한다. 클라이언트의 변화는 개입 외에도 다른 여러 가지 변수에 의해 영향을 받으므로 결과가 개입의 순수한 효과라고 보기 어려운 경우가 많다. 따라서, 이러한 문제점을 극복하기 위해 가장 많이 사용하는 조사설계방법이 사전·사후로 평가하는 방법과 개입한 실험집단과 개입하지 않은 통제집단을 비교하는 방법이다. 두 방법 모두 결과를 개입의 영향으로 해석하는 데 있어 객관성을 갖기 위해 사용되는 것이다.

① 사전·사후 비교방법

사전·사후 비교방법은 사회복지실천 과정을 평가하는 데 가장 많이 사용하는 방법으로 우선 평가하고자 하는 문제와 그 측정도구를 명확히 해야 한다. 그리고 개입하기 전에 문제가 어느 정도인지를 측정하고, 개입 후 다시 같은 방법으로 문제의 정도를 측정하여 그 변화를 개입의 결과로 보는 것이다. 예를 들어, 부부갈등이 있는 커플들을 대상으로 부부기능을 높이기 위한 집단프로그램을 실시하고 그 결과를 평가할 때, 개입 이전 일주일간의 부부기능(의사소통기능, 문제해결기능, 부부역할 수행기능 등)을 평가하고 프로그램을 실시한 후 다시 부부기능을 측정한다. 그 결과, 의사소통기능은 사전에 비해 사후에 긍정적 변화가 일어났으나, 문제해결기능과 역할수행기능에는 별로 변화가 없다면, 그 프로그램은 부부의 의사소통 기능향상이라는 목표만을 달성했다고 평가할 수 있다.

이와 같은 변화상황 또는 목표달성을 확인하기 위해 다음과 같은 그래프를 활용할 수 있다. 이런 그래프는 사회복지사에게도 도움이 되지만, 클라이언트가 그 가족에게 변화상황에 대한 피드백을 제공하는 데 매우 유용하다(Zastrow, 2015).

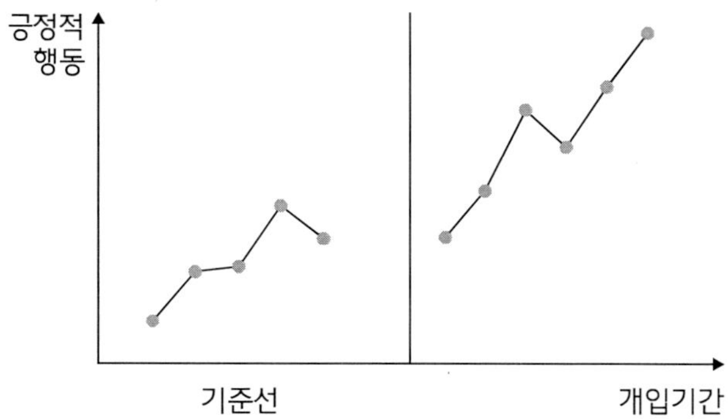

자료: 양옥경 외(2018: 285).

| 그림 13-1 | 사전·사후 비교 그래프

② 통제집단과 실험집단의 비교

이 방법은 개입한 집단과 개입하지 않은 집단을 비교하여 그 차이를 개입의 결과로 추정하는 것이다. 이 방법은 사전·사후 비교 방법에 비해 적게 사용되는 데 그 이유는 우선, 개입이 필요한 집단에 의도적으로 개입을 하지 않는다는 것이 사회복지윤리에 맞지 않기 때문이다. 또한 두 집단 간의 차이를 개입의 결과로 보려면 두 집단 간에 다른 변수의 영향은 거의 통제되었다는 전제가 있어야 하지만, 실제 그런 집단을 설정하기가 현실적으로 어렵기 때문이다. 여기서 두 집단의 비교는 개입 이후 사후만을 대상으로 할 수도 있으나, 객관성을 높이기 위해서는 사전·사후를 모두 비교하는 것이 좋다. 사후만을 측정할 경우, 개입 이전에 이미 존재하는 두 집단의 차이를 알 수 없기 때문이다. 예를 들어, 폭력을 보이는 청소년들을 위해 학교사회복지사가 폭력예방 프로그램을 실시한 경우, 이 프로그램의 효과를 측정하기 위하여 프로그램에 참석하지 않은 같은 학교에 있는 같은 학년의 폭력 청소년을 통제집단으로 설정하여 참석한 집단과 통제집단의 폭력행동의 빈도를 사전·사후로 비교한다. 그 결과, 통제집단의 경우 폭력행동이 10% 줄어든 반면에, 실험집단은 80% 폭력행동이 줄어들었다면, 이러한 결과를 통해 학교사회복지사의 프로그램이 '폭력행동의 감소'라는 목표를 달성했다고 할 수 있다.

(2) 과정평가

과정평가(process evaluation)는 실천의 과정을 살펴보는 것으로, 서비스 제공의 여러 단계에서 진행한 활동들이 목표달성에 어떻게 기여했는지에 초점이 맞추어진다. 즉, 성과평가에서 간과되기 쉬운 개입이나 프로그램의 준비, 진행, 종결과정 등이 계획대로 시행되고 있는지를 분석하는 평가이다. 필요할 경우 개입계획을 수정·보완하는 지침으로 활용될 수도 있다. 이러한 의미에서 과정평가는 원조과정의 점검이라고 할 수 있다. 과정평가는 "어떤 서비스를, 누가, 누구를 위해, 얼마나 많은 이용자에게, 얼마 동안, 얼마의 비용으로 제공했는가?"라는 질문에 대한 답을 찾는 것이다. 실천과정에서 진전(progress)에 도움이 되거나 방해가 되었던 방법과 기술에 대한 피드백은 사회복지사로 하여금 특정한 기술을 연마하고, 미래에 보다 차별화된 기법을 활용하도록 돕는다.

형성평가(formative evaluation)라고도 불리는 이 방법은 프로그램의 요소들이 원하는 변화를 가져오는 데 효과적이었는지, 사용했던 기법이 기관의 일반적인 규준에 맞는 것인지를 평가한다. 예를 들어, 자기주장적인 클라이언트에게 사용했던 기법은 우울한 클라이언트에게는 오히려 역효과를 가져올 수 있다(Hepworth et al., 2018).

과정평가의 도구는 변화를 달성하는 데 도움이 되었던 실천과정의 측면을 구체적으로 측정하기 위해 사용된다. 개입과정의 효과성을 정확하게 측정하기 위해서는 면담기록, 클라이언트의 자기 모니터링, 관찰 등 여러 가지 방법을 병행하는 것이 바람직하다.

(3) 실무자 평가

실무자에 대한 평가는 사회복지사적 행동, 태도, 속성 등이 개입과정에 어떤 영향을 미쳤다고 생각하는지에 대한 피드백을 요청하는 것으로 사회복지사는 어떠한 비판도 각오해야 한다(Hepworth et al., 2018). 이때 사회복지사는 실천가로서 갖는 장점과 단점을 솔직히 지적해 주도록 요청함으로써 스스로를 잘 알 수 있는 기회를 갖는다. 클라이언트는 사회복지사의 태도를 "말이 빠르다", "무시하는 말투이다", "건방지다", "쌀쌀맞다", "다정하다", "편하다" 등으로 평가하기도 하고 사회복지사 자신이 모르는 버릇을 기초로 "왜 그렇게 볼펜을 물어뜯느냐", "머리를 너무 긁적인다" 등의 평가를 내리기도 한다. 부정적인 평가는 고통스럽기는 해도 사회복지사가 자신의 태도와 행동이 개입결과에 어떤 영향을 미치는지 지각하는 데 매우 중요한 의미를 갖는다.

2 종결

1) 종결의 개념

종결은 실천과정의 최종 단계이다. 사회복지실천의 이상적인 마무리는 긍정적인 변화가 지속되는 것으로 사회복지사의 개입이 종료된 후에도 문제를 해결할 수 있는 클라이언트체계의 능력이 유지되도록 하는 데 있다. 바람직한 종결은 클라이언트에게 실천과정에서 이루어진 진전을 검토할 기회를 주며, 이 과정에서 클라이언트가 자신이 변화의 주체임을 깨닫게 돕고, 종결 이후의 생활에 대해 자신감을 갖고 원조관계를 종료하도록 돕는다(최해경, 2017: 362).

종결과 관련해 사회복지사는 처음 제기되었던 문제는 현재 어떠한 상태인지, 개입 이후 어떤 변화가 있었는지, 개입과정에서 클라이언트가 어떤 역할을 수행했는지, 유사한 문제가 다시 발생한다면 클라이언트가 이를 어떻게 다룰 것인지, 문제에 대한 클라이언트의 생각이 어떻게 달라졌는지, 실천과정의 종결에 대해 클라이언트는 어떻게 느끼는지, 다시 개입이 필요하다고 느끼게 하는 요인들은 무엇인지 등을 구체적으로 확인해야 한다.

2) 종결의 유형

종결의 유형은 다음의 세 범주로 구분할 수 있다.

(1) 달성으로 인한 종결

이상적인 종결은 클라이언트와 사회복지사가 목표가 달성되었고, 충분한 진전이 이루어졌다고 믿거나, 제시된 상황이나 문제에서 벗어났을 때 발생한다. 개입의 목표가 달성되어 이루어지는 종결이 가장 만족스러운 종결유형이다. 종결이 가까워지면 클라이언트와의 접촉 빈도를 조금씩 줄이는 것이 바람직하다. 목표달성으로 종결을 하는 경우에도 정서적 반응을 다루는 것은 중요하다(Bogo, 2018).

(2) 시간제한에 의한 계획된 종결

기관의 기능 또는 사회복지사와 클라이언트 간의 합의와 관련된 시간제한에 의해 종결이 이루어지는 경우이다. 시간제한은 실천현장의 현실적 조건 때문이기도 하지만, 동시에 정해진 시간 내에 성과를 기대하는 것이므로 시간제한이 있을 때 사회복지사와 클라이언트 모두 열심히 개입에 임하게 된다. 반면, 시간제한으로 인해 진전이 없을 때도 종결이 이루어질 수 있다. 사회복지사는 공감적이고 비심판적인 태도로 이러한 상황을 설명해 주고, 진전이 이루어지지 않은 이유를 탐색하는 데 클라이언트를 참여시킬 책임이 있다(Bogo, 2018). 이러한 경우 접근방식의 변화가 건의될 수 있으며, 다른 사회복지사나 필요한 서비스로 변경하거나 다음 기회에 서비스를 제공하기로 하고 종결할 수도 있다. 시간제한에 의해 종결이 이루어지는 경우, 이별과 관련된 감정을 다루어야 하고 필요한 경우 의뢰해야 한다. 일반적으로 시간제한이 있는 원조인 경우 원조과정이 목표지향적이고 한시적이라는 것을 클라이언트에게 처음부터 주지시켜야 한다.

(3) 계획되지 않은 종결

클라이언트가 공식적으로 또는 말없이 중단하는 경우와 같은 계획되지 않은 종결은 사회복지사에게 당황스러운 상황이다. 계획되지 않은 종결은 원조관계에 이상이 있거나 서비스가 도움이 되지 않는다는 클라이언트의 생각을 반영할 수 있다. 또는 시간이나 장소 등 물리적으로 이용하기 어려운 클라이언트 사정 때문에 중단될 수 있다. 계획되지 않은 종결이 곧 실패를 의미하는 것은 아니다. 연구 결과에 의하면, 중도에 그만둔 클라이언트 중 2/3가 원조 결과, 상당한 진전을 보였다(Fortune, 2015). 사회복지사는 클라이언트의 자기 결정권을 존중하는 한편, 클라이언트가 이러한 종결을 선택하게 된 이유를 파악하는 것이 중요하다. 클라이언트로부터 미처 그 이유를 듣지 못했을 때, 사회복지사는 클라이언트의 중단 결정 사유를 서로 이야기할 기회를 가질 수 있는지 전화나 이메일 또는 우편으로 연락해야 한다.

계획되지 않은 종결이 발생하는 이유가 사회복지사에게 있을 수도 있다. 사회복지사의 퇴직이나 업무변동 또는 개입이 클라이언트에게 더 이상 도움이 되지 않는다는 전문적 판단에 의해서 종결이 이루어질 수 있다. 사회복지사로 인한 종결이 발생하는 경우, 클라이언트는 거부당한 느낌과 같은 부정적인 감정을 갖기 쉽다. 사회복지사는 클라이언트와 함께 이러한 감정들을 솔직하게 이야기할 기회를 갖는 한편, 다른 사회복지사 또는 다른 기관으로 의뢰가 원활하게 이루어질 수 있도록 한다.

3) 종결의 구성요소

종결의 구성요소는 다음과 같다(Hepworth et al., 2018 ; Bogo, 2018 ; Murphy & Dillon, 2014 ; Pincus, 1973 ; 최해경 외, 2017: 366－372).

(1) 진전 수준 검토

종결이 다가온 것을 클라이언트에게 알리는 유용한 방법은 사회복지사와 클라이언트가 함께해 온 과정에 대해 성찰적 논의를 하도록 클라이언트를 참여시키는 것이다. 이 시점에서 중요한 것은 클라이언트가 노력한 부분에 특히 주목하면서 목표가 어떻게 성취되었는지를 함께 생각해보는 것이다. 사회복지사는 클라이언트의 강점과 협력에 초점을 두면서 변화에 영향을 미친 클라이언트 자신의 태도, 역량, 자원을 확인하도록 돕는다. 이 과정에서 클라이언트로부터 사회복지사의 개입으로 인해 도움이 되었던 점을 들을 기회를 갖는 것은 사회복지사에게도 매우 유용하다.

(2) 변화의 안정화

변화의 안정화는 진전 수준을 검토하는 것에서부터 시작된다. 사회복지사는 그동안의 진전을 검토하면서 클라이언트가 변화를 가져오기 위해 무엇을 했는지 확인하고 자신이 변화의 주체임을 깨닫도록 돕는다. 클라이언트는 탐색을 통해 개인적 요인과 환경적 요인을 구별해보고, 어떠한 변화가 자신의 새로운 사고, 감정, 행동의 결과이고, 어떤 변화가 가족, 친구, 직장 동료와 같은 중요한 사회적 관계 및 환경이 기여한 결과인지 알게 된다.

이후 성취한 것을 유지하기 위해 어떤 요소와 상황이 중요한지 생각하면서 이를 극대화하고 일반화할 수 있게 된다. 이는 클라이언트에게 미래에 발생하게 될 문제들에 대해 어떻게 접근하고 처리해야 하는지에 대한 지침이 된다. 사회복지사는 변화의 안정화를 위해 문제점을 예상하고, 이를 극복할 수 있도록 클라이언트를 준비시킨다. 또한 강화를 위해 클라이언트의 문제를 검토하고 문제해결에서 그동안 그들이 거쳐 온 단계를 분석함으로써, 클라이언트로 하여금 문제해결의 원칙을 파악하도록 돕는다. 그리고 이 문제해결의 원칙을 일상생활의 문제에 적용할 수 있도록 돕는다. 이 방법은 클라이언트에게 스스로 할 수 있게 도울 수 있는 자원을 가지고 있다는 것과 그 자원들이 무엇인지 알게 해 준다. 성장을 위해 필요한 목표를 세우고 성장을 가능케 하는 데 활용될 수 있는 자원을 논의함으로써 변화의 안정화가 시도될 수 있다.

사회복지사는 변화를 안정화하는 노력을 하면서 클라이언트의 성취감과 자기효율성을 지지한다. 또한 종결에 대한 클라이언트의 두려움을 인정하고 검토하면서, 이 두려움을 어떻게 다룰 것인지에 대해서도 대화를 나눈다. 변화를 안정화하기 위한 또 다른 방법은 클라이언트가 원조를 요청하기 위해 처음 기관에 오게 된 상황과 비슷한 상황을 설정하고 가능한 대처방법들을 탐색해보도록 하는 것이다. 그동안 경험을 통해 배운 것이 다른 상황에서도 적용될 수 있는지 생각해보게 한다. 클라이언트의 생활 속에서 대처 능력을 키우기 위해 클라이언트 환경의 유용한 다른 자원들을 함께 확인해보는 것도 중요하다. 전문가는 아니지만 도움을 줄 수 있는 사람들이나 지역사회에서 제공되는 여가 프로그램, 공통의 관심을 가지고 있는 자조모임 등이 이러한 자원이 될 수 있다. 이러한 자원들은 클라이언트의 지지체계를 보충하거나 대체한다.

사회복지사와 함께한 시간들은 클라이언트의 인생에서 하나의 단계로, 인생과업에 대해 더 나은 대처와 성장을 경험할 수 있었던 중요한 단계로 간주되어야 한다. 이러한 관점은 사회복지사와 함께하지 않더라도, 다른 새로운 관계를 통해서 또는 살아가면서 거치게 될 다른 단계들이 있다는 것을 의미한다. 지속적인 성장은 발생한 변화를 안정화하는 하나의 방법이다. 사후관리를 통해 변화의 유지와 강화를 모색한다. 추수면접을 이용해 클라이언트의 기능 수행상의 악화를 막을 수 있다. 사후관리는 종결이 이루어진 후 일정 기간이 지나서 클라이언트가 잘 적응하고 있는지를 점검하는 과정으로, 종결 후 대개 1~6개월 사이에 진행된다. 종결 시에 사후관리를 언급하는 것은 종결에 대한 클라이언트의 충격을 완화시키는 이점이 있다.

사회복지사는 문제가 재발했을 때 언제든지 다시 원조를 받을 수 있으며, 향후 대처하기 어려운 문제가 생기면 재방문할 수 있다는 점을 클라이언트에게 알려 준다. 또 사회복지사는 이직할 수 있으나, 기관에서는 같은 서비스를 계속 제공할 것이라는 점도 알려 준다. 이러한 인식은 갑작스러운 종결을 하는 클라이언트에게 특히 중요하다.

(3) 정서적 유대 다루기

종결은 목표달성을 의미하므로, 일차적으로 긍정적인 것으로 간주된다. 많은 클라이언트들이 종결을 수월하게 받아들인다. 목표달성을 하고 종결을 앞둔 클라이언트는 자신의 역량에 대한 기대와 신뢰가 증진될 수 있다. 긍정적 종결 반응으로 가장 전형적인 것은 클라이언트가 자신의 자아가 확대되었다고 느끼는 것이다. 사회복지사 또한 클라이언트와 함께 설정한 목표를 성취하면서 전문가로서 자존감 향상과 역량강화를 경험할 수 있다.

한편, 종결은 원조관계가 더 이상 유지되지 않는다는 것을 의미한다. 원조관계가 의미 있었다면 종결에 따른 감정이 생긴다. 목적이 성취될 때 종결하게 된다는 것을 예상했더라도, 클라이언트와 사회복지사 모두에게 종결에 대한 감정이 발생할 수 있다는 점을 인정해야 한다. 특히, 계획되지 않은 갑작스러운 종결인 경우, 클라이언트는 미해결된 느낌과 관련된 감정을 갖게 된다.

종결에 따른 감정은 상황에 따라 다양하지만 공통점도 있다. 처음 반응은 흔히 부정하는 것으로, 종결이라는 현실 또는 종결과 관련된 감정을 부정한다. 종결이 논의된 후 클라이언트가 약속을 지키지 않는 행동을 하는 것은 일종의 부정이다. 다음 단계는 감정적 반응이다. 서로 신뢰했고 친밀하였던 원조과정을 종결하면서 클라이언트는 상실감, 두려움, 의존성, 슬픔과 같은 부정적 정서를 경험할 수 있다. 사회복지사는 클라이언트와 함께 이러한 감정을 다루어야 한다. 헤어짐을 다루는 방법으로는 회상이 유용하다. 회상을 통해 클라이언트는 함께 했던 일의 긍정적 측면을 볼 수 있고, 성장이 고통을 수반하는 것을 이해할 수 있다. 이 과정에서 사회복지사는 상황을 현실적으로 평가할 수 있게 해 주는 현실요인들을 강조한다. 그러나 모든 클라이언트가 종결을 상실로 여긴다고 가정해서는 안 된다. 특히, 서비스를 강제로 받아야 했던 비자발적 클라이언트인 경우 종결을 구원으로 여길 수 있다. 많은 클라이언트들이 원조를 필요했던 경험이었다고 인정하지만, 더 이상 사회복지사의 도움 없이 생활할 수 있다는 것에 기뻐한다.

클라이언트의 종결에 대한 감정은 원조관계의 강도와 성격에 따라 다양하다. 원조관계의 강도가 약하거나 참여 기간이 짧았다면 관계가 돈독했거나 장기간이었던 경우보다 종결에 대한 감정이 덜 강렬하다. 비자발적인 클라이언트라면 서비스가 종결되는 것에 해방감을 느낄 수도 있다. 서비스에 관해 성공이나 만족의 느낌을 가진 클라이언트는 서비스 경험에 대해 남다른 감정을 가질 것이다. 삶에서 중요한 상실이나 분리를 경험한 적이 있는 클라이언트는, 특히 그러한 상실의 감정을 다룰 기회가 없었다면 과거에 상실을 경험하지 않았던 클라이언트와는 다른 감정을 경험할 것이다. 클라이언트의 독립성이나 의존욕구도 감정에 영향을 미친다. 종결 시점에 클라이언트의 삶이 전체적으로 어떠한 상태인가도 클라이언트가 종결을 다루는 방식에 영향을 줄 수 있다. 클라이언트가 많은 변화나 복잡한 요구들을 처리해야 하는 상황에 놓여 있다면 종결이 더 어려울 수도 있고, 반대로 종결을 돌파구로 여길 수도 있다.

원하는 결과를 얻지 못하고 종결하는 경우, 클라이언트는 목적이 달성되지 못한 데 대한 실망, 사회복지사에 대한 분노, 초조함 등을 느낄 수 있고, 이런 시점에 종결이 거론되면 충격이 증폭되어 거부 또는 공격적으로 부정적 감정을 표출할 수 있다. 사회복지실천은 문제의 특성, 클라이언트의 특성, 환경적 요구와 지지, 사회복지사와 클라이언트 간의 관계를 포함한 많은 요인들에 달려 있기 때문에 최선의 노력을 했음에도 변화가 일어나지 않는 상황들이 있게 된다. 이처럼 목표달성이 안 된 종결이라 하더라도, 사회복지사는 클라이언트체계와 함께 변화를 성취하지 못하게 작용했던 요인들에 대해 그리고 추가적 원조를 구하는 클라이언트의 감정에 대해 이야기할 기회를 갖는 것이 중요하다.

사회복지사 또한 슬픔, 상실감, 죄책감, 불안감 등 종결에 따른 다양한 부정적 정서를 경험할 수 있다. 때로는 사회복지사의 심리적 욕구로 인해 종결이 어려울 수도 있다. 경험이 많지 않은 사회복지사는 종결과정에서 일어날 수 있는 클라이언트의 강렬한 감정에 어떻게 반응해야 할지 모르기 때문에 당황스러울 수 있다. 이러한 감정은 상실이나 슬픔뿐만 아니라, 원조관계나 원조과정에 관한 불만과 관련될 수 있다. 사회복지사는 헤어짐과 상실에 관련된 자신의 반응에 대한 자아인식을 해야 한다.

사회복지사 자신의 불편함이나 미숙한 대처로 인해 클라이언트의 감정을 적절하게 해소하도록 돕지 못한다면, 클라이언트는 감정처리를 배울 수 있는 기회를 놓치게 된다. 또한 사회복지사는 클라이언트와의 관계를 적절하게 마무리 짓는 기술을 발휘하여야 한다. 클라이언트에 대한 관여를 점차 줄여 나가고 만남의 간격을 더 넓혀 나가면서 클라이언트 스스로 해야 하는 것을 더 강조하는 접근이 필요하다.

여러 이유로 클라이언트는 종결 후에 사회복지사와 개인적 관계를 가지거나 친구가 되고 싶다고 제안할 수 있다. 그러나 이중관계를 갖지 않는 것은 사회복지사의 윤리적 책임이므로 클라이언트의 요청에 대해 공감해 주면서 비심판적인 태도로 이러한 입장을 설명해야 한다. 이러한 윤리기준이 클라이언트를 거부하기 위한 규정이 아니라, 클라이언트를 보호하고 원조전문가로서 클라이언트를 도우려는 것임을 전달하는 것이 중요하다.

(4) 다음 단계의 계획

많은 실천 상황에서 종결은 퇴원계획 또는 클라이언트가 필요로 하는 자원이나 프로그램을 제공할 수 있는 다른 기관으로의 이동을 의미한다. 사회복지사는 클라이언트가 도움 없이도 이 자원들을 쉽게 이용할 수 있는지, 또는 뜻밖의 자격 요건과 대기자 명단이 서비스를 제공받는 데 장애가 되는지 고려해야 한다.

클라이언트에 대한 배려로 다른 자원이나 다른 전문가가 더 적합하기 때문에 의뢰된다는 것을 설명하여야 한다. 실천 원칙상으로는 클라이언트의 자기 결정권과 역량강화를 고려해 클라이언트 스스로 하는 것을 강조하지만, 클라이언트가 새로운 기관이나 전문가에게 의뢰되는 경우 종종 복잡한 체계의 특징인 관료주의, 긴 대기자 명단, 직원들의 불친절 등으로 좌절감을 느끼거나 압도되기 쉽다. 따라서, 사회복지사가 의뢰기관과 클라이언트 간에 확실히 연결될 수 있도록 중개자와 옹호자 역할을 하는 것이 보다 현실적일 수 있다.

(5) 평가

종결과 관련해 사회복지사와 클라이언트가 평가하는 중요한 초점은 사정과정에서 규명된 것처럼 클라이언트 욕구에 근거하고 행동계획의 일환으로 설정된 목표들에 대해서이다. 서비스의 성과를 고려할 때 목표에 도달하는 과정을 살펴보며 무엇이 유용했고 유용하지 않았는지 확인하는 것이 도움이 된다. 부산물이나 예상하지 못한 결과에 대해서도 주목해야 한다. 평가의 이러한 측면은 클라이언트가 이후 자신의 욕구를 충족할 수 있는 방법에 대해 더 잘 이해하도록 도움이 된다는 점에서 사회복지사와 클라이언트 모두에게 유용하다. 또한 종결에 있어서 평가는 사회복지사가 원조과정과 클라이언트와 함께 일하는 방법을 더 잘 이해하도록 돕는다. 사회복지사가 종결과정을 적절하게 이끄는 능력은 클라이언트의 만족에 영향을 미치는 중요한 요인이다. 클라이언트는 무엇이 일어났는지 검토하고, 향상과 진전에 대해 감사하며, 그 과정에서 자신의 역할과 경험을 어떻게 일상생활에 적용할지를 발견하고, 자신이 어떻게 성장을 지속할지 터득하게 된다.

사회복지사는 종결과정에서 진전 수준 검토, 변화의 안정화, 정서적 유대 다루기, 다음 단계의 계획, 평가 등의 활동을 통해 클라이언트가 지속적으로 성장하고 일상의 다양한 상황과 환경의 기대에 대처하도록 돕는다.

4) 종결에 대한 반응

전형적으로 나타나는 종결의 반응을 다음과 같다(Hepworth et al., 2018 ; 이승연 외, 2023: 305).

(1) 분노

종결 시 클라이언트는 분노를 느낄 수 있는데, 특히 사회복지사의 부서 이동이나 사직으로 인해 종결이 이루어질 때 더욱 그러하다. 신뢰관계의 정도에 따라, 그리고 시간을 어느 정도 두고 알렸느냐에 따라 강도는 다르겠지만, 심한 경우에는 불안이나 상실감까지 겹쳐 웬만한 위기를 경험하는 것과 유사한 반응을 보일 수도 있다. 이 경우, 부정적인 감정을 충분히 표현하도록 도와주되, 과잉 동일시를 하지 않는 것이 중요하다. 사회복지사가 죄책감과 상실감으로 과잉 동일시하면 클라이언트가 부정적인 감정을 충분히 표현할 수 있을지는 모르지만, 정작 문제해결에 필요한 건설적 방향을 제시하기 어려워진다.

(2) 부정

종결시기를 미리 고지했음에도 불구하고, 임박한 종결을 의식하지 못하는 것이다. 심지어 종결하는 마지막 시간에 나타나지 않을 수도 있다. 이를 '있을 수 있는 일'로 치부하는 것은 위험하다. 오히려 태풍전야처럼 복잡한 감정을 숨긴 채 태연한 척하는 것으로 봄이 더 올바른 판단이다. 따라서, 어떻게든 클라이언트의 감정을 다루어 주는 것이 필요하다. 이때는 비언어적 메시지에 예민하게 반응을 해야 하고, 소중한 관계를 상실하는 데서 오는 분노, 거부감 등에 공감하는 것이 필요하다.

(3) 회피

클라이언트에 따라서는 '최선의 방어는 공격이다'는 식으로 종결 직전에 앞서서 더 이상 도움이 필요하지 않다고 이야기하거나, 아무 말없이 나타나지 않는 반응을 보이기도 한다. 이 경우에는 전화나 메일 또는 가정방문을 통해서라도, 클라이언트와 접촉하려는 시도가 매우 중요하다. 그렇지 않으면 클라이언트는 정말 자신이 버림받았거나, 아무런 보호를 받지 못했다고 판단해 버릴 수도 있다. 따라서, 사회복지사가 자신의 관심을 확인시켜 주고, 클라이언트의 감정을 잘 이해하고 있음을 전달하는 것이 중요하다.

(4) 과거의 문제가 재발되었다고 하거나 새로운 문제를 가져옴

이전에는 스스로 잘 해결하던 문제를 도와달라며 가져오거나, 새로운 문제가 발생했다며 개입을 지속할 것을 요구하는 반응이 나오기도 한다. 심지어 마지막 시간에 이제까지 한 번도 꺼내지 않았던 중요한 이야기를 하거나 자해행동을 보일 수도 있다. 이런 경우에는 그 문제의 심각성에 따라 사회복지사의 반응도 달라질 수밖에 없다. 이와 같은 상황을 막기 위해서는 종결 이전부터 종결을 서서히 준비하는 것이 필요하다. 즉, 클라이언트가 그동안 어떤 성과를 거두었는지 확인하고 스스로 문제를 해결하는 것이 애초의 목표였음을 강조하는 것이 필요하다. 그러나 제시된 문제의 심각성에 따라 개입이 연장되거나, 또는 새로운 개입이 시작될 수도 있다. 이때에는 클라이언트의 의존심 증가를 막기 위해 다른 사회복지사에게 의뢰할 수도 있으나, 담당 사회복지사가 지속적으로 개입한다면 상호작용의 강도를 줄이는 것이 좋다.

(5) 지속적인 만남을 요구

개인적으로 가끔씩 만나 함께 차를 마시거나, 또는 문자나 SNS 등을 통해 지속적으로 대화하자는 등의 직접적 만남을 요구하는 반응이 있다. 종결에 따라 클라이언트가 느끼는 불안함을 줄이기 위해 이런 만남을 허용하는 사회복지사도 있으나, 이는 얻는 것보다 잃는 것이 더 많은 행동이다. 무엇보다도 사적으로 클라이언트를 만나는 것은 이중관계를 형성하며 비윤리적 실천의 문제가 제기될 수 있고, 사회복지사와 지속적으로 자신의 문제를 의논하고 있는 한 스스로 해결할 수 있다는 클라이언트의 자신감도 회복되기 어렵다. 또한 사회복지사와 만나는 동안은 다른 사회적 지지체계와 의미 있는 관계를 맺어야 할 필요성을 상대적으로 적게 느낄 수 있다.

5) 종결단계의 주요 과제

사회복지실천의 종결과정에는 다음과 같은 점을 고려해야 한다(도광조, 2018: 243－245).

첫째, 클라이언트와 함께 종결을 계획하고 논의해야 한다. 종결에서 가장 중요한 점은 부정적인 정서적 반응을 해결해서 개입과정에서의 성과를 계속 지속해야 한다. 클라이언트와 함께 종결을 계획하고 논의함으로써 클라이언트로 하여금 마음의 준비를 할 수 있는 기회를 주고, 종결이 임박함으로써 사회복지사와 클라이언트 모두 남은 기간 동안 최선의 노력을 해야 한다는 각오를 다질 수도 있을 것이다.

둘째, 부정적인 정서적 반응을 해결하는 노력을 기해야 한다. 대부분의 클라이언트들은 종결에서 긍정적 정서를 경험한다. 그동안의 개입과 문제해결과정에서의 자신감 향상, 긍정적 진전에 대한 성취감 등의 감정을 가지게 된다. 그렇지만 우리가 일상생활 속에서도 다른 사람, 특히 나를 도와주는 사람과 이제 만나지 못하는 상황이 될 때 마음의 상처와 서운함이 있듯이, 클라이언트들도 이와 같은 정서적 불안정은 일시적으로 있을 수 있다. 중요한 점은 이러한 감정들이 작용해서 구체적인 행동으로 표출(예, 약속 불이행, 방문하지 않는 태도, 협조하지 않는 경향, 과거의 문제를 다시 호소하는 경우 등)될 때는 충분한 해결을 모색해야 한다는 것이다. 이런 경우는 여러 가지 이유들이 있을 수 있겠지만, 정신적인 상실감이나 미래상황에 대한 막연한 불안감, 이로 인한 자신감 부족 등이라 할 수 있다.

사회복지사는 클라이언트에게 이러한 모습이 보이거나, 종결을 이야기할 때 종결 이후의 삶에 있어서 나타날 수 있는 여러 가지 불확실성에 대한 두려운 감정, 구체적인 일이나 문제 등에 초점을 두고 함께 이야기할 수 있는 기회를 가지는 것이 좋다. 또한 클라이언트로 하여금 자신의 감정을 솔직하게 표현할 수 있는 자연스러운 기회를 제공해 주는 것이 필요하다. 즉, 사회복지사가 먼저 클라이언트와의 관계를 종결함에 따라 느끼는 감정을 솔직히 털어놓으면 자연스럽게 클라이언트도 감정을 표현하게 될 것이다. 그리고 사회복지사는 이러한 감정에 감정이입적 반응을 충분히 해 주고, 공감하며, 인정하며, 수용하는 자세를 보이는 것이 중요하다. 그리고 무엇보다도 자신감이 결여될 가능성이 있기 때문에 개입과정에서의 성공적인 적응에 대한 성취감을 고취시키고, 클라이언트의 자원과 강점에 대한 접근을 함께해 줌으로써 클라이언트의 자기효능감이 회복될 수 있도록 해야 할 것이다. 또한 사후관리가 계속된다는 면을 부각시켜 관계의 단절이 아니라는 면을 인식할 수 있도록 해야 할 것이다.

셋째, 성취한 변화를 계속 유지할 수 있도록 도와주어야 한다. 즉, 변화의 안정화가 필요하다. 클라이언트에 대한 개입원조과정에서 클라이언트가 성취한 변화를 다른 환경에서도 계속 유지할 수 있도록, 자신감을 고취시켜야 할 것이고,

이를 위해 변화를 시도해볼 수 있는 적절한 상황을 제시하고, 다양한 상황과 환경을 활용하여 사회복지사가 함께함으로써 클라이언트는 자신의 능력에 대해 충분한 확신을 가질 수 있을 것이고, 변화를 계속 유지해 갈 수 있는 바탕이 형성될 수 있을 것이다.

6) 사후관리

사후관리(follow-up)는 종결한 후 1개월에서 6개월이 지났을 때, 클라이언트가 잘 적응하고 있는지를 점검하는 과정을 말한다. 사후관리는 사회복지사가 종결 이후에도 클라이언트에게 계속 관심을 가지고 있다는 것을 보여줌으로써 변화를 지속할 수 있는 동기를 제공한다. 방법으로는 직접 가정을 방문한다든지, 메일 및 전화로 확인하기도 하고 내방하여 면접을 할 수도 있다(조미숙 외, 2021: 307).

사후관리는 1개월에 한 번씩 주기적으로 전화통화를 한다든지, 인터넷 메일을 활용한다든지, 주기적 방문 또는 만남 등 다양한 방법으로 계획될 수 있다. 중요한 것은 주기적이어야 한다는 점이다. 그럼으로써 계속해서 사회복지사가 관심을 가지고 있다는 확증으로 작용할 수 있다. 그리고 만약 클라이언트가 조금이라도 변화를 지속하지 못한다든지, 어려움을 겪고 있다면 필요한 도움을 제공할 수 있다는 확신을 줄 필요가 있다. 사회복지사가 클라이언트의 변화 노력에 계속 관심을 가지고 있다는 확인을 스스로 받도록 함으로써 변화 노력을 유지하는데 지지적 효과를 발휘하도록 해야 한다(도광조, 2018: 246).

사후관리는 클라이언트와 사회복지사의 공식적 관계가 종료되고, 일정기간이 지나서 클라이언트가 원조과정에서 획득한 변화를 유지하고 있는지를 확인하는 과정이다. 즉, 사후관리는 첫째, 클라이언트가 종결 시와 같은 수준에서 잘 기능하고 있는지 알아보기 위해 수행하고, 둘째, 클라이언트가 어려움을 겪을 경우 필요한 도움을 제공하기 위해 수행한다. 따라서, 사후관리는 종결 시 사회복지사와 클라이언트가 함께 계획할 수 있다. 또는 개입의 전 과정을 계획하는 단계에서 사후관리가 포함되도록 고려할 수도 있다. 사후관리는 처음 개입계획단계에서부터 포함되도록 하는 것이 바람직하다(윤선오 외, 2016: 300). 이때 사회복지사는 클라이언트에게 사후관리의 목적이 클라이언트 변화의 진전 상황을 점검하는 것임을 확인시켜 줌으로써 클라이언트에게 긍정적 기대감을 심어주는 것이 좋다.

계획된 사후관리는 클라이언트에게 사회복지사의 지속적 관심을 받고 있다는 지지감을 부여함으로써 종결 시의 개입효과를 지속해서 유지하는 데 도움을 주게 된다. 또한 클라이언트의 종결 후 진전 상황을 점검하는 목록 외에도 사회복지사에게 클라이언트의 진전을 확인함으로써 자신의 개입에 대한 긍정적 확신을 얻는다는 이점이 있다. 또한 사후관리 시 클라이언트의 상황이 종결시점과 비슷한 상황을 보일 수도 있고, 종결 이후 더 많이 향상되었을 수도 있다. 클라이언트에 따라서는 사후관리가 이전의 개입효과를 증진시키는 촉진제 역할을 하기도 한다.

결론적으로 일정 기간이 지난 후 클라이언트의 개입에 대한 평가는 종결과정에서 실시되었던 평가보다 훨씬 의미가 있을 수 있다. 특히, 클라이언트의 학대행동의 중단을 위한 개입에 있어서는 사후관리가 필수적이다.

연습문제

01 종결을 위한 과업으로 해당되지 않는 것은?

① 적절한 종결 시기의 결정
② 클라이언트의 감정 다루기
③ 개입을 통해 얻은 효과의 유지와 강화
④ 사회복지사의 감정 감추기
⑤ 필요한 경우 클라이언트를 다른 자원으로 의뢰하기

02 종결단계에서 취해야 할 사회복지사의 활동에 관한 설명으로 옳은 것은?

① 클라이언트의 변화를 촉진한다.
② 클라이언트와의 접촉빈도를 줄여 간다.
③ 클라이언트를 위해 서비스를 조정한다.
④ 클라이언트를 대변하여 자원을 확보한다.
⑤ 개입의 효과를 평가하기 위해 기초선 자료를 수집한다.

03 사회복지실천에서 평가에 대한 설명으로 바르지 못한 것은?

① 사회복지사가 개입과정과 내용에 대해 모니터할 수 있다.
② 평가의 일차적인 목적은 개입의 효과성을 판단하는 것이다.
③ 개입의 결과뿐만 아니라, 개입과정에 대한 평가도 중요하다.
④ 자원 사용에 대한 책임성을 입증하는 수단이 된다.
⑤ 동일한 비용으로 높은 효과를 냈을 때 효과성은 증가한다.

04 사회복지실천에서 평가에 대한 설명으로 바르지 못한 것은?

① 사회복지사가 개입과정과 내용에 대해 모니터할 수 있다.
② 평가의 일차적인 목적은 개입의 효과성을 판단하는 것이다.
③ 개입의 결과뿐만 아니라, 개입과정에 대한 평가도 중요하다.
④ 자원 사용에 대한 책임성을 입증하는 수단이 된다.
⑤ 동일한 비용으로 높은 효과를 냈을 때 효과성은 증가한다.

정답 1. ④ 2. ② 3. ⑤ 4. ⑤

참고문헌

1. 국내 자료

강영걸 외(2018). 『사회복지조사론』. 경기: 정민사.

강장미 외(2023). 『사회복지개론』. 서울: 박영스토리.

강종수 외(2023). 『사회복지조사론』. 경기: 공동체.

고명석 외(2018). 『인간행동과 사회환경』. 서울: 동문사.

고명수 외(2018). 『인간행동과 사회환경』. 경기: 정민사.

곽미정 외(2016). 『사회복지실천론』. 서울: 창지사.

구혜영(2015). 『인간행동과 사회환경』. 서울: 신정.

권향임 외(2018). 『사회복지실천론』. 서울: 창지사.

금기윤 외(2012). 『사회복지조사방법론』. 경기: 공동체.

길귀숙 외(2015). 『사회복지실천기술론』. 경기: 양서원.

길귀숙 외(2018). 『사회복지실천론』. 경기: 양서원.

김동기 외(2014). 『사회복지실천론』. 서울: 학지사.

김명숙 외(2021). 『정신건강론』. 서울: 조은.

김미영 외(2023). 『사회복지개론』. 서울: 박영스토리.

김민경(2017). 『사회복지실천기술론』. 경기: 양서원.

김보기 외(2016). 『최신 사회문제론』. 경기: 양서원.

김보기 외(2017). 『상담이론과 실제』. 서울: 하나의학사.

김보기 외(2019a). 『사회복지실천론』. 경기: 양성원.

김보기 외(2019b). 『인간행동과 사회환경』. 경기: 양성원.

김보기 외(2020). 『사회복지와 문화다양성』. 서울: 동문사.

김보기 외(2021a). 『가족상담 및 가족치료』. 서울: 조은.

김보기 외(2021b). 『사회복지실천기술론』. 서울: 정원.

김보기 외(2022a). 『사회복지정책론』. 서울: 박영스토리.

김보기 외(2022b). 『복지국가론』. 서울: 동문사.

김보기 외(2022c). 『복지국가사상』. 서울: 박영스토리.

김보기 외(2023). 『인간행동이해를 위한 심리학』. 서울: 박영스토리.

김석용(2012). 『조사연구방법론』. 서울: 탑북스.
김성철(2017). 『사회복지실천론』. 경기: 21세기사.
김수목 외(2021). 『사회복지행정론』. 서울: 조은.
김수목 외(2022). 『인간행동과 사회환경』. 서울: 박영스토리.
김수목 외(2023). 『지역사회복지론』. 서울: 조은.
김영미 외(2022). 『사회복지실천론』. 서울: 동문사.
김영철 외(2021). 『정신건강론』. 서울: 조은.
김영철 외(2022a). 『인간행동과 사회환경』. 서울: 박영스토리.
김영철 외(2022b). 『장애인복지론』. 서울: 박영스토리.
김영철 외(2022c). 『사회복지실천론』. 서울: 박영스토리.
김영철 외(2023a). 『사회복지개론』. 서울: 박영스토리.
김영철 외(2023b). 『사회복지행정론』. 서울: 박영스토리.
김영철 외(2024a). 『가족복지론』. 서울: 박영스토리.
김영철 외(2024b). 『사회복지실천론(개정판)』. 서울: 박영스토리.
김영철 외(2024c). 『노인복지론』. 서울: 박영스토리.
김영철 외(2024c). 『사회복지법제와 실천』. 서울: 박영스토리.
김용환 외(2018). 『인간행동과 사회환경』. 서울: 동문사.
김용환 외(2022). 『사회복지실천론』. 서울: 동문사.
김우호 외(2019). 『사회복지실천기술론』. 서울: 동문사.
김철진 외(2016). 『사회복지실천론』. 서울: 형지사.
김태진(2012). 『사회복지의 역사와 사상』. 대구: 대구대학교출판부.
김현호 외(2017). 『사회복지실천기술론』. 경기: 정민사.
김혜란 외(2023). 『사회복지실천기술론』. 서울: 학지사.
김혜란 외(2023). 『사회복지실천론』. 서울: 동문사.
김혜영 외(2021). 『사회복지실천론』. 경기: 공동체.
김효선 외(2022). 『사회복지실천론』. 경기: 공동체.
남연희 외(2021). 『사회복지실천론』. 경기: 지식공동체.
남연희 외(2023). 『사회복지실천론』. 서울: 공동체.
도광조 외(2018). 『사회복지실천론』. 경기: 양서원.
도광조(2018a). 『사회복지실천기술론』. 경기: 양서원.
문현주 외(2021). 『사회복지실천론』. 서울: 창지사.
박경근 외(2023). 『인간행동이해를 위한 심리학』. 서울: 박영스토리.
박광준(2013). 『사회복지의 사상과 역사』. 경기: 양서원.
박귀영 외(2017). 『사회복지기술론』. 경기: 양성원.

박미정 외(2021). 『정신건강론』. 서울: 조은.
박병금 · 최은희(2016). 『사회복지실천기술론』. 경기: 정민사.
박병현(2016). 『사회복지의 역사』. 경기: 공동체.
박원진 외(2018). 『지역사회복지론』. 경기: 양성원.
박지영 외(2021). 『사회복지실천론』. 서울: 학지사.
박현승 외(2023). 『사회복지와 문화다양성』. 서울: 박영스토리.
박현승 외(2024). 『사회복지실천론』. 서울: 박영스토리.
박화상 외(2023). 『사회복지와 문화다양성』. 서울: 박영스토리.
박희숙 외(2018). 『사회복지실천론』. 경기: 공동체.
생각의 마을(2018). 『인간행동과 사회환경』. 경기: 공동체.
서보준 외(2021). 『사회복지실천론』. 경기: 양서원.
서보준 외(2023). 『사회복지실천기술론』. 경기: 공동체.
서현자 외(2017). 『상담이론과 실제』. 서울: 하나의학사.
서현자 외(2017). 『인간행동과 사회환경』. 경기: 양서원.
서현자 외(2024). 『노인복지론』. 서울: 박영스토리.
서혜석 외(2017). 『사회복지실천론』. 경기: 정민사.
서혜석 외(2017a). 『사회복지실천기술론』. 경기: 정민사.
성태제 · 시기자(2006). 『사회복지실천기술론』. 경기: 정민사.
손병덕 외(2019). 『인강행동과 사회환경』. 서울: 학지사.
송한용 외(2023). 『사회복지실천론』. 서울: 동문사.
신성자 외(2017). 『사회복지실천기술론』. 경기: 양성원.
양옥경 외(2018). 『사회복지실천론』. 경기: 나남.
양정빈 외(2020). 『사회복지실천론』. 서울: 학지사.
양철수 외(2018). 『인간발달』. 파주. 경기: 양성원.
양철수 외(2019). 『노인복지론』. 파주. 경기: 수양재.
양철수 외(2020). 『사회복지와 문화다양성』. 서울: 교학도서.
양철수 외(2019). 『노인복지론』. 경기: 수양재.
엄명용 외(2018). 『사회복지실천의 이해』. 서울: 학지사.
오봉욱 외(2020). 『사회복지실천기술론』. 서울: 동문사.
운경원 외(2020). 『사회복지실천기술론』. 서울: 동문사.
원석조 외(2018). 『사회복지조사론』. 경기: 공동체.
원석조(2017). 『사회복지발달사』. 경기: 공동체.
윤선오 외(2016). 『사회복지실천론』. 경기: 양성원.
윤선오 외(2016a). 『사회복지조사론』. 경기: 양성원.

이경준 외(2020). 『사회복지실천론』. 서울: 동문사.
이근홍(2015). 『인간행동과 사회환경』. 경기: 공동체.
이승연 외(2023). 『사회복지실천론』. 경기: 공동체.
이영실 외(2021). 『사회복지실천론』. 경기: 양서원.
이영호(2018). 『인간행동과 사회환경』. 경기: 공동체.
이우언 외(2017). 『인간행동과 사회환경』. 서울: 동문사.
이원숙 외(2020). 『사회복지실천론』. 서울: 학지사.
이은희 외(2017). 『사회복지실천론』. 경기: 양성원.
이정자 외(2022). 『사회복지개론』. 서울: 조은.
이재무(2022). 『사회복지실천론』. 서울: 윤성사.
이태희 외(2023). 『사회복지실천기술』. 경기: 지식공동체.
이태희 외(2024). 『청소년복지론』. 경기: 공동체.
이평화 외(2017). 『사회복지와 문화다양성』. 서울: 박영스토리.
이평화(2022). 『지역사회복지론』. 서울: 박영스토리.
이평화 외(2023). 『지역사회복지론』. 서울: 박영스토리.
장선아(2021a). 『사회복지행정론』. 서울: 박영스토리.
장선아(2021a). 『사회복지행정론』. 서울: 조은.
장선아(장혜령, 2021b). 『사회복지조사론』. 서울: 조은.
장선아(2023). 『사회복지와 문화다양성』. 서울: 박영스토리.
장선아 외(2023). 『인간행동이해를 위한 심리학』. 서울: 박영스토리.
장수미 외(2017). 『사회복지실천기술론』. 서울: 학지사.
장택윤(2012). 『사회조사방법론』. 서울: 커뮤니케이션북스.
전은경 외(2024). 『사회복지행정론』. 서울: 박영스토리.
전재일 외(2018). 『사회복지실천론』. 경기: 공동체.
전희수 외(2018). 『사회복지실천기술론』. 경기: 양성원.
정서영 외(2017a). 『인간행동과 사회환경』. 경기: 양서원.
정서영 외(2017b). 『상담이론과 실제』. 경기: 양서원.
정서영 외(2018). 『상담심리학』. 경기: 양성원.
정서영 외(2019). 『상담학개론』. 경기: 공동체.
정선영 외(2017). 『사회복지실천기술론』. 서울: 학지사.
정은(2014). 『인간행동과 사회환경(2판)』. 서울: 학지사.
정혜령 외(2021). 『사회복지조사론』. 서울: 조은.
조미숙 외(2018, 2021). 『사회복지실천론』. 서울: 동문사.
조미숙 외(2020). 『사회복지실천기술론』. 서울: 동문사.

조성철·김보기(2014). 『복지국가 위기론』. 경기: mitto.

조학래(2019). 『사회복지실천론』. 서울: 신정.

최덕경 외(2015). 『사회복지실천론』. 경기: 공동체.

최선희(2013). 『사회복지실천론』. 경기: 공동체.

최세영 외(2021). 『사회복지실천론』. 경기: 어가.

최옥채 외(2016). 『인간행동과 사회환경』. 경기: 양서원.

최옥채 외(2017). 『사회복지실천론』. 경기: 양서원.

최윤정 외(2017). 『사회복지실천론』. 경기: 공동체.

최원규 외(2021). 『사회복지역사』. 서울: 학지사.

최은희 외(2017). 『사회복지실천론』. 경기: 양성원.

최해경(2017). 『사회복지실천론』. 서울: 학지사.

최혜지 외(2021). 『사회복지실천론』. 서울: 학지사.

표갑수 외(2017). 『인간행동과 사회환경』. 서울: 신정.

한현지 외(2020). 『사회복지실천기술론』. 서울: 동문사.

허정철 외(2023). 『사회복지실천론』. 경기: 공동체.

현승일(2012). 『사회학』. 서울: 박영사.

홍봉수 외(2023). 『사회복지실천기술론』. 경기: 공동체.

홍봉수 외(2024). 『가족복지론』. 경기: 공동체.

황성철(1995). 사례관리실천을 위한 모형 개발과 한국적 적용에 관한 연구. 『한국사회복지학』 27: 275－304.

황인옥 외(2023). 『사회복지실천기술론』. 경기: 공동체.

2. 외국 자료

Baker, R. L.(1991). *The social work dictionary, Silver Spring.* MD: National association of Social Workers.

Barber, J. G.(1996). Science and social work: Are they compatible? *Research and Social Work Practice, 6*: 379－388

Barker, C.(2003). *Cultural Studies: Theory and Practice.* London: Sage.

Barker, R. L.(1995). *The social work dictionary* (3rd ed.). Washington. DC: NASW Press.

Bartle, E. E. et al.(2002). Empowerment as a dynamically developing concept for practice: an organizing ethnography. *Social Work, Vol.47. No.1*: 32－44.

Bartlett, H. M.(1958). Toward clarification and improvement of social work practice:

A working definition of social work practice. *Social Work, 3(2)*: 3－9.

Bartlett, H. M.(1970). *The Common Base of Social Work Practice*. Washington. D.C.: National Association of Social Works Inc.

Bartlett, H. M.(2003). Working Definition of Social Work Practice. *Research on Social Work, 13(3)*: 267－270.

Beaver, W. R., & Hampson, R. B.(1993). Measuring family competence: The Beavers systems model. In F. Walsh (Ed.). *Normal family processes* (2nd ed.). N.Y.: Guilford Press.

Beck, B.(1983). *Empowerment: A Future Goal of Social Work*. NY: Community Services Society Working Papers in Social Policy.

Becvar, D. S., & Becvar, R. J.(1996). Strategic approaches and the milan influence. In D. S. Becvar, & R. J. Becvar. *Family therapy: A Systemic integration*. Boston: Allyn & Bacon, 221－248.

Benjamin, A.(1969). *The Helping Interview* (2nd ed.). Boston: Houghton Mifflin.

Berg, I. K., & Miller, S. D.(1992). *Working with the problem drinker: A solution－focused approach*. New York: Norton.

Bertalanffy, L.(1968). *General System Theory: Foundations, Development, Applications*. New York: george Braziller.

Beveridge, W.(1942). *Social Insurance and Allied Services*. London: HMSO.

Beveridge, W.(1958). *Social Insurance and Allied Services*. London: Her Majesty's Stationery Office, 303－304.

Biestek, F. P.(1957, 2018). *The Casework Relationship*. Generic.

Blau, P. M., & Scott, W. R.(1962). *Formal Organization*. San Francisco: Handler.

Blau, P.(1964). *Exchange and power in social life*. New York: Wiley.

Bobo, L.(1988). Attitude toward the black political movement: Trends, meaning, and effects on racial policy preferences. *Social Psychology Quarterly, 51*: 287－302.

Boehm, W.(1959). *Objectives of the social work education curriculum of the future, Curriculum Study*. New York: Council on Social World Education.

Bogo, M.(2006, 2018). *Social work practice: Concepts, processes, and interviewing*. (2nd ed.). New York: Columbia University Press.

Borash, M.(2002). Treating the involuntary client: Storming their defenses will get you nowhere. *Psychotherapy Networker, 26(March/April)*: 21－22.

Bowers, S.(1949). The nature and definition of social casework. *Journal of Social Casework, 30(8)*: 311.

Brieland, D.(2013). Social work practice: History and evolution. In T. Mizrahi & L. E. Davis(Eds.). *Encyclopedia of Social Work* (20th ed.). Oxford University Press.

Brill, N. I., & Levine, J.(2002). *Working with people: The helping process* (7th ed.). Boston. MA: Allyn & Bacon.

Bronfenbrenner, U.(1971). *Two Worlds of Childhood, USA and USSR.* George Allen & Unwin.

Bronfenbrenner, U.(1979, 2009). *The Ecology of Human Development: Experiments by Nature and Design* (Kindle Edition). Cambridge. M.A.: Harvard University Press.

Bronfenbrenner, U.(1986). Ecology of the family as a context for human development: Research perspectives. *Developmental Psychology, 22(6)*: 723−742.

Bronfenbrenner, U.(1993). The Ecology of Cognitive Development: Research Models and Fugitive Findings. In R. H. Wozinak & K. Fischer(Eds.). *Scientific Environments.* Hillsdale. NJ: Erlbaum.

Bronfenbrenner, U.(1995). The bioecological model from a life course perspective. In P. Moen, G. H. Elder, & K. Luscher(Eds.). *Examining lives in context.* Washington. DC: American Psychological Association.

Brown, J. L. et al.(1992). *Restoring control: Empowering older patients and their families during health crisis.* Social Work in Health Care.

Brown, L., & Levitt, J.(1979). A Methodology for Problem: System Identification. *Social Casework, Vol. 60*: 408−415.

Browne, C. V.(1995). Empowerment in Social Work Practice with Older Women. *Social Work, 40(3)*: 358−364.

Bruce, AT., & Fedric, P.(1997). Behavioral and Cognitive Theories. in Theory and Practice in *Clinical Case Studies.* Harper & Row.

Chess, W. A., & Norlin, J. M.(1988). *Human Behavior and Social Eenvironment.* A Social Systems Model. Boston: Allyn and Bacon.

Chwalisz, K.(2003). Evidence−based Practice: A Framework for Twenty−first−century Scientist−practitioner Training. *The Counseling Psychologist, 31(A)*: 497−528.

Coats, A. W.(1987). Patten, Simon Nelson, The New Palgrave. *A Dictionary of Economics, 3*: 818−819.

Compton, B. et al.(2004). *Social Work Processes* (7th ed.). Cengage Learning.

Council on Social Work Education(1992). *Curriculum Policy Statement.* E. Peacock

Publishers. Inc.

CSWE(1994). *Handbook of Accreditation Standards and Procedures.* Alexandria.Va.: Author.

CSWE(Council on Social Work Education)(2008). From the Editor: A Dialogue on social justice. *Journal of Social Work Education, 44(2)*: 1−6.

Chess, W. A., & Norlin, J. M.(1988, 2008). *Human Behavior And The Social Environment: Social Systems Theory* (6th Edition). Pearson.

Dolgoff, R. et al.(1997). *Understanding Social Welfare.* Longman.

Elder, G. H. Jr., & Caspi, A.(1988). Human development and social change. In N. Bolger et al.(Eds.). *Persons in context: Developmental processes.* New York: Cambridge University Press.

England, H.(1986). *Social Work as Art.* London: Allen and Unwin.

Epstein, L.(1985, 1988). *Talking and Listening: A Guide to the Helping Interviews.* (2nd ed.). Merrill Pub. Co.

Epstein, L.(1980). *Helping People: The Task−Centered Approach.* St. Louis' C. V. Mosby.

Farle, O. W. et al.(2000). *Introduction to Social Work* (12th ed.). Pearson.

Fellin, P.(2001). *The Community and the Social Worker.* F. E. Peacock Publishers.

Fellin, P.(2008). Understanding American Communities. In Jack Rothman et al.(eds.). *Strategies of Community Intervention* (7th Edition). Illinois: F. E. Peacock Publishers. Inc.

Dziegielewski, S. F. et al.(2002). Improving clinical record keeping in brief treatment: Evaluation of a documentation workshop. *Brief Treatment, 2(1)*: 1−10.

Fortune, A. E.(2015). Terminating with clients. In A. R. Roberts & G. J. Greene (Eds.). *Social workers desk reference* (3rd ed.). New York: Oxford University Press.

Frankel, A. J., & Gelman, S. R.(2012). *Case management: An introduction to concepts and skills* (3rd ed.). Chicago, Il: Lyceum Books. Inc.

Franklin, C.(2006). The future of school social work practice: Current trends and opportunities. *Advances in Social Work, 6(1)*: 167−181.

Franklin, C. et al.(2008). School social work. In B. W. White(Ed.). *Comprehensive handbook of social work and social welfare Vol. 1.* Hoboken. NJ: John Wiley & Sons. Inc.

Frumkin, N., & Lloyd, G. A.(1995). Social work education. In R. L. Edwards & J. G.

Hopps(Eds.). *Encyclopedia of Social Work.* Washington. D.C.: NASW Press, 2238–2247.

Fulcher, L. C.(2003). The working definition of social work doesn't work very well in China and Malaysia. *Research on Social work practice, 13(3)*: 376–387.

Gambrill, E.(2012). *Social work practice: A critical thinker's guide* (6rd ed.). New York: Oxford University Press.

Garvin, C. D., & Seabury, B. A.(1997). *Interpersonal practice in social work* (2nd ed.). Needham Heights. M.A.: A Viacom Company.

Garvin, C. D.(1997). *Contemporary group work* (3rd ed.). Boston. M.A.: Allyn and Bacon.

Gehlert, S.(2006). The conceptual underpinnings of social work in health care. In S. Gehlert & T. A. Browne(Eds.). *Handbook of Health Social Work.* NJ: WILEY, 3–23.

Gelman, S.(1992). Risk management through client access to case records. *Social Work, 37*: 73–79.

Germain, C. B., & Gitterman, A.(1980). *The life model of social work practice.* NY: Colombia University Press.

Germain, C. B., & Gitterman, A.(1987). Ecological Perspectives. In Minanhan et al.(Eds.). *Encyclopedia of Social Work.* MD: National Association of Social Workers.

Germain, C. B.(1973). An ecological perspective in casework practice. *Social Casework. 54(6).*

Germain, C. B.(1979). Ecology and social work. In C. B. Germain(Eds.). *Social work practice: People and environments.* NY: Columbia University Press, 1–22.

Germain, C. B.(1984). *Social Work Practice in Health Care–An Ecological Perspective.* New York: The Free Press.

Germain, C. B.(2002). An ecological perspective on social work in the schools. In R. Constable, S. McDonald & J. P. Flynn(Eds.). S*chool social work: Practice, policy, and research perspectives* (5th ed.). Chicago: Lyceum, 25–35.

Giddens, A.(2021). *Sociology* (9th ed.). Cambridge: Polity Press.

Gilgun, J.(2005). The four cornerstones of evidence–based practice in social work. *Research on Social Work Practice, 15(1)*: 52–61.

Gutierrez, L. M.(1989). *Empowerment in social work practice: Considerations for practice and education.* Paper presented at the annual meeting of the Council on Social Work Education. Chicago.

Gutierrez, L. M..(1990). Working with women of color: an empowerment perspective. *Social Work, 35*: 149-154.

Gutierrez, L. M.(1994). Beyond coping: An empowerment perspective on stressful life events.

Journal of Sociology and Social Welfare, 27(3): 201-219.

Goldstein, H.(1973). *Social Work Practice: A Unitary Approach.* Columbia: Univ. of South Carolina Press.

Goldstein, G.(1984). *Basic psychology and social work practice.* New York: The Free Press.

Gordon, J. E.(1984). Creating Research-based Practice Principles: A Model. *Social Work Research and Abstract, 3-6.*

Greenberg, L.(2002). Integrating an emotion-focused approach to treatment into psychotherapy integration. *Journal of Psychotherapy Integration, 12(2)*: 154-189.

Grief, G.(1986). The ecosystems perspective meets the press. *Social Work, 31*: 225-226.

Gutierrez, G.(1992). Poverty from the perspective of the liberalization theory. in Hubert Campfens(ed.) *New Reality of Poverty and Struggle for Social Transformation.* Vienna, International Association of Schools of Social Work.

Hartford, M.(1972). *Groups in Social Work.* New York: Columbia University Press.

Hartman, A., & Laird, J.(1983). *Family-Centered Social Work Practice.* New York: The Free Press.

Hartman, A.(1995). Diagrammatic assessment of family relationships. *Families in Society, 76*: 111-122.

Healy, K.(2005). *Social Work Theories in Context.* Palgrave Macmillan.

Hepworth, D. H. et al.(1986, 2018). *Direct Social Work Practice: Theory and Skills.* Rawat.

Hetherington, E. M.(1981). Children of divorce. In R. Henderson (Ed.). *Parent-child interaction.* New York: Academic Press.

Holman, A. M.(1983). *Family Assessment.* Beverly Hills: Sage Publication.

Holosko, M. J.(2003). The history of the working definition of practice. *Research on Social Work Practice, 13(5)*: 271-283.

Hunt, L.(1978), Social Work and Ideology. in N. Timms & D. Watson (eds.). *Philosophy in Social Work.* London: Routledge and Kegan Paul, 7-25.

Hurvitz, N.(1975). Interactions Hypothesis in Marriage Counseling. in A. Gurman & D. Rice(eds.). *Couples in Conflict.* NY: Jason Aronson, 225–240.

IFSW(International Federation of Social Workers)(2000). *Definition of social work.*

Johnson, L. C., & Yanca, S. J.(1989, 1998, 2015). *Social Work Practice: A Generalist Approach* (10th eds.), Boston: Person Education, Inc.

Johnson, P. J., & Rubin, A.(1983). Case management in mental health: A social work Domain? *Social work, 28(1).*

Kadushin, G., & Kadushin, A.(1983, 2015). *The Social Work Interview.* Raj Publication.

Kagle, J. D., & Kopels, S.(1995, 2008). *Social Work Records* (3rd ed.). Belmont. CA: Wadsworth Publishing Company.

Kirst–Ashman, K. K.(2013). *Introduction To Social Work & Social Welfare Critical Thinking Perspectives.* Cengage.

Kirst–Ashman, K. K., & Hull Jr., G. H.(1993, 2017). *Understanding Generalist Practice* (8th edition). Cengage Learning.

Levinson, H.(1977). Termination of Psychotherapy: Some Salient Issues. *Social Casework. Vol. 58*: 480–489.

Leiby, J.(1978). *History of Social welfare and social work in the United States.* N.Y.: Columbia University Press.

Levy, C.(1973). The Value Base of Social Work. *Journal of Education for Social Work, Jan.*: 34–42.

Levy, C.(1976). *Social Work and Ethics.* Human Science Press.

Long, D. D. et al.(2006). *Macro Social Work Practice: A Strengths Perspective.* Belmont. CA: Brooks Cole.

Lowenberg, F., & Dolgoff, R.(1998). *Ethical Decisions for Social Work Practice.* Itasca: F. E. Peacock.

Maguire, L.(1983). *Understanding Social Networks.* SAGE Publications, Inc.

Maguire, L.(1991). *Social Support Systems in Practice: A Generalist Approach.* Natl Assn of Social Workers Pr.

Maguire, L.(2001). *Clinical Social Work: Beyond Generalist Practice with Individual, Group and Families* (1st Edition). engage Learning.

Mattaini, M. A., & Meyer, C. H.(Eds).(1999). *The foundations of social work practice.* NASW Press.

Longres, J. F.(1996). *Human Behavior in the Social Environment.* Itasca. IL: Peacock.

Martin, G. L., & Pear, J.(2003). *Behavior Modification: What it is and how to do it*

(7th ed.). NJ: Pearson Prentice Hall.

McGoldrick, M., & Gerson, R.(1986, 2008). *Genograms in family assessment.* New York: W. W. Norton & Company, Inc.

McGoldrick, M. et al.(2008). *Genograms: Assessment and Intervention* (3rd ed.). New York: W. W. Norton & Company, Inc.

McMahon, M. O.(1996). *The general method of social work practice: A generalist perspective* (3rd ed.). Boston. MA: Allyn & Bacon.

Miley, K. K. et al.(1995, 2016). *Generalist social work practice: An empowering approach.* New York: Pearson.

Moore, S. T.(1992). Case Management & the Integration of Services: How Service Delivery Systems Shape Case Management. *Social Work, Vol. 31*: 290–299.

Morris, R.(1977). Caring for vs. Caring About People. *Social Work. Sep.*: 353–359.

Moxley, D. P.(1989). *The Practice of Case Management.* Thousand Oaks. CA: Sage.

Murphy, B. C., & Dillon, C.(1997, 2014). *Interviewing in action: Relationship, process, and change* (5th ed.). Cengage Learning.

NASW(Natioml Association of Social Workers)(1958), Commission on Social Work Practiced. Working definition of social work practice. *Social Work, 3(2).*

NASW(1958). Commission on Social Work Practice, Working definition of social work practice, reprinted in Donald Brieland. Historical Overview. *Social Work.*

NASW(1973). *Standard for Social Service Manpower.* Washington D.C: NASW press.

NASW(1974). *Social Casework: Generic and Specific(A Report of the Milford Conference of 1929).* reprinted in National Association of Social Worker Classics Series. Washington. D.C.: NASW.

NASW(1978). *Encyclopedia of Social Work.*

NASW(1981). *NASW Standards for the Classification of social work practice, Silver Spring.* MD: Author.

NASW(1982). *Standards for the Classification of Social Work Practice.* Washington. DC: NASW Press.

NASW(1984). *Standards and Guidelines for Practice.* Washington. DC: NASW Press.

NASW(1987). *Encyclopedia of practice model of case management.* The case managemocia *Work, 10.*

NASW(1994). *National Association of Social Workers Code of Ethics.* Washington, D. C.: Author.

NASW(1995). *Encylopedia of Social Work.* Maryland: NASW.

Norlin, J. M. et al.(2008). *Human Behavior and the Social Environment: Social System Theory* (6th ed.). N.Y.: Pearson.

Perlman.(1974, 1986, 2017). The problem−solving model. In F. Turner(Eds.). *Social Work Treatment: Interlocking theoretical approaches* (6th ed.). Oxford University Press.

Perlman, H. H.(1957, 2011). *Social casework: A problem solving process.* Rawat.

Perlman, H. H.(1974). *Perspectives on Social Casework.* Temple University Press.

Pincus, A.(1973). *Social Work Practice: Model and method.* E. Peacock Publishers. Inc.

Reamer, F. G.(1988). *The Philosophical Foundations of Social Work.* N.Y.: Columbia University Press.

Reamer, F. G.(1992). *Ethical Dilemmas in Social Service* (2th ed.), NY: Columbia University Press.

Reamer, F. G.(1993, 2018). *Social Work Value and Ethics* (5th ed.). N.Y.: Columbia Univ. Press.

Reamer, F. G.(2013). *Ethical Dilemmas in Social Service* (4th ed.)t New York: Columbia Univ. Press.

Richmond, M. E.(1917, 2015a). *Social diagnosis.* Andesite Press.

Richmond, M. E.(1922, 2015b). *What is Social Case Work? an Introductory Description.* Palala Press.

Roberts, Robert, Nee, Robert.(1970). *Theories of Social Casework.* Chicago: The University of Chicago Press.

Roberts−DeGennaro, Maria.(1993). Generalist Model of Case Management Practice *Journal of Case Management, 2(3).*

Robinson, J. P., & Shaver, P. R.(1973). *Measures of Social Psychological Attitudes.* Michigan: Institut for Social Research.

Rodwell, M. K.(1998). *Social work constructivist research.* New York: Garland Publishing.

Rose, S. M.(1991). Introduction: Case Management and Social Work Practice−History and Context. In S. M. Rose(ed.). *Case Management and Social Work Practice.* New York: Longman: v−x.

Rose, S. M., & Moore, V. L.(2010). Case Management. In R. L. Edwards, J. G. Hopps, & L. D. Bernard et al.(eds.). *Encyclopedia of Social Work.* Washington: NASW Press, 335−340.

Ross, M. G.(1967). *Community Organization: Theory, Principles, and Practice* (2nd ed.). New York: Harper & Brothers.

Ross, M.(1955). *Community Organization: Theory and Principles.* New York: Harper & Brothers.

Rothman, J.(1995, 2005). Approaches to community intervention. In J. Rothman, J. L., & Erlich, J. E. Tropman(Eds.). *Strategies of community intervention.* Itasca, IL: F. E. Peacock.

Rothman, J.(2007). Multi Modes of intervention at the macro level. *Journal of community practice, 75(4)*: 11–40.

Saleebey, D.(1996). The strengths perspective in social work practice: Extension and cautions. *Social Work, 41(3)*: 296–305.

Saleebey, D.(2012). *The strengths perspective in social work practice* (6th ed). Boston: Pearson Education, 93–107.

Salzberger–Wittenberg, I.(1970). *Psychoanalytic Insight and Relationships: A Kleinian Approach* (Library of Social Work). Routledge & Kegan Paul Books.

Seligman, M. E. P., & Peterson, C.(2003). Positive clinical psychology. In L. G. Aspinwal & U. M. Staudinger(Eds.). *A psychology of human strengths.* Washington. DC: American Psychological Association.

Sheafor, B. W. et al.(1997, 2017). *Techniques and Guidelines for Social Work Practice* (10th ed.). New York: Pearson.

Shulman, L.(1979, 2015). *The Skills Helping: Individuals, families and Groups* (8th Edition). Cengage Learning.

Shulman, L.(1990, 2015). *Interactional Social Work Practice: Toward an Empirical Theory.* NASW Press.

Simon, B. L.(1994). *The Empowerment Tradition in American Social Work: A History.* New York: Columbia University Press.

Simon, R A.(1971). *Decision Making and Organizational Design, In Organization Theory.* New York: Penguin Books.

Siporin, M.(1975). *Introduction to social work practice.* New York: MacMillan.

Siporin, M.(1980). Marriage and Family Therapy in Social Work. *Social Case Work,* Jan. FSAA.

Skidmore, R. A.(1994). *Social Work Administration: Dynamic Management and Human Relationship* (3rd Edition). New York: Pearson Education.

Skidmore, R. X. et al.(1991). *Introduction to Social Work* (5th. ed.). NJ: Prentice–

Hall.

Smith, B. N. et al.(2004). Transformational and servant leadership: Content and contextual comparisons. *Journal of Leadership and Organizational Studies, 70(4)*: 80−91.

Smith, J.(1986). The Paradox of Women's Poverty: Wage−earning Women and Economic Transformation. In Novak, C. C., & Strober, M. H.(Eds.). *Women and Poverty*. Chicago: The University of Chicago Press.

Specht, H.(1998). *New directions for social work practice*. Englewood Cliffs. New York: Prentice−Hall.

Swain, P.(2002). *In the shadow of the law: The legal context of social work practice*. Sydney: The Federation Press.

Stream, H.(1978). *Clinical Social Work Theory & Practice*. N.Y.: The Free Press.

Toseland, R. W., & Rivas, R. F.(2017). *An Introduction to Group Work Practice* (8th ed.). N.Y.: Pearson.

Tracy, E. M., & Whitaker, J. K.(1990). The social network map: Assessing social support in clinical practice. *Families in Society, 70(8)*: 461−470.

Turner, F.(2017). *Social Work Treatment: Interlocking theoretical approached* (6th ed.). Oxford University Press.

Weick, A. et al.(1989). A Strengths Perspective for Social Work Practice. *Social Work, 37*: 350−354.

Weil, M. et al.(1991). *Case Management in Human Service Practice*. San Francisco: Jossey−Bass.

Whitaker. W. H., &. Federico, C.(1977). *Social Welfare in Today's World*. N.Y.: McCraw−Hill.

Woodside, M., & McClam, T.(1994, 2017). *Generalist Case Management: A Method of Human Service Delivery* (5th ed.). Belmont. CA: Brooks Cole.

Yanca, S. J.(2016). *Social work practice: A generalist approach*. New York: Pearson.

Zastrow, C., Kirst−Ashman, K. K., & Hessenauer, S. L.(2018). *Understanding Human Behavior in the Social Environment* (11th ed.). Cengage Learning.

Zastrow, C. H.(2015). *The Practice of Social Work* (10th ed.). Pearson India.

Zastrow, C. H., & Hessenauer, S. L.(2021). *Generalist Social Work Practice: A Worktext* (12th Edition). Oxford University Press.

찾아보기

저자소개

김영철

강서대학교 사회복지대학원 사회복지학 석사
순복음대학원대학교 사회복지대학원 사회복지학 박사
명지대학교 글로벌융합대학 복지경영학과 특임교수
호원대학교 사회회복지학부 겸임교수
서정대학교 글로벌융합학과 겸임교수
열린사이버대학교 사회복지학과 특임교수
경기일보 천자춘추 주필

〈저서〉 사회복지행정론, 가족복지론, 노인복지론, 사회복지학개론, 장애인복지론, 사회복지실천론, 인간행동과 사회환경, 정신건강론

김민정

경기대학교 교육대학원 교육학석사
숙명여자대학교 일반대학원 아동보육학과 박사(Ph.D, cand.)
중부대학교 일반대학원 사회복지학 박사
협성대학교 아동보육학과 교수 / 신안산대학교 아동보육학과 교수
숭의여자대학교 아동보육학과 교수 / 수원과학대학교 아동보육학과 교수
오산대학교 아동보육학과 교수 / 삼육보건대학교 아동보육학과 교수
동명블루밍 어린이집 원장 / 안산시 어린이집 총연합회 회장

〈저서〉 사회복지실천론

박현승

미국 Calvin Bible 대학교 대학원 철학박사(Ph.D)
한성대학교 행정대학원 사회복지학과 석사(M.S.W)
경기대학교 일반대학원 사회복지학과 박사(Ph.D)
사) 대한노인복지진흥회 대표이사
힘찬미래복지재단 대표 / 힘찬사회사업 푸드뱅크 대표
베풀고 나누고 돌보는 운동본부 대표
유쾌한 복지교육원 원장 / 한국청소년복지연구소 소장
햇빛요양보호사교육원 교수 / 서울디지털대학교 사회복지학과 교수 / 안양대학교 대학원 사회복지학과 교수
효대학원대학교 교수 / 국제문화대학원대학교 교수

〈저서〉 사회복지실천론, 사회복지행정론, 사회복지와 문화다양성, 사회복지학개론, 지역사회복지론

이수진

서울한영대학교 사회복지학 박사
장애인재활상담사 / 정신요양시설 작업지도원
한국열린사이버대학교 사회복지현장실습지도교수
서정대학교 글로벌융합복지과 겸임교수
사회복지공동모금회 배분평가단
한국복지경영학회 이사

〈저서〉 사회복지실천론, 인간행동과 사회환경

염연숙

명지대학교 대학원 사회복지학 석사
명지대학교 대학원 사회복지학 박사과정
한국교원직업전문학교 겸임교수 / 조이랩연구소 겸임교수
서울현대실용전문학교 강사 / 국공립 마곡10별솔어린이집 원장
희망나눔재단 이사 / 영인아카데미 이사
강서양천환경연합 운영위원 / 주민자치회 위원

〈저서〉 사회복지실천론

조은순

성균관대학교 유학대학원 예절학과 수료
웨스터민스터신학대학원대학교 평생교육학과 석사
한성대학교 행정대학원 사회복지학과 석사
안양대학교 일반대학원 복지행정학과 박사
한국지역사회교육협의회 예절전문교수
한국전례연구원 예절교수 / 한국청소년복지연구소 부소장
한국사회복지실천정책학회 교수 / 한국상담복지학회 교수

〈저서〉 지역사회복지론

사회복지실천론

초판발행 2022년 9월 5일
중판발행 2024년 2월 15일

지은이 김영철 · 김민정 · 박현승 · 이수진 · 염연숙 · 조은순
펴낸이 노 현

편 집 탁종민
기획/마케팅 조정빈
표지디자인 이수빈
제 작 고철민 · 조영환

펴낸곳 ㈜ 피와이메이트
서울특별시 금천구 가산디지털2로 53, 210호(가산동, 한라시그마밸리)
등록 2014. 2. 12. 제2018-000080호
전 화 02)733-6771
f a x 02)736-4818
e-mail pys@pybook.co.kr
homepage www.pybook.co.kr
ISBN 979-11-6519-268-6 93330

정 가 28,000원

박영스토리는 박영사와 함께하는 브랜드입니다.